So löst du die Arbeitsaufträge in diesem Buch:

Arbeitsauftrag = Operator (alphabetisch) * AFB	Das tust du:	Tipps … Formulierungsvorschläge:
analysieren/ untersuchen II	Du untersuchst z. B. Texte oder Karten, indem du gezielt Fragen stellst und Materialien auswertest.	*Nutze dazu z. B. die Methodentabelle mit den Arbeitsschritten auf S. 19 (Politische Plakate untersuchen) oder die Übersicht zu den Fachmethoden auf den Seiten 188–190.*
aufzählen/nennen I	Du listest Informationen aus einem Material möglichst knapp auf und achtest dabei auf eine sinnvolle Reihenfolge.	*Folgende Gründe werden im Text genannt:* – … – …
begründen II	Du führst Gründe an, die deine Aussage überzeugend machen. Dabei stützt du dich auf historische Tatsachen oder Quellenaussagen.	*Seine politische Einstellung änderte sich, weil …* *Man kann seine Meinung in Zeile xy erkennen.*
beschreiben I	Du gibst die Inhalte eines Materials, z. B. eines Bildes oder einen historischen Sachverhalt, mit eigenen Worten wieder.	*Das Bild/die Karte zeigt …* *In der Mitte sieht man …* *Es fällt auf, …*
beurteilen III	Du schätzt die Aussagen, Maßnahmen oder Vorschläge einer Person oder Gruppe in ihrem historischen Zusammenhang ein. Dabei überprüfst du, ob die Aussagen, die du beurteilen sollst, stimmig sind. Du gibst Gründe für dein Urteil an. So kannst du ein begründetes Sachurteil formulieren.	*Das Vorgehen des Herrschers war sinnvoll, weil …* *Die Absicht des Redners war es, …* *Ich halte diese Aussage angesichts folgender Ereignisse/Belege für überzeugend: …*
bewerten/ Stellung nehmen III	Du bildest dir zu einem historischen Sachverhalt oder Ereignis aus dem Blickwinkel heutiger Maßstäbe und Werte eine eigene Meinung. So kannst du ein begründetes Werturteil formulieren.	*Aus meiner Sicht …* *Nach heutigen Maßstäben …* *Aus heutigem demokratischen Blickwinkel …*
darstellen II	Du verdeutlichst einen historischen Sachverhalt, indem du ihn beschreibst, erklärst und beurteilst.	*Es ging um die Frage …* *Daraus entwickelte sich …* *Die Folgen waren …*
diskutieren III	Du notierst zu einer bestimmten Fragestellung Argumente (pro und kontra) und gewichtest sie innerhalb einer schlüssigen Argumentationskette. Am Ende formulierst du ein begründetes Urteil (Sach- und/oder Werturteil).	*Gegen diese Argumentation spricht …* *Am meisten/Am wenigsten überzeugt mich …*

* Anforderungsbereiche
I: Wiedergeben und Beschreiben von Inhalten und Materialien
II: Anwenden des Wissens sowie Herstellen von Zusammenhängen durch selbstständiges Erschließen
III: Selbstständiges Diskutieren und Urteilen

Europa heute
500 km
Alb. = Albanien
And. = Andorra
BH. = Bosnien und Herzegowina
K. = Kosovo
Li. = Liechtenstein
Lib. = Libanon
Lux. = Luxemburg
Mc. = Monaco
Mol. = Moldawien
Mt. = Montenegro
Nmz. = Nordmazedonien
Slw. = Slowenien
SM. = San Marino
Europäisches Nordmeer
Barents-see
Atlantischer Ozean
Nordsee
Ostsee
Färöer-Inseln
Mittel-meer
Schwarzes Meer
Kaspisches Meer
Aral-see
Bosporus
Island
Reykjawík
Irland
Dublin
Groß-britannien
London
Norwegen
Oslo
Schweden
Stockholm
Finnland
Helsinki
Estland
Tallin
Lettland
Riga
Litauen
Wilna
Russland
Moskau
Weiß-russland
Minsk
Dänemark
Kopenhagen
Nieder-lande
Amsterdam
Belgien
Brüssel
Lux.
Frankreich
Paris
Deutsch-land
Berlin
Polen
Warschau
Tschechien
Prag
Slowakei
Bratislava
Österreich
Wien
Schweiz
Bern
Li.
Ungarn
Budapest
Ukraine
Kiew
Mol.
Chisinau
Rumänien
Bukarest
Bulgarien
Sofia
Ser-bien
Belgrad
Kroatien
Slw.
BH.
Sarajevo
Mt.
K.
Nmz.
Alb.
Tirana
Griechen-land
Athen
Kreta
Italien
Rom
SM.
Mc.
Korsika
Sardinien
Sizilien
Malta
Balearen
Spanien
Madrid
And.
Portugal
Lissabon
Marokko
Algerien
Tune-sien
Türkei
Ankara
Zypern
Nikosia
Lib.
Syrien
Irak
Iran
Georgien
Armenien
Aser-baidschan
Kasachstan
Usbekistan
Turk-menistan
Ob
Ural
Wolga
Don
Dnjepr
Donau
Elbe
Rhein
Oder
Po
Loire
Tajo
Tigris
Euphrat

Karte 2

Abkürzungen in Afrika:
ÄGu. = Äquatorial Guinea
Be. = Benin
Bu. = Burundi
Ru. = Ruanda
To. = Togo
ZAR. = Zentralafrikanische Republik

Abkürzungen in Asien:
Ar. = Armenien
As. = Aserbaidschan
Ba. = Bahrain
Isr. = Israel
Jd. = Jordanien
Kt. = Katar
Ku. = Kuwait
Lib. = Libanon
Syr. = Syrien
VAE. = Vereinigte Arabische Emirate

So löst du die Arbeitsaufträge in diesem Buch:

Arbeitsauftrag = Operator (alphabetisch)	AFB	Das tust du:	Tipps und Formulierungsvorschläge:
ein-/zuordnen	II	Du setzt z. B. aus Materialien entnommene Informationen miteinander oder mit anderen Sachverhalten in Beziehung.	*Die in der Quelle beschriebenen Rechte gehören zu den ...*
erklären	II	Du stellst einen historischen Sachverhalt oder einen Fachbegriff in einen logischen Zusammenhang mit anderen Ereignissen.	*Diese beiden Ereignisse führten zu ...* *Deshalb spricht man von ...*
erläutern	II	Du verdeutlichst einen historischen Sachverhalt mithilfe von Beispielen oder Belegen aus dem Material.	*An dieser Stelle des Briefes wird deutlich ...* *Wie der letzte Satz der Rede zeigt ...*
erörtern	III	Du formulierst zu einer vorgegebenen These oder Problemstellung eine eigene Stellungnahme, nachdem du Pro- und Kontra-Argumente miteinander verglichen hast.	*Dafür/dagegen spricht ...* *Insgesamt gesehen ...*
herausarbeiten/ -finden/erarbeiten	II	Du entnimmst einem Material (Text, Abbildung) alle Informationen, die zu einer vorgegebenen Fragestellung passen. Du kannst auch auf die jeweiligen Zeilen verweisen.	*Zu den wichtigsten Ergebnissen gehörte ...* *Die Hauptaussage des Verfassers lässt sich so wiedergeben: ...*
recherchieren	II	Du suchst gezielt nach Informationen über ein historisches Ereignis oder einen Sachverhalt.	*Schulbuch, Sachbücher, Internet*
überprüfen	III	Du stellst anhand eines Materials oder aufgrund deines Wissens fest, ob eine Aussage oder eine Behauptung zu einem bestimmten historischen Sachverhalt richtig oder falsch ist.	*Diese Behauptung widerspricht/ passt zu der Aussage im Darstellungstext, denn ...*
vergleichen	II	Du stellst Gemeinsamkeiten und Unterschiede gegenüber und formulierst ein Ergebnis. Wichtig ist es, die Gesichtspunkte zu nennen, unter denen du vergleichst. Du kannst auch eine Tabelle anlegen.	*Im Vergleich mit ...* *Die Entwicklung verlief ähnlich wie/anders als in ...*
wiedergeben/ zusammenfassen	I	Du stellst die wichtigsten Informationen aus einem Text knapp und mit eigenen Worten zusammen.	*In dem Text geht es um ...* *Die wichtigsten Gründe waren ...*

1 Weimarer Republik – die erste deutsche Demokratie

2 Nationalsozialismus, Zweiter Weltkrieg und Holocaust

★ fakultativ

DT = Darstellungstext; GB = Grundlegender Begriff, GD = Grundlegendes Datum

3 Rechte des Menschen gestern und heute (Längsschnitt)

4 Deutschland und die Siegermächte 1945–1949

5 Weltpolitik im Kalten Krieg

Aufgaben zum Üben und Festigen

Anhang

Umschlag

So arbeitest du erfolgreich mit Forum Geschichte

Hier bekommst du einige Hinweise, damit du dich in diesem Buch gut zurechtfindest: wie die Kapitel aufgebaut sind, was die unterschiedlichen Farben bedeuten oder welche Texte, Materialien und Aufgaben es gibt.

Fragen stellen und sich orientieren

Jedes Kapitel beginnt mit der **Auftaktseite**. Sie zeigt, worum es in dem Kapitel geht. Mit einem großformatigen, aussagekräftigen Bild führen wir in das Thema des jeweiligen Kapitels ein.

Auf der **Orientierungsseite** begegnest du einer zentralen Frage, mit der du dich in diesem Kapitel beschäftigen wirst. Du erfährst anhand von Beispielen, wie sehr die heutige Zeit noch immer von der Vergangenheit geprägt wird.
Die Zeitleiste gibt dir den Zeitraum für das jeweilige Kapitel an. Die Grundlegenden Daten wurden gelb unterlegt.

Ein Thema untersuchen

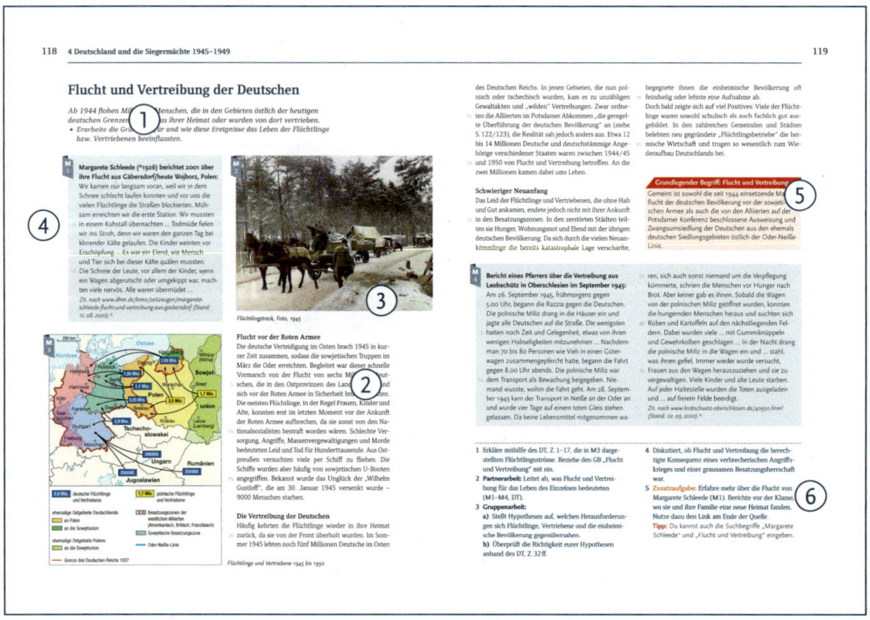

Lernaufgaben
Viele Seiten kannst du selbstständig erarbeiten. Sie sind mit einem L vor der Überschrift versehen.

Auf den **Themenseiten** erklärt dir ein kurzer Text unterhalb der Überschrift, um welches Thema es auf dieser Doppelseite geht und welche Leitfragen beantwortet werden sollen (1). Der Darstellungstext (2), die Abbildungen (3), die blau unterlegten Textquellen und Grafiken (4) sowie die Grundlegenden Begriffe und die Grundlegenden Daten (5) helfen dir, ein geschichtliches Thema zu erschließen. Die Arbeitsaufträge am Ende einer Themenseite (6) sind vielfältig: Oft kannst du zwischen verschiedenen Aufgaben wählen oder du findest Hinweise zur Partner- und Gruppenarbeit. Bei kniffligen Aufgaben gibt es **Tipps** für die Lösung.

Mit Methoden arbeiten

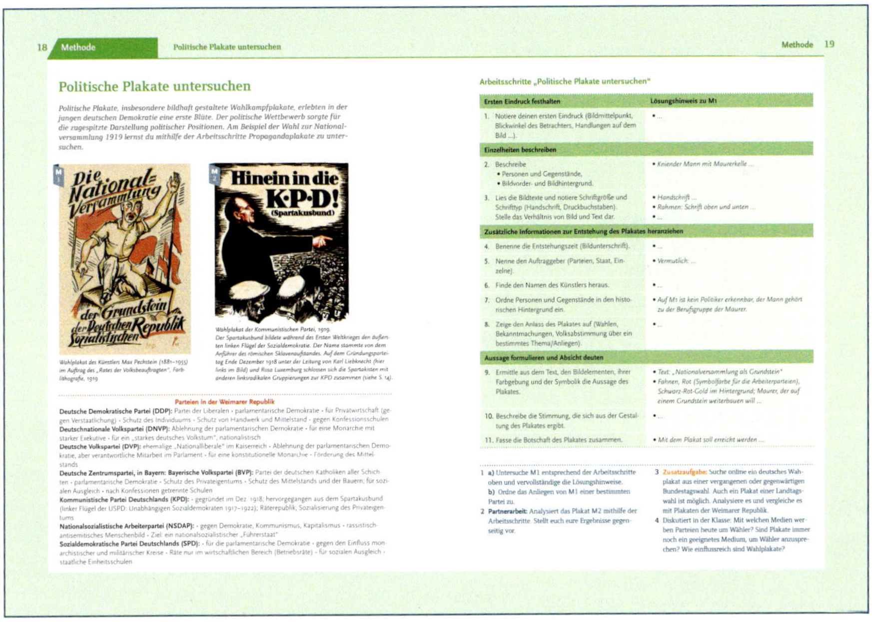

Ersten Eindruck festhalten	Lösungshinweis zu M1
1. Notiere deinen ersten Eindruck (Bildmittelpunkt, Blickwinkel des Betrachters, Handlungen auf dem Bild ...).	• ...
Einzelheiten beschreiben	
2. Beschreibe • Personen und Gegenstände, • Bildvorder- und Bildhintergrund.	• *Kniender Mann mit Maurerkelle ...*
3. Lies die Bildtexte und notiere Schriftgröße und Schrifttyp (Handschrift, Druckbuchstaben). Stelle das Verhältnis von Bild und Text dar.	• *Handschrift ...* • *Rahmen: Schrift oben und unten ...* • ...
Zusätzliche Informationen zur Entstehung des Plakates heranziehen	
4. Benenne die Entstehungszeit (Bildunterschrift).	• ...
5. Nenne den Auftraggeber (Parteien, Staat, Einzelne).	• *Vermutlich: ...*
6. Finde den Namen des Künstlers heraus.	• ...
7. Ordne Personen und Gegenstände in den historischen Hintergrund ein.	• *Auf M1 ist kein Politiker erkennbar, der Mann gehört zu der Berufsgruppe der Maurer.*
8. Zeige den Anlass des Plakates auf (Wahlen, Bekanntmachungen, Volksabstimmung über ein bestimmtes Thema/Anliegen).	• ...
Aussage formulieren und Absicht deuten	
9. Ermittle aus dem Text, den Bildelementen, ihrer Farbgebung und der Symbolik die Aussage des Plakates.	• *Text: „Nationalversammlung als Grundstein"* • *Fahnen, Rot (Symbolfarbe für die Arbeiterparteien), Schwarz-Rot-Gold im Hintergrund; Maurer, der auf einem Grundstein weiterbauen will ...*
10. Beschreibe die Stimmung, die sich aus der Gestaltung des Plakates ergibt.	• ...
11. Fasse die Botschaft des Plakates zusammen.	• *Mit dem Plakat soll erreicht werden ...*

1 a) Untersuche M1 entsprechend der Arbeitsschritte oben und vervollständige die Lösungshinweise.
b) Ordne das Anliegen von M1 einer bestimmten Partei zu.
2 Partnerarbeit: Analysiert das Plakat M2 mithilfe der Arbeitsschritte. Stellt euch eure Ergebnisse gegenseitig vor.
3 Zusatzaufgabe: Suche online ein deutsches Wahlplakat aus einer vergangenen oder gegenwärtigen Bundestagswahl. Auch ein Plakat einer Landtagswahl ist möglich. Analysiere es und vergleiche es mit Plakaten der Weimarer Republik.
4 Diskutiert in der Klasse: Mit welchen Medien werben Parteien heute um Wähler? Sind Plakate immer noch ein geeignetes Medium, um Wähler anzusprechen? Wie einflussreich sind Wahlplakate?

Auf den **Methodenseiten** lernst du Fotos, Karikaturen und Zeitzeugenaussagen fachgerecht auszuwerten. Du findest auch Tipps, wie du u. a. Plakate erschließen kannst. In den grünen Tabellen stehen links die Arbeitsschritte, nach denen du vorgehst. In der rechten Spalte gibt es Lösungshinweise zu einem Beispiel. Methoden, die du bereits im vergangenen Schuljahr kennengelernt hast, findest du mit den erlernten Arbeitsschritten in einer Übersicht auf den Seiten 188–190. Du kannst im Laufe des Unterrichts bei der selbstständigen Erarbeitung neuer Seiten dort immer nachlesen und so deine methodischen Kompetenzen üben und festigen.

Landesgeschichte: Geschichte der eigenen Region erarbeiten

Der Ort, die Stadt und das Bundesland, in dem du lebst, haben ihre eigene Geschichte. Häufig weisen dich Bilder und Texte darauf hin. Es gibt aber auch Landesgeschichte-Seiten, wie die zu Bayern nach Kriegsende: „Besatzung und staatlicher Neubeginn".

Längsschnitt „Rechte des Menschen gestern und heute"

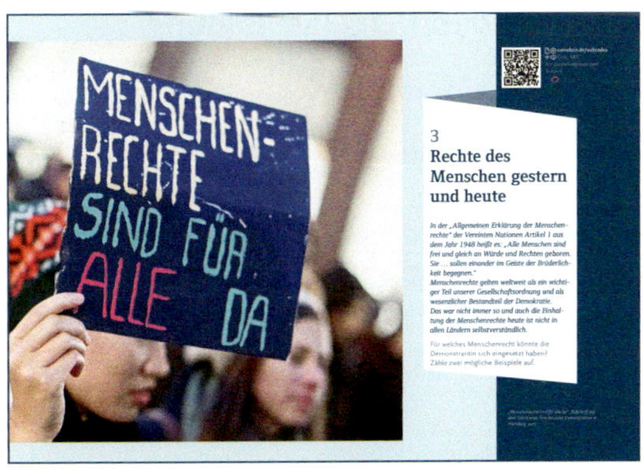

In diesem Buch findest du ein Kapitel, das das Thema „Menschenrechte" über mehrere Epochen hinweg untersucht. Man spricht auch von einem Längsschnitt. Dort kannst du dein Wissen aus den vorhergehenden Kapiteln und Jahrgangsstufen einbringen und vertiefen.

Differenzierung: Unterschiedliche Lernwege auswählen

Erforsche-im-Team-Seiten

Die Entwicklung in den Westzonen

Historische Fragen lassen sich auf verschiedene Weise beantworten. Auf den orangefarbenen **Erforsche-im-Team-Seiten** kannst du dich für ein Material entscheiden: Traust du dir zu, eine längere Textquelle zu bearbeiten? Oder arbeitest du lieber mit Bildquellen? Wähle aus, was zu dir passt! Du erforschst das Thema mit einem oder mehreren Mitschülern. Bei einer abschließenden **Aufgabe für alle** könnt ihr trotz unterschiedlicher Lösungswege zu einem gemeinsamen Ergebnis kommen.

Auf vielen Seiten siehst du **„Wähle-aus-Aufgaben"**. Wie der Name schon sagt, darfst du hier a, b oder manchmal auch c auswählen. Die Aufgabenstellungen sind unterschiedlich, aber sie beziehen sich auf eine gemeinsame Frage.

> **3 Wähle eine Aufgabe aus:**
> **a)** Begründe, weshalb der Hitler-Stalin-Pakt geheim verhandelt wurde (M3, DT).
> **b)** „Um seine Weltanschauung durchzusetzen, war Hitler jedes Mittel recht." Überprüfe diese Feststellung am Beispiel des Hitler-Stalin-Pakts (M3, DT).

Bei manchen Aufgaben findest du **Tipps** zur Lösung. Nutze sie, wenn du möchtest.

> **1** Beschreibe die einzelnen Elemente im Bild M1. Zeige auf, inwiefern der Begriff der „Goldenen Zwanziger" nur für einen Teil der Gesellschaft in dieser Zeit Gültigkeit hatte.
> **Tipp:** Nimm die Arbeitsschritte auf S. 188 zu Hilfe.

An einigen Stellen findest du **Zusatzaufgaben**. Wenn du sehr schnell fertig bist mit der Beantwortung der Arbeitsaufträge, kannst du diese zusätzlich lösen.

> **4 Zusatzaufgabe:** Ordne die einzelnen Maßnahmen der SMAD den Beschlüssen der Potsdamer Konferenz zu. Lies nach auf S. 123.

Medienbildung/Digitale Bildung

In diesem Buch findest du auch Angebote zur Medienbildung und digitalen Bildung:

- **Alle Darstellungstexte als Audios und Selbsteinschätzungsbögen**
  Diese Materialien kannst du über **Webcodes** finden, die am Anfang oder am Ende eines Großkapitels stehen. Gehe dazu auf www.cornelsen.de/webcodes und gib dort den Code ein, z. B. für S. 97 > *teruma*.
- **Arbeitsaufträge**
  Zahlreiche Aufgaben sind mit Rechercheaufträgen verbunden. Sie enthalten Hinweise auf interessante Internetmaterialien von Ministerien, Museen oder speziellen Geschichtsseiten für Jugendliche zu der jeweiligen Thematik.

> **cornelsen.de/webcodes**
> + *Code: teruma*
> *Selbsteinschätzungsbogen*

> **4** Recherchiere ausgehend vom GB „Konzentrationslager" den Zeitpunkt für die Einlieferung weiterer Häftlingsgruppen in das KZ Dachau. Nutze dazu das Topographie-Projekt auf der Geschichte-Online-Seite der KZ-Gedenkstätte Dachau.

Wiederholen und die eigenen Kompetenzen prüfen

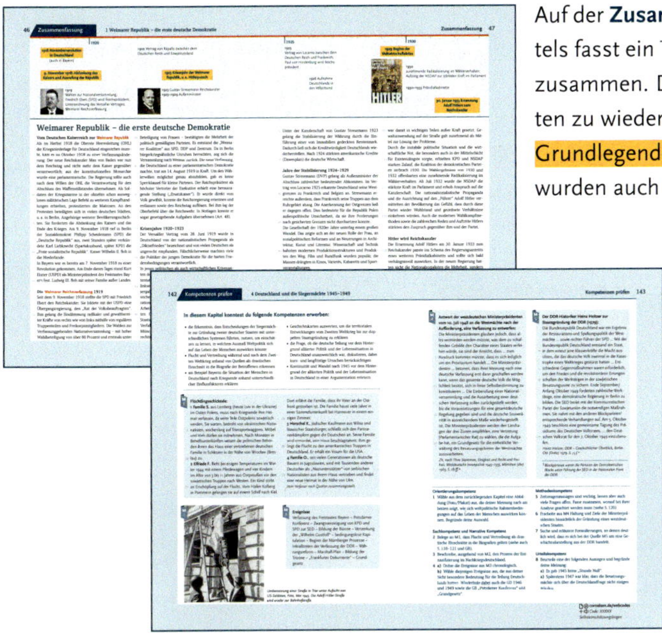

Auf der **Zusammenfassungsseite** am Schluss des Kapitels fasst ein Text die wesentlichen Inhalte noch einmal zusammen. Die Zeitleiste hilft dir, die wichtigsten Daten zu wiederholen.
Grundlegende Daten und **Grundlegende Begriffe** wurden auch hier hervorgehoben.

Wenn du wissen möchtest, was du im Kapitel gelernt hast, solltest du die Aufgaben auf der Seite „**Kompetenzen prüfen**" lösen. Falls du mit einzelnen Aufgaben Schwierigkeiten hast, lies im Kapitel noch einmal nach. Lösungshilfen findest du im Anhang.

Weitere Aufgaben zum Üben und Festigen

Am Ende des Buches findest du weitere **Lernaufgaben** zu den einzelnen Kapiteln. Hier kannst du dein Wissen, das du erworben hast, anwenden und zugleich Methoden üben. Alle Aufgaben sind so zusammengestellt, dass du sie selbstständig mit einem Partner oder allein bearbeiten kannst. Meist schließt du die Aufgabe mit einem Referat, mit dem Erstellen eines Artikel für die Homepage deiner Schule oder ähnlichen Eigenleistungen ab.

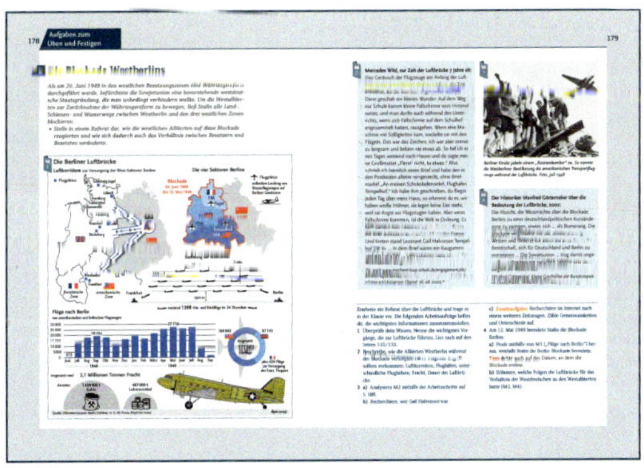

Hilfen im Anhang und im Umschlag

Der **Anhang** unterstützt dich bei der Arbeit. Hier findest du:

- Lösungshinweise zu den Seiten „Kompetenzen prüfen"
- ein Lexikon mit Erklärungen schwieriger Begriffe, die im Text mit einem Sternchen* bezeichnet sind
- ein Register zum schnelleren Nachschlagen
- hilfreiche Tipps für Referate und Unterrichtsmethoden (z. B. Pro- und Kontra-Diskussion, Bewertung von Internetseiten)
- eine Zusammenstellung der wichtigen Grundlegenden Daten und **Grundlegenden Begriffe** (6. bis 9. Jgst.)

In den **Umschlagklappen** kannst du die Operatoren nachschlagen, die in den Arbeitsaufträgen verwendet werden. Dort findest du auch interessante Karten (u. a. Welt, Europa, Exkursionsziele, Entkolonialisierung).

Die deutsche Einheits-Schule!
Frauen!
wähle sozialdemokratisch!
Original-Aufnahme W. Gircke.

cornelsen.de/webcodes
Code: fepepa
Alle Darstellungstexte zum Anhören

1 Weimarer Republik – die erste deutsche Demokratie

Der Krieg ist aus, der Kaiser muss abdanken. Deutschland wird eine Republik mit demokratischem Wahlrecht, erstmals auch für Frauen. Die Wahl der Abgeordneten zur Nationalversammlung wird im Januar 1919 unter hoher Beteiligung der Bevölkerung durchgeführt. Kandidatinnen und Kandidaten verschiedenster politischer Richtungen wetteifern um einen Sitz in der Nationalversammlung.

Zähle mögliche Sorgen und Hoffnungen auf, die die Menschen am Ende des Krieges und zu Beginn der Republik hatten.
Gehe auf die Forderungen der abgebildeten Personen ein.

Wahlkampfwagen der SPD während der ersten demokratischen Parlamentswahl in Deutschland. Soldaten, Arbeiter und Arbeiterinnen werben für ihre Partei. Sie begrüßen das Frauenwahlrecht, fordern gleichmäßige Brotversorgung und den gemeinsamen Unterricht für Mädchen und Jungen in der staatlichen Einheitsschule. Foto, Januar 1919

1920

1925

1918 Novemberrevolution in Deutschland; 9. November 1918: Abdankung des Kaisers und Ausrufung der Republik

seit 1922 außenpolitische Annäherung der Weimarer Republik mit Sowjetrussland und mit Frankreich

1923 Krisenjahr der Weimarer Republik, u. a. Hitlerputsch

1919
Januar: Wahl zur Nationalversammlung, Reichsverfassung wird wegen Unruhen in Berlin in Weimar diskutiert und unterzeichnet;
Februar: Friedrich Ebert (SPD) Reichspräsident (bis 1925)

1914–1918
Erster Weltkrieg

ab 1920 politische Morde und Aufstände von rechts und von links

Die Weimarer Republik – Demokraten und ihre Gegner

Soldaten, Bürgerinnen und Bürger sowie Arbeiterinnen und Arbeiter hatten in einer Revolution in den letzten Tagen des Ersten Weltkrieges im November 1918 die Abdankung des Kaisers und somit das Ende der Monarchie erreicht. Demokratisch gewählte Regierungen bestimmten seit 1919 die Politik. Sie mussten aber von Anfang an ungeheure Herausforderungen bewältigen. Deutschland war durch den Krieg hoch verschuldet, die Bevölkerung hungerte. Hundertausende Soldaten kehrten oft traumatisiert und mit bleibenden Behinderungen zurück und mussten sich im zivilen Leben zurechtfinden. Obwohl das Wahlrecht für Frauen und eine versöhnliche Außenpolitik einer Zukunft mit Gleichberechtigung und Frieden den Weg bereiteten, stellte sich nur in der Mitte der 1920er Jahre eine relative Stabilität ein. Häufige Regierungswechsel belegen dies. Extrem demokratiefeindliche Kräfte nutzten die Krisen aus, um die junge Demokratie zu bekämpfen. Am Ende der Weimarer Republik wurden die antidemokratischen Kräfte, die aus den Anhängern Adolf Hitlers, den Befürwortern einer Rückkehr zur Monarchie und den Kommunisten bestanden, immer stärker. Im Januar 1933 konnte Adolf Hitler als Chef der NSDAP und damit Vorsitzender der stärksten Partei Reichskanzler werden.

M 1

Kaiser Wilhelm II. geht ins Exil nach Holland. „Wir weinen ihm keine Träne nach, er hat uns keine zu weinen übrig gelassen." Karikatur von Thomas Th. Heine aus dem „Simplicissimus" vom 3. Dezember 1918

M 2

Aussagen von Zeitgenossen zur jungen Demokratie:

„Was München braucht, sind Kartoffeln, keine Revolution." *(Josef Hofmiller, Lehrer und Schriftsteller in München)*

„Über Nacht waren wir plötzlich Republik. Wir haben uns nicht viel darunter vorstellen können." *(Josefa Halbinger, Arbeiterin in München)*

„Durch welche Saat von Blut und Tränen werden wir hindurch müssen, bis wir uns wenigstens wieder ruhig aufbauender Arbeit widmen und neuen Glauben an eine glücklichere Zukunft unseres Volkes fassen können." *(Karl Hampe, Professor für Geschichte an der Universität Heidelberg)*

„Als wir das erste Mal gemeinsam wählen durften, ... musste ich an ... meine Begeisterung für die Frauenemanzipation zurückdenken." *(Victor Klemperer, Literaturwissenschaftler, Technische Hochschule Dresden)*

1930 | 1935

1929 Weltwirtschaftskrise nach Zusammenbruch der Börse in New York

1929–1933 Anstieg der Arbeitslosigkeit in Deutschland von 1,3 auf über 5 Millionen

1930–1933 Präsidialkabinette (Regierungen vom Vertrauen des Reichspräsidenten abhängig) und Aufstieg der Nationalsozialistischen Deutschen Arbeiterpartei (NSDAP)

30. Januar 1933 Ernennung Adolf Hitlers zum Reichskanzler

M 3

Plakat der NSDAP anlässlich der Reichstagswahl im November 1932

1 Ordne M1 und M3 den Ereignissen in der Zeitleiste zu. Begründe deine Zuordnung inhaltlich.

2 Ermittle aus dem DT und der Zeitleiste Erfolge bzw. Schwierigkeiten der Weimarer Republik.

3 **a)** Stelle Vermutungen an, welche Auswirkungen die Ereignisse in der Zeitleiste auf die Stabilität der Demokratie gehabt haben. Wähle zwei Ereignisse aus und begründe deine Auswahl.

b) Nenne Beispiele dafür, wie der Staat heute für Stabilität sorgt (z. B. bei Wirtschaftskrisen).

4 **Wähle eine Aufgabe aus:**

a) Benenne die Eindrücke, Sorgen und Urteile in den Aussagen der Zeitgenossen (M2).

b) Beurteile, welche Haltung in der jeweiligen Aussage deutlich wird (konservativ, gleichgültig, fortschrittlich, unentschlossen) (M2).

Grundlegender Begriff: Weimarer Republik

erste parlamentarische Demokratie in Deutschland zwischen 1918 und 1933

In diesem Kapitel übst du folgende Kompetenzen:

- Du erarbeitest die Grundzüge der Entwicklung und wesentliche Faktoren des Scheiterns der Weimarer Demokratie. Du nutzt diese Erkenntnisse, um die heutige Demokratie und Mitbestimmungsrechte wertzuschätzen und die Gefahren für die Demokratie bewerten zu können.
- Du beurteilst die Rolle der Bevölkerung bei der politischen Neuordnung am Beispiel der Novemberrevolution 1918/19.
- Du untersuchst die Weimarer Reichsverfassung und bewertest sowohl ihre Stärken als auch ihre Schwächen.
- Du setzt dich mit den besonderen Bedrohungen und Belastungen für die junge Republik, nämlich dem Auftreten extremer politischer Kräfte und der Inflation in den Krisenjahren bis 1923 auseinander und konzentrierst dich dabei besonders auf die Situation in Bayern und den Hitlerputsch.
- Du erschließt Wahlplakate, Karikaturen, Statistiken und entwickelst dabei eigene Fragestellungen zu den Belastungsfaktoren der Republik. Abschließend präsentierst du deine Ergebnisse.
- Du erklärst innen- und außenpolitische Faktoren, die zu einer vorübergehenden Stabilisierung in der Mitte der 1920er Jahre beigetragen haben.
- Du erarbeitest Gründe für den Erfolg der Nationalsozialisten, indem du auch die neuen Wahlkampfmethoden untersuchst, und erkennst die Gefährdung für Staat und Gesellschaft, die von einer solchen politischen Bewegung ausgeht.
- Schließlich erklärst du das Scheitern der Weimarer Republik anhand mehrerer Ursachen und findest zu einer Meinung darüber, ob die Republik „zum Scheitern verurteilt" war.

1918/19: Welche Staatsform für Deutschland?

In den ersten Novembertagen 1918 kam es im ganzen Land zu Massenprotesten unter Beteiligung zahlreicher Bevölkerungsschichten, die ein Ende des Krieges forderten. Auf Druck der Demonstrierenden verkündete Reichskanzler Max von Baden am 9. November die Abdankung des Kaisers.

- ***Aber wer sollte nun nach welchen Staatsvorstellungen regieren?***

Die revolutionären Ereignisse 1918/19

24.–28. Oktober 1918 Verfassungsreform: Reichskanzler vom Parlament abhängig
28. Oktober Meuterei der Matrosen gegen das Auslaufen ihrer Schiffe zum weiteren Kriegseinsatz; Lahmlegung des Landes durch Generalstreik; Bildung von Arbeiter- und Soldatenräten* in vielen Städten
9. November Zweifache Ausrufung der Republik: Scheidemann (MSPD*): demokratische Republik, Liebknecht (parteilos und kommunistisch): sozialistische Republik; Bildung des „Rates der Volksbeauftragten"
16.–20. Dezember Beschluss von Wahlen zur Verfassunggebenden Nationalversammlung durch den Kongress aller Räteversammlungen.
30. Dezember Gründung der Kommunistischen Partei Deutschlands (KPD)
5.–16. Januar 1919 Niederschlagung aufständischer USPD- und KPD-Gruppen in Berlin; Ermordung der KPD-Führer Rosa Luxemburg und Karl Liebknecht
19. Januar Wahlen zur Nationalversammlung

Kriegsende und Revolution in Deutschland

Ende September 1918 hatte die Oberste Heeresleitung (OHL), angeführt von Paul von Hindenburg und Erich Ludendorff, erkannt, dass der Krieg für Deutschland nicht mehr zu gewinnen war. Sie drängte daher auf Waffenstillstandsverhandlungen. Auf Druck der Bevölkerung stimmten sie einer Übergabe der Macht an einen Reichskanzler zu, der nicht mehr vom Kaiser abhängig war. Damit gab die OHL die Verantwortung für die militärische Niederlage an eine Zivilregierung ab. Am 2. Oktober ernannte Kaiser Wilhelm II. Prinz Max von Baden zum ersten dem Parlament verantwortlichen Reichskanzler. Mit einer Verfassungsänderung am 28. Oktober wurde Deutschland eine parlamentarische Monarchie. Dieser Wandel zu einem demokratischen System entsprach den Bedingungen, die US-Präsident Wilson für Deutschland verlangt hatte. Max von Baden verkündete am 9. November 1918 eigenmächtig die Abdankung Wilhelms II. und übertrug das Amt des Reichskanzlers auf Friedrich Ebert (siehe S. 20). Dieser bildete eine provisorische Regierung, den „Rat der Volksbeauftragten", bestehend aus Vertretern der MSPD und USPD. Die neue Regierung handelte einen Waffenstillstand aus, der am 11. November 1918 unterschrieben wurde.

Bündnis mit den alten Eliten

Zur Wiederherstellung der öffentlichen Ordnung verbündete sich die revolutionäre Regierung mit den alten Führungsschichten des Kaiserreichs aus Militär, Verwaltung und Wirtschaft. Dazu verabschiedete Friedrich Ebert in Absprache mit den Militärs eine Vereinbarung zur Aufrechterhaltung der inneren Ordnung (Ebert-Groener-Pakt*). Darüber hinaus schlossen der Gewerkschaftsführer Carl Legien und der Großindustrielle Hugo Stinnes einen Pakt: Unternehmen sollten nicht enteignet werden. Im Gegenzug wurden die Gewerkschaften als Vertreter der Arbeiterschaft anerkannt und der Achtstundentag eingeführt. Die extreme Linke um die KPD forderte jedoch eine Fortsetzung der Revolution und plante eine Räterepublik. In den Betrieben sollten Arbeiter und in den Kasernen Soldaten gewählt werden. Ein übergeordneter Arbeiter- und Soldatenrat sollte Gesetze erlassen und zugleich ausführen.

M 1

Revolution in Berlin. Soldaten schließen sich den Streikenden an. Foto, 9. November 1918

M 2

Philipp Scheidemann, Abgeordneter der SPD, am 9. November gegen 14 Uhr von einem Balkon des Reichstags herab:

(Von dieser spontan gehaltenen Rede existiert keine Textgrundlage. Aufzeichnungen von Zuhörern führten zu mehreren unterschiedlichen Fassungen. Es wird hier eine Fassung zitiert, der Historiker überwiegend Glauben schenken.)

Das deutsche Volk hat auf der ganzen Linie gesiegt. Das alte Morsche ist zusammengebrochen; der Militarismus ist erledigt. Die Hohenzollern [kaiserliche Familie] haben abgedankt! Es lebe die deutsche Republik! Der Abgeordnete Ebert ist zum Reichskanzler ausgerufen worden. Ebert ist damit beauftragt worden, eine neue Regierung zusammenzustellen. Dieser Regierung werden alle sozialistischen Parteien angehören ...

Ruhe, Ordnung und Sicherheit, das ist das, was wir jetzt brauchen. Sorgen Sie dafür, dass die neue deutsche Republik, die wir errichten werden, nicht durch irgendetwas gefährdet werde. Es lebe die deutsche Republik!

*Zit. nach Deutsche Geschichte in Quellen und Darstellung, Bd. 8: Rüdiger vom Bruch und Björn Hofmeister (Hg.), Kaiserreich und Erster Weltkrieg 1871–1918, 5. Auflage, Ditzingen (Philipp Reclam jun.) 2013, S. 474.**

M 3

Karl Liebknecht, Führer des sogenannten Spartakus-Bundes, am 9. November um 16 Uhr vor dem Berliner Schloss:

Der Tag der Revolution ist gekommen. Wir haben den Frieden erzwungen ... Das Alte ist nicht mehr. Die Herrschaft der Hohenzollern, die in diesem Schloss jahrhundertelang gewohnt haben, ist vorüber ... Parteigenossen, ich proklamiere [d. h. rufe aus] die freie sozialistische Republik Deutschland, die alle Stämme umfassen soll, in der es keine Knechte mehr geben wird, in der jeder ehrliche Arbeiter den ehrlichen Lohn seiner Arbeit finden wird. Die Herrschaft des Kapitalismus, der Europa in ein Leichenfeld verwandelt hat, ist gebrochen ... Wir müssen alle Kräfte anspannen, um die Regierung der Arbeiter und Soldaten aufzubauen und eine neue staatliche Ordnung des Proletariats zu schaffen, eine Ordnung des Friedens, des Glücks und der Freiheit unserer deutschen Brüder und unserer Brüder in der ganzen Welt.

*Zit. nach Deutsche Geschichte in Quellen und Darstellung, ebenda, S. 475–477.**

Grundlegende Daten

1918 Novemberrevolution in Deutschland;
9. November: Abdankung des Kaisers und Ausrufung der Republik

Rätesystem oder parlamentarische Demokratie?

Im Dezember trat in Berlin ein Kongress aller Arbeiter- und Soldatenräte zusammen, um über die künftige Staatsform abzustimmen. Mit überwältigender Mehrheit stimmten die Abgeordneten des Rätekongresses für Wahlen zur Nationalversammlung. Die parlamentarische Demokratie hatte sich damit durchgesetzt und die Beratungen über eine neue parlamentarisch-demokratische Verfassung konnten beginnen. Die Anhänger des Rätesystems wollten sich damit nicht abfinden. Es kam zu Unruhen in verschiedenen Städten, die aber von der neuen Regierung mithilfe der Freikorps* niedergeschlagen wurden.

1 Beschreibe die Situation Deutschlands bei Kriegsende (DT und Chronologie).

2 **Partnerarbeit:** Erschließt die beiden Reden (M2 und M3). Findet heraus:
- An welche Bevölkerungsgruppe wenden sie sich?
- Wie beschreiben sie den Krieg und die Monarchie?
- Welche Staatsform streben sie an?

3 Erkläre Unterschiede zwischen einer parlamentarischen und einer Räterepublik. Gib dazu im Internet die Suchbegriffe „Arbeiter- und Soldatenräte“ sowie „parlamentarische Demokratie“ ein.

4 Analysiere die Bedeutung der einzelnen revolutionären Ereignisse. Welche davon erscheinen dir am wichtigsten für den Übergang zur Demokratie und in welchen Phasen spielte das Volk eine tragende Rolle (DT, Chronologie, M1 und Bild auf S. 10/11)?

5 Diskutiert in der Klasse: Welchen Anteil hatte „das Volk“ an den Veränderungen?

6 Beantworte die Frage in der Überschrift. Wer konnte sich durchsetzen? Begründe deine Antwort.

Revolution in Bayern 1918

Auch in Bayern war der Unmut über den Krieg und die wirtschaftliche Situation gewachsen. Seit Anfang 1918 streikten die Arbeiter immer wieder, am 7. November kam es zu einer Revolution.

- *Wie verlief sie und welche Bedeutung kam Kurt Eisner bei den Geschehnissen zu?*
- *Wie reagierte die Bevölkerung auf die politischen Ereignisse?*

M 1

Der Schriftsteller Oskar Maria Graf 1927 über die Ereignisse am 7./8. November 1918 in München:

Vor der Bavaria [auf der Theresienwiese] waren dichte Massen und wuchsen von Minute zu Minute ... Die Menge schob sich unruhig ineinander. Gedränge entstand. Wir fanden endlich Eisner, der weither von einem Seitenhang herunterschrie ... Immer mehr und immer mehr Leute kamen ...

„Es lebe der Friede!“ schrien in diesem Augenblick um mich herum die Leute. „Frie-ie-iede!“ ... Plötzlich schrie Felix Fechenbach [Anhänger, später Sekretär Kurt Eisners] ... in die bewegte Menge: „Genossen! Unser Führer Kurt Eisner hat gesprochen. Es hat keinen Zweck mehr, viele Worte zu verlieren! Wer für die Revolution ist, uns nach! Mir nach! Marsch!“ Und mit einem Schlage gerieten die johlenden Massen ins Vorwärtsdrängen. Wie eine kribbelige schwarze Welle wälzten sich die tausend und abertausend Menschen hangaufwärts auf die Straße; weiter ging es im Schnellschritt, an geschlossenen Häusern und herabgezogenen Rollläden vorbei ...

Am andern Tag klebten die Litfaßsäulen [Plakatsäulen] voll von Erlassen der neuen Regierung. In der Stadt war es ruhig. Lastautos mit Bewaffneten fuhren herum. Maschinengewehre standen vor öffentlichen Gebäuden, Militärpatrouillen sah man. Sogar von den Frauentürmen herunter wehte die rote Fahne.

An den Bäckerläden standen lange Ketten. Alles kaufte panikartig Brot ein.

*Oskar Maria Graf, Wir sind Gefangene, Berlin (Verlag der Büchergilde Gutenberg) 1927, S. 393 f. und 399 f.**

M 2

Josef Hofmiller, Gymnasiallehrer und Schriftsteller in München in seinem Revolutionstagebuch:

Wir sind nicht für die Republik geschaffen. Das monarchische Gefühl sitzt uns im Blut seit vielen 100 Jahren. Wir sind gute Gefolgsmannen, und wenn wir einmal den Eindruck machen, schlechte zu sein, so liegt es nie am Gefolge, sondern immer am Herzog. Der Altbayer will jemand über sich haben, mit einer Krone auf dem Kopf und nicht mit einem Zylinder; der eine Uniform anhat und nicht einen Frack; der am Oktoberfest in einem von sechs Pferden gezogenen Wagen fährt und nicht in einem Auto. Herrscherhaus und Volk sind bei uns seit 700 Jahren zusammengewachsen; das kann nicht von heut auf morgen durch noch so ideal gemeinte Sprüche eines Literaten beseitigt [Eisner] werden.

Josef Hofmiller, Revolutionstagebuch 1918/19, hg. von Hulda Hofmiller, Leipzig (Carl Rauch Verlag) 1938, S. 58.

M 3

Demonstration am 7. November 1918 auf der Münchner Theresienwiese, zu der SPD, USPD und Freie Gewerkschaften aufgerufen hatten, Foto, 7. November 1918

Von der Revolution zur Räterepublik

Nach der Friedensdemonstration am 7. November mit ca. 50 000 Teilnehmerinnen und Teilnehmern besetzten etwa 2000 Anhänger der USPD, Soldaten, Arbeiter und Bauern, öffentliche Gebäude in München. Arbeiter- und Soldatenräte* wurden gegründet und Kurt Eisner (USPD) rief am 8. November 1918 den „Freistaat Bayern" aus. Die Königsfamilie floh, nachdem Ludwig III. die Beamten von ihrem Treueeid gegenüber dem Königshaus befreit hatte.

Kurt Eisner berief als Ministerpräsident eine provisorische Regierung ein, der Vertreter der SPD, der USPD, der Liberalen und des Bauernbundes angehörten. Die Ausbreitung der Revolution auf weitere bayerische Städte vollzog sich ohne nennenswerten Widerstand der Bürgermeister, Stadträte und Stadtverwaltungen. In den meisten ländlichen Regionen Bayerns blieb die Revolution aus, dort herrschte Ruhe.

Eisner führte in der kurzen Zeit seiner provisorischen Regierung den Achtstundentag, eine Arbeitslosenversicherung sowie das erste Frauenwahlrecht in Deutschland ein. Als Gegner einer Räterepublik nach dem Vorbild der russischen Sowjets ließ er die Verwaltung unangetastet, Banken und Industrie wurden nicht verstaatlicht.

Die Wahlbevölkerung konnte Eisner jedoch nicht gewinnen: Bei den Landtagswahlen vom 12. Januar 1919 wurden die Bayerische Volkspartei, d. h. der bayerische Teil des Zentrums, mit 35 Prozent und die SPD mit 33 Prozent die stärksten Parteien. Eisners USPD erhielt nur 2,5 Prozent. Auf dem Weg zur Eröffnung des neuen Landtages wurde Kurt Eisner von einem nationalistischen Adligen erschossen. Danach folgten bürgerkriegsartige Zustände in München, und auch andere bayerische Städte erlebten Unruhen. Zwei Räterepubliken wurden in München durch unterschiedlich radikale, linke Vertreter der Soldaten-, Arbeiter- und Bauernräte ins Leben gerufen. Die vom Landtag gewählte bayerische Regierung unter Ministerpräsident Johannes Hoffmann (SPD) musste nach Bamberg fliehen. Nach heftigen Kämpfen und teilweise rüchsichtslosem Vorgehen gelang es Reichswehreinheiten und Freikorps, die Anhänger der Räterepublik zu besiegen.

Erst allmählich gelang nach der Rückkehr der Regierung aus dem Bamberger Exil eine Stabilisierung der politischen Verhältnisse. Im August 1919 verabschiedete der Landtag eine neue Verfassung. Bayern war damit, wie bereits von Kurt Eisner begründet, ein Freistaat.

Kurt Eisner (1867–1919)

Der gebürtige Berliner, Kind einer jüdischen Kaufmannsfamilie, arbeitet nach seinem Studium als Journalist. Eisner tritt 1898 in die SPD ein und wird Chefredakteur der Parteizeitung „Vorwärts". Er verfasst Artikel, die ihn als gemäßigten Sozialdemokraten ausweisen. So strebt er eine Verbesserung der Verhältnisse nicht revolutionär, sondern durch Reformen an.

Seit 1910 lebt Eisner in München. Während des Weltkrieges entwickelt er sich zu einem entschiedenen Kritiker der deutschen Kriegspolitik. Er gehört somit zu den Unabhängigen Sozialdemokraten (USPD), die sich von der SPD wegen deren Unterstützung der Kriegskredite im Reichstag getrennt hatten. 1917 wird er in Bayern Vorsitzender der USPD. Als Organisator eines Munitionsarbeiterstreiks im Januar 1918 in München wird Eisner für neun Monate inhaftiert.

Am 8. November ruft er den „Freistaat Bayern" aus und bildet eine provisorische Regierung.

Weil er Dokumente veröffentlicht, die die deutsche Schuld am Ausbruch des Ersten Weltkrieges belegen sollen, wird er von nationalistischen und konservativen Kreisen als „Verräter" bezeichnet. Aber Eisner kritisiert gleichzeitig auch die harten Waffenstillstandsbedingungen der Siegermächte.

Im Februar 1919 wird Eisner von einem antisemitischen Attentäter mit nationalistisch-monarchistischer Gesinnung ermordet.

Hinweis:

Wenn du noch mehr Wissenswertes und auch Bildmaterial über die Revolution finden möchtest, gib im Internet die Suchbegriffe „Bavarikon" sowie „Revolution und Räterepublik in Bayern 1918/19" ein.

1 **Partnerarbeit:** Partner A beschreibt, wie der Augenzeuge Oskar Maria Graf den Ablauf der Revolution darstellt (M1), Partner B erläutert die Meinung des Augenzeugen Josef Hofmiller in M2. Vergleicht dann die beiden Quellen zu der Frage, wie beide Augenzeugen die Haltung der bayerischen Bevölkerung einschätzen.

2 Erschließe die politischen Ziele Kurt Eisners (M1 und Biografie).

3 Notiere in einem Zeitstrahl die Wendepunkte zwischen dem 7. November 1918 und August 1919 (M2 und DT).

4 Ermittle aus M1 und M3 sowie dem DT, welche Rolle die Bevölkerung während der Revolution und der Räterepublik in Bayern spielte.
Tipp: Achte auf Zahlenangaben bei Demonstrationen und auf Wahlergebnisse.

Politische Plakate untersuchen

Politische Plakate, insbesondere bildhaft gestaltete Wahlkampfplakate, erlebten in der jungen deutschen Demokratie eine erste Blüte. Der politische Wettbewerb sorgte für die zugespitzte Darstellung politischer Positionen. Am Beispiel der Wahl zur Nationalversammlung 1919 lernst du mithilfe der Arbeitsschritte Propagandaplakate zu untersuchen.

M 1

Wahlplakat des Künstlers Max Pechstein (1881–1955) im Auftrag des „Rates der Volksbeauftragten“, Farblithografie, 1919

M 2

Wahlplakat der Kommunistischen Partei, 1919.
Der Spartakusbund bildete während des Ersten Weltkrieges den äußersten linken Flügel der Sozialdemokratie. Der Name stammte von dem Anführer des römischen Sklavenaufstandes. Auf dem Gründungsparteitag Ende Dezember 1918 unter der Leitung von Karl Liebknecht (hier links im Bild) und Rosa Luxemburg schlossen sich die Spartakisten mit anderen linksradikalen Gruppierungen zur KPD zusammen (siehe S. 14).

Parteien in der Weimarer Republik

Deutsche Demokratische Partei (DDP): Partei der Liberalen • parlamentarische Demokratie • für Privatwirtschaft (gegen Verstaatlichung) • Schutz des Individuums • Schutz von Handwerk und Mittelstand • gegen Konfessionsschulen

Deutschnationale Volkspartei (DNVP): Ablehnung der parlamentarischen Demokratie • für eine Monarchie mit starker Exekutive • für ein „starkes deutsches Volkstum“, nationalistisch

Deutsche Volkspartei (DVP): ehemalige „Nationalliberale“ im Kaiserreich • Ablehnung der parlamentarischen Demokratie, aber verantwortliche Mitarbeit im Parlament • für eine konstitutionelle Monarchie • Förderung des Mittelstands

Deutsche Zentrumspartei, in Bayern: Bayerische Volkspartei (BVP): Partei der deutschen Katholiken aller Schichten • parlamentarische Demokratie • Schutz des Privateigentums • Schutz des Mittelstands und der Bauern; für sozialen Ausgleich • nach Konfessionen getrennte Schulen

Kommunistische Partei Deutschlands (KPD): • gegründet im Dez. 1918; hervorgegangen aus dem Spartakusbund (linker Flügel der USPD: Unabhängigen Sozialdemokraten 1917–1922); Räterepublik; Sozialisierung des Privateigentums

Nationalsozialistische Arbeiterpartei (NSDAP): • gegen Demokratie, Kommunismus, Kapitalismus • rassistisch-antisemitisches Menschenbild • Ziel: ein nationalsozialistischer „Führerstaat“

Sozialdemokratische Partei Deutschlands (SPD): • für die parlamentarische Demokratie • gegen den Einfluss monarchistischer und militärischer Kreise • Räte nur im wirtschaftlichen Bereich (Betriebsräte) • für sozialen Ausgleich • staatliche Einheitsschulen

Arbeitsschritte „Politische Plakate untersuchen“

Ersten Eindruck festhalten	**Lösungshinweis zu M1**
1. Notiere deinen ersten Eindruck (Bildmittelpunkt, Blickwinkel des Betrachters, Handlungen auf dem Bild ...).	• ...
Einzelheiten beschreiben	
2. Beschreibe • Personen und Gegenstände, • Bildvorder- und Bildhintergrund.	• *Kniender Mann mit Maurerkelle ...*
3. Lies die Bildtexte und notiere Schriftgröße und Schrifttyp (Handschrift, Druckbuchstaben). Stelle das Verhältnis von Bild und Text dar.	• *Handschrift ...* • *Rahmen: Schrift oben und unten ...* • ...
Zusätzliche Informationen zur Entstehung des Plakates heranziehen	
4. Benenne die Entstehungszeit (Bildunterschrift).	• ...
5. Nenne den Auftraggeber (Parteien, Staat, Einzelne).	• *Vermutlich: ...*
6. Finde den Namen des Künstlers heraus.	• ...
7. Ordne Personen und Gegenstände in den historischen Hintergrund ein.	• *Auf M1 ist kein Politiker erkennbar, der Mann gehört zu der Berufsgruppe der Maurer.*
8. Zeige den Anlass des Plakates auf (Wahlen, Bekanntmachungen, Volksabstimmung über ein bestimmtes Thema/Anliegen).	• ...
Aussage formulieren und Absicht deuten	
9. Ermittle aus dem Text, den Bildelementen, ihrer Farbgebung und der Symbolik die Aussage des Plakates.	• *Text: „Nationalversammlung als Grundstein“* • *Fahnen, Rot (Symbolfarbe für die Arbeiterparteien), Schwarz-Rot-Gold im Hintergrund; Maurer, der auf einem Grundstein weiterbauen will ...*
10. Beschreibe die Stimmung, die sich aus der Gestaltung des Plakates ergibt.	• ...
11. Fasse die Botschaft des Plakates zusammen.	• *Mit dem Plakat soll erreicht werden ....*

1 **a)** Untersuche M1 entsprechend der Arbeitsschritte oben und vervollständige die Lösungshinweise.
b) Ordne das Anliegen von M1 einer bestimmten Partei zu.

2 **Partnerarbeit:** Analysiert das Plakat M2 mithilfe der Arbeitsschritte. Stellt euch eure Ergebnisse gegenseitig vor.

3 **Zusatzaufgabe:** Suche online ein deutsches Wahlplakat aus einer vergangenen oder gegenwärtigen Bundestagswahl. Auch ein Plakat einer Landtagswahl ist möglich. Analysiere es und vergleiche es mit Plakaten der Weimarer Republik.

4 Diskutiert in der Klasse: Mit welchen Medien werben Parteien heute um Wähler? Sind Plakate immer noch ein geeignetes Medium, um Wähler anzusprechen? Wie einflussreich sind Wahlplakate?

Die politische Ordnung der Weimarer Republik

Die erste Aufgabe der am 19. Januar 1919 gewählten Nationalversammlung war die Beratung bei der Erarbeitung und die Bewilligung der Verfassung, die der liberale Staatsrechtler Hugo Preuß im Auftrag von Reichskanzler Friedrich Ebert entworfen hatte.
- ***Welche Stärken und Schwächen zeichnete die Reichsverfassung aus?***

M 1

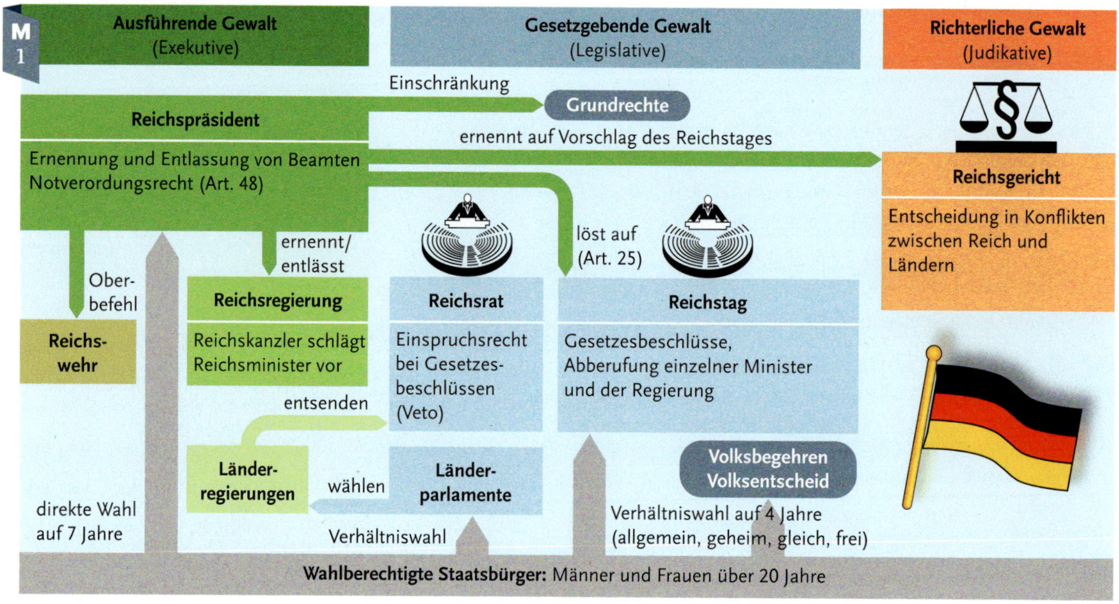

Die Weimarer Reichsverfassung 1919
*Artikel 25: „Der Reichspräsident kann den Reichstag auflösen, jedoch nur einmal aus dem gleichen Anlass. Die Neuwahl findet spätestens am sechzigsten Tage nach der Auflösung statt." * Zum Notverordnungsrecht (Art. 48) lies nach auf S. 105.*

Friedrich Ebert (1871–1925)

stammte aus einer Schneidermeisterfamilie. Nach seiner Sattlerausbildung (Herstellung von Taschen, Sätteln etc.) engagierte er sich in der SPD, wurde Redakteur der „Bremer Bürgerzeitung" und war seit 1912 Reichstagsabgeordneter, ab 1913 Parteivorsitzender. Ebert trat für die Gründung einer parlamentarischen Demokratie ein. Am 9. November 1918 wurde er Reichskanzler. Von Februar 1919 bis zu seinem Tod am 28. Februar 1925 war er Reichspräsident. Seine Leistung bestand darin, einen Ausgleich zwischen dem gemäßigten Teil der Arbeiterbewegung und bürgerlichen Parteien herbeigeführt zu haben. Kritiker warfen Ebert und seiner Partei vor, sich zu stark auf die alten Führungskräfte des Kaiserreichs aus Militär, Verwaltung und Wirtschaft verlassen zu haben, statt diese auszutauschen.

M 2

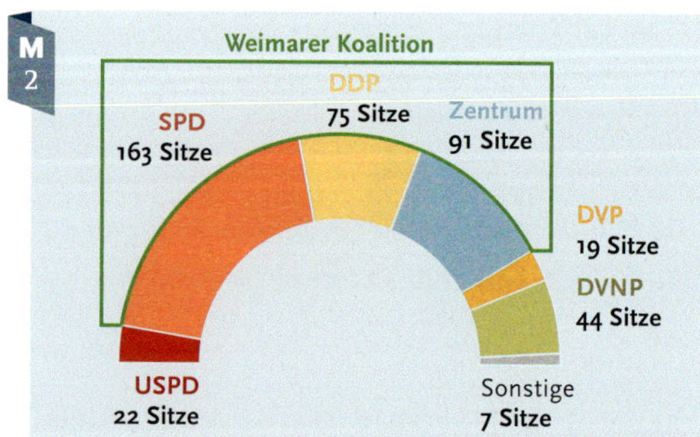

Sitzverteilung nach der Wahl zur Nationalversammlung am 19. Januar 1919

Grundlegender Begriff: Weimarer Reichsverfassung

Verfassung der ersten deutschen Republik von 1919; Kennzeichen u. a.: parlamentarische Demokratie, starke Stellung des Reichspräsidenten, erstmaliges Frauenwahlrecht

Der Start der ersten deutschen Demokratie

Anfang Februar 1919 trat die Verfassungsgebende Nationalversammlung für Beratungen zusammen. Wegen der bürgerkriegsähnlichen Lage in Berlin tagte sie zunächst im Nationaltheater in der thüringischen Stadt Weimar. Daher sprechen wir auch von der „Weimarer Republik".

Die neue Verfassung wurde am 31. Juli 1919 von der Nationalversammlung mit großer Mehrheit der Stimmen aus SPD, Zentrum und den Liberalen der DDP verabschiedet. 75 Abgeordnete aus den Reihen der USDP und der konservativ-kaisertreuen DVP und DNVP stimmten gegen ihre Annahme. Sie trat im August 1919 in Kraft.

Im Gegensatz zur Verfassung des Kaiserreichs war Weimar ein Parteienstaat, in dem die Regierung von einem Parlament, dem Reichstag, abhängig war. Dieser wurde vom Volk gewählt, hatte Einfluss auf die Regierungsbildung und die Besetzung wichtiger Funktionsstellen. Ein politisches System, bei dem ein aus Wahlen hervorgegangenen Parlament eine zentrale Funktion im Staat einnimmt, wird Parlamentarismus genannt. In der Weimarer Republik hatten die Parteien keinen verfassungspolitischen Auftrag und galten als Vereine. Deswegen waren auch Parteien zugelassen, die republikfeindliche Einstellungen hatten. Eine Mindestanzahl an Stimmen für den Einzug ins Parlament wie im heutigen Deutschland („Fünf-Prozent-Hürde") gab es nicht. Der Reichstag sollte den Volkswillen exakt abbilden. Daher zogen auch einige kleinere Parteien ins Parlament ein. Von den 423 Parlamentsabgeordneten waren 37 Frauen. Die „Weimarer Koalition" bestand aus drei Parteien, die rund zwei Drittel der Wählerschaft vertraten. Zum ersten Reichspräsidenten wurde mit über 70 Prozent der Stimmen Friedrich Ebert (SPD) gewählt. Philipp Scheidemann (SPD) wurde Reichskanzler.

M 3

Reichspräsident Friedrich Ebert mit Apfel und Regenschirm auf dem Thron, Karikatur aus der Sartirezeitschrift „Kladderadatsch", 1919

1 Werte das Schaubild M1 aus. Nimm die Arbeitsschritte auf S. 189 zu Hilfe. Gehe insbesondere auf folgende Fragen ein:
- Welches Verfassungsorgan war das mächtigste? Erstelle dazu eine Rangfolge der Verfassungseinrichtungen, z. B. Reichstag, Reichspräsident ..., und begründe.
- Beziehe die GB „Weimarer Republik" und „Weimarer Reichsverfassung" mit ein.
- Beurteile die Partizipationsmöglichkeiten der wahlberechtigten Bevölkerung. Zum Begriff „Volksbegehren" lies im Lexikon nach.

2 **a)** Erschließe die Karikatur M3 anhand der Arbeitsschritte auf S. 41. Worauf spielt der Karikaturist mit der Darstellung Eberts auf dem Thron sitzend an?
b) Beurteile: Die Politik und politische Rolle Eberts war sowohl eine der Kontinuität als auch der Revolution (Biografie, M3, DT).

3 Diskutiert in der Klasse Stärken und Schwächen der Weimarer Reichverfassung im Hinblick auf eine demokratische Entwicklung (M1, M2, DT und GB).

4 Nenne einige Mitbestimmungsmöglichkeiten, die die Bürgerinnen und Bürger heute in der Politik haben. Nutze die Kenntnisse, die du aus der Bearbeitung der Arbeitsaufträge erworben hast und vergleiche.

5 **Zusatzaufgabe:** Die erste Rede einer Frau im deutschen Parlament im Februar 1919 begann mit folgendem Satz:„ Was diese Regierung getan hat, das war eine Selbstverständlichkeit: Sie hat den Frauen gegeben, was ihnen bis dahin zu Unrecht vorenthalten worden ist." Recherchiert, wie die Abgeordnete heißt und was sie als Politikerin erreicht hat. Worauf bezieht sie sich in diesem Satz?

Belastungen und Bedrohungen für die junge Republik

Erarbeitet in Gruppen mithilfe der Materialien die wichtigsten Herausforderungen für einen demokratischen Neubeginn. Formuliert für euer Thema eine passende Frage als Überschrift, die Interesse weckt. Präsentiert eure Ergebnisse vor der Klasse. Stellt am Ende Zusammenhänge zwischen den einzelnen Themen (Gruppe A–D) her.

A Der Versailler Vertrag

M 1

Der britische Historiker Ian Kershaw, 2016:
Die grimmigste Wut und tiefste Verstimmung [in Deutschland] richteten sich gegen Artikel 231 des Versailler Vertrages, den „Kriegsschuld-Artikel",… der Deutschland und seinen Verbündeten die Schuld am Krieg gab, und gegen die Folgen dieses Artikels. Der Artikel war die rechtliche Grundlage, um Deutschland zur Zahlung von Reparationen für Kriegsschäden zu verpflichten … wie es eine lautstarke Öffentlichkeit sowohl in Frankreich als auch in Großbritannien vehement eingefordert hatte … So riesig die Summe[1] auch war, sie hätte im Laufe der Zeit bezahlt werden können, ohne die deutsche Wirtschaft zu ruinieren. Tatsächlich wurde der größte Teil der Summe niemals bezahlt … Die Friedensstifter von Paris hatten Deutschlands Fähigkeit, erneut Probleme zu verursachen, eingedämmt, aber nicht ausgeschaltet. Militarismus, aggressiver Nationalismus und Machtstreben, die sie als ursächlich für den Krieg erkannt hatten, wurden nicht ausgelöscht, sondern … schwelend zurückgelassen … Vorläufig war Deutschland hilflos und verwundet, aber [auch] noch verwundet ein Riese.

*Ian Kershaw, Höllensturz. Europa 1914–1949, München (DVA) 2016, S. 176f.** Übersetzt von Klaus Binder, Bernd Leineweber und Britta Schröder.*

[1] *Die Summe stand nicht im Versailler Vertrag, sie wurde erst 1921 ausgehandelt und betrug 132 Milliarden Goldmark.*

M 2

„Was wir verlieren sollen!" Plakat, 1919, Farblithografie von Louis Oppenheimer

1 Wiederhole deine Kenntnisse über den Versailler Vertrag und überprüfe anschließend deren Richtigkeit anhand des entsprechenden GB (siehe S. 203).
2 Benenne die Probleme, die sich nach Ansicht des Historikers Kershaw aus dem Versailler Vertrag ergeben (M1).
3 Untersuche die Darstellung auf dem Plakat M2 und diskutiere, ob es sich um eine Faktendarstellung oder Propaganda handelt.

B Die Dolchstoßlegende

M 3

Aussage des Generalfeldmarschalls von Hindenburg vor dem parlamentarischen Ausschuss am 18. November 1919:

Die braven Truppen, die sich von der revolutionären Zermürbung freihielten, hatten unter dem pflichtwidrigen Verhalten der revolutionären Kameraden schwer zu leiden; sie mussten die ganze Last des Kampfes tragen ... Ein englischer General sagte mit Recht: „Die deutsche Armee ist von hinten erdolcht worden."

Stenographischer Bericht über die öffentlichen Verhandlungen des Untersuchungsausschusses, Berlin 1919, S. 729 ff. Zit. nach www.1000dokumente.de/pdf/dok_ 0026_dol_de.pdf, S. 7 (Stand: 26. 02. 2020).

M 4

Aufzeichnung des Reichskanzlers Prinz Max von Baden, 16. Oktober 1918:

Die militärische Lage hat uns auf Verlangen der Obersten Heeresleitung unerwartet genötigt, am 5. Oktober ein hastiges Ersuchen um Waffenstillstand an den Präsidenten der Vereinigten Staaten zu richten. Dieser Schritt kam einer Kapitulation gleich und ist von unseren Feinden wie auch im neutralen Ausland nicht anders als militärische Bankrotterklärung aufgefasst worden.

Zit. nach Wolfgang Michalka und Gottfried Niedhardt (Hg.), Die ungeliebte Republik. Dokumente zur Innen- und Außenpolitik Weimars 1918–1933, München (dtv) 1980, S. 10.

Eine Lüge mit großer Wirkung

In ihrer Funktion als Oberbefehlshaber gestanden Paul von Hindenburg und Erich Ludendorff im Oktober 1918 die militärische Niederlage ein und forderten auch unter dem Druck der Demonstranten, die zivile Regierung unter Prinz Max von Baden auf, Waffenstillstandsverhandlungen mit den USA aufzunehmen.

Die empörten Reaktionen in der deutschen Politik und Bevölkerung über die harten Friedensbedingungen im Sommer 1919 führten zur Einrichtung eines Untersuchungsausschusses im Deutschen Reichstag, der die Ursachen für die Einleitung der Waffenstillstandsverhandlungen herausfinden sollte. Vernommen wurde in diesem Rahmen auch der einstige Oberbefehlshaber von Hindenburg, der mit seiner Falschaussage die Anfeindungen gegen die Republik von rechts noch unterstützte. Er schob die Schuld an der Niederlage der deutschen Truppen im Herbst 1918 den Sozialdemokraten und Sozialisten in die Schuhe und beförderte so die Stimmung gegen die Politiker der „Weimarer Koalition". Die rechtsnationale Propaganda machte die Dolchstoßlegende populär und war Auslöser für politische Morde.

M 5

Bildteil aus einem Plakat der DNVP (Deutschnationale Volkspartei) im Vorfeld der Reichstagswahl, 1924: In roter Kleidung und mit Matrosenmütze wird der sozialdemokratische Revolutionär in den Novembertagen 1918 dargestellt.

1 Vergleiche die Aussagen von M3 und M4 und nenne das gemeinsame Thema und die unterschiedlichen Sichtweisen.

2 Beschreibe und deute M5. Nutze dazu die Arbeitsschritte auf S. 19.

3 Überprüfe, ob die Darstellung auf dem Bild M5 die Aussage des Generalfeldmarschalls von Hindenburg unterstützt (M3).

4 Erkläre anhand M4 und des DT, warum es sich bei der Aussage Hindenburgs nicht um die Wahrheit handelt.

Tipp: Achte auf das Datum der Aufzeichnungen Prinz Max von Badens und vergleiche es mit dem Ausbruch der Revolution.

C Inflation

M6

Der Schriftsteller Stefan Zweig (1881–1942) beschrieb die Inflation:

Man zahlte in der Straßenbahn mit Millionen, Lastwagen karrten das Papiergeld von der Reichsbank zu den Banken, und vierzehn Tage später fand man Hunderttausendmarkscheine in der Gosse: Ein Bettler hatte sie verächtlich weggeworfen. Ein Schuhsenkel kostete mehr als vordem ein Schuh ... ein zerbrochenes Fenster zu reparieren mehr als früher das ganze Haus, ein Buch mehr als vordem die Druckerei mit ihren Hunderten von Maschinen ... Fabriken kosteten umgerechnet nicht mehr als früher ein Schubkarren ... Die Arbeitslosen standen zu Tausenden herum und ballten die Fäuste gegen die Schieber [Geschäftemacher] und Ausländer in den Luxusautomobilen, die einen ganzen Straßenzug aufkauften wie eine Zündholzschachtel; jeder, der nur lesen und schreiben konnte, handelte und spekulierte, verdiente und hatte dabei das geheime Gefühl, dass sie alle sich betrogen und betrogen wurden von einer verborgenen Hand, die dieses Chaos sehr wissentlich inszenierte, um den Staat von seinen Schulden und Verpflichtungen zu befreien ... Alle Werte waren verändert und nicht nur im Materiellen; die Verordnungen des Staates wurden verlacht ... keine Moral respektiert.

*Stefan Zweig, Die Welt von Gestern. Erinnerungen eines Europäers, Frankfurt a. M. (Fischer) 1998 (Erstausgabe 1944), S. 355.**

Inflation – Hintergründe der Entwicklung

Inflation bedeutet Geldentwertung. Diese tritt ein, wenn das Papiergeld nicht durch verlässliche Gegenwerte wie Goldreserven oder wirtschaftliche Produktion gedeckt ist. Eine solche Gelddeckung war durch die hohe Verschuldung im Ersten Weltkrieg für Deutschland nicht mehr vorhanden. Das Defizit im Deutschen Reich belief sich 1918 auf 160 Milliarden Mark. Mit dem Ende des Krieges mussten weitere Schulden gemacht werden: Sieben Millionen Soldaten kehrten aus den Kriegsgebieten zurück und wollten wieder ihre Berufe aufnehmen. Viele von ihnen hatten schlimme Verletzungen davongetragen und waren nicht mehr oder nur noch eingeschränkt arbeitsfähig und auf Versorgungsleistungen angewiesen.
Nach den Bestimmungen des Versailler Vertrages musste Deutschland u a. das Saarland und Oberschlesien abgeben, wo sich wichtige Industrie- und Rohstoffgebiete befanden. Dies erschwerte den wirtschaftlichen Wiederaufbau, weil so keine Einnahmen mehr für den Staat erzielt werden konnten. Vielmehr mussten Sachgüter wie Schiffe, Maschinen und Waggons abgeliefert werden. In diese Situation fiel die Festlegung der Reparationssumme von 132 Milliarden Goldmark für Deutschland durch die Alliierten. Angesichts der wachsenden Schulden entschied sich die Regierung, mehr Geld zu drucken, ohne dass ein entsprechender Gegenwert vorhanden war. So war viel Geld im Umlauf, ohne dass entsprechend viele und hochwertige Waren im Angebot standen. Die Preise stiegen daher rasch an: Ärmere Bevölkerungsschichten hungerten, Bürgerinnen und Bürger verloren ihre Bankguthaben und Ersparnisse. Viele Menschen tauschten materielle Güter, um ihre Existenz zu bestreiten. Auch die Reparationsverpflichtungen Deutschlands mussten in Sachwerten wie Kohle oder Holz geleistet werden.

M7

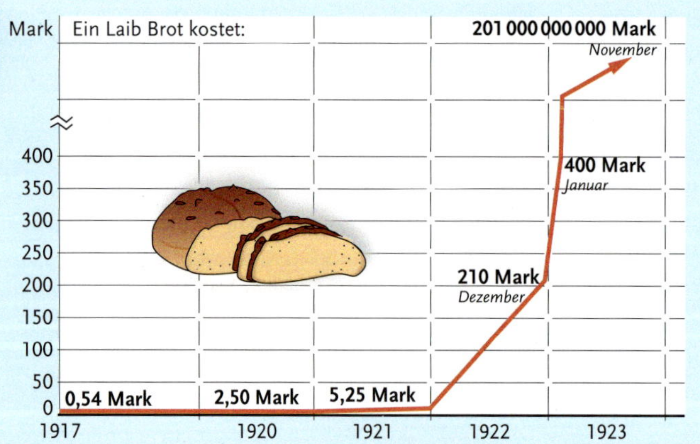

Die Entwicklung des Brotpreises während der Hyperinflation

1 Erkläre den Begriff „Inflation" anhand des DT und M7. Du kannst dazu auch eine kleine Skizze erstellen.

2 a) Erschließe M7 entsprechend den Arbeitsschritten auf S. 189.
b) Beschreibe die Auswirkungen der Inflation* und der Hyperinflation (sehr rasch steigender Werteverlust) ausgehend von M6 und M7.

D Ruhrkampf und Hyperinflation

Krisenjahr 1923: Besetzung des Ruhrgebietes

Deutschland war nach dem Versailler Vertrag zu Reparationsleistungen verpflichtet (siehe S. 22). Diese wurden aufgrund der Geldentwertung als Sachleistungen (Kohle, Eisenerz) entrichtet. Als Deutschland mit den Lieferungen an die Siegermächte in Rückstand geriet, marschierten französische und belgische Soldaten ins Ruhrgebiet und am Niederrhein ein. Britische Truppen besetzten Köln. Die Reichsregierung rief die Bevölkerung zum passiven Widerstand durch Streiks auf. Bergwerke, Züge und das öffentliche Leben standen still. Die Reichsregierung musste die Streikenden im Ruhrkampf mit neu gedrucktem Geld unterstützen, was den Wertverfall der Mark beschleunigte. Aus der Inflation* wurde eine Hyperinflation*. Einfache Dinge des täglichen Bedarfs kosteten plötzlich Hunderttausende oder gar Millionen Mark. Gewinner der Hyperinflation waren Haus- und Grundbesitzer. Sparguthaben hingegen waren wertlos geworden. Ein großer Teil des Mittelstandes verarmte. Reichskanzler Gustav Stresemann (DVP) beendete angesichts einer drohenden Hungersnot im September 1923 den Generalstreik* gegen die Besatzungsmächte. Im November wurde eine neue Währung eingeführt, die Rentenmark, die durch Hypotheken auf Immobilien aus Landwirtschaft, Industrie und Gewerbe gedeckt war. Dadurch konnte die Finanzkrise beseitigt und die Kreditwürdigkeit Deutschlands wiederhergestellt werden.

M8

Deutsches Plakat von 1923, Zeichnung von Theo Matejko

M9

1 **Wähle eine Aufgabe aus:**
   a) Erkläre, warum die Geldentwertung zur französischen und belgischen Besetzung des Rheinlandes führte (DT).
   b) Beschreibe die Reaktion der Arbeiterschaft im Rhein- und Ruhrgebiet sowie die Rolle des deutschen Staates (M8, DT).

2 Erschließe die Aussageabsicht des Titelblattes (M9, DT). Hilfreich dazu sind die Arbeitsschritte zur Methode „Flugblatt“ (siehe S. 189).

Franzosen an der Ruhr, Ausschnitt aus dem Titelblatt der Beilage des „Petit Journal“, 28. Januar 1923.
„Damit Deutschland zahlt ... An den Türen aller öffentlichen Gebäude und Fabriken erinnern die blauen Mäntel unserer Soldaten die vergesslichen Deutschen an die rechtmäßigen Forderungen und den entschlossenen Willen Frankreichs.“

Weitere Belastungen für die junge Demokratie

Auf die Revolutionsphase 1918/19 folgten weitere vier Krisenjahre mit Umsturzversuchen radikaler Gruppierungen von rechts und von links.
- ***Wie gingen der Staat und die Justiz gegen Republikgegner vor?***
- ***Wie verlief der Hitlerputsch in München 1923 und welche Folgen hatte er?***

Chronik der Aufstände 1920–1923

März bis Mai 1920 Aufruhr im Ruhrgebiet

13.–17. März 1920 Kapp-Putsch Regierung fordert Auflösung der Freikorps; diese weigern sich, besetzen unter der Führung des Beamten und Antirepublikaners Wolfgang Kapp die Regierungsgebäude in Berlin; Regierung fordert Reichswehr vergeblich zur Hilfe auf; ein Generalstreik* beendet einerseits den Putsch, führt aber andererseits zu einem neuerlichen Aufflackern der Revolution im sächsischen Vogtland und im Ruhrgebiet (Rote Ruhrarmee)

März 1921 kommunistische Aufstände in Mitteldeutschland (Sachsen/Thüringen)

26. August 1921 Ermordung von Matthias Erzberger (Zentrum) von Anhängern einer rechtsextremistischen Organisation; Erzberger war Finanzminister, sah die Notwendigkeit der Unterzeichnung des Waffenstillstandsvertrages ein und unterstützte daher auch die Erfüllung der Reparationsforderungen

24. Juni 1922 Ermordung von Außenminister Walther Rathenau (DDP) von Rechtsextremisten, die auch antisemitisch eingestellt waren

Sept. bis Okt. 1923 Unruhen im Freistaat Bayern

8./9. November 1923 Hitlerputsch in München

M 1

Politische Morde 1919–1922 und Rechtsprechung:

	rechts	links
Morde insgesamt	354	22
davon unbestraft	326	4
geständige Täter freigesprochen:	23	–
geständige Täter befördert:	3	–
Haftdauer pro Mord:	4 Monate	15 Jahre
Hinrichtungen:	–	10
Geldstrafe pro Mord:	2 Mark	–

Zahlenangaben laut einer Recherche des Mathematikers Emil Gumbel (1891–1966), die vom Reichsjustizministerium überprüft und bestätigt wurden. Emil Gumbel, Vier Jahre politischer Mord, Reprint der Originalausgabe von 1922, Heidelberg (Verlag Das Wunderhorn) 1980.

Adolf Hitlers Anfangsjahre

Adolf Hitler wurde 1889 als Sohn einer kleinbürgerlichen Familie in Niederösterreich geboren. Er verließ die Realschule ohne Abschluss und scheiterte mit seinen Bewerbungen an der Wiener Kunstakademie. Als Kriegsfreiwilliger wurde er im Ersten Weltkrieg mehrfach verwundet.1919 trat er in München in die Deutsche Arbeiterpartei ein. Im Juli 1921 übernahm er den Vorsitz der seit 1920 in NSDAP umbenannten Nationalsozialistischen Deutschen Arbeiterpartei und wurde in Bayern zur Schlüsselfigur der nationalistischen Gruppen. Hitler war auch politischer „Führer" des „Deutschen Kampfbundes", einer Vereinigung von Waffenverbänden, der die „Sturmabteilung" (SA)* und bewaffnete bayerische Einwohnerwehren angehörten. Nach dem gescheiterten Putschversuch vom 9. November 1923 wurde er zu fünf Jahren Haft verurteilt, durfte aber nach neun Monaten das Gefängnis verlassen. Das 1923 erlassene Verbot der NSDAP wurde im Zuge der Entlassung Hitlers zurückgenommen. Er begründete die Partei im Februar 1925 neu.

Aufstieg der NSDAP und der Hitlerputsch 1923

Die politische Stimmung nach der Ermordung Kurt Eisners in Bayern (S. 16/17) war aufgeheizt, brachte viele unterschiedliche extreme Haltungen zutage. Unter dem bayerischen Ministerpräsidenten Gustav von Kahr (Bayerische Volkspartei, siehe S. 17) formierte sich seit 1920 eine national-konservative Regierung, die auch antisemitische und monarchistische Haltungen integrierte. Unter seiner Regierung wurde Bayern zur „Ordnungszelle" im Reich, in der nach der Revolution von 1918 und den Räterepubliken 1919 „Ruhe und Ordnung" im national-konservativen Sinn wiederhergestellt wurden. Die Regierung von Kahrs bewirkte auch, dass rechtsradikale Republikgegner nicht oder nur in geringem Maß verfolgt wurden. So konnte sich in München die kleine, antisemitische Partei der Nationalsozialisten entwickeln. Unter dem Vorsitz Adolf Hitlers gewann die NSDAP durch Aufmärsche, Versammlungen und republikfeindliche Reden an Popularität in Bayern, während sie im Rest des Reichs nahezu unbekannt blieb.

Im Herbst 1923 kam es nach dem Ende des Ruhrkampfes und der Unterdrückung linker Regierungen in Sachsen und Thüringen durch die Reichswehr zu einer Rechtsdiktatur unter Kahr und einem offenen Konflikt mit der Reichsregierung. Die bayerische Regierung wollte die Verhältnisse in der „Ordnungszelle" auf ganz Deutschland übertragen und die parlamentarische Demokratie beseitigen. Adolf Hitler wiederum beabsichtigte, die Situation zu einem Putsch gegen die Regierung auszunutzen. Er stürmte am Abend des 8. November 1923 mit Gefolgsleuten aus der NSDAP, SA und anderen bewaffneten Verbänden eine Kundgebung der regierenden Bayerischen Volkspartei im Münchner Bürgerbräukeller, rief die „Nationale Revolution" aus und erklärte die Reichsregierung in Berlin und die bayerische Landesregierung für abgesetzt. Von Kahr ließ sich zum Schein auf Hitlers Pläne ein. Der Putsch wurde aber nach Kahrs Sinneswandel von der bayerischen Polizei am nächsten Tag niedergeschlagen: Als Hitler und Ludendorff mit 2 000 Bewaffneten durch München marschierten, stellte sich an der Feldherrnhalle am Odeonsplatz eine Einheit der Landespolizei den Rechtsradikalen entgegen. Der Putsch brach zusammen. Es gab Tote und Verletzte auf beiden Seiten. Hitler wurde verhaftet und zu fünf Jahren Haft verurteilt. Der Richter zeigte offen seine Sympathie für die Nationalsozialisten und ließ Hitler ausführlich zu Wort kommen. Dieser nutzte die Bühne für seine republikfeindlichen Reden. Die meisten Mitverschwörer erhielten relativ geringe Haftstrafen; Ludendorff, der als General im Ersten Weltkrieg zusammen mit Paul von Hindenburg die Oberste Heeresleitung (OHL, siehe S. 23) innegehabt hatte, wurde freigesprochen.

M 3 *Adolf Hitler, Erich Ludendorff und weitere Putschisten am Tag der Urteilsverkündung, Aufnahme von Heinrich Hoffmann, dem Fotografen Hitlers vom 1. April 1924*

M 2 **Aus der Urteilsbegründung gegen Hitler vom 1. April 1924:**

Auch das Gericht ist zu der Überzeugung gelangt, dass die Angeklagten bei ihrem Tun von rein vaterländischem Geiste und edelstem Willen geleitet waren. Alle Angeklagten ... glaubten nach bestem Wissen und Gewissen, dass sie zur Rettung des Vaterlandes handeln müssten und dass sie dasselbe täten, was kurz zuvor noch die Absicht der leitenden bayerischen Männer gewesen war. Das rechtfertigt ihr Vorhaben nicht, aber es gibt den Schlüssel zum Verständnis ihres Tuns.

*Zit. nach Otto Gritschneder, Bewährungsfrist für den Terroristen Adolf H. Der Hitlerputsch und die bayerische Justiz, München (C. H. Beck) 1990, S. 92.***

Grundlegendes Datum

1923 Krisenjahr der Weimarer Republik, u. a. Hitlerputsch, Inflation, Ruhrkampf

1 **a)** Nenne rechtsextreme und linksextreme Angriffe auf den Staat (Chronologie, DT).
b) Beschreibe die Haltung der bayerischen Regierung unter Gustav von Kahr und erkläre, wie diese den Aufstieg der NSDAP in Bayern begünstigte (DT).

2 Stelle den Ablauf und das Ende des Hitler-Putsches dar (DT).

3 **a)** Erschließe M1 nach den Arbeitsschritten auf S. 189 f.
b) Erläutere M3 nach den Arbeitsschritten auf S. 188.
c) Begründe anhand deiner Befunde zu 3a und b sowie mit Blick auf das Urteil gegen die Verschwörer des Hitlerputsches (M2) die Aussage von Historikern und Zeitgenossen, die Justiz sei „auf dem rechten Auge blind" gewesen.

4 **a)** Sammelt in der Klasse Gründe für die andauernden Angriffe auf die junge Demokratie 1920–1923.
b) Vergleicht mit den rechtsradikalen Angriffen auf unsere Demokratie heute und nennt die Stärken unserer heutigen Demokratie gegenüber solchen Angriffen.

5 GB „Krisenjahr 1923": Wiederhole stichpunktartig die wichtigsten Belastungen für die Weimarer Republik (siehe S. 22–27). Beziehe dazu die Ergebnisse eurer Präsentation mit ein.

Wirtschaftliche Stabilisierung und gesellschaftliche Veränderungen

„Goldene Zwanziger" wurde später der Zeitraum zwischen 1924 und 1929 genannt. In jenen Jahren entstand in Deutschland u. a. die moderne Massenkultur mit Kino und Sportveranstaltungen als beliebte Treffpunkte für alle. Neue künstlerische Ausdrucksweisen setzten sich durch.

- ***Welche Veränderungen prägten jene Jahre?***

M 1

„Großstadt", Triptychon (dreigeteiltes Bild nach dem Vorbild von Kirchenaltären) von Otto Dix, 1927/28

Wirtschaft und Alltag nach 1923

Durch die Ruhrkrise (siehe S. 25) war den Siegermächten bewusst geworden, dass nur eine funktionierende deutsche Wirtschaft die pünktliche Zahlung der Reparationen ermöglichte. Eine internationale Kommission unter Leitung des amerikanischen Bankiers Charles Dawes setzte die deutschen Reparationszahlungen auf 2,4 Milliarden Mark jährlich fest. Ab 1924 flossen amerikanische Kredite nach Deutschland, die auch zur Überwindung der Inflation beitrugen. Bald erreichte die deutsche Wirtschaft mit ihren Produkten auf vielen Gebieten eine internationale Spitzenposition wie vor dem Ersten Weltkrieg. Der Staat investierte vor allem in den Bereichen Forschung, Wohnungsbau und Modernisierung des Verkehrswesens. Technische Fortschritte in der Autoindustrie und Kommunikationstechnik veränderten die Arbeitsprozesse. Staatliche Maßnahmen ermöglichten höhere Rentenzahlungen und bessere soziale Leistungen für die Arbeiterschaft. Zugleich wurde versucht, die rechtliche Gleichstellung der Frauen zu erreichen (siehe S. 30/31). Auch in der Architektur und Kunst setzten sich Neuerungen durch. Telefon und Radio erreichten ein Massenpublikum, wie auch Schallplatten und der Tonfilm. Rund zwei Millionen Menschen strömten täglich in die Kinos. Varietés und Tanzlokale entstanden. Wirtschaftsexperten warnten allerdings vor einer Scheinblüte, da ein großer Teil der Ausgaben durch Kredite finanziert wurde.

M 2

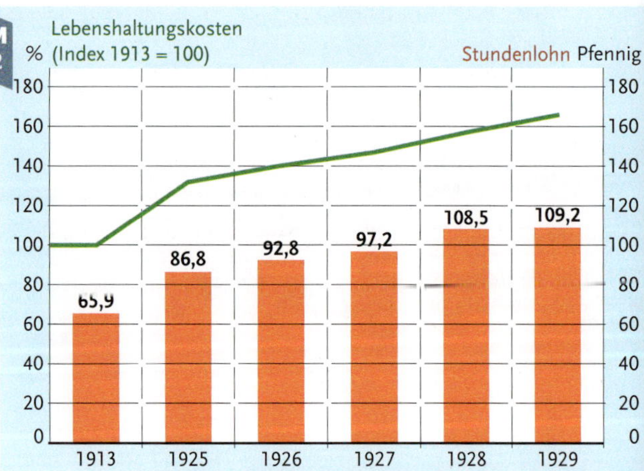

Löhne und Lebenshaltungskosten 1913 bis 1929

Sozialpolitische Maßnahmen der Weimarer Republik

1918 Der Achtstundentag wird eingeführt.

1919 Die Gewerkschaften werden als gleichberechtigte Tarifpartner der Arbeitgeber anerkannt.

1920 Das Betriebsrätegesetz regelt die Mitsprache der Arbeitnehmer in Betrieben mit mehr als 20 Beschäftigten.

1923 Das Mieterschutzgesetz schützt vor Kündigungen.

1924 Die staatliche Fürsorge ersetzt die Armenpflege der Städte und Gemeinden.

1926 Neue Arbeitsgerichte regeln Streitigkeiten zwischen Arbeitgebern und Arbeitnehmern.

1927 Die Arbeitslosenversicherung wird zur Pflichtversicherung; werdende Mütter erhalten Arbeits- und Kündigungsschutz.

Vom Autor zusammengestellt.

M3

Josefa Halbinger (1900–1980):

Damals in den zwanziger Jahren hat sich auch die Mode stark geändert. Da sind die taillenlosen Kleider aufgekommen und der Bubikopf. Ich hab mir 1924 einen schneiden lassen ... Dann hat mich die Chefin so angeschaut und hat gesagt: „Na, für ihre Ratzenschwanzel [dünne Zöpfe] ist auch nicht schad." ... Florstrümpfe hat man früher gehabt, Wollstrümpfe nur im Winter. Flor, das war ein dünnes Gewebe, auch schon durchsichtig, zum Teil sogar mit Spitzen eingesetzt, das war sehr hübsch. In den zwanziger Jahren sind dann die Seidenstrümpf aufkommen.

*Zit. nach Carlamaria Heim, Josefa Halbinger, Jahrgang 1900: Lebensgeschichte eines Münchner Arbeiterkindes, 5. erweiterte Auflage, München (Obalski und Astor) 1980, S. 55.***

M4 *Die Hufeisensiedlung im Berliner Stadtteil Britz nach den Plänen von Bruno Taut, eine der ersten Siedlungen des sozialen Wohnungsbaus, errichtet zwischen 1925 und 1933.*

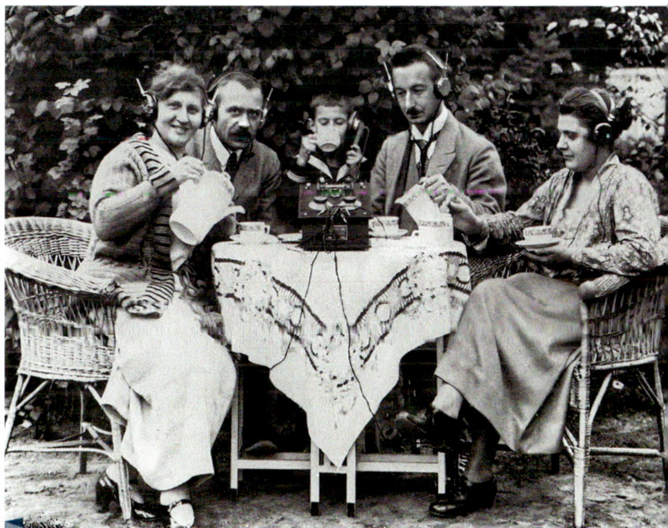

M5 *Radiohören im Jahr 1925. Übertragungen wurden sehr populär. 1924 gab es in Deutschland 10 000 Geräte, 1928 bereits zwei Millionen. Foto, 1925*

1 Beschreibe die einzelnen Elemente im Bild M1. Zeige auf, inwiefern der Begriff der „Goldenen Zwanziger" nur für einen Teil der Gesellschaft in dieser Zeit Gültigkeit hatte.
Tipp: Nimm die Arbeitsschritte auf S. 188 zu Hilfe.

2 **a)** Erschließe die Statistik (M2) mithilfe der Arbeitsschritte auf S. 189 f.
b) Zeige das Verhältnis von Lohnentwicklung zur Preisentwicklung auf.

3 Benenne Faktoren, die das Leben in den mittleren Jahren der Republik stabilisierten (M2–M5, DT und Übersicht „Sozialpolitische Maßnahmen").

4 Überprüfe, ob die modischen Veränderungen, die Josefa Halbinger in M3 beschreibt, auch im Gemälde M1 zu sehen sind.

★ Mehr Rechte für Frauen?

Im Ersten Weltkrieg hatten Frauen die Arbeit von Männern übernommen, zum Beispiel in Fabriken oder auf dem Feld. 1919 durften sie erstmals wählen. Doch war damit die Gleichberechtigung verwirklicht?

- ***Entscheide dich für A oder B und untersuche, wie sich das Leben der Frauen seit 1918 veränderte.***

Frauen im Kaiserreich

Im Kaiserreich (1871–1918) waren Frauen nicht gleichgestellt. Ihr Ehemann durfte rechtlich über sie bestimmen, in der Arbeit wurden sie schlechter bezahlt. Auch die Mode entsprach der starren Gesellschaftsordnung (z. B. Korsetts). Gegen Ende des Jahrhunderts bildeten sich viele Frauenvereine mit dem Ziel, die Lage zu verbessern. Sie erreichten z. B. den Zugang für Mädchen zu Abitur und Studium.

A

M1 **Alltag einer 23-jährigen Textilarbeiterin, 1928:**

Wenn sie um sieben Uhr zur Arbeit kommt, hat sie schon eineinhalb Stunden Hausarbeit hinter sich. Eigentlich dürfte sie ihren Beruf aus gesundheitlichen Gründen nicht mehr ausüben, sieht aber keine andere Möglichkeit, ihr Leben zu fristen. Wenn sie um 17.15 h nach Hause kommt, muss sie der ebenfalls Vollzeit tätigen Mutter erst noch bei der Hausarbeit helfen, ebenso am Wochenende. Nicht einmal die Mittagspause hat sie für sich, denn da muss sie den Brüdern das Mittagessen richten: „Diese haben es schöner als ich. Sie setzen sich an den vollen Tisch und wenn sie satt sind, verlassen sie ihn und lassen alles stehen und liegen. Ich dagegen muss Tisch und Bänke abputzen und das Geschirr zusammenstellen. Jetzt muss ich mich schon wieder hetzend zur Arbeit begeben, denn gleich wird die [Fabrik-]Sirene wieder heulen."

*Zit. nach Alf Lüdtke, Mein Arbeitstag – mein Wochenende. Arbeiterinnen berichten von ihrem Alltag 1928, Hamburg (Ergebnisse Verlag) 1991, S. 34f.**

M2 **Eine Ärztin erinnerte sich an die Probleme in den 1920er Jahren**

Rahel Straus (1880–1963) studierte ab 1900 als erste Frau an der Universität Heidelberg Medizin. Noch vor dem Ersten Weltkrieg eröffnete sie eine Praxis in München, zog zugleich fünf Kinder groß und engagierte sich als Sozialarbeiterin und Frauenrechtlerin:

Noch war es auf Schritt und Tritt zu spüren, dass vier Jahre Krieg hinter uns lagen, dass wir noch immer hungerten. Ich sah es bei meinen Patientinnen, dass Schweres auf ihnen lastete. Die Männer, die zurückkamen, waren anders als die, die vor vier Jahren ausgezogen waren. Sie waren erschöpft, nervös, reizbar, nicht mehr an eine stetige Berufsarbeit gewöhnt. Aber auch die Frauen, die sie bei ihrer Heimkehr wiederfanden, waren anders als die, die sie vor vier Jahren verlassen hatten. Die Frauen, die so plötzlich die Arbeit ihres Mannes hatten übernehmen müssen, die sie vier Jahre getan und sehr gut getan hatten, waren selbstständige Persönlichkeiten geworden, die sich nicht mehr nur in Haus und Küche zurückschicken ließen. So mussten Ehetragödien entstehen, und eine ... Welle von Ehescheidungen setzte ein, ... und das gerade in den unteren Schichten, wo man trotz aller Zwistigkeiten beieinander ausgeharrt hatte.

*Rahel Straus, Wir lebten in Deutschland. Erinnerungen einer deutschen Jüdin 1880–1933, Stuttgart (Deutsche Verlags-Anstalt) 1961, S. 238f.**

1 Vergleiche die beiden Frauen in M1 und M2 in Bezug auf ihre berufliche Tätigkeit und ihre gesellschaftliche Stellung.

2 Erläutere die Meinung der Ärztin über die Rolle der Frauen und das Verhältnis zwischen den Geschlechtern nach dem Ersten Weltkrieg (M2).

B

M 3

Wahlplakat 1919, Grafik von Fritz G. Kirchbach

M 4

„Mädels von heute", Foto aus „Das Magazin", Berlin, Oktober 1925

1 Analysiere das Plakat (M3) mithilfe der Arbeitsschritte zu „Politische Plakate untersuchen" (siehe S. 19).

2 Erläutere, welches Bild „Das Magazin" (M4) und welches die Sozialdemokratische Partei (M3) von „der Frau" entwirft.

M 5

Wandel der Erwerbstätigkeit von Frauen (in Prozent):

	1882	1907	1925	1933
Anteil der erwerbstätigen Frauen an der Gesamtzahl der Frauen	33,8	31,2	35,6	34,2
davon tätig als mithelfende Familienangehörige	40,7	35,2	36,0	36,1
Dienstmädchen/Hausangestellte	17,9	16,1	11,4	10,5
Arbeiterinnen in Industrie und Handel	11,8	18,3	23,0	22,9
in der Landwirtschaft	15,5	14,5	9,2	7,5
Angestellte und Beamtinnen	1,7	6,5	12,6	14,8
Selbstständige	12,3	9,2	7,7	8,0

Zusammengestellt nach Ute Frevert, Frauen-Geschichte zwischen bürgerlicher Verbesserung und neuer Weiblichkeit, Frankfurt a. M. (Suhrkamp) 1986, S. 290.

Aufgaben für alle:

1 Erschließt die Statistik M5. Nutzt dazu die Arbeitsschritte auf S. 189 f. Beurteilt: In welchen Bereichen ergaben sich die meisten Veränderungen für Frauen?

2 Bewertet die Stellung der Frauen in der Weimarer Republik hinsichtlich ihrer gesellschaftlichen und politischen Gleichberechtigung.

Deutsche Außenpolitik nach Versailles

Deutschland schlug nach Kriegsende Ablehnung und Hass vonseiten der Siegermächte entgegen, die es als Schuldigen am Kriegsausbruch betrachteten. Erst allmählich wurde Deutschland als Verhandlungspartner international akzeptiert.

- ***Wie gelang es Deutschland, wieder Teil der europäischen Mächte zu werden und auch die Reparationszahlungen zu mindern?***

M 1

Gustav Stresemann mit der Figur des deutschen Michel. Text zur Karikatur: „Er schaut nach rechts, er schaut nach links – er wird mich retten." Titelblatt der Satirezeitschrift „Simplicissimus" vom 14. Mai 1923, Karikatur von Karl Arnold

Rückkehr in die Völkergemeinschaft

Ziel der deutschen Außenpolitik nach Versailles war die Milderung der Friedensbedingungen, die als zu hart empfunden wurden. Zugleich wurde den Siegermächten bewusst, dass eine reine Machtdemonstration wie die Besetzung des Ruhrgebiets durch französische und belgische Truppen 1923 keinen dauerhaften Frieden in Europa herbeiführen würde. Auf deutscher Seite setzte sich Außenminister Gustav Stresemann für eine Annäherung der Kriegsgegner Deutschland und Frankreich ein. Stresemann wollte unter anderem, dass Deutschland wieder ein gleichberechtigter Partner unter den europäischen Mächten werde. Dazu war es notwendig, dass die Reparationsleistungen gesenkt und militärische Gleichberechtigung durchgesetzt wurden. Der Vertrag von Locarno 1925 besiegelte eine Aussöhnung zwischen Deutschland und Frankreich. Die Außenminister beider Länder, Gustav Stresemann und Aristide Briand, einigten sich auf die Anerkennung der Grenze und das Deutsche Reich akzeptierte damit die Zugehörigkeit von Elsass-Lothringen zu Frankreich. Aber Stresemann hielt weiterhin an einer Korrektur der Ostgrenzen des Deutschen Reiches fest, was die Wiedergewinnung Danzigs und des polnischen Korridors sowie eine Korrektur der Grenze in Oberschlesien bedeutete.

Daher blieb das Verhältnis zur neu entstandenen Republik Polen schwierig, denn hier verzögerte Deutschland die Anerkennung der Gebietseinteilung nach dem Versailler Vertrag entsprechend den Plänen, die Stresemann insgeheim für eine Revision der deutschen Ostgrenzen hegte.

Gustav Stresemann (1878–1929)
geboren in Berlin, Studium der Volkswirtschaft
1902–1908 tätig im „Verband sächsischer Industrieller"
1903 Eintritt in die Nationalliberale Partei
1906–1912 Mitgliedschaft im Dresdener Stadtrat
ab 1907 Abgeordneter im Reichstag, wo er eine konservative, nationalistische und monarchistische Haltung vertritt
seit 1917 Parteivorsitzender der Nationalliberalen Partei
nach 1918 Mitbegründer und führender Politiker der rechtsliberalen Deutschen Volkspartei (DVP)
1919/20 Mitglied der Verfassunggebenden Nationalversammlung
13. August bis 23. November 1923 Kanzler einer Großen Koalition von SPD, Zentrum, DDP und DVP
1923–1929 Außenminister: Vertrag von Locarno
1926 Stresemann erhält den Friedensnobelpreis zusammen mit dem französischen Außenminister Aristide Briand
1929 Tod Stresemanns

Deutsche Außenpolitik 1922–1929

16. April 1922 Vertrag von Rapallo zwischen Deutschland und Sowjetrussland: außenpolitische und wirtschaftliche Annäherung; gegenseitiger Verzicht auf Ersatz von Kriegsschäden

29. August 1924 Dawesplan (siehe S. 28); damit verbunden Räumung des Rheinlandes

5. bis 16. Oktober 1925 Konferenz von Locarno (Schweiz): Hier wurden sieben internationale Verträge ausgehandelt; Anerkennung der Grenzen von Frankreich und Belgien durch Deutschland, wie im Versailler Vertrag festgelegt; Verzicht auf Gewalt; keine außenpolitische Isolierung. Aufgrund des Vertrages stieg das internationale Ansehen Deutschlands; frühzeitige Räumung des seit Kriegsende besetzten Rheinlandes.

8. September 1926 Beitritt zum Völkerbund*

21. August 1929 Youngplan (nach dem amerikanischen Unternehmer Young): Festlegung der Zahlungsverpflichtungen Deutschlands (Reparationen) auf 59 Jahre und 112 Milliarden Goldmark

20. Juni 1931 Gewährung eines Zahlungsaufschubes vonseiten des US-Präsidenten Hoover

9. Juli 1932 Lausanner Abkommen: Ende der Zahlungsverpflichtungen für Deutschland mit einer einmaligen Reparationsleistung von 3 Milliarden Goldmark

M 2

Der Historiker Ulrich Herbert über die Außenpolitik der Weimarer Republik, 2014:

Die Einleitung einer Verständigungspolitik mit Frankreich war eines der beiden Kernstücke der 1923 bis 1929 von Gustav Stresemann bestimmten deutschen Außenpolitik. Dass es kein Sozialdemokrat war, der den Ausgleich mit Frankreich erreichte, sondern der als Nationalist ... bekannt gewordene Vorsitzende der DVP, war nur auf den ersten Blick verblüffend, denn anders als ein Sozialdemokrat besaß Stresemann bei den nationalistischen Hardlinern einen gewissen Vertrauensvorschuss, was ihm einen größeren politischen Spielraum eröffnete. Stresemann war bereit, die Sicherheitsinteressen der westlichen Nachbarn anzuerkennen, und zielte auf eine internationale Garantie der deutschen Westgrenze. Das bedeutete die Aufgabe eines deutschen Anspruchs auf Elsass-Lothringen ebenso wie des Ziels der Rheingrenze und war angesichts der fatalen [verhängnisvollen] deutsch-französischen Beziehungen der vergangenen fünfzig Jahre ein bemerkenswerter Neuansatz, der 1925 zur spektakulären Vereinbarung von Locarno führte.

Ulrich Herbert, Geschichte Deutschlands im 20. Jahrhundert, München (C. H. Beck) 2014, S. 214 f.

M 3 *Wahlplakat der DNVP, 1928. Der Vertrag von Locarno spaltete die deutsche Öffentlichkeit zutiefst: Für die Konservativen und Nationalisten war er eine „Unterwerfung unter Frankreich". Der abgebildete Soldat spielt auf die Tatsache an, dass in der französischen Armee viele Soldaten aus den afrikanischen Ländern Dienst taten. Die Darstellung spielt mit rassistischen Vorurteilen.*

1 Nenne die Ziele der deutschen Außenpolitik nach Versailles (DT).

2 Erkläre, wie die Außenpolitik des Deutschen Reiches zur relativen Stabilisierung beitrug.

3 **a)** Interpretiere die Karikatur M1 (siehe Arbeitsschritte auf S. 41).
b) Überprüfe die Aussage der Karikatur M1 mit Blick auf die Politik Stresemanns im Jahr 1923 (DT und Biografie).

4 Der Außenminister der Bundesrepublik in den Jahren 1998–2005, Joschka Fischer (Die Grünen) setzte sich in einem Zeitungsartikel (2000) mit Stresemanns Politik auseinander und fragte: „War er Monarchist oder Demokrat, Nationalist oder Europäer, Idealist oder Realist?" Beantworte die Fragen mit Blick auf Parteizugehörigkeit, politische Position und Leistungen Stresemanns (M2, Chronologie, DT und Biografie). Nutze auch die Informationen auf S. 18.

5 Erarbeite die Motive für die Gegnerschaft der DNVP zum Vertragswerk von Locarno (M3 und DT, siehe S. 18).

Börsenkrach in New York: Wie wirkte sich die Krise auf Deutschland aus?

Im Oktober 1929 kam es in den USA aufgrund von Überproduktion und sinkender Nachfrage zu Panikverkäufen von Aktien und zum Zusammenbruch der Börse. Über 10 000 Banken wurden zahlungsunfähig. Millionen Amerikaner verloren durch diese Wirtschaftskrise ihre Arbeit und oft auch ihren Halt im Leben. Der Zusammenbruch der New Yorker Börse löste eine Weltwirtschaftskrise aus, die alle Industrienationen erfasste.

- ***Welche wirtschaftlichen und sozialen Folgen hatte die Krise für Deutschland?***

Die deutsche Wirtschaft vor der Krise

Mitte der 1920er Jahre erholte sich die deutsche Wirtschaft, obwohl Deutschland weiterhin Reparationszahlungen vor allem an Großbritannien und Frankreich zahlen musste (siehe S. 33). Deutschland konnte diese Zahlungen nur leisten, weil amerikanische Banken den deutschen Banken Geld liehen. Deutschland war stark vom Export und von ausländischen Krediten abhängig. Die deutsche Industrieproduktion, u. a. die Chemie- und Elektroindustrie, nahm schnell Fahrt auf. Von der vorübergehenden positiven wirtschaftlichen Entwicklung profitierten jedoch nicht alle Branchen und Gesellschaftsschichten. Niedrige Löhne und Arbeitslosigkeit minderten die Kaufkraft im Inland.

M 1

Arbeitslosigkeit in Deutschland 1923 bis 1933 (in Millionen)

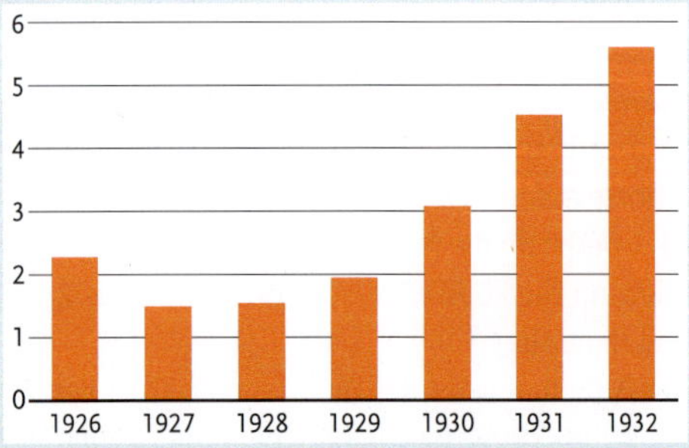

Nach: Statistisches Jahrbuch für das Deutsche Reich, 1939/40

Auswirkungen der Weltwirtschaftskrise

Als die Krise in Amerika ausbrach, forderten die Banken in Amerika eine umgehende Rückzahlung der kurzfristigen Kredite, die sie über die deutschen Banken den Unternehmen im Reich gewährt hatten. Gleichzeitig erhöhte die US-Regierung zum Schutz der amerikanischen Wirtschaft die Importzölle. Damit gerieten auch weite Teile der deutschen Wirtschaft in eine tiefe Krise: Viele Absatzmärkte brachen weg, die Produktion wurde eingeschränkt, weitere Kredite zur Abzahlung der Schulden mussten aufgenommen werden. Sinkende Löhne und Massenentlassungen waren die erste Folge der Krise in Deutschland.

Das Sozialsystem der Weimarer Republik war dieser Situation in keiner Weise gewachsen. Die Unterstützung durch die 1927 eingeführte Arbeitslosenversicherung war gering, und nur wenige erhielten sie. 1932 betrug die Zahl der Arbeitslosen über fünf Millionen Menschen. Deren Ersparnisse waren rasch verbraucht. Bald wussten Hunderttausende nicht mehr, wie sie ihre Miete bezahlen oder Lebensmittel für den Tag kaufen sollten. Viele hungerten, saßen buchstäblich „auf der Straße“ und hofften auf die öffentliche Fürsorge. Wem es gelang, unter Hunderten von Bewerbern eine freie Arbeitsstelle zu ergattern, der arbeitete für sehr wenig Geld. Hart betroffen war auch der gewerbliche Mittelstand. Vor allem Ladenbesitzer, Möbelhändler und Landwirte wurden ihre Erzeugnisse kaum noch los, verkauften diese unter Wert und konnten die Produktionskosten nicht mehr decken. In der Landwirtschaft kam es zwischen 1930 und 1932 zur Versteigerung von 4700 Betrieben.

Bankzusammenbrüche aufgrund von Kapitalmangel vernichteten die Spareinlagen der Privatkunden und das Kapital der Gewerbebetriebe – eine staatliche Sicherung der Einlagen gab es nicht.

Historiker haben errechnet, dass fast jede zweite Familie im Deutschen Reich von der Krise betroffen war.

Grundlegendes Datum

1929 Beginn der Weltwirtschaftskrise

M 2

Der Schriftsteller Oskar Maria Graf erinnert sich 1965 an den Sommer 1930:

Und ein Frühjahr kam und ein herrlicher Sommer brach an. Auf allen Bänken der Anlagen [Parks] hockten ausgehungerte Arbeitslose, einige boten auch Schnürsenkel und Kämme oder Bleistifte an, die niemand wollte; die meisten würfelten oder spielten Tarock [Kartenspiel] für Pfennige tagaus und tagein. Und manchmal demonstrierten einige Hunderte davon, weil die Unterstützungssätze wieder gekürzt worden waren. Die Polizei trieb sie auseinander, schlug die allzu Rebellischen blutig nieder und verhaftete sie. Und gleichgültige Zeitungsberichte meldeten von „kommunistischen Aufläufen", konnten aber die rasch aufeinanderfolgenden amtlichen Feststellungen nicht verschweigen, dass die Erwerbslosenziffer von drei auf vier und schließlich auf fünf Millionen stieg. Von den sogenannten „Ausgesteuerten" [Bezieher von Arbeitslosengeld], die nicht mehr bezugsberechtigt waren und nur noch einige Mark Wohlfahrtsunterstützung bekamen, verlautete in den Statistiken nichts. Sie waren nicht mehr vorhanden. Ein mir bekannter Volkswirt und Mathematiker, der das Rechnen nicht lassen konnte, ... schloss seine Arbeitslosenbilanz mit zehn Millionen, wenn man auch die Ausgesteuerten dazuschlug.

*Oskar Maria Graf, Gelächter von außen. Aus meinem Leben 1918–1933, München (dtv) 1980, S. 445f.***

M 3

„Unglücksfall oder Mord?" – „Nein – kleiner Sparer!" Karikatur von Thomas Th. Heine, „Simplicissimus", 2. Dezember 1929

M 4

Folgen der Arbeitslosigkeit für Kinder (1931)

Bericht des preußischen Wohlfahrtsministeriums, August 1931:

Die Arbeitslosigkeit der Eltern verursacht bei den Kindern Unterernährung, Häufung von Krankheiten, Gleichgültigkeit gegenüber hygienischen Anforderungen. Die Kinder- und Erkältungskrankheiten häufen sich, da oft der Arzt zu spät oder gar nicht aufgesucht wird, weil für Arztschein und Medizin die notwendigen Gebühren nicht aufzubringen sind oder kein Fahrgeld vorhanden ist. Bei Nachforschungen in den Haushalten hat sich herausgestellt, dass die Ernährung völlig unzureichend ist, Vitamine ganz fehlen, weil die Mittel nicht vorhanden sind.

Zit. nach Deutschland in der Weltwirtschaftskrise in Augenzeugenberichten, hg. von Wilhelm Treue (= Allgemeine Reihe Nr. 1161), München (dtv) 1976, S. 246ff. © Rauch Verlag, Düsseldorf 1967.

1 Stelle Hintergründe und Verlauf der Weltwirtschaftskrise in Deutschland dar (M1, DT). Beziehe auch die Statistik M2 auf S. 28 mit ein.

2 a) Fasse die Aussagen von M2–M4 zusammen und ergänze passende Informationen zum Zeithintergrund aus dem DT. Beziehe das GD mit ein.

b) Erkläre die Grenzen der Darstellungsform Statistik, indem du die Aussagen in M2–M4 mit der Information in M1 vergleichst.

3 Begründe deine Antwort: Wenn du ein Referat über das Thema dieser Doppelseite hältst, auf welches Material (M1–M4) würdest du verzichten?

4 Stelle die Folgen der Weltwirtschaftskrise bezogen auf Deutschland für den Staat, Handel und Gewerbe sowie Banken und den Einzelnen in einer Mindmap dar.

Politische Instabilität als Folge der Wirtschaftskrise

Alle Gesellschaftsschichten litten unter den schwierigen wirtschaftlichen Bedingungen und deren Auswirkungen.

- ***Finde heraus, wie die erste deutsche Demokratie von der Wirtschaftskrise in eine politische Krise geriet.***

M 1

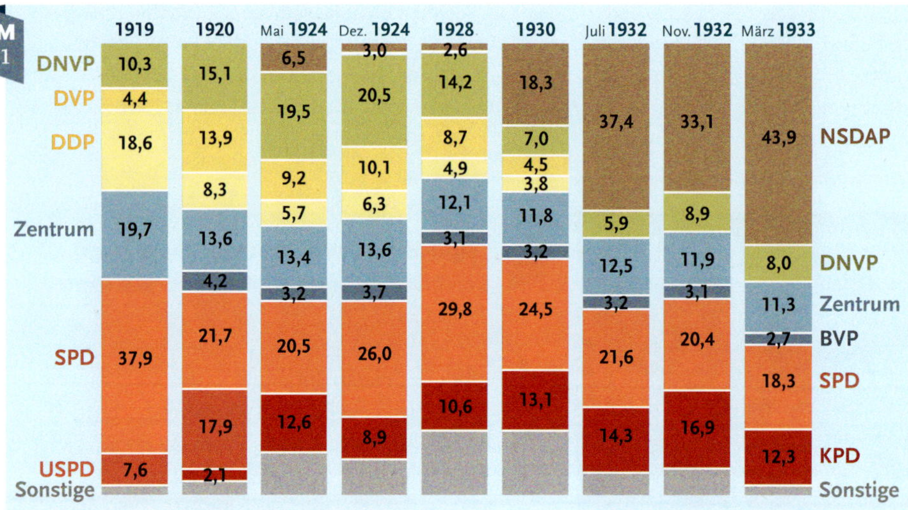

Ergebnisse der Reichstagswahlen 1919 bis 1933

M 2

SPD-Wahlplakat, 1930

Das Ende der parlamentarischen Demokratie

Hauptstreitpunkt in der Großen Koalition unter der Führung des Sozialdemokraten Hermann Müller (SPD, Zentrum, Bayerische Volkspartei, DDP und DVP) war die Frage der Finanzierung der Arbeitslosenunterstützung für die mehr als drei Millionen Arbeitslosen. Die Kassen der Sozialversicherungen waren angesichts der explodierenden Arbeitslosenzahlen rasch leer. Weil die Koalition zu dieser Frage keinen Kompromiss fand, trat sie im Frühjahr 1930 zurück. Sie war die letzte Regierung der Weimarer Republik, die sich auf eine Mehrheit im Parlament stützen konnte.

Der Weg in den autoritären Staat

Gewinner der Reichstagswahlen vom September 1930 waren die extremistischen Parteien KPD und NSDAP. Angesichts der Stimmenverluste der demokratischen Parteien kam es zu keiner tragfähigen Regierungskoalition mehr. Daher beauftragte Paul von Hindenburg, der seit dem Tod Friedrich Eberts 1925 Reichspräsident war, Minderheitenregierungen, die von der Unterstützung des Reichspräsidenten abhängig waren (Präsidialkabinette*). Er berief sich dabei auf Artikel 48 der Verfassung, wonach er mit Notverordnungen ohne die Beteiligung des Parlaments regieren konnte (siehe S. 107 M4). Zudem wandte er den Artikel 25 an, der es ihm erlaubte, den Reichstag aufzulösen (siehe S. 20 M1).

Demonstrationen und Straßenkämpfe

Die wirtschaftliche Not belastete die unteren und mittleren Schichten. Insbesondere im Mittelstand förderte die Furcht vor einem gesellschaftlichen Abstieg die Ablehnung der Republik, der man die Verantwortung für die Krise anlastete. Wahlkämpfe in rascher Folge, Parteiaufmärsche und -versammlungen trieben auch die Bürger auf die Straße. Die Kampfverbände der Nationalsozialisten SA (Sturmabteilung) und SS* (Schutzstaffel) lieferten sich blutige Kämpfe mit dem kommunistischen Rotfrontkämpferbund. Das Vertrauen der Bevölkerung in den Staat schwand. Dies entsprach der Strategie der Radikalen, die sich von einem politischen Chaos Erfolge für die eigenen Ziele erhofften.

Politik der Präsidialkabinette

- ***Reichskanzler Heinrich Brüning (Zentrum), April 1930 bis Mai 1932:***
Vom Reichspräsidenten eingesetzte Regierung mit einer Parlamentsmehrheit nur bei Tolerierung durch die SPD. Sparmaßnahmen in den öffentlichen Haushalten, Senkung der Beamtengehälter, Erhöhung von Steuern; Hinnahme einer Verschärfung der Wirtschaftskrise. Sturz durch Hindenburg nach politischen Intrigen von Interessenverbänden.
- ***Reichskanzler Franz von Papen (Zentrum, Parteiaustritt zwei Tage nach Übernahme des Kanzleramtes), Juni bis November 1932:***
„Kabinett der Barone" (so genannt wegen zahlreicher adliger Minister, die von Papen als Anhänger der Monarchie in sein Kabinett berief); Aufhebung des SA-Verbots, das Brüning im April 1932 eingeführt hatte; dadurch Zunahme blutiger Straßenkämpfe; 20. Juli 1932 „Preußenschlag": Sturz der von der SPD geführten Koalitionsregierung in Preußen, einer starken Stütze der parlamentarischen Demokratie, durch Verordnung des Reichspräsidenten; Ernennung von Papens zum Reichskommissar (Regierungschef mit umfangreichen Machtbefugnissen) für Preußen; Entlassung Papens durch Hindenburg.
- ***Reichskanzler General Kurt von Schleicher (parteilos), Dezember 1932 bis Januar 1933:***
Ziel: Spaltung der NSDAP und Herstellung einer parlamentarischen Mehrheit durch die bürgerlichen Parteien und die SPD. Rücktritt nach Scheitern der Pläne. Hindenburg ernennt am 30. Januar 1933 Adolf Hitler zum Reichskanzler.

M 3

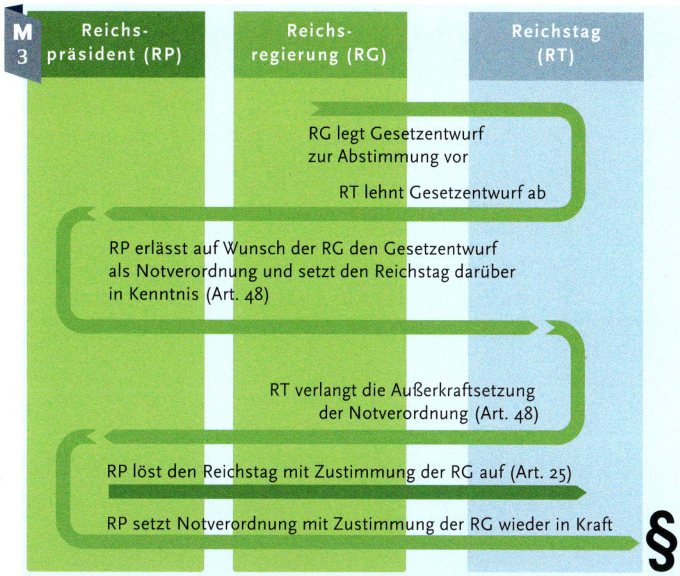

Funktionsmechanismen der Präsidialregierung

1 Wähle eine Aufgabe aus:

a) Analysiere die Wahlergebnisse zwischen 1930 und 1933 (M1).
Tipp: Betrachte Stimmengewinne und -verluste sowie Mehrheiten demokratischer und antidemokratischer Parteien.

b) Untersuche die Veränderungen im Verlauf der Reichstagwahlen zwischen 1919 und 1933. Fasse in drei Sätzen die Bedeutung dieser Veränderungen für die Demokratie zusammen.

c) Formuliere: Welche Fragen haben sich für dich aus der Bearbeitung von 1a–b ergeben?

2 Begründe die Aussage des Plakates M2. Nutze dazu auch die Seiten 18, 20/21 sowie den Lexikonartikel zu dem Begriff „Stahlhelm".

3 Beschreibe anhand von M3 die Funktionsweise eines Präsidialkabinetts.

4 Stelle wesentliche Faktoren auf dem Weg in die Krise des politischen Systems der Weimarer Republik dar (DT).

5 Diskutiert in der Klasse: Bedeuteten die Präsidialkabinette bereits das Ende der Weimarer Republik?

Hinweis: Mehr Informationen zu Hindenburg findest du auf den Seiten 174/175.

L Ursachen für den Aufstieg der NSDAP

Während die NSDAP nur 2,6 Prozent der Stimmen bei der Reichstagswahl 1928 erhalten hatte, gewann sie im Juli 1932 mehr als ein Drittel aller Wählerstimmen.

- ***Erkläre die Ursachen für die rasche Zunahme der NSDAP-Anhängerschaft.***

M 1

Der Historiker Ulrich Herbert 2014 über den Aufbau der NSDAP 1925 nach der Neugründung:

Nach seiner Entlassung aus der kurzen Haft richtete Hitler seine wieder gegründete Partei ... auf eine neue Strategie aus: Fortan setzte er nicht mehr auf die gewaltsame Machtübernahme durch eine kleine Minderheit, sondern auf die Gewinnung eines Massenanhangs und die Mobilisierung bei Wahlen. Diese Strategie wurde flankiert durch den Aufbau eines „modernen", d. h. bürokratisch organisierten und national verzweigten Parteiapparates und der paramilitärischen[1] SA. Diese wurde der Partei fortan untergeordnet und diente einerseits als soziales Auffangbecken für arbeitslose und radikalisierte junge Männer, andererseits als Instrument zur Terrorisierung der politischen Gegner. Nicht Vorstandspolitik und politische Grundsatzdebatten, sondern militärähnliche Organisation, Massenwerbung und vor allem gewaltige Aufmärsche waren die wichtigsten Methoden der NSDAP bei ihrem zweiten Anlauf[2] zur Erringung der Macht ... Das Parteiprogramm der NSDAP war von herausfordernder Kürze ... Dadurch wurden alle Festlegungen vermieden, sodass die Partei auf ... Interessen, Ängste und Bedürfnisse sozial und politisch ganz heterogener [unterschiedlicher] Gruppen eingehen konnte, ohne in Konflikt zur eigenen Programmatik zu geraten.

*Ulrich Herbert, Geschichte Deutschlands im 20. Jahrhundert, München (C. H. Beck) 2014, S. 281f.***

1 *militärisch ausgerichtet, aber nicht staatlich*
2 *nach dem Hitlerputsch 1923*

M 2 *Wahlkampfplakat zur Reichstagswahl am 31. Juli 1932. Auf dem Blatt hinten steht: Versprechungen, Beamtenabbau, Arbeitslosigkeit, Notverordnungen § 48.*

M 3

Begründung eines 18-jährigen Angestellten für seinen NSDAP-Beitritt, 1929:

Ich war nicht nur hingerissen von seiner leidenschaftlichen Rede, sondern auch von seiner aufrichtigen Hingabe an das deutsche Volk als Ganzes, dessen größtes Unglück seine Zersplitterung in so viele Parteien und Klassen war. Endlich ein praktischer Vorschlag für die Erneuerung des Volkes! Zerschlagt die Parteien! Weg mit den Klassen! Eine wirkliche Volksgemeinschaft! Das waren die Ziele, für die ich mich rückhaltlos einsetzen konnte. An demselben Abend wurde mir klar, wo ich hingehörte: zu der neuen Bewegung. Sie allein gab die Hoffnung auf Rettung des deutschen Vaterlandes.

Zit. nach Ian Kershaw, Höllensturz. Europa 1914 bis 1945, München (DVA) 2016 (engl. Originalausgabe), S. 297.

M 4

Die Inszenierung des Parteivorsitzenden als „Führerfigur“:

Dass die Rede noch immer das wichtigste Propagandainstrument war, zeigen auch die Anstrengungen, die die NSDAP schon sehr früh bei der Schulung ihrer Parteiredner unternahm. Auch um den Einsatz technischer Mittel der Verstärkung bemühte man sich sehr bald. Moderne Großlautsprecher gehörten dazu wie auch Filme, die von einer parteieigenen Filmabteilung von Wahlreden Hitlers hergestellt und verbreitet wurden. Die Macht der Bilder setzte vor allem der frühe Anhänger und spätere Leibfotograf Hitlers, Heinrich Hoffmann, für den Nationalsozialismus und vor allem für den Führerkult seit 1939 erfolgreich ein.

Hans-Ulrich Thamer, Die NSDAP. Von der Gründung bis zum Ende des Dritten Reiches, München (C. H. Beck) 2020, S. 47.

M 5

Die NS-Propaganda versah die Wahlkampfauftritte mit dem Motto „Hitler über Deutschland“.
Hier: Adolf Hitler auf dem Flughafen in Königsberg in Ostpreußen (heute Kaliningrad/Russland) nach der Landung im Wahlkampfjahr 1932.
Reisen mit dem Flugzeug ermöglichten Hitler Auftritte in bis zu drei Städten am Tag, die weit auseinanderlagen. Das war für die damalige Zeit beispiellos.

M 6

Der britische Historiker Ian Kershaw über die Anhängerschaft der NSDAP, 2016:

Die meisten Wähler suchten kein zusammenhängendes Programm, verlangten nicht nach bestimmten Reformen des Staates. Die Anziehungskraft von Hitlers Partei entsprang ihrem Versprechen eines radikalen Neuanfangs: Aufgeräumt werde mit dem alten System und zwar komplett. Was die Nationalsozialisten als todgeweiht und verfault darstellten, sollte nicht verbessert werden, sie wollten es, so erklärten sie, restlos ausmerzen und aus den Trümmern ein neues Deutschland aufbauen ... Eben weil sie dermaßen radikal war, war diese Botschaft attraktiv. Achtbare deutsche Bürger des Mittelstands, die die Erwartung von „Ruhe und Ordnung“ mit der Muttermilch aufgesogen hatten, waren plötzlich bereit, die Gewalt der Nationalsozialisten zu tolerieren – solange sie sich nur gegen die verabscheuten Sozialisten und Kommunisten oder gegen die Juden richtete (die viele, nicht nur glühende Nazis, als zu mächtig, als schädlich für Deutschland betrachteten). Die Mittelschichten sahen die Gewalt als Nebenwirkung auf dem Weg zu einem insgesamt positiven Ziel: Der nationalen Erneuerung. Dass der Appell an den nationalen Einheitssinn, der Ruf, die Zersplitterung des Landes zu überwinden, Intoleranz und Gewalt miteinschlossen, schreckte sie nicht ab.

*Ian Kershaw, Höllensturz, a. a. O., S. 298.**

Erstelle eine Mindmap zum Thema „Gründe für die Stimmengewinne der NSDAP“. Entwickle anhand der Materialien aus dieser Einheit fünf wesentliche Faktoren zur Begründung. Beantworte dazu die folgenden Arbeitsaufträge:

1 **a)** Nenne Stichpunkte zur Neuausrichtung der NSDAP nach 1925 (M1). Gehe dabei nach den Arbeitsschritten „Einem Sachtext Informationen entnehmen“ auf S. 188 vor und vergleiche mit den Informationen auf S. 26.
b) Nenne Faktoren, die nach der Neugründung der NSDAP eine Gefährdung für Staat und Gesellschaft in der Weimarer Republik bedeuten konnten (M1).

2 Erkläre, wie die Botschaft des NSDAP-Plakates (M2) die Sorgen der Menschen von damals aufnimmt.

3 Stelle die Erwartungen dar, die der junge Mann mit seinem Beitritt zur NSDAP verbindet (M3).

4 Erschließe aus M4 und M5 die Wahlkampfstrategie Hitlers und ihre Bedeutung.
Tipp: Beachte die Bildunterschrift zu M5. Beziehe M5 auf S. 29 mit ein.

5 Beschreibe die Motive der Anhängerschaft der NSDAP nach Ian Kershaw (M6).

Eine Karikatur analysieren

Karikaturen (von ital. caricare = etwas überladen, übertreiben) stellen politische Zustände und Entwicklungen bewusst übertrieben und bis ins Lächerliche verzerrt dar. Sie sind seit der Französischen Revolution 1789 in Krisen- und Umbruchzeiten als Mittel der Kritik in zunehmender Anzahl veröffentlicht worden.

- ***Lerne Karikaturen mithilfe der Arbeitsschritte auf der rechten Seite zu interpretieren und suche dir eine weitere Karikatur von 1932 aus, die du der Klasse vorstellen möchtest.***

M1

„Mutter Germania ertrinkt, während sich ihre Söhne streiten, wer den Rettungsring tragen soll", Karikatur von Erich Schilling aus der Satirezeitschrift „Simplicissimus" vom 9. Oktober 1932. Die Parteizugehörigkeit der Männer lässt sich an Symbolen oder Kopfbedeckungen erkennen. Der Herr rechts oben trägt von Papens Gesichtszüge. Der Herr zu seiner Linken kann als Vertreter großbürgerlicher, adliger Kreise gedeutet werden.

M2

„Nur die allerdümmsten Kälber wählen ihre Metzger selber!" Karikatur aus der kommunistischen Satirezeitschrift „Roter Pfeffer", vormals „Eulenspiegel", vom 15. Juli 1932, Karikaturist unbekannt.

Im 19. Jahrhundert entstanden mehrere Satirezeitschriften, die mit Karikaturen die aktuellen politischen Ereignisse kommentierten: Sehr bekannt war der „Simplicissimus", der in München von 1896 bis 1944 erschien und heute digital verfügbar ist. Er stellte in der Zeit der Weimarer Republik neben dem „Kladderadatsch" und der Zeitung „Der wahre Jakob" ein wichtiges Medium der politischen Auseinandersetzung dar. Erich Schilling (1885–1945), der Zeichner der abgedruckten Karikatur M1, prägte den Stil des „Simplicissimus" in den 1920er Jahren. Während sich Schilling anfangs kritisch gegenüber dem Nationalsozialismus äußerte, wurde er nach 1933 zu einem Anhänger der Diktatur.

Arbeitsschritte „Eine Karikatur analysieren“

Ersten Eindruck festhalten	Lösungshinweis zu M1
1. Nenne Eindrücke, die beim Betrachten der Karikatur entstehen. Achte darauf, welche Bilddetails dich besonders interessieren.	• *Gedanken, Ideen notieren*
Einzelne Bild- und Textelemente beschreiben	
2. Beschreibe Personen, Gegenstände, Symbole (wie Faust, Messer, Schlange usw.), Kleidung, Parteiabzeichen, Gesichtsausdruck, Körperhaltung, Farben.	• ...
3. Fasse die Textaussage in eigenen Worten zusammen.	• *Streit über ...*
Zusätzliche Informationen heranziehen	
4. Benenne den Zeichner, das Entstehungsdatum, den Titel und das Thema der Karikatur.	• ...
5. Nenne die Zeitschrift (oder eine andere Veröffentlichungsform, z. B. Flugblatt), in der die Karikatur abgebildet ist. Finde heraus, welche politische Richtung in dieser Zeitschrift vertreten ist.	**Tipp:** Fehlende Informationen lassen sich finden, indem man den Titel der Zeitschrift oder den Namen des Zeichners in eine Suchmaschine eingibt.
Bildaussage erkennen	
6. Erkläre die Bedeutung der Personen, Gegenstände, Symbole und Haltungen.	• *Bedeutung der Germania ...* • *Bedeutung des Ertrinkens ...*
7. Stelle den Bezug zu einem bestimmten geschichtlichen Ereignis, einer bestimmten politischen Entwicklung her. Nutze dazu besonders die Bildunter- und -überschrift und das Veröffentlichungsdatum.	• *Zeithintergrund: Präsidialkabinette* **Tipp:** Lies nach auf S. 36/37.
Aussage formulieren	
8. Fasse die Botschaft der Karikatur zusammen.	• ...
9. Erkläre, gegen wen oder was sich die Kritik richtet.	• *Die Vertreter der Parteien wie auch ihre Unterstützer sowie Wählerinnen und Wähler sollten erkennen, dass ...*
10. Ermittle die Wirkung, die die Karikatur auf Zeitgenossen hatte.	• *Die zeitgenössischen Leserinnen und Leser konnten wahrscheinlich erkennen, dass ...*

1 Interpretiere M1 entsprechend der Arbeitsschritte.

2 **Partnerarbeit:** Interpretiere M2 zusammen mit deinem Banknachbarn.
Tipp: Hilfreich für die Interpretation ist auch das Gedicht von Bertolt Brecht „Kälbermarsch“ (Internet).

3 **Zusatzaufgabe:** Suche weitere Karikaturen zur politischen Krise in Deutschland im Jahr 1932 aus dem „Simplicissimus“ oder eine aus der der SPD nahestehenden Satirezeitung „Der wahre Jakob“. Gib dazu die Suchbegriffe „Simplicissimus digital“ oder „Der wahre Jakob digital“ ein. Stelle die von dir gefundene Karikatur in der Klasse vor.

Der 30. Januar 1933: Wie ist die Ernennung Adolf Hitlers zum Reichkanzler zu beurteilen?

An diesem Tag ernannte Reichspräsident Paul von Hindenburg Adolf Hitler zum Reichskanzler. Damit hatte die NSDAP ihr Ziel erreicht: Die Machtübernahme wurde noch am selben Abend gefeiert. Historiker sprechen heute eher von einer Machtübertragung.

- ***Erkläre die Motive der Nationalsozialisten und der Berater um Reichspräsident Hindenburg, die zur Gefahr für die Demokratie wurden, und beantworte die Frage in der Überschrift.***

Hitler wird Reichskanzler

Das von Hindenburg ernannte Präsidialkabinett unter Adolf Hitler war ein weiteres vom Reichspräsidenten ernanntes Minderheitenkabinett seit 1930 (siehe S. 36). Die Mitglieder von NSDAP und SA signalisierten noch am Tag der Ernennung durch symbolische Reden und Fackelumzüge, dass nun ein Neubeginn nach der Machtübernahme stattfinden sollte. Hitler sprach in seiner Regierungserklärung am 2. Februar 1933 von einer „Regierung der nationalen Erhebung". Joseph Goebbels (NSDAP), der spätere Propagandaminister, nannte die Kanzlerschaft Hitlers in seinem Tagebuch einen „Traum" und bekräftigte, das ganze Regierungsviertel in Berlin „gehört uns". Reichspräsident Hindenburg, ein Anhänger der Monarchie, stimmte zu, Hitler das Kanzleramt anzutragen. Der parteilose Franz von Papen, einer seiner Berater, hatte ihn dazu gedrängt und ihn beruhigt: Die nationalkonservativen Kräfte in der Regierung würden die drei Nationalsozialisten „zähmen" können.

M 1

Foto des von Reichspräsident Hindenburg ernannten Kabinetts mit Hitler als Kanzler am 30. Januar 1933 (nachträglich koloriert). V. l. n. r. stehend: Franz Seldte: Arbeit, Günther Gereke: Reichskommissar für Ostsiedlung, Johann Ludwig Schwerin von Krosigk: Finanzen, Wilhelm Frick: Inneres, Werner von Blomberg: Reichswehr, Alfred Hugenberg: Wirtschaft, sitzend: Hermann Göring: vorerst Minister ohne Geschäftsbereich, Adolf Hitler: Kanzler, Franz von Papen: Stellvertreter des Kanzlers (Göring, Frick und Hitler waren NSDAP-Angehörige, alle anderen parteilos oder der DNVP bzw. dem Stahlhelm zugehörig)*

M 2

Joseph Goebbels, NSDAP, Propagandaminister seit 1933, in einem Leitartikel in der NS-Zeitung „Völkischer Beobachter" am 30. April 1928:

Wir gehen in den Reichstag hinein, um uns im Waffenarsenal der Demokratie mit deren eigenen Waffen zu versorgen. Wir werden Reichstagsabgeordnete, um die Weimarer Gesinnung mit ihrer eigenen Unterstützung lahmzulegen. Wenn die Demokratie so dumm ist, uns für diesen Bärendienst Freifahrkarten und Diäten [Tagegeld für Politiker] zu geben, so ist das ihre eigene Sache. Uns ist jedes gesetzliche Mittel recht, den Zustand von heute zu revolutionieren.
Wenn es uns gelingt, bei diesen Wahlen 60 oder 70 Agitatoren [Aufwiegler] und Organisatoren unserer Partei in die verschiedenen Parlamente hineinzustecken, so wird der Staat selbst in Zukunft unseren Kampfapparat ausstatten und besolden. Eine Angelegenheit, die reizvoll und neckisch genug ist, sie einmal auszuprobieren …
Wir kommen nicht als Freunde, auch nicht als Neutrale. Wir kommen als Feinde! Wie der Wolf in die Schafherde einbricht, so kommen wir!

*Joseph Goebbels, Was wollen wir im Reichstag? In: Der Angriff vom 30. April 1928; Nachdruck in: Hans Schwarz van Berk (Hg.), Der Angriff. Aufsätze aus der Kampfzeit, München (Franz Eher Nachf.) 1935, S. 71 u. 73.**

M 3

Der Journalist Sebastian Haffner (1907–1999) in seinen Erinnerungen, die er 1939 im britischen Exil verfasste:

Die Nazis feiern als den Tag ihrer Revolution den 30. Januar. Mit Unrecht. Der 30. Januar 1933 brachte keine Revolution, sondern einen Regierungswechsel. Hitler wurde Reichskanzler, übrigens beileibe nicht als Führer einer Nazi-Regierung (nur zwei Nazis saßen außer ihm im Kabinett), und schwur Treue der Weimarer Reichsverfassung. Die Sieger des Tages waren, in der allgemeinen Auffassung, keineswegs die Nazis, sondern die Leute der bürgerlichen Rechten, die die Nazis „eingefangen" hatten und ihrerseits alle Schlüsselpositionen in der Regierung besetzten. Verfassungsrechtlich war der Vorgang weit normaler und unrevolutionärer als das meiste, was sich im Jahr zuvor abgespielt hatte. Und äußerlich verlief der Tag ebenfalls ohne alle revolutionären Merkmale – wenn man nicht einen Fackelzug der Nazis durch die Wilhelmstraße und eine belanglose nächtliche Schießerei in einem Vorort als solche gelten lassen will ...

Am Abend diskutierte ich die Aussichten der neuen Regierung mit meinem Vater, und wir waren uns einig darüber, dass sie zwar eine Chance hatte, eine ganz hübsche Menge Unheil anzurichten, aber kaum eine Chance, lange zu regieren. Eine schwarz-reaktionäre Regierung im Ganzen, mit Hitler als Mundstück. Bis auf diesen Zusatz unterschied sie sich wenig von den beiden letzten, die Brüning gefolgt waren. Eine Reichstagsmehrheit würde sie auch mit den Nazis nicht haben. Gut, den Reichstag konnte man immer wieder auflösen. Aber auch in der Bevölkerung hatte die Regierung eine klare Mehrheit gegen sich ...

*Sebastian Haffner, Geschichte eines Deutschen. Die Erinnerungen 1914–1933, 6. Aufl., Stuttgart/München (DVA) 2001, S. 103 und 105.**

M 4

THE TEMPORARY TRIANGLE.

„Ein Dreimännerbund, auf Zeit", Karikatur von Bernard Partridge in der englischen Zeitschrift „Punch" vom 8. Februar 1933. Links: Paul von Hindenburg, rechts: Franz von Papen

Grundlegendes Datum

30. Januar 1933 Ernennung Adolf Hitlers zum Reichskanzler

1 Stelle dar, unter welchen Umständen Hitler zum Reichskanzler ernannt wurde (GD, M1 und DT). Gehe dabei aus von den Wahlergebnissen im November 1932 (siehe S. 36).

2 Untersuche die Hintergründe des Regierungswechsels:

a) Beschreibe, wie die Absichten von Joseph Goebbels die Demokratie gefährdeten (M2).

b) Gib in eigenen Worten die Bewertung des Zeitzeugen Haffner wieder (M3).

c) Erschließe M4 und vergleiche die Deutung mit der in 2b erarbeiteten Aussage (Übereinstimmungen, Unterschiede).

3 Stelle die Motive der Nationalsozialisten und der nationalkonservativen Berater um Reichspräsident Hindenburg gegenüber. Bewerte die Ernennung Hitlers zum Reichkanzler für die demokratische Ordnung.

4 Nimm Stellung: Handelte es sich bei den Ereignissen am 30. Januar um eine Machtübernahme, bei der die Nationalsozialisten aktiv nach der Macht im Staat strebten, oder um einen „normal[en)" verfassungsrechtlichen „Vorgang" (M3, Z. 12 f.), d. h. um eine Machtübertragung?

War die Weimarer Republik zum Scheitern verurteilt?

Die erste deutsche Demokratie bestand nur etwa vierzehn Jahre lang. Ihr Ende hatte mehrere Ursachen.

- *Untersuche zu der Frage in der Überschrift zwei Historikermeinungen und bilde dir dann selbst ein Urteil.*

M 1

„Sie tragen die Buchstaben der Firma – aber wer trägt den Geist?" Karikatur von Th. Th. Heine aus dem „Simplicissimus" vom 21. März 1927
Unter den Trägern befinden sich u. a. ein Arbeiter, ein Unternehmer, ein Mitglied der SA, ein Geistlicher sowie ein Soldat und ein Gelehrter.

M 2

Der Historiker Jörn Leonhard über die Frage, ob die Weimarer Republik gescheitert ist, 2018:

Die Weimarer Republik war nicht zum Scheitern verurteilt. Jedenfalls nicht von ihrem Anfang her. 1918 bedeutete bei allen Belastungen nicht das vorprogrammierte Ende von 1933. Hitler war keineswegs eine zwangsläufige Konsequenz der Entwicklung von 1918/19. Auch der Versailler Vertrag war sicher nicht der entscheidende Faktor, sonst hätte die Weimarer Republik nicht das Krisenjahr 1923 mit Ruhrbesetzung, Hyperinflation und Hitlerputsch überlebt. Meiner Meinung nach durchlebte Europa um 1930 vielmehr eine allgemeine Krise der liberalen Demokratie und des Kapitalismus, ausgelöst durch die Weltwirtschaftskrise. In Deutschland kam es zu einer scharfen Politisierung und Militarisierung des öffentlichen Raums zwischen rechts und links, während die politische Mitte erodierte[1]. Weite Teile der Gesellschaft militarisierten sich, es kam zu einer Entgrenzung der Gewalt auf den Straßen ...

Ein großer Teil der politischen, militärischen und wirtschaftlichen Elite wendete sich ab etwa 1927 vom Parlamentarismus ab und verfolgte einen zunehmend antiparlamentarischen, autokratischen[2] Kurs, der in der Regierungsübernahme Hitlers endete ... Aus dem Rückblick und unserem Wissen heute ist es sehr leicht, diese Verfassung[3] dafür zu kritisieren, dass sie etwa dem Reichspräsidenten zu viel Macht einräumte. Aber die Politiker standen auch in der Kontinuität zum Kaiserreich, und sie setzten dennoch viele wegweisende und fortschrittliche Elemente in der Weimarer Verfassung durch: Sie etablierte die parlamentarische Demokratie, enthielt einen Grundrechtekatalog, sie garantierte ein allgemeines und gleiches Wahlrecht. Das sich übrigens erstmalig auch auf die Frauen erstreckte ... All das sind enorme Leistungen.

Zit. nach www.t-online.de/nachrichten/wissen/-geschichte/id_84736698/historiker-joern-leonhard-weimarer-republik-nicht-zum-scheitern-verurteilt.html (Stand: 25.08.2020). Interview geführt von Marc von Lüpke.*

1 *an Einfluss verlor*
2 *eine Alleinherrschaft befürworten*
3 *hier: Weimarer Verfassung*

M 3

Der Historiker Ian Kershaw über das Ende der Weimarer Republik, 2016:

In den Jahren der Weltwirtschaftskrise gelang es der NSDAP immer besser, die wankenden Reste der Weimarer Demokratie weiter zu demontieren[1]. Im Jahr 1932 hielten nur mehr das Fünftel der Wähler, die immer noch für die SPD stimmten, dazu die wenigen verbliebenen Liberalen und einige Anhänger der katholischen Zentrumspartei am demokratischen System fest. Die Demokratie war tot. Darüber freilich, was an deren Stelle treten sollte, gingen die Meinungen weit auseinander. Ungefähr zwei Drittel der Deutschen wollten eine autoritäre Regierungsform, allerdings existierten unterschiedliche Vorstellungen darüber, ob Diktatur des Proletariats, Militärdiktatur oder Hitlerdiktatur. Trotz allen Wirbels und Geschreis, trotz ihrer unablässigen Agitation[2], im Sommer 1932 hatten die Nationalsozialisten die Grenze ihrer Wahlerfolge erreicht – etwas über ein Drittel der Wählerstimmen. Mehr war bei einer freien Wahl nicht drin. Und als Hitler im August 1932 (kurz nachdem die NSDAP mit 37,4 Prozent der Wählerstimmen mühelos zur stärksten Kraft im Reichstag geworden war) forderte, mit der Regierungsbildung beauftragt und zum Reichskanzler ernannt zu werden, ließ ihn Reichspräsident Hindenburg abblitzen[3] ...

Binnen fünf Monaten jedoch hatte Hindenburg seine Meinung geändert – zu einer Zeit, als der Stimmenanteil der NSDAP sank, statt weiter zu steigen ... Die Wahl im November 1932 – die zweite Reichstagswahl in diesem Jahr, die Wähler hatten bereits zwei Urnengänge[4] für die Wahl des Reichspräsidenten und eine Reihe von Landtagswahlen hinter sich – war wegen der andauernden, sich vertiefenden Staatskrise notwendig geworden. Die in deutschen Städten zunehmende Gewalt, die Zusammenstöße zwischen Nationalsozialisten und Kommunisten ließen befürchten, das Land rutsche in einen Bürgerkrieg ... Die einander ablösenden Regierungen der konservativen Rechten waren zu schwach, um einen Ausweg zu finden. Ohne die Unterstützung der Massen konnten die national-konservativen Eliten nicht regieren. Die Massen aber wurden von den Nationalsozialisten beherrscht. Und die wiederum waren nur dann bereit, in eine Regierung einzutreten, wenn Hitler zum Reichskanzler ernannt wurde. Hinter den Kulissen wurden im Umfeld des Reichspräsidenten Intrigen gesponnen ... Es gelang, Hindenburg davon zu überzeugen, dass es wirklich nur einen Ausweg gab, nämlich Hitler zum Kanzler zu machen.

Ian Kershaw, Höllensturz. Europa 1914 bis 1949, a. a. O., S. 300 ff.

[1] *zerstören*
[2] *Propaganda, aggressive Beeinflussung*
[3] *Hindenburgs politisches Ideal war die Wiederherstellung der Monarchie und nicht eine Diktatur im Sinne Hitlers.*
[4] *Wahlgänge: Bei der Reichspräsidentenwahl war eine Stichwahl zwischen Paul von Hindenburg und Adolf Hitler nötig geworden.*

1 Wähle eine Aufgabe aus:

a) Interpretiere die Karikatur M1 anhand der Arbeitsschritte auf S. 41.

Tipp: Achte bei der Zuordnung der Personen zu bestimmten Parteien oder gesellschaftlichen Gruppen besonders auf die Kleidung und Kopfbedeckung.

b) Benenne das Problem für den Fortbestand der Demokratie, auf das der Karikaturist hier aufmerksam macht.

2 a) Erschließe aus M2, wie der Historiker Leonhard die Frage in der Überschrift beantwortet und begründet.

b) Erarbeite die Antwort, die der Historiker Kershaw (M3) auf dieselbe Frage gibt.

3 a) Stelle in einer Tabelle die Argumente beider Historiker gegenüber, die für bzw. gegen die These sprechen, dass Weimar von vornherein zum Scheitern verurteilt war.

b) Beachte, dass Kershaw (M3) nur die Jahre ab 1929 betrachtet. Ergänze daher weitere wesentliche Gründe (außenpolitische, wirtschaftliche, parteienbezogene, gesellschaftliche, verfassungsrechtliche und ideologische), die seit Anbeginn den Fortbestand der Weimarer Republik bedrohten. Lies nach auf den Seiten 20–27, 32 f.

4 Notiere Aspekte, die dir besonders wichtig erscheinen, und formuliere ausgehend davon einen kurzen Text, der die Überschrift beantwortet. Diskutiert die Themenfrage in der Klasse.

1920

1918 Novemberrevolution in Deutschland
(auch in Bayern)

9. November 1918: Abdankung des Kaisers und Ausrufung der Republik

1919
Wahlen zur Nationalversammlung;
Friedrich Ebert (SPD) wird Reichspräsident;
Unterzeichnung des Versailler Vertrages;
Weimarer Reichsverfassung

1922 Vertrag von Rapallo zwischen dem Deutschen Reich und Sowjetrussland

1923 Krisenjahr der Weimarer Republik, u. a. Hitlerputsch

1923 Gustav Stresemann Reichskanzler
1923–1929 Außenminister

Weimarer Republik – die erste deutsche Demokratie

Vom Deutschen Kaiserreich zur Weimarer Republik

Als im Herbst 1918 die Oberste Heeresleitung (OHL) die Kriegsniederlage für Deutschland eingestehen musste, kam es im Oktober 1918 zu einer Verfassungsänderung: Der neue Reichskanzler Max von Baden war nun dem Reichstag und nicht mehr dem Kaiser gegenüber verantwortlich; aus der konstitutionellen Monarchie wurde eine parlamentarische. Die Regierung sollte auch nach dem Willen der OHL die Verantwortung für den Abschluss des Waffenstillstandes übernehmen. Als Soldaten der Kriegsmarine in der ohnehin schon ausweglosen militärischen Lage Befehl zu weiteren Kampfhandlungen erhielten, protestierten die Matrosen. An den Protesten beteiligten sich in vielen deutschen Städten, u. a. in Berlin, Angehörige weiterer Bevölkerungsschichten. Sie forderten die Abdankung des Kaisers und das Ende des Krieges. Am 9. November 1918 rief in Berlin der Sozialdemokrat Philipp Scheidemann (SPD) die „Deutsche Republik“ aus, zwei Stunden später verkündete Karl Liebknecht (Spartakusbund, später KPD) die „Freie sozialistische Republik“. Kaiser Wilhelm II. floh in die Niederlande.
In Bayern war es bereits am 7. November 1918 zu einer Revolution gekommen. Am Ende dieses Tages stand Kurt Eisner (USPD) als Ministerpräsident des Freistaates Bayern fest. Ludwig III. floh mit seiner Familie außer Landes.

Die Weimarer Reichsverfassung 1919

Seit dem 9. November 1918 stellte die SPD mit Friedrich Ebert den Reichskanzler. Sie bildete mit der USPD eine Übergangsregierung, den „Rat der Volksbeauftragten“. Ihm gelang die Eindämmung radikaler und gewaltbereiter Kräfte von rechts wie von links mithilfe von regulären Truppenteilen und Freikorpsmitgliedern. Die Wahlen zur Verfassunggebenden Nationalversammlung – mit hoher Wahlbeteiligung von über 80 Prozent und erstmals unter Beteiligung von Frauen – bestätigten die Mehrheit der politisch gemäßigten Parteien. Es entstand die „Weimarer Koalition“ aus SPD, DDP und Zentrum. Da in Berlin bürgerkriegsähnliche Unruhen herrschten, zog sich die Versammlung nach Weimar zurück. Die neue Verfassung, die Deutschland zu einer parlamentarischen Demokratie machte, trat am 14. August 1919 in Kraft. Um den Wählerwillen möglichst genau abzubilden, gab es keine Sperrklausel für kleine Parteien. Der Reichspräsident als höchster Vertreter der Exekutive erhielt eine herausragende Stellung („Ersatzkaiser“). Er wurde direkt vom Volk gewählt, konnte die Reichsregierung ernennen und entlassen sowie den Reichstag auflösen. Bei ihm lag der Oberbefehl über die Reichswehr. In Notlagen konnte er sogar gesetzgebende Aufgaben übernehmen (Art. 48).

Krisenjahre 1920–1923

Der Versailler Vertrag vom 28. Juni 1919 wurde in Deutschland von der nationalistischen Propaganda als „Diktatfrieden“ bezeichnet und von vielen Deutschen als ungerecht empfunden. Fälschlicherweise machten viele die Politiker der jungen Demokratie für die harten Friedensbedingungen verantwortlich.
In jenen politischen als auch wirtschaftlichen Krisenzeiten der Weimarer Demokratie kam es zu zahlreichen Attentaten und Putschversuchen von rechts- wie auch von linksextremen Kreisen. Das Jahr 1923 wurde zum Krisenjahr der Republik: Im Januar 1923 besetzten französische und belgische Truppen wegen ausstehender Reparationszahlungen das Ruhrgebiet. Daraufhin trat die Arbeiterschaft dieser Region in einen staatlich finanzierten Generalstreik. Dieser verschlimmerte die hohe Staatsverschuldung. Die Inflation führte zum völligen Verfall der Währung und verschärfte die soziale Krise. In München scheiterte im November 1923 ein Putsch rechtsradikaler Kräfte um Adolf Hitler.

1925

1930

1925
Vertrag von Locarno zwischen dem Deutschen Reich und Frankreich; Paul von Hindenburg wird Reichspräsident

1926 Aufnahme Deutschlands in den Völkerbund

1929 Beginn der Weltwirtschaftskrise

1930
zunehmende Radikalisierung im Wählerverhalten: Aufstieg der NSDAP zur stärksten Kraft im Parlament

1930–1933 Präsidialkabinette

30. Januar 1933 Ernennung Adolf Hitlers zum Reichskanzler

Unter der Kanzlerschaft von Gustav Stresemann 1923 gelang die Stabilisierung der Währung durch die Einführung einer von Immobilien gedeckten Rentenmark. Dadurch ließ sich die Kreditwürdigkeit Deutschlands wiederherstellen. Nach 1924 stärkten amerikanische Kredite (Dawesplan) die deutsche Wirtschaft.

Jahre der Stabilisierung 1924–1929

Gustav Stresemann (DVP) gelang als Außenminister der Abschluss zahlreicher bedeutender Abkommen. Im Vertrag von Locarno 1925 erkannte Deutschland seine Westgrenzen zu Frankreich und Belgien an. Stresemann erreichte außerdem, dass Frankreich seine Truppen aus dem Ruhrgebiet abzog. Die Anerkennung der Ostgrenzen ließ er dagegen offen. Dies bedeutete für die Republik Polen außenpolitische Unsicherheit, da sie ihre Forderungen nach gesicherten Grenzen nicht durchsetzen konnte.
Die Gesellschaft der 1920er Jahre unterlag einem großen Wandel. Das zeigte sich an der neuen Rolle der Frau, an sozialpolitischen Reformen und an Neuerungen in Architektur, Kunst und Literatur. Wissenschaft und Technik bahnten modernen Produktionsstrukturen und Produkten den Weg. Film und Rundfunk wurden populär, die Massen drängten in Kinos, Varietés, Kabaretts und Sportveranstaltungen.

Scheitern der Weimarer Demokratie 1929–1933

Ab 1924 erholte sich Deutschland zwar wirtschaftlich, aber nicht alle Gesellschaftsschichten profitierten in gleichem Maße davon. 1925 wurde Paul von Hindenburg, im Ersten Weltkrieg Chef der Obersten Heeresleitung und Mitglied der Führungsschicht des Kaisers, zum Reichspräsidenten gewählt: Die Weltwirtschaftskrise ab 1929 offenbarte die Schwäche der Weimarer Demokratie. Über zwei Jahre hinweg regierten ab 1930 Präsidialkabinette mithilfe von Notverordnungen, gestützt auf die Macht des Reichspräsidenten. Die parlamentarische Verfassung war damit in wichtigen Teilen außer Kraft gesetzt. Gewaltanwendung auf der Straße galt zunehmend als Mittel zur Lösung der Probleme.
Durch die instabile politische Situation und die wirtschaftliche Not, die besonders auch in der Mittelschicht für Existenzängste sorgte, erhielten KPD und NSDAP starken Zulauf, die Koalition der demokratischen Parteien zerbrach 1930. Die Wahlergebnisse von 1930 und 1932 offenbarten eine zunehmende Radikalisierung im Wählerverhalten. Ab Juli 1932 wurde die NSDAP die stärkste Kraft im Parlament und erhob Anspruch auf die Kanzlerschaft. Die nationalsozialistische Propaganda und die Ausrichtung auf den „Führer“ Adolf Hitler vermittelten der Bevölkerung das Gefühl, dass durch diese Partei wieder Wohlstand und geordnete Verhältnisse einkehren würden. Auch die modernen Wahlkampfmethoden sowie die zahlreichen Reden und Auftritte Hitlers stärkten den Zuspruch gegenüber ihm und der Partei.

Hitler wird Reichskanzler

Die Ernennung Adolf Hitlers am 30. Januar 1933 zum Reichskanzler passte ins Schema des Regierungsantritts eines weiteren Präsidialkabinetts und sollte sich bald verhängnisvoll auswirken. In der neuen Regierung hatten nicht die Nationalsozialisten die Mehrheit, sondern die deutschnationalen und rechtskonservativen Kräfte um Vizekanzler Franz von Papen. Diese unterschätzten den Machtwillen und die Rücksichtslosigkeit Hitlers. Die NS-Propaganda stilisierte den Tag, an dem Hitler die Kanzlerschaft übergeben wurde, im Nachhinein zum Beginn der „nationalen Revolution“. Tatsächlich markiert der 30. Januar einen Wendepunkt in der deutschen Geschichte, der eine zwölfjährige Diktatur unter Hitler einleitete. Die Historiker sind sich jedoch einig, dass man nicht von einer „Machtübernahme“ sprechen kann. Hitler hat die Macht nicht „ergriffen“, sondern sie wurde ihm vom Reichspräsidenten übertragen.

In diesem Kapitel konntest du folgende Kompetenzen erwerben:

- Grundzüge der Entwicklung und wesentliche Faktoren des Scheiterns der Weimarer Demokratie erkennen, um demokratische Partizipationsmöglichkeiten wertzuschätzen und zu beurteilen, inwieweit Demokratie Gefährdungen ausgesetzt ist
- am Beispiel der Novemberrevolution 1918 die Rolle des Volkes bei der Neugestaltung des Gemeinwesens beurteilen
- die Weimarer Reichsverfassung auswerten, um sie auf Stärken und Schwächen beurteilen zu können
- das Wirken extremer politischer Kräfte und die Inflation in den Krisenjahren bis 1923 als Bedrohung und Belastung für die junge Republik erfassen und dabei insbesondere die Situation in Bayern und den Hitler-Putsch berücksichtigen
- Quellen wie Wahlplakate, Karikaturen und Statistiken anhand bekannter Methodenschritte erschließen, dabei eigene Fragestellungen zu den Belastungsfaktoren der Republik, u. a. zur Rolle der Justiz, entwickeln und die Ergebnisse präsentieren
- innen- und außenpolitischen Faktoren, welche die vorübergehende Stabilisierung in der Mitte der 1920er-Jahre begünstigten, erklären
- den Aufstieg der Nationalsozialisten beschreiben sowie deren Gefährdungspotenzial für Staat und Gesellschaft erkennen und untersuchen, inwiefern der Erfolg der Nationalsozialisten auch auf neue Methoden des Wahlkampfs zurückzuführen ist
- anhand von Quellen und Darstellungen die unterschiedlichen Faktoren, die zum Scheitern der Weimarer Demokratie führten, erklären und einen eigenen Standpunkt zu der Frage, ob die Weimarer Republik „zum Scheitern verurteilt“ war, gewinnen

M 1 **Daten und Ereignisse zum Verlauf der politischen Entwicklung in der Weimarer Republik:**

Revolution in Deutschland

November 1918

Konferenz von Locarno

1930–1933

Juli 1919

Krisenjahr der Republik, u. a. Hitlerputsch

Ernennung Hitlers zum Reichskanzler

Beginn der Weltwirtschaftskrise

1923

September 1926

Präsidialkabinette

Aufnahme Deutschlands in den Völkerbund

30. Januar 1933

Inkrafttreten der Weimarer Reichsverfassung

Oktober 1925

Oktober 1929

M 2 **Ausschnitt aus einer Rede des Bundespräsidenten Frank-Walter Steinmeier während der Gedenkstunde des Deutschen Bundestages 2018 zum 9. November:**

Die Revolution, so ungeplant und improvisiert sie auch war, steht für eine tiefgreifende Zäsur in der deutschen Geschichte, für einen Aufbruch in die Moderne.

Viele ihrer Errungenschaften prägen heute unser Land, auch wenn uns das nicht jeden Tag bewusst ist. Die Revolution brachte allen deutschen Parlamenten das allgemeine und gleiche Wahlrecht – endlich, zum ersten Mal auch für die Frauen! Sie bahnte den Weg zur Weimarer Nationalversammlung, zu einer republikanischen Verfassung, zur parlamentarischen Demokratie, der ersten in der Geschichte unseres Landes. Auch Grundsteine des modernen Sozialstaats legte diese Revolution: Achtstundentag, Tarifpartnerschaft, Mitbestimmung durch Betriebsräte – all das steht für den sozialen Fortschritt, der damals inmitten der Nachkriegswirren begann.

Zit. nach www.bundespraesident.de/SharedDocs/Reden/DE/Frank-Walter-Steinmeier/Reden/2018/11/181109-Gedenkstunde-Bundestag.html?nn=9042544 (Stand: 05. 11. 2020).

M3

Wahlplakat der Deutschen Demokratischen Partei, 1919

M4

„Wie Herr Hitler das Wort ‚legal' in den Mund nimmt!" Karikatur von Jacobus Belsen in der sozialdemokratischen Satirezeitschrift „Der wahre Jakob" vom [illegible] Februar 1932

Orientierungskompetenz

1 **a)** Nenne drei Errungenschaften der Revolution von 1918, die für unsere heutige politische Gegenwart wichtig sind (M2 und M3).
b) Diskutiert in der Klasse den Stellenwert dieser Errungenschaften für die politische und gesellschaftliche Stabilität heute. Geht dabei auf die Umstände des Scheiterns der ersten deutschen Republik ein.

2 Begründe, warum der Bundespräsident diese Revolution als „tiefgreifende Zäsur" (Z. 2 f.) bezeichnet. Nutze dabei auch deine Kenntnisse aus dem Geschichtsunterricht.

Sachkompetenz und Narrative Kompetenz

3 **a)** Ordne jedem Datum das passende Ereignis zu (M1).
b) Erläutere die Ereignisse. Wechsle dich dabei mit deinem Banknachbarn ab.

Methodenkompetenz

4 Erkläre die Botschaft von M3. Nutze dazu die Arbeitsschritte auf S. 19. Lies zu den Zielen der Parteien auf S. 18 nach.

5 Erschließe die Aussage von M4. Nutze dazu die Arbeitsschritte auf S. 41.

Urteilskompetenz

6 Beurteile anhand deiner Kenntnisse, ob die Aussage der Karikatur M4 zutrifft. Lies nach auf den Seiten 42/43.

7 Bundespräsident Steinmeier betonte in seiner Rede zum 9. November 1918 auch, „wie beeindruckend die Leistung derjenigen war, die damals politische Verantwortung schulterten".
Wähle eine Persönlichkeit aus dem Kapitel aus und begründe, warum deren Leistung bemerkenswert war. Nutze die Seiten 15, 17, 20/21, 30 (M2), 32.

cornelsen.de/webcodes
Code: hapomi
Selbsteinschätzungsbogen

cornelsen.de/webcodes
Code: bibibi
Alle Darstellungstexte zum Anhören

2 Nationalsozialismus, Zweiter Weltkrieg und Holocaust

Hamburg 1936: Beim Stapellauf eines Schiffes hoben die Arbeiter die Arme zum Hitlergruß, nur ein Werftarbeiter weigerte sich und riskierte damit eine Haftstrafe. Zu dem Ereignis waren neben Adolf Hitler viele ranghohe Militärs und Parteimitglieder angereist.
Der „Deutsche Gruß“ war seit Sommer 1933 offiziell vorgeschrieben und wurde auch im privaten Bereich umgesetzt. Heute ist das Verwenden des nationalsozialistischen Grußes bei Strafe verboten.

Finde im Bild den Arbeiter, der die Arme verschränkt hält. Bewerte seine Haltung als auch die der anderen Arbeiter. Was verrät dieses Foto über das Leben in einer Diktatur?

Stapellauf des Marineschulschiffs „Horst Wessel“, Foto, 13. Juni 1936

1935

1933
30. Januar: Hitler wird Reichskanzler
März: Neuwahlen zum Reichstag, Errichtung des KZ Dachau, „Ermächtigungsgesetz“ – Ausschaltung des Reichstags als Gesetzgeber
Mai: Zerschlagung der Gewerkschaften
Juni–Juli: Verbot der SPD und Auflösung der anderen Parteien

1934 Hitler wird „Führer“ und Reichskanzler

1935 „Nürnberger Gesetze“: Jüdinnen und Juden keine Staatsbürger mehr, Wiedereinführung der allgemeinen Wehrpflicht

1936 Vierjahresplan zur Wiederaufrüstung

1938
9. November: Novemberpogrome
„Anschluss“ Österreichs
Tschechoslowakei tritt das Sudentengebiet an das Deutsche Reich ab

1918–1933 Weimarer Republik
1930–1933 Präsidialkabinette

Was kennzeichnete die nationalsozialistische Herrschaft und welche Folgen hatte sie?

Zwölf Jahre dauerte die nationalsozialistische Herrschaft. Das erscheint kurz, doch kein anderer Abschnitt der deutschen Geschichte beeinflusst die heutige Politik und unser gesellschaftliches Leben so sehr wie die Erinnerung an und Auseinandersetzung mit jenen Jahren, die von Zwangsherrschaft, Krieg und Völkermord* geprägt waren.

1933 wurde die nationalsozialistische Diktatur innerhalb weniger Monate errichtet. Sie stützte sich auf Terror gegen tatsächliche oder vermeintliche Gegner, zugleich aber auch auf die Zustimmung breiter Bevölkerungsteile und wird deshalb von Historikern auch „Zustimmungsdiktatur“ genannt. Dafür war der Glaube an den „Führer“ Adolf Hitler zentral. Viele Zeitgenossen ignorierten oder verkannten die zerstörerische, menschenverachtende Grundhaltung Hitlers und der Nationalsozialisten. Auch in unserer Gegenwart gibt es Menschen, die nationalsozialistisches Gedankengut verharmlosen oder die Terror und Völkermord leugnen.

Deshalb stellt sich für uns heute die Frage: Welche Bedeutung hat die Erinnerung an die nationalsozialistische Diktatur und den Völkermord an Jüdinnen und Juden für uns heute?

Wie kann sich jeder von uns für Freiheit und Demokratie einsetzen?

M 1

Schicksale in der NS-Zeit:

a) Paul Bayer (*1926 in Nürnberg) war Sohn des Direktors der Nürnberger Verkehrsbetriebe. Seine Eltern waren im Nationalsozialismus nicht engagiert. Paul besuchte ab 1936 das Nürnberger Melanchton-Gymnasium und trat im gleichen Jahr dem nationalsozialistischen „Jungvolk“, vier Jahre später der Hitlerjugend (HJ) bei. Dort stieg er schnell zum Hauptscharführer auf und leitete als solcher eine Gruppe mit 40 Hitlerjungen. Während des Zweiten Weltkrieges forderte die NSDAP ihn und weitere Mitschüler auf, an Flugabwehrgeschützen zur Verteidigung Nürnbergs beizutragen. ...

b) Walter Klingenbeck (*1924 in München) wuchs in einem christlich geprägten Elternhaus auf und wurde Mitglied in einem katholischen Jugendverein. Nach dessen Auflösung 1936 durch die Nationalsozialisten verstärkte sich Klingenbecks kritische Haltung gegenüber dem NS-Regime. Als Walter 1941 eine Mechanikerlehre begann, lernte er gleichgesinnte Jugendliche kennen und plante mit ihnen Protest-Aktionen gegen das NS-Regime. Er malte nachts mit schwarzer Ölfarbe das Victory-Zeichen der Alliierten auf Hauswände und Straßenschilder, um zu zeigen, dass der Krieg bereits verloren war. ...

1940

1941
Juni: deutscher Angriff auf die Sowjetunion
ab Herbst: Deportation der europäischen Jüdinnen und Juden aus allen Gebieten unter deutscher Kontrolle in die Vernichtungslager

1945

ab 1944 Flucht und Vertreibung der Deutschen aus dem Osten

20. Juli 1944 Attentat auf Hitler

8./9. Mai 1945 bedingungslose Kapitulation Deutschlands

1939–1945 Zweiter Weltkrieg

August 1945 Atombomben auf Hiroshima und Nagasaki, Kapitulation Japans (Sept.)

1939 September: deutscher Überfall auf Polen

c) Esther Bejarano geb. Lowey, 1924–2021, wuchs in Saarlouis, Saarland in einem musikalischen Elternhaus auf. Als sie 10 Jahre alt war, musste sie als Jüdin ihre Schule verlassen. Von ihren Eltern wurde sie in ein Vorbereitungsheim zur Auswanderung nach Palästina geschickt, dann aber von Nationalsozialisten 1941 in ein Zwangsarbeiterlager und von dort 1943 in das Vernichtungslager Auschwitz verschleppt. ...

Grundlegender Begriff: Nationalsozialismus

Extremistische Ideologie, die die Grundlage des nationalsozialistischen Staates bildete. Kennzeichen dieser Ideologie sind u. a.: Rassismus, Antisemitismus sowie Nationalismus, das „Führerprinzip“, die gewaltsame Ausschaltung politischer Gegner und eine expansive Außenpolitik.

1 a) Diktatur ist „genau das Gegenteil von Demokratie“. Sammelt, ausgehend von der Feststellung aus einem Jugendlexikon, Stichpunkte zum Begriff „Diktatur“ und stellt diese dem Begriff „Demokratie“ gegenüber.
b) Sammelt Begriffe: Was verbindet ihr mit der nationalsozialistischen Diktatur?
c) Nennt ausgehend vom DT und dem GB „Nationalsozialismus“ weitere Kennzeichen der NS-Diktatur.

2 a) Entscheide dich für eine Biografie (M1a–M1c), die dich interessiert. Wie alt war die Person 1933? Recherchiere nach dem weiteren Lebenslauf und stellt euch die Ergebnisse vor.
b) Welche Kennzeichen und Folgen der NS-Herrschaft werden in den Kurzbiografien deutlich? Tauscht euch aus.

3 Wie können wir uns für Freiheit und Demokratie einsetzen? Notiert, ausgehend von eurem Vorwissen über den Nationalsozialismus, einige Ideen dazu.

In diesem Kapitel übst du folgende Kompetenzen:

- Du erkennst den Wert des Engagements für unsere freiheitliche demokratische Grundordnung, indem du dich mit Ideologie, Ausformung und Folgen des NS-Terrorregimes auseinandersetzt.
- Du bewertest aus demokratischer Perspektive Maßnahmen der Nationalsozialisten zu Machtausbau und Systemstabilisierung.
- Du untersuchst verschiedene Bereiche der NS-Politik und arbeitest dabei Zusammenhänge zwischen der NS-Ideologie und politischem Handeln heraus.
- Du analysierst nationalsozialistische Propaganda hinsichtlich ihrer Möglichkeiten zur Manipulation.
- Du beurteilst die Aussagekraft von Quellen zum Alltag im totalitären Staat und berücksichtigst dabei regionale Aspekte. Für die Recherche und Präsentation nutzt du auch digitale Medien.
- Du beurteilst die neue Dimension NS-Expansions- und Eroberungspolitik vor dem und im Zweiten Weltkrieg, auch bezüglich der Auswirkung auf die Zivilbevölkerung.
- Du erkennst den menschenverachtenden Charakter der NS-Ideologie anhand der Entrechtung, Verfolgung und Ermordung der europäischen Jüdinnen und Juden sowie weiterer Bevölkerungsgruppen.
- Du wertest anspruchsvolle Quellen und Darstellungen zum Widerstand gegen das NS-Regime aus, um Möglichkeiten und Grenzen des Widerstandes zu bestimmen.
- Du erkennst die sinnstiftende Bedeutung von Daten für die Geschichtskultur.

Merkmale der nationalsozialistischen Ideologie

Die Nationalsozialisten hatten eine klare Vorstellung davon, wie Staat und Gesellschaft aussehen sollten. Eine zentrale Quelle hierfür ist Adolf Hitlers Werk „Mein Kampf" (1925/26). Dieses war bereits vor 1933 mit über 290 000 verkauften Exemplaren ein Bestseller, ab 1935 erhielten alle Brautpaare den Band als Geschenk.

- *Untersuche die nationalsozialistische Ideologie* und arbeite ihre wesentlichen Elemente sowie Schlüsselbegriffe heraus.*

M 1

Aus Adolf Hitlers „Mein Kampf" (1925/26):

A Sie [nationalsozialistische Weltanschauung] glaubt somit keineswegs an eine Gleichheit der Rassen, sondern erkennt mit ihrer Verschiedenheit auch ihren höheren und minderen Wert und fühlt sich durch diese Erkenntnis verpflichtet, ... den Sieg des Besseren, Stärkeren zu fördern, die Unterordnung des Schlechteren und Schwächeren zu verlangen ... Sie sieht nicht nur den verschiedenen Wert der Rassen, sondern auch den verschiedenen Wert der Einzelmenschen ... Menschliche Kultur und Zivilisation sind auf diesem Erdteil unzertrennlich gebunden an das Vorhandensein des Ariers[1].

B Den gewaltigsten Gegensatz zum Arier bildet der Jude. ... [Er] war immer nur Parasit[2] im Körper anderer Völker. Dass er dabei manchmal seinen Lebensraum verlässt, hängt nicht mit seiner Absicht zusammen, sondern ist die einfache Logik des Hinauswurfes, den er von Zeit zu Zeit durch die missbrauchten Gastvölker erfährt. Sein Weiterverbreiten aber ist die typische Erscheinung aller Parasiten: Er sucht immer neuen Nährboden für seine Rasse.

C Das Recht auf Grund und Boden kann zur Pflicht werden, wenn ohne Bodenerweiterung ein großes Volk dem Untergang geweiht erscheint. Noch ganz besonders dann, wenn es sich dabei nicht um ein x-beliebiges Negervölkchen[3] handelt, sondern um die germanische Mutter all des Lebens, das der heutigen Welt ihr kulturelles Bild gegeben hat. Deutschland wird entweder Weltmacht oder überhaupt nicht sein ...
Damit ziehen wir Nationalsozialisten bewusst einen Strich unter die außenpolitische Richtung unserer Vorkriegszeit. Wir setzen dort an, wo man vor sechs Jahrhunderten endete. Wir stoppen den ewigen Germanenzug nach dem Süden und Westen Europas und weisen den Blick nach dem Land im Osten. Wir schließen endlich ab die Kolonial- und Handelspolitik der Vorkriegszeit und gehen über zur Bodenpolitik der Zukunft.
Wenn wir aber heute in Europa von neuem Grund und Boden reden, können wir in erster Linie nur an Russland und die ihm untertanen Randstaaten denken.

D Die junge Bewegung[4] ist ihrem Wesen und ihrer inneren Organisation nach antiparlamentarisch, d. h., sie lehnt im allgemeinen wie in ihrem eigenen inneren Aufbau ein Prinzip der Majoritätsbestimmung[5] ab, in dem der Führer nur zum Vollstrecker des Willens und der Meinung anderer degradiert[6] wird ...
Wer Führer sein will, trägt bei höchster unumschränkter Autorität ... die letzte und schwerste Verantwortung ... Nur der Held ist dazu berufen.

*Zit. nach Christian Hartmann/Thomas Vordermayer/Othmar Plöckinger/Roman Töppel (Hg.), Hitler, Mein Kampf. Eine kritische Edition, im Auftrag des Instituts für Zeitgeschichte München, Berlin 2016, 2 Bde., A: Bd. 2, S. 981, B: Bd. 1, S. 777, 791, C: Bd. 2, S. 1655, 1657, D: Bd 1., S. 891, 893.***

[1] *ursprünglich indoeuropäische Volksgruppe, im Nationalsozialismus gleichbedeutend mit nichtjüdisch*
[2] *pflanzlicher oder tierischer Schädling*
[3] *abwertende und rassistische Formulierung, die im Zusammenhang mit sogenannten „Rassentheorien" steht*
[4] *nationalsozialistische Bewegung*
[5] *Mehrheitsprinzip durch Wahlen*
[6] *herabgesetzt*

Elemente der NS-Gedankenwelt

„Rasse"* war der zentrale Begriff der nationalsozialistischen Ideologie. Basierend auf der pseudowissenschaftlichen Rassenlehre des 19. Jahrhunderts, teilten die Nationalsozialisten die Menschheit in ungleiche „Rassen" ein (Rassismus*). Sich selbst zählten sie wie Briten oder Skandinavier zur wertvollsten „Rasse" der „Arier". Diese seien groß, blond, blauäugig und würden über Eigenschaften wie Tapferkeit verfügen. Die Juden wurden von den Nationalsozialisten als minderwertige „Rasse" definiert. Zugleich waren sie aus deren Sicht nicht Teil der „Volksgemeinschaft", die ebenfalls rassisch definiert wurde.

Laut nationalsozialistischer Ideologie war die Geschichte der Menschheit vom Kampf der „Rassen" ums Überleben geprägt. Um gegen Feinde bestehen zu können, müsse das Volk unter einem starken Führer geeint werden („Führerprinzip"*). Zur Sicherung der Existenz der arischen Rasse sollte eine expansive Außenpolitik betrieben werden: Konkretes Ziel war der Erwerb von „Lebensraum im Osten". Die dort lebenden „slawischen Völker" wurden von den Nationalsozialisten als minderwertig bezeichnet, die – aus ihrer Sicht – vertrieben oder getötet werden könnten.

M2

Plakat von René Ahrlé, zwischen 1933 und 1939

Grundlegender Begriff: Antisemitismus

Allgemein Feindschaft und Hass gegenüber Jüdinnen und Juden, die u. a. in der Zeit des Nationalsozialismus rassistisch motiviert waren und pseudowissenschaftlich begründet wurden. Diese Form des Antisemitismus war ein zentraler Bestandteil der Ideologie des Nationalsozialismus: Nationalsozialisten teilten die Menschheit in minderwertige und höherwertige „Rassen" ein, wobei sie eine vermeintliche „jüdische Rasse" als minderwertig, die „arische Rasse" als höherwertig definierten. Ihre rassistischen Vorstellungen verknüpften sie mit älteren Erscheinungsformen der Judenfeindschaft, die z. B. auf religiösen und sozialen Motiven beruhten. Der NS-Antisemitismus bildete eine wesentliche Grundlage für die Ermordung der europäischen Jüdinnen und Juden durch die Nationalsozialisten.

Grundlegender Begriff: „Volksgemeinschaft"

Nationalsozialistischer Propagandabegriff, welcher die Geschlossenheit eines durch eine angeblich gemeinsame „Rasse" definierten deutschen Volks behauptet. Andere Menschen („Volksfremde") werden aus der „Volksgemeinschaft" ausgeschlossen, diskriminiert und verfolgt. Die Bedürfnisse und Interessen Einzelner müssen sich denen der Gemeinschaft unterordnen.

1 **a)** Nenne und erläutere die Elemente der NS-Ideologie (DT und GB „Antisemitismus"). Ordne vier von ihnen den Abschnitten in M1 zu.
b) Notiere Wörter, die menschenverachtend sind, und erläutere den Zusammenhang zwischen der Sprache sowie der NS-Ideologie (M1).

2 Erkläre den Unterschied zwischen älteren Erscheinungsformen der Judenfeindschaft und dem Antisemitismus der Nationalsozialisten (GB „Antisemitismus").

3 Beschreibe das Plakat M2 und erkläre den ideologischen Hintergrund. Beziehe den GB „Volksgemeinschaft" mit ein.

4 Zeige Widersprüche zwischen der NS-Ideologie und unseren demokratischen Vorstellungen auf.

Erste Phase des Machtausbaus: Neuwahlen und „Reichstagsbrandverordnung“

Viele Deutsche sahen in der Ernennung Hitlers zum Reichskanzler nur den Anfang eines weiteren Präsidialkabinetts (siehe S. 42/43). Kaum jemand ahnte, mit welcher Dynamik und Brutalität die Nationalsozialisten in den folgenden Wochen ihre Macht sichern und ausbauen würden.

- ***Wie gingen die Nationalsozialisten dabei vor?***
- ***Wie lässt sich dieses Vorgehen aus heutiger Sicht bewerten?***

Beseitigung des Rechtsstaates

Zwei Tage nach seiner Ernennung zum Reichskanzler setzte Hitler beim Reichspräsidenten die Auflösung des Reichstags und Neuwahlen für den 5. März 1933 durch. Sein Ziel war die absolute Mehrheit der NSDAP im Reichstag. Im aggressiv geführten Wahlkampf konnte Hitler nun auf staatliche Mittel wie den Rundfunk zurückgreifen. Eine Notverordnung vom 4. Februar 1933 schränkte zudem die Presse- und Versammlungsfreiheit ein. Besonders gravierend wirkte sich der Terror der Sturmabteilung (SA) und der Schutzstaffel (SS) aus, die die Wahlveranstaltungen anderer Parteien stürmten und mit brutaler Gewalt gegen deren Mitglieder und Anhänger vorgingen, während die Polizei oft tatenlos zusah. In Preußen wurden die Polizisten durch den Innenminister Hermann Göring (NSDAP) per Erlass sogar ausdrücklich zum Schusswaffengebrauch gegen Kommunisten aufgefordert.

Als am 27. Februar 1933 der Reichstag brannte, beschuldigten die Nationalsozialisten sofort die Kommunisten der Tat. Der vor Ort festgenommene Verdächtige, ein holländischer Kommunist namens Marinus van der Lubbe, gestand die Brandstiftung. Ob er wirklich der Täter war oder die Nationalsozialisten nicht selbst beteiligt waren, ist bis heute strittig. Der Reichstagsbrand bot der nationalsozialistischen Regierung die willkommene Gelegenheit, weitere Maßnahmen gegen die Kommunisten und Sozialdemokraten zu ergreifen. Noch in der Nacht fanden Massenverhaftungen statt. Die am folgenden Tag erlassene „Verordnung zum Schutz von Volk und Staat“, die sog. „Reichstagsbrandverordnung“, betraf alle Bürger und bedeutete das Ende des Rechtsstaats. Sie hob unter Berufung auf Artikel 48 der Weimarer Reichsverfassung (siehe S. 107) nahezu alle Grundrechte „bis auf Weiteres“, tatsächlich bis 1945 auf: die Meinungs-, Presse-, Vereins-, Versammlungsfreiheit, das Post-, Brief-, Telegrafen-, Fernsprechgeheimnis sowie die Unverletzlichkeit von Eigentum und Wohnung. Die Praxis der NSDAP, Gegner ohne gerichtlichen Beschluss in „Schutzhaft“* zu nehmen, hatte damit eine rechtliche Grundlage bekommen. Trotz der massiven Eingriffe in den Wahlkampf brachte die Reichstagswahl vom 5. März 1933 den Nationalsozialisten nicht das erhoffte Ergebnis.

M 1

Norddeutsch Ausgabe / Ausgabe A
60. Ausg. • 46. Jahr • Einzelpreis 20 Pf.

Ausgabe A / Norddeutsche Ausgabe
Berlin, Mittwoch, 1. März 1933

VÖLKISCHER BEO… HTER

Herausgeber Adolf Hitler

Die Brennessel heute neu!

Kampfblatt der national-sozialistischen Bewegung Gr… lands

Das Maß ist voll!

Jetzt wird rücksichtslos durchgegriffen

Kommunistische Brandstifter zünden das Reichstagsgebäude an – Der Mitteltrakt mit dem großen Sitzungssaal vernichtet – Kommunistischer Brandstifter verhaftet – Das Zeichen zur Entfesselung des kommunistischen Aufruhrs – Schärfste Maßnahmen gegen die Terroristen – Alle kommunistischen Abgeordneten in Haft – Alle marxistischen Zeitungen verboten

Titelseite des „Völkischen Beobachters“, der nationalsozialistischen Zeitung, vom 1. März 1933. Der Text lautet: Das Maß ist voll! Jetzt wird rücksichtslos durchgegriffen. Kommunistische Brandstifter zünden das Reichstagsgebäude an – Der Mitteltrakt mit dem großen Sitzungssaal vernichtet – Das Zeichen zur Entfesselung des kommunistischen Aufruhrs – Schärfste Maßnahmen gegen die Terroristen – Alle kommunistischen Abgeordneten in Haft – Alle marxistischen Zeitungen verboten

M 2

Der Journalist Sebastian Haffner (1907–1999) in einem 1939 verfassten Manuskript über die Reaktionen auf den Reichstagsbrand:

Erst am nächsten Morgen las ich in der Zeitung, der Reichstag brenne. Erst mittags las ich von den Verhaftungen. Ungefähr gleichzeitig wurde jene Verordnung Hindenburgs angeschlagen, die für die Privatleute Meinungsfreiheit, Brief- und Telefongeheimnis aufhob und der Polizei dafür unbeschränkte Haussuchungs-, Beschlagnahme- und Verhaftungsrechte gab. Am Nachmittag gingen Leute mit Leitern herum, biedere Handwerker, und begannen an allen Anschlagsäulen und Zäunen Wahlplakate zu überkleben: Den Linksparteien war jede weitere Wahlpropaganda verboten worden ... Dass die meisten Deutschen damals, im Februar 1933, an die kommunistische Brandstiftung glaubten, kann man ihnen ... nicht übelnehmen. Was man ihnen übelnehmen kann, und worin sich zum ersten Mal ihre schreckliche kollektive Charakterschwäche zeigte, ist, dass damit die Angelegenheit für sie erledigt war. Dass man ihnen, jedem Einzelnen von ihnen, sein bisschen verfassungsmäßig garantierte persönliche Freiheit und Bürgerwürde wegnahm, nur weil es im Reichstag ein bisschen gebrannt hatte – das nahmen sie mit einer schafsmäßigen Ergebenheit hin, als müsste es so sein ...

Am nächsten Morgen diskutierte ich diese Dinge mit ein paar Referendarskollegen. Alle waren sehr interessiert für die Täterschaftsfrage des Reichstagsbrandes, und mehr als einer äußerte seine augenzwinkernden Zweifel an der offiziellen Version. Aber keiner fand etwas Besonderes dabei, dass man in Zukunft seine Telefongespräche belauschen, seine Briefe öffnen und seinen Schreibtisch erbrechen durfte. „Ich empfinde es als persönliche Beleidigung", sagte ich, „dass man mich verhindert, zu lesen welche Zeitung ich will – weil angeblich ein Kommunist den Reichstag angesteckt hat. Sie nicht?" Einer antwortete fröhlich und harmlos: „Nein. Wieso? Lesen Sie denn etwa bis jetzt den „Vorwärts" und „Die Rote Fahne"[1]?

*Sebastian Haffner, Die Geschichte eines Deutschen. Die Erinnerungen 1914–1933, 6. Aufl., Stuttgart/München (DVA) 2001, S. 116–119.**

[1] *Presseorgan der SPD bzw. KPD*

M 3

Bernhard Kuhnt (SPD), Mitglied des Reichstags, nach seiner Verhaftung am 9. März 1933 durch die SA in Chemnitz. Das Foto, aufgenommen von einem SA-Mann, wurde mit der Aufschrift versehen und verbreitet: „Immer vornehm! Flottenmeuterer Bernhard Kuhnt fährt an seiner neuen Arbeitsstätte (Dreckwaschen) vor." Kuhnt wurde zum Waschen der Straßen gezwungen. Seine Haft endete im Juli 1934. Foto, 1933

M 4

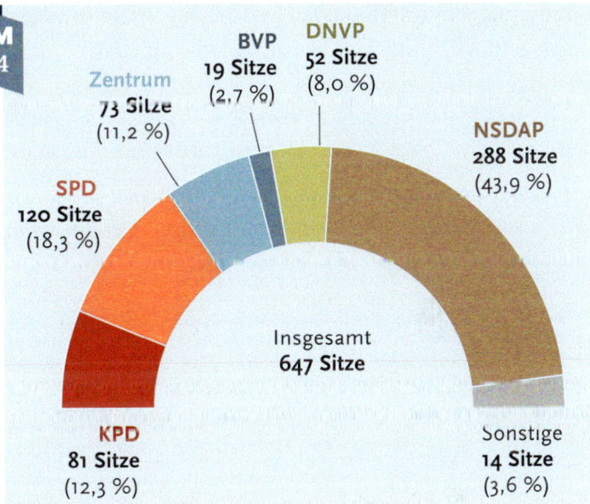

Wahlergebnis vom 5. März 1933 in Prozenten mit der sich daraus ergebenden Sitzverteilung

1 a) Zähle Maßnahmen auf, mit denen die Nationalsozialisten ihre Macht ausbauten (M1, M3 und DT). Nenne Auswirkungen für die Bevölkerung.

b) Erläutere, wie im „Völkischen Beobachter" die Maßnahmen nach dem Reichstagsbrand gerechtfertigt wurden (M1).

c) Bewerte diese aus heutiger Sicht. Gehe dabei vom Begriff des Rechtsstaats* aus.

2 Erarbeite, wie deutsche Bürger laut Aussage Sebastian Haffners auf die Ereignisse des 27./28. Februar reagiert haben (M2).

3 Diskutiert Haffners Bewertung der „schafsmäßigen Ergebenheit" (M2, Zeile 24 f.). Berücksichtigt dabei auch das Ergebnis der Reichstagswahlen (M4) und die Wahlergebnisse M1 auf S. 36.

L Zweite Phase des Machtausbaus: Das „Ermächtigungsgesetz"

Am 23. März 1933 erlebte nach den Worten des Historikers Norbert Frei „die deutsche Parlamentsgeschichte ihren schwärzesten Tag". Damals stimmte der Reichstag dem „Ermächtigungsgesetz" zu, das am folgenden Tag in Kraft trat.

- ***Was ereignet sich am 23. März in der Kroll-Oper?***
- ***Welche Bedeutung hatte das Gesetz im Hinblick auf die Errichtung einer Diktatur?***

Bereite eine Diskussion zum Entstehen und zur Bedeutung des „Ermächtigungsgesetzes" vor.

Der rechtliche Rahmen

Nachdem die NSDAP bei den Reichstagswahlen am 5. März 1933 nicht die absolute Mehrheit erreicht hatte, beschritt Reichskanzler Hitler einen anderen Weg, um seine Macht auszubauen. Er legte dem Reichstag das „Ermächtigungsgesetz" vor. Da es sich um ein verfassungsänderndes Gesetz handelte, mussten für die Verabschiedung mindestens zwei Drittel der Abgeordneten anwesend sein und von diesen wiederum zwei Drittel zustimmen. Um die Zweidrittelmehrheit zu sichern, änderte Reichstagspräsident Hermann Göring (NSDAP) schnell die Geschäftsordnung: Die 81 KPD-Abgeordneten, die großteils verhaftet waren, wurden dreist als anwesend bezeichnet, ihre Stimmen als Enthaltungen gewertet, das gleiche galt für 26 inhaftierte oder geflohene Sozialdemokraten. Die Zustimmung des Zentrums sicherte sich Hitler mit Versprechungen bezüglich der Rechte der katholischen Kirche. Nur die 94 Sozialdemokraten stimmten geschlossen gegen das „Ermächtigungsgesetz". Es wurde vom Reichstag mit 444 Ja-Stimmen angenommen und galt durch Verlängerung bis zum Ende der NS-Herrschaft 1945.

M 1

„Gesetz zur Behebung der Not von Volk und Reich" („Ermächtigungsgesetz") vom 24. März 1933:

Reichsgesetze können außer dem in der Reichsverfassung vorgesehenen Verfahren auch durch die Reichsregierung beschlossen werden ...
Die von der Reichsregierung beschlossenen Reichsgesetze können von der Reichsverfassung abweichen, soweit sie nicht die Einrichtung des Reichstags und des Reichsrats als solche zum Gegenstand haben. Die Rechte des Reichspräsidenten bleiben unberührt ...
Dieses Gesetz tritt mit dem Tage seiner Verkündigung in Kraft. Es tritt mit dem 1. April 1937 außer Kraft; es tritt ferner außer Kraft, wenn die gegenwärtige Reichsregierung durch eine andere abgelöst wird.

*Zit. nach www.dhm.de/lemo/html/dokumente/-ermaechtigungsgesetz/index.html (Stand: 06. 01. 2020).**

Grundlegender Begriff: „Ermächtigungsgesetz"

Bezeichnung für ein im März 1933 vom Reichstag verabschiedetes Gesetz, das die Gesetzgebungsvollmachten vom Reichstag auf die Regierung Hitler übertrug und damit die Gewaltenteilung beseitigte

M 2

SA- und SS-Einheiten vor der Kroll-Oper rücken am Tag der Verabschiedung des „Ermächtigungsgesetzes" als „Saalschutz" ein, Foto, 23. März 1933

M 3

Der SPD-Abgeordnete Wilhelm Hoegner (1887–1980) berichtet über die Stimmung am 23. März 1933:

Wilde Sprechchöre empfingen und begleiteten uns: „Wir wollen das Ermächtigungsgesetz, sonst gibt es Feuer!" In der Kroll-Oper wimmelte es von SA und SS ... Der Sitzungssaal war mit riesigen Hakenkreuzfahnen ... ausgeschmückt ... Als wir sie [die Plätze] eingenommen hatten, stellten sich SA- und SS-Leute an den Eingängen und Wänden hinter uns im Halbkreis auf. Ihre Mienen ließen nichts Gutes erwarten.

*Wilhelm Hoegner, Flucht vor Hitler. Erinnerungen an die Kapitulation der ersten deutschen Republik 1933, München (Ullstein) 1977, S. 130.**

M 4

Auszug aus der Rede des SPD-Vorsitzenden Otto Wels (1873–1939) in der Reichstagssitzung am 23. März 1933:

Freiheit und Leben kann man uns nehmen, die Ehre nicht ... Nach den Verfolgungen, die die Sozialdemokratische Partei in der letzten Zeit erfahren hat, wird ... niemand von ihr verlangen oder erwarten können, dass sie für das hier eingebrachte Ermächtigungsgesetz stimmt. Die Wahlen vom 5. März haben den Regierungsparteien die Mehrheit gebracht und damit die Möglichkeit gegeben, streng nach Wortlaut und Sinn der Verfassung zu regieren. Wo diese Möglichkeit besteht, besteht auch die Pflicht ... Noch niemals, seit es einen Deutschen Reichstag gibt, ist die Kontrolle der öffentlichen Angelegenheiten durch die gewählten Vertreter des Volkes in solchem Maße ausgeschaltet worden, wie es jetzt geschieht, und wie es durch das neue Ermächtigungsgesetz noch mehr geschehen soll ... Die Herren von der Nationalsozialistischen Partei nennen die von ihnen entfesselte Bewegung eine nationale Revolution, nicht eine nationalsozialistische. Das Verhältnis ihrer Revolution zum Sozialismus beschränkt sich bisher auf den Versuch, die sozialdemokratische Bewegung zu vernichten ...

Zerstörung von Bestehendem ist aber noch keine Revolution. Das Volk erwartet positive Leistungen ... Wir deutschen Sozialdemokraten bekennen uns in dieser geschichtlichen Stunde feierlich zu den Grundsätzen der Menschlichkeit und der Gerechtigkeit, der Freiheit und des Sozialismus ... Wir grüßen die Verfolgten und Bedrängten. Wir grüßen unsere Freunde im Reich. Ihre Standhaftigkeit und Treue verdienen Bewunderung. Ihr Bekennermut, ihre ungebrochene Zuversicht verbürgen eine hellere Zukunft.

*Zit. nach Herbert Michaelis/Ernst Schraepler, Ursachen und Folgen. Vom deutschen Zusammenbruch 1918 1945 bis zur staatlichen Neuordnung Deutschlands in der Gegenwart, Bd. 9, Berlin (Dokumentenverlag Wendler) 1964, S. 147f.**

Bereite eine Diskussion zum Zustandekommen und zur Bedeutung des „Ermächtigungsgesetzes" vor. Nutze dabei die folgenden Arbeitsaufträge:

1 a) Erschließe den Inhalt des „Ermächtigungsgesetzes" (M1). Arbeite heraus,
- was dieses Gesetz für die Reichsregierung,
- was es für den Reichstag bedeutete und
- welche Funktion der letzte Absatz hinsichtlich des Abstimmungsverhaltens haben sollte.

b) Bewerte die Aussage, die „Rechte des Reichspräsidenten bleiben unberührt" (M1, Z. 8 f.). Gehe dabei von der bisherigen Praxis der Präsidialkabinette aus, mit Notverordnungen zu regieren.

c) Fasse deine Ergebnisse zur Bedeutung des „Ermächtigungsgesetzes" in einem kurzen Text zusammen.

2 Wähle eine Aufgabe aus:

a) Otto Wels' Rede (M4) gilt als mutiges Bekenntnis zur Demokratie. Überprüfe dies am Text und nenne passende Belegstellen.

b) Bewerte die Rede von Otto Wels aus heutiger Sicht.

3 a) Kam das „Ermächtigungsgesetz" legal zustande? (M2, M3, GB und DT). Notiere Gründe dafür und dagegen.

b) Welche Bedeutung hatte das „Ermächtigungsgesetz" für die Menschen in Deutschland? Gibt es eine „Lehre", die wir heute aus den Ereignissen vom 23./24. März 1933 ziehen können?

4 Bestimmt einen Moderator, der darauf achtet, dass die Gesprächsregeln eingehalten sowie alle Aspekte besprochen werden, und diskutiert.

5 Zusatzaufgabe: Informiere dich über das weitere Schicksal von Wilhelm Hoegner und Otto Wels.

Dritte Phase des Machtausbaus: „Gleichschaltung“ von Staat und Gesellschaft

Die „Reichstagsbrandverordnung“ und das „Ermächtigungsgesetz“ bildeten die Grundlage für die nächste Etappe des Machtausbaus, die „Gleichschaltung“.

- ***Welche Maßnahmen erfolgten im Zuge der „Gleichschaltung“ und was bewirkten diese?***

Die Errichtung des „Führerstaats“*

„Gleichschaltung“, eigentlich ein Begriff aus der Physik, wurde von den Nationalsozialisten als Schlüsselbegriff für die Umwandlung Deutschlands in eine Diktatur verwendet. Der Prozess begann mit der „Gleichschaltung der Länder“ Ende März 1933 und der Einsetzung der Reichsstatthalter zur Kontrolle der Länderregierungen. Im April 1933 erfolgte eine Umstrukturierung der Verwaltung durch das „Gesetz zur Wiederherstellung des Berufsbeamtentums“: Dieses führte zur Entlassung von politisch andersdenkenden sowie jüdischen („nichtarischen“) Beamten.

Die Beseitigung der Gewerkschaften geschah mit einer Mischung aus Zugeständnissen und Terror. Zunächst wurde der 1. Mai als „Tag der nationalen Arbeit“ zum gesetzlichen Feiertag erklärt. Am folgenden Tag besetzten SA, SS und Polizei die Gewerkschaftshäuser und verhafteten die Gewerkschaftsfunktionäre. Das beschlagnahmte Vermögen der Gewerkschaften nutzte das NS-Regime für die Neugründung einer „Deutschen Arbeitsfront“ (DAF*), einer Zwangsorganisation für Arbeitnehmer und Arbeitgeber, die Ausdruck der nationalsozialistischen „Volksgemeinschaft“ sein sollte. Bis Juli 1933 wurden sämtliche Parteien bis auf die NSDAP verboten oder lösten sich selbst auf.

Auch im kulturellen Bereich fand eine „Gleichschaltung“ statt. Am 10. Mai begannen Studenten in deutschen Städten öffentlich Bücher jüdischer, sozialistischer und demokratischer Autoren zu verbrennen. Viele Künstler und Schriftsteller erhielten Berufsverbote. Kritische Journalisten wurden verhaftet, gefoltert, viele ermordet. Gefahr drohte der NS-Regierung in dieser Phase der zunehmenden Machtkonzentration aus den eigenen Reihen, und zwar durch eine scharfe Konkurrenz zwischen der immer mächtiger werdenden SA und der Reichswehr sowie durch parteiinterne Machtkämpfe. Im Juni 1934 wurde die gesamte SA-Spitze um Ernst Röhm sowie etliche konservative Regimekritiker von der SS festgenommen und erschossen. Hitler begründete dies öffentlich als „Staatsnotwehr“ gegenüber einem angeblichen geplanten Putsch Röhms.

Mit dem Tod des Reichspräsidenten Hindenburg am 2. August 1934 wurde die „Gleichschaltung“ des Staates abgeschlossen. Schon am Vortag übertrug sich Hitler per Gesetz zusätzlich den Posten des Staatsoberhauptes und nahm den Titel „Führer und Reichskanzler“ an. Er ließ sich diesen Schritt durch einen Volksentscheid nachträglich bestätigen. 89,9 Prozent der Wähler stimmten zu. Der Wandel zur NS-Diktatur und zum „Führerstaat“ war vollzogen.

M 1

Mitarbeiterinnen und Mitarbeiter der „Süddeutschen Rundfunk AG“ im Jahr 1926 (links), die 1934 in „Reichssender Stuttgart“ unbenannt wurde (rechts)

Grundlegender Begriff: „Gleichschaltung“

Nationalsozialistische Durchdringung und Erfassung nahezu aller Bereiche von Staat und Gesellschaft, z. B. durch die Aufhebung der Länder sowie durch die Einrichtung zahlreicher nationalsozialistischer Organisationen bei gleichzeitigem Verbot aller freien Parteien, Verbände, Vereine und anderer Zusammenschlüsse sowie der Steuerung aller Medien. Ziel war die Errichtung eines totalitären Staates, der nicht nur das gesamte öffentliche Leben, sondern auch wesentliche Teile des privaten Lebens kontrollierte.

M 2

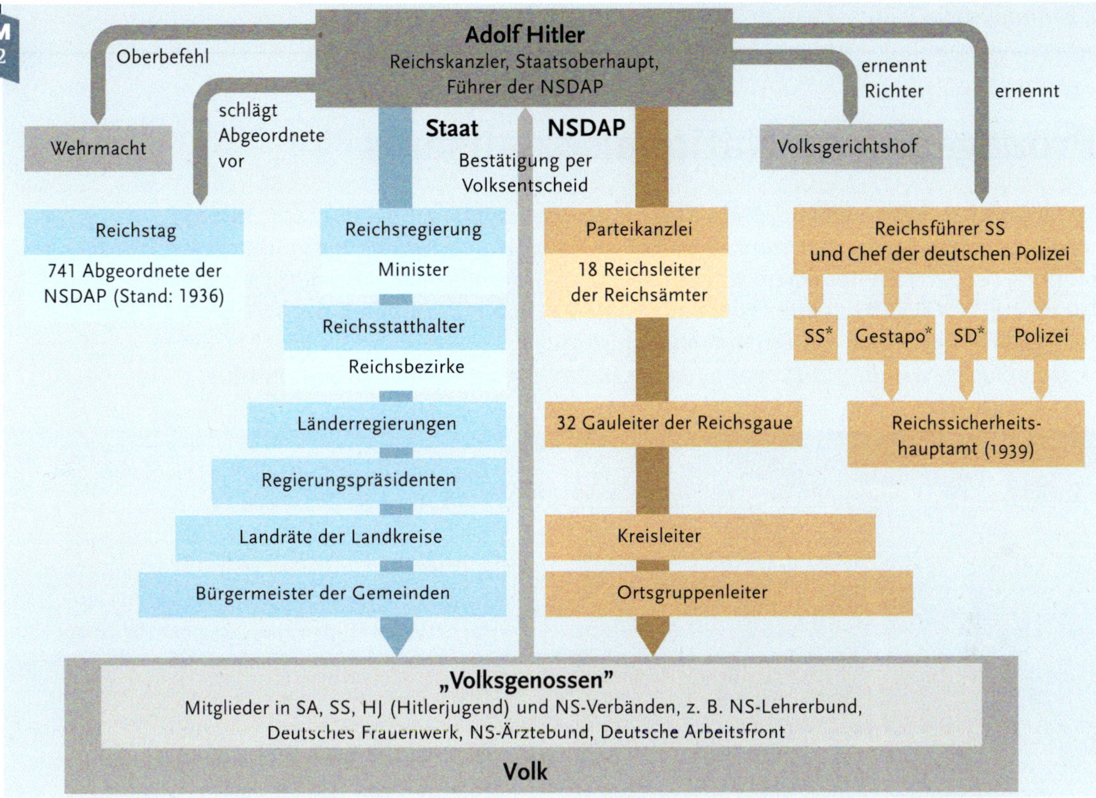

NS-Machtstruktur
Im Zuge der „Gleichschaltung der Länder" schufen die Nationalsozialisten den Behördentypus des Reichstatthalters: Dieser war als Reichsbehörde der jeweiligen Länderregierung übergeordnet, hatte aber wenige eigene Zuständigkeiten. Meist wurde das Amt des Reichsstatthalters dem jeweiligen Gauleiter übertragen, in Preußen und Bayern war dies wegen der Größe des Zuständigkeitsbereichs aber nicht möglich. So gab es in Bayern 1933 einen Reichsstatthalter und – auf Parteiebene – sechs Gauleiter. Unklare Zuständigkeiten und Rivalitäten machten Rückfragen beim „Führer" nötig, dessen Entscheidungen als „Führererlasse" Gesetzeskraft hatten.

M 3

Reichspropagandaminister Goebbels notierte in seinem Tagebuch am 17. April 1933:

Den 1. Mai werden wir zu einer grandiosen Demonstration deutschen Volkswillens gestalten. Am 2. Mai werden dann die Gewerkschaftshäuser besetzt. Gleichschaltung auch auf diesem Gebiet. Es wird vielleicht ein paar Tage Krach geben, aber dann gehören sie uns. Man darf hier keine Rücksicht mehr kennen ... Sind die Gewerkschaften in unserer Hand, dann werden sich auch die anderen Parteien und Organisationen nicht mehr lange halten können ... Ein Zurück gibt es nicht mehr. Man muss den Dingen nur ihren Lauf lassen. In einem Jahr wird ganz Deutschland in unserer Hand sein ...

*Zit. nach Joseph Goebbels, Tagebücher 1924–1945, hg. von Ralf Georg Reuth, Bd. 2: 1930–1934, 2. Aufl., München/Zürich (Serie Piper) 1992, S. 793.**

1 a) Erstelle eine Zeitleiste zur Umsetzung der „Gleichschaltung" (DT). Du kannst diese auch digital erstellen.
b) Erläutere anhand der Zeitleiste den Vorgang der „Gleichschaltung" (GB, M3, DT). Gehe dabei genauer auf die „Gleichschaltung" der Gewerkschaften und die dabei erkennbare Strategie der NS-Regierung ein.
c) Stelle einen Zusammenhang zwischen der „Gleichschaltung" und der NS-Ideologie her. Lies nach auf den Seiten 54/55.

2 Überprüfe, inwiefern M1 etwas über die „Gleichschaltung" im Rundfunk verrät.

3 a) Beschreibe mithilfe des Schaubildes M2 den Aufbau des NS-Staates. Achte dabei auf die sogenannte Doppelstruktur von Staat und Partei.
b) Erläutere, inwiefern aus der Doppelstruktur eine Rivalität zwischen Staat und Partei resultierte. Beurteile die damit verbundenen Folgen für die Machtstellung des „Führers und Reichskanzlers".

4 Verfasse einen kurzen Text, in dem du den Machtausbau der Nationalsozialisten bis August 1934 bewertest (DT, M2 und Seite 56–59). Nutze dabei die GB „Gleichschaltung", „Demokratie", „Parlament", „Volkssouveränität" und „Gewaltenteilung".

Propaganda im Nationalsozialismus

Hitler äußerte sich bereits in „Mein Kampf" zur Propaganda. Sie habe sich „nur auf sehr wenige Punkte zu beschränken und diese schlagwortartig solange zu verwerten, bis auch der Letzte unter einem solchen Worte das Gewollte sich bestimmt vorzustellen vermag". Ab 1933 wurde Propaganda zum zentralen Bestandteil des NS-Staates. Die Aufsicht übernahm das Propagandaministerium.

- ***Untersuche, wie die NS-Propaganda die Deutschen zu manipulieren versuchte.***

M 1a

M 1b

Ausschnitte aus dem Film „Triumph des Willens" (1935) von Leni Riefenstahl, der den Parteitag der NSDAP 1934 propagandistisch überhöhte. Die aufwendige Produktion setzte den Wunsch der Partei nach Legitimation der Macht um und inszenierte die Person Hitlers als „Heilsbringer" des deutschen Volkes.

M 2

Die Journalistin Britta Gürke (2009) über den Film „Triumph des Willens":

Die Filmbilder haben ... mit der Realität wenig zu tun, auch wenn Riefenstahl selbst anderes behauptete ... Die Chronologie des realen Parteitages wurde für den Film völlig durcheinandergebracht, Aufmarschszenen stilisiert, unpassende Bilder etwa über ... die Volksfeststimmung am Rande des von Millionen besuchten Treffens einfach ignoriert ... Stattdessen ist der Film vollkommen durchkomponiert – Hitler wird durch unzählige technische Kniffe zum Messias erhöht, der sein Volk scheinbar erlöst und eine leuchtende Zukunft verspricht ... Von Hitler bekam sie [Riefenstahl] alles ...: Unmengen an Geld und ein Team von 170 Leuten ... Mit ihnen realisierte sie revolutionäre Ideen: Mit einem Kran fuhr sie einen Fahnenmast hoch, um die Massen von oben zu filmen. Überall in der Stadt wurden Schienen für Kamerafahrten verlegt, die berühmteste ist eine Rundfahrt um Hitler, die ihn wie eine lebende Statue aussehen lässt. Ungewöhnliche Perspektiven und bombastische Musik taten das Übrige.

*Zit. nach www.mz.de/kultur/vor-75-jahren-entstand-triumph-des-willens-2405271 (Stand 04.06.2021).**

Presse, Rundfunk und Film im NS-Staat

Neben der Presse nutzte die NS-Führung den Rundfunk als wichtigstes Massenmedium. Die ab 1933 produzierten „Volksempfänger" waren preisgünstiger als andere Radiogeräte. Da bis 1939 bereits 12 Millionen Exemplare verkauft worden waren, sie zudem auch in Betrieben und Schulen aufgestellt wurden, erreichten Live-Übertragungen von Reden Hitlers bzw. Reichspropagandaminister Joseph Goebbels oder von Massenveranstaltungen theoretisch jeden Deutschen. Unter Goebbels entstanden pro Jahr ca. 100 neue Filme, meist Unterhaltungsfilme, die speziell während des Zweiten Weltkriegs die Bevölkerung von Problemen wie der schwierigen Lage an der Front ablenken sollten. Der Propaganda dienten Spielfilme wie „Hitlerjunge Quex" (1933) oder der antisemitische Hetzfilm „Jud Süß" (1940), aber auch Dokumentationen. So bekam die Regisseurin Leni Riefenstahl u.a. den Auftrag, zwei Reichsparteitage in Nürnberg filmisch festzuhalten. Das Kino war sehr populär, jeder Deutsche besuchte es während des Krieges laut Statistik einmal pro Monat. Ab 1938 mussten alle Kinobesitzer im Vorprogramm die „Wochenschau" zeigen, eine Nachrichtensendung, die die Leistungen des NS-Regimes verherrlichte.

Nationalsozialistische Festveranstaltungen

Wichtig für die Propaganda waren zudem Massenveranstaltungen, z. B. die Reichsparteitage in Nürnberg oder die Ehrung der beim Hitlerputsch 1923 in München getöteten Nationalsozialisten. Die Feste sollten die Bereitschaft zu einem blinden Glauben an die NS-Bewegung und das Zusammengehörigkeitsgefühl innerhalb der „Volksgemeinschaft" fördern.

Schulbücher in der NS-Zeit

NS-Propaganda war auch in der Schule präsent. Hitlerporträts und Hakenkreuzfahnen hingen in jedem Klassenzimmer, der Hitlergruß war verbindlich vorgeschrieben. Bereits 1933 erschienen Schulbücher, die NS-Gedankengut enthielten. Lesebücher für Erstleser, sogenannte Fibeln, bereiteten die Schulanfänger auf das „Führerprinzip" vor. Biologiebücher widmeten sich der antisemitischen Rassenkunde. Und der Geschichtsunterricht sollte u.a. „Ehrfurcht vor der großen deutschen Vergangenheit" wecken.

M 3

Aus einem Geschichtsschulbuch 1940:

Große Aufgaben warteten des Führers bei der Machtübernahme. Das Volk war zerrissen in Parteien, Wirtschaftsgruppen, Klassen. Alle standen gegen alle: Jede Aufbauarbeit musste sinnlos bleiben, wenn es nicht gelang, die Klüfte im deutschen Volk zu schließen ... [Es] gelang, eine wahrhaft innere Volksgemeinschaft zu schaffen. Getragen von dem obersten Grundsatz des Nationalismus „Gemeinnutz geht vor Eigennutz", muss einer für den anderen einstehen.

*Walter Gehl, Lehrbuch für Geschichte, 5. Klasse, Oberschule, Breslau (Hirt) 1940, S. 14.**

M 4

Mutter und Kinder vor dem Volksempfänger während des Zweiten Weltkrieges (1941), aus der Schulfibel von Hans Brückl, Mein Buch, 3. Auflage, München (R. Oldenbourg) 1941, S. 29.

1 Erkläre, wie Propaganda – laut Hitler – funktionieren sollte (Einführungstext).

2 Nenne Medien und Bereiche der NS-Propagandatätigkeit und erläutere die damit verbundene Vorgehensweise (DT).

3 a) Informiere dich über die Reichsparteitage und den Film „Triumph des Willens".
Tipp: Gib die Suchbegriffe „Museen der Stadt Nürnberg" und „Dokumentationszentrum Reichsparteitagsgelände" sowie den Filmtitel ein.
b) Analysiere M1. Nutze dazu die Arbeitsschritte auf S. 190. Berücksichtige für die Deutung M2 und die Ergebnisse aus 3a.

4 a) Arbeite die mit M3 verbundenen konkreten Zielsetzungen heraus und nimm zu diesen Stellung. Achte auf die Wortwahl.
b) Nenne Elemente der Fibelseite (M4), die auf den Nationalsozialismus hinweisen (Bild und Schrift), und erkläre, wie Schulanfänger hier manipuliert werden sollten.

Fotos interpretieren

Die NS-Führung setzte bewusst auf die emotionale Wirkung und Einprägsamkeit von Fotos. Pressefotografen erhielten genaue Vorgaben, ohne Genehmigung durfte ab 1934 kein Foto abgedruckt werden. Gerade Fotos eignen sich zur Manipulation der Betrachter, da sie einen Augenblick unverfälscht wiederzugeben scheinen.

- ***Die Arbeitsschritte zeigen dir, wie du Fotos interpretierst und deren Aussagegehalt kritisch einschätzen lernst.***

M 1

Hitler in SA-Uniform auf dem Zeppelinfeld beim Reichsparteitag in Nürnberg 1933. Foto von Heinrich Hoffmann, Hitlers persönlichem Fotografen und engem Freund, der das Bild von Hitler bis heute maßgeblich prägte. Seine Fotos wurden massenhaft verbreitet, u. a. in Bildbänden, in Form von Daumenkinos oder – wie in diesem Fall – als Postkarte sowie als Zigarettenbild, ein damals beliebtes Sammelobjekt von Kindern und Jugendlichen.

M 2

SS-Ehrenwache an der Münchner Feldherrnhalle unter der Gedenktafel mit der Inschrift der Toten des Hitlerputsches 1923. Für Passanten bestand die Hitlergrußpflicht, wer dies umgehen wollte, nutzte die sogenannte „Drückerbergergasse" hinter der Feldherrnhalle. Foto, 1937 von Arthur Grimm, einem NS-Bildreporter.

Arbeitsschritte „Fotos interpretieren“

Die Fotografie und Bildtechnik beschreiben	**Lösungshinweis zu M1**
1. Beschreibe einzelne Elemente (Personen mit ihrer Körperhaltung und Kleidung, Gebäude, Umgebung). Wer/was steht im Zentrum?	• *Das Foto zeigt … Im Mittelpunkt des Fotos ist … Im Hintergrund sind … zu sehen.*
2. Erkläre die Bildtechnik: Aus welcher Kameraperspektive (Normal-, Unter-, Obersicht) und welcher Entfernung ist das Foto aufgenommen worden (Nah-, Luftaufnahme)? Was verraten die Lichtverhältnisse (z. B. Einsatz von Scheinwerfern)?	• *Das Foto wurde aus nächster Nähe mit … aufgenommen. Dadurch rückt Hitler …*
Informationen zur Entstehung des Fotos auswerten	
3. Gib Informationen zum Fotografen wieder und erkläre, welche Bedeutung diese für das Verständnis des Fotos haben.	**Tipp:** Recherchiere im Internet nach weiteren Informationen zu Heinrich Hoffmann.
4. Nenne Ort, Zeit und Handlung bzw. das zugrundeliegende Ereignis.	• …
5. Finde heraus, wo das Foto überall erschienen ist (z. B. Reproduktion als Postkarte, in Zeitungen etc.)?	• …
Die Fotografie interpretieren	
6. Welche Wirkung hat das Dargestellte auf den Betrachter heute?	• *Das Bild wirkt auf den Betrachter …*
7. Recherchiere, zu welchem Zweck die Fotografie vermutlich aufgenommen wurde (persönliche Erinnerung, Propaganda).	• *Die Fotografie sollte den „Führerkult“ …* **Tipp:** Berücksichtige dabei, ob das Foto Aspekte der abgebildeten Zeit idealisiert oder verfälscht.
8. Bewerte die Fotografie hinsichtlich ihrer Zielsetzung (z. B. für Propaganda). Beziehe, wenn vorhanden, Hinweise zur zeitgenössischen Aufnahme ein.	
9. Wie reagierten Zeitgenossen vermutlich auf das Foto?	• *Die Zeitgenossen reagierten auf das Foto vermutlich damit, dass …*

1 Interpretiere M1 mithilfe der Arbeitsschritte. Beziehe dabei den GB „Nationalsozialismus“ und „Volksgemeinschaft“ ein.

2 Interpretiere M2 gleichfalls nach den o. a. Arbeitsschritten.
Wiederhole im Zusammenhang damit die Ereignisse vom Hitlerputsch 1923. Lies nach auf S. 27.

3 **Zusatzaufgabe:** Heute erinnert ein Bodendenkmal an die Menschen, die in der NS-Zeit die „Drückebergergasse“ genommen haben, um den Hitlergruß zu vermeiden. Recherchiere nach dem Denkmal und nimm Stellung zur Tatsache, dass ein solches Denkmal errichtet wurde.

4 Welche Rolle spielt die Fotografie für unser Bild von der NS-Zeit? Welchen Quellenwert haben Fotos aus der Zeit für uns? Notiere ein bis zwei Sätze zu jeder dieser Fragen.

Nationalsozialismus in Bayern: das Beispiel Dachau

Bayern spielte für die NS-Geschichte eine besondere Rolle. Während München zur „Hauptstadt der Bewegung“ ausgerufen wurde, war Nürnberg „Stadt der Reichsparteitage“ (siehe S. 62/63). Die nationalsozialistische Durchdringung erfasste nach dem 30. Januar 1933 jeden bayerischen Ort, in unterschiedlichem Tempo, mit jeweils eigener Ausprägung. Eine Sonderstellung nimmt Dachau ein.

- ***Wie verlief die „Machtergreifung“ in Dachau?***
- ***Wer war im Konzentrationslager (KZ) Dachau unter welchen Bedingungen inhaftiert?***

„Machtergreifung“ in Dachau

Dachau, um 1900 eine Künstlerkolonie, hatte in der Weimarer Republik unter der prozentual höchsten Arbeitslosigkeit im Reich zu leiden, auch weil die dort angesiedelte Pulver- und Munitionsfabrik nach Ende des Ersten Weltkrieges ihren Betrieb einstellen musste. Dennoch erzielte die Wahlpropaganda der NSDAP, die Brot und Arbeit versprach, dort keine großen Erfolge. Bei den Wahlen am 5. März 1933 konnte die NSDAP in Dachau ihre Stimmen zwar verdoppeln, landete mit 23,9 % aber auf dem dritten Platz, hinter der BVP (29,2 %) und SPD (28,1 %). Am Abend des 9. März 1933, dem Tag der „Machtergreifung“ in Bayern, besetzten SA und SS – wie in vielen anderen Städten – das örtliche Rathaus und hissten die Hakenkreuzfahne. Diese Aktion bildete den Auftakt zu einer in mehreren Phasen verlaufenden „Gleichschaltung“ (siehe S. 60). Die Bürgermeister und der Gemeinderat Dachaus protestierten vergeblich gegen die Beflaggung. Elf der 21 Gemeinderäte wurden wenig später aus ihrem Amt entlassen, während der erste Bürgermeister (BVP) zur NSDAP wechselte und damit seine Stellung behielt. Ein Bahnbediensteter, der eine Hakenkreuzfahne vor dem Bahnhof verbrannte, wurde in „Schutzhaft“ genommen, das gleiche Schicksal ereilte politische Gegner der NSDAP wie den Vorsitzenden der örtlichen KPD. Zwei der drei lokalen Zeitungen berichteten sehr kritisch über den Terror der SA und SS in Dachau. Mitte März wurde der „Amper-Bote“ deshalb zwei Tage von der SA besetzt, das „Dachauer Volksblatt“ als sozialdemokratisches Organ Ende März für zwei Wochen verboten. Anfang April war die „Gleichschaltung“ der örtlichen Presse abgeschlossen. Über das am 22. März eröffnete Konzentrationslager (KZ) auf dem Gelände der Pulverfabrik informierten alle örtlichen Zeitungen künftig beschönigend. Die Errichtung des KZ war zunächst ohne Wissen des Gemeinderats erfolgt, allerdings waren örtliche Handwerker bei der Instandsetzung beteiligt.

M 1

Titelblatt der „Münchner Illustrierten Presse“ vom 16. Juli 1933. Bildunterschrift: Frühappell im Konzentrationslager. Disziplin erzieht zu gemeinschaftlicher aufbauender Arbeit. Foto im Auftrag des SS-Führers Heinrich Himmler von Friedrich Franz Bauer. Die Häftlinge hatten zweimal täglich zum Zählappell anzutreten und mussten oft stundenlang bewegungslos ausharren.

Häftlinge im KZ

Am 22. März 1933 wurden im Konzentrationslager in Dachau die ersten Gefangenen eingeliefert. Es handelte sich meist um politische Gegner der NSDAP, vor allem Mitglieder der KPD und SPD, die aufgrund der „Reichstagsbrandverordnung“ in „Schutzhaft“ genommen worden waren (siehe S. 56). Auch drei Dachauer KPD-Mitglieder waren darunter. Die Aufsicht über das KZ hatten die SS-Totenkopfverbände inne. Sie bauten ein grausames Terrorsystem auf und stützten sich dabei auf die vom Kommandanten Theodor Eicke entworfene Lagerordnung, die danach von allen anderen Konzentrationslagern übernommen wurde. Diese sah schwerste körperliche Strafen vor und erlaubte der SS sogar die sofortige Tötung von Gefangenen, z. B. im Fall einer „Arbeitsverweigerung" bei körperlicher Schwäche. Gerüchte über die Gräuel im Lager verbreiteten sich schnell in der Bevölkerung. „Sei still, sonst kommst du nach Dachau!", dieser Satz war bald ein geflügeltes Wort. 1938 entstand nach dem „Muster Dachau" in Flossenbürg das zweite Konzentrationslager in Bayern.

Grundlegender Begriff: Konzentrationslager

vom nationalsozialistischen Deutschland ab 1933 errichtete Lager zur Internierung, Ausbeutung und Tötung von Menschen, die aus rassistischen, politischen oder weltanschaulichen Motiven verfolgt wurden (u. a. Juden, Sinti und Roma, politische Gegner, Homosexuelle)

1 Notiere Stichpunkte zum Prozesse der „Machtübernahme" und zum Beginn der „Gleichschaltung" in Dachau. Erläutere den undemokratischen Charakter der Maßnahmen (DT).

2 Erkläre den Zusammenhang zwischen dem im KZ Dachau verübten Terror und dem Machtausbau der NS-Regierung (DT, GB).

3 **a)** Werte M2 aus. Was erfährst du über die Bedingungen für Häftlinge im KZ Dachau?
b) Propagandafotos von den KZ standen in völligem Gegensatz zum Häftlingsalltag. Erläutere dies anhand von M1, M2a) und M3).

4 Recherchiere ausgehend vom GB „Konzentrationslager" den Zeitpunkt für die Einlieferung weiterer Häftlingsgruppen in das KZ Dachau. Nutze dazu das Topographie-Projekt auf der Geschichte-Online-Seite der KZ-Gedenkstätte Dachau.

5 Sammelt Fragen, die ihr beim Besuch der KZ-Gedenkstätte Dachau stellen wollt (siehe S. 190).

6 **Zusatzaufgabe:** Recherchiere auf der Homepage der KZ-Gedenkstätte Dachau zum Schicksal einer der folgenden Personen und präsentiere deine Ergebnisse: **a)** Hans Beimler **b)** Stanislav Zámecník.

M 2

Ehemalige Häftlinge erinnern sich an den Aufenthalt im KZ Dachau:

a) Mehr als drei Stunden standen wir auf dem Appellplatz und warteten auf den Pfiff, der uns in die Baracken zurückschicken sollte. Ein feiner Regen, kalt und durchdringend, verwandelte die nassen Sachen in schwerlastende Fetzen. Man sah die Tropfen im gelben Licht der Scheinwerfer über die unbewegliche Masse der Häftlinge tanzen, um die wie böse Hunde die ewig fluchenden SS-Leute kreisten. *(Edmont Michelet)*

b) Ein furchtbar hartes Jahr war dieses Jahr 1937 ... Der Bau des großen, bald in der ganzen Welt berüchtigten Lagers begann. 4 Uhr Wecken, 5.30 Uhr Antreten zum Zählappell, 6 Uhr Beginn der Arbeit. Um 6 Uhr abends war Arbeitsschluss, anschließend wieder Zählappell. Dann arbeitete die Strafkompagnie noch weiter bis zur Dunkelheit. *(Alfred Hübsch)*

c) Die ausgewählten Häftlinge wurden in Fliegeruniform und Schwimmweste in ein Blechbassin getaucht. Das Wasser darin hatte eine Temperatur von 2 ° bis 12 ° Celsius. Mithilfe medizinischer Geräte wurden die physiologischen [körperlichen] Veränderungen verfolgt. Bei Erreichen eines bestimmten Unterkühlungsgrades leitete man verschiedene Rettungsmaßnahmen ein. Einige Häftlinge wurden auch bis zu ihrem klinischen Tod im Wasser gelassen. *(Stanislav Zámecník)*

Zit. nach a) www.kz-gedenkstaette-dachau.de/ b) Comité International de Dachau und Barbara Distel (Hg.), Katalog zur Ausstellung „Konzentrationslager Dachau 1933 bis 1945", 3. Auflage, München (Lipp Verlagsgesell-schaft) 2005, S. 69; c) Stanislav Zámecník, Das war Dachau, Luxemburg (Comité International de Dachau) 2002, S. 278f. Übers. v. Peter Heumos und Gitta Grossmann.

M 3

Appell im November 1938, Zeichnung von Karl Freund vom 17. Dezember 1938, Häftling im KZ Dachau 1938–1939. Mit dem Anfertigen von Zeichnungen oder schriftlichen Aufzeichnungen riskierten Häftlinge ihr Leben.

Die Ausgrenzung und Entrechtung der deutschen Jüdinnen und Juden bis 1935

Schon vor 1933 hatten die Nationalsozialisten deutlich gemacht, dass sie die jüdische Minderheit für die Probleme in Deutschland verantwortlich machte. Nach der Machtübernahme häuften sich reichsweit gewalttätige Übergriffe auf jüdische Bürgerinnen und Bürger.

- *Welche Maßnahmen ergriffen Nationalsozialisten, um die jüdischen Bevölkerung aus der deutschen Gesellschaft zu verdrängen?*
- *Was bedeuteten diese Einschränkungen für deren Leben?*

M 1

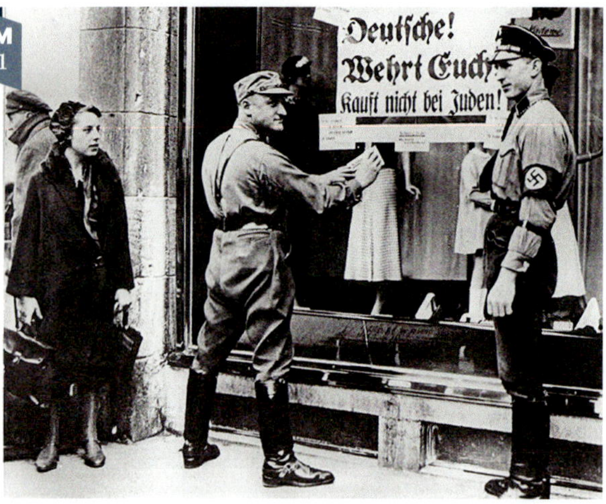

Boykott jüdischer Geschäfte, Foto von Willy Römer, Berlin, 1. April 1933

M 2

Edwin Landau, Geschäftsinhaber in Deutsch-Krone (heute: Wałcz/Polen), Preußen, 1. April 1933:

Auch vor unserem Lokal postierten sich zwei junge Nazis und hinderten die Kunden am Eintritt. Mir erschien das Ganze unbegreiflich. Es konnte mir nicht einleuchten, dass so etwas im 20. Jahrhundert überhaupt möglich sein konnte, denn solche Dinge hätten sich doch höchstens im Mittelalter ereignet ... Und für dieses Volk hatten wir jungen Juden einst im Schützengraben in Kälte und Regen gestanden und haben unser Blut vergossen, um das Land vor dem Feind zu schützen ... Dieses Land, und dieses Volk, das ich bisher liebte und schätzte, waren mir plötzlich zum Feind geworden ... Ich schämte mich über das Vertrauen, das ich so vielen verschenkt hatte, die sich nun als meine Feinde demaskierten.

*Edwin Landau, Mein Leben vor und nach Hitler. In: Monika Richarz (Hg.), Jüdisches Leben in Deutschland, Bd. 3, Stuttgart (DVA) 1982, S. 102.**

M 3

Die Ärztin Henriette Necheles-Magnus berichtet 1940 über die Ereignisse am 1. April 1933 in Hamburg:

Als ich morgens zur Praxis kam, sah ich schon von weitem zwei stramme SA-Männer vor meinem Eingang stehen ... Ich ging in meine Sprechstunde durch die Hintertür und setzte mich an meinen Schreibtisch. Zuerst musste ich meine weinende Einhüterin[1] trösten. Ich bekam die Antwort: „Wir schämen uns so für unsere Volksgenossen!" ... Gegenüber war ein kleines Eiergeschäft, das von einer Jüdin geleitet wurde (ihr Mann war im Kriege gefallen), auch davor die beiden Schutzengel. Um 9 Uhr begann die Sprechstunde, 9 h 10 kam die erste Patientin. Aufgeregt, schnaubend, dass man sie hindern wollte, zu ihrem Doktor zu gehen! „Sind wir in der Zeit der Christenverfolgung??" – 9 h 20 Lärm vor der Tür: „Wir wollen zu unserm Doktor!!!" SA-Mann: „Die ist ja gar nicht da, die hat sich gedrückt!" Darauf geht mein Mädchen an die Tür: „Frau Doktor ist da. Sie sind nicht berechtigt, die Sprechstunde zu stören, Sie sind nur da, um zu zeigen, dass es ein jüdischer Doktor ist." So ging es weiter und weiter, die Patienten kamen und kamen mit Blumen, mit kleinen Gaben: „Wir wollen Ihnen zeigen, was wir von dieser Politik halten." ... Im Ganzen war der Boykott unpopulär und wurde nach einem Tag abgebrochen, da die Bevölkerung noch an derlei Spektakel nicht gewöhnt war.

*Zit. nach die-quellen-sprechen.de/01-021.html (Stand: 16. 07. 2020).**

[1] *Sprechstundenhilfe*

Jüdinnen und Juden in Deutschland vor 1933

Während der Weimarer Republik lebten die rund 500 000 deutschen Jüdinnen und Juden, also rund ein Prozent der Gesamtbevölkerung, mit allen Bürgerrechten unter dem Schutz der Verfassung. Dennoch kam es – wie schon im Kaiserreich – durch rechte Gruppierungen zu antisemitischer Propaganda und vereinzelten Gewalttaten.

Spontane Übergriffe und Ausgrenzung

Nach dem 30. Januar 1933 fühlten sich SA-Männer noch mehr ermächtigt, Juden in der Öffentlichkeit bloßzustellen und zu verprügeln. So wurde z. B. der Münchner Rechtsanwalt Michael Siegel auf dem Polizeipräsidium von der SA brutal misshandelt, weil er sich für seinen Mandanten, den in „Schutzhaft" genommenen jüdischen Kaufhausbesitzer Max Uhlfelder, eingesetzt hatte. Siegel wurde mit einem Schild, das die Aufschrift trug: „Ich werde mich nie mehr bei der Polizei beschweren", und abgeschnittenen Hosen barfuß durch die Straßen getrieben. In vielen Städten und Gemeinden Bayerns wurden antijüdische Verordnungen erlassen, etwa in München ein Verbot zur Nutzung der städtischen Schwimmbäder (siehe auch S. 108 M7).

Die erste reichsweit geplante antisemitische Aktion war der im März vorbereitete und am 1. April 1933 inszenierte eintägige Boykott jüdischer Geschäfte, Arztpraxen und Rechtsanwaltskanzleien. SA-Posten verweigerten den Zutritt. Goebbels bezeichnete den Aprilboykott als Vergeltungsaktion und Warnung für das „Weltjudentum", nachdem antijüdische Gewalttaten zuvor Proteste hervorgerufen hatten.

Entrechtung per Gesetz

Die systematische Entrechtung der Jüdinnen und Juden begann mit der Entlassung der jüdischen Beamten durch das „Gesetz zur Wiederherstellung des Berufsbeamtentums" vom 7. April 1933 (siehe S. 60). Noch wesentlich weiter gingen die „Nürnberger Gesetze", die 1935 beim Reichsparteitag in Nürnberg erlassen wurden und alle jüdischen Mitbürgerinnen und Mitbürger zu Menschen minderen Rechts abstempelten (siehe S. 108 M6). Durch das „Reichsbürgergesetz" waren Juden künftig nur noch „Staatsbürger" ohne politische Rechte. Im „Blutschutzgesetz" wurden die Eheschließung zwischen Juden und „Ariern" sowie außereheliche Beziehungen zwischen diesen verboten und unter Strafe gestellt. Zudem durften Juden keine „arischen" Hausangestellten unter 45 Jahren mehr beschäftigen und nicht die Hakenkreuzflagge hissen.

Das hinter den Diskriminierungen*, Gewalttaten und der Entrechtung stehende Ziel war die Vertreibung der Juden aus Deutschland. 1933 verließen 37 000 Jüdinnen und Juden das Land, bis Ende 1937 waren es bereits 125 000.

M 4

Joseph Goebbels, Reichsminister für Propaganda, in seinem Tagebuch vom 1. April 1933:

Der Boykott gegen die Weltgreuelhetze ist in Berlin und im ganzen Reich in voller Schärfe entbrannt. Ich fahre, um mich zu orientieren, über die Tauentzienstraße. Alle Judengeschäfte sind geschlossen. Vor den Eingängen stehen SA-Posten. Das Publikum hat sich überall solidarisch erklärt. Es herrscht eine mustergültige Disziplin. Ein imponierendes Schauspiel! ... Der Boykott ist für Deutschland ein großer moralischer Sieg.

*Zit. nach Joseph Goebbels, Tagebücher 1924–1945, hg. von Ralf Georg Reuth, Bd. 2. 1930–1934, 2. Aufl., München/Zürich (Serie Piper) 1992, S. 789 f.**

Grundlegender Begriff: „Nürnberger Gesetze"

Bezeichnung für die 1935 von den Nationalsozialisten erlassenen antisemitischen Rassegesetze. Sie bildeten die gesetzliche Grundlage für die systematische Ausgrenzung und Verfolgung der Jüdinnen und Juden. In ihnen waren u. a. der Verlust aller ihrer staatsbürgerlichen Rechte und das Verbot von Eheschließungen zwischen Juden und Nichtjuden enthalten.

1 Beschreibe und deute das Foto M1. Nutze die Informationen aus dem DT, Z. 1–30.

2 **Gruppenarbeit:** Legt eine Tabelle zu den Berichten über den 1. April 1933 (M2–M4) an und notiert eure Ergebnisse zu folgenden Fragen:
   a) Wie hat der Verfasser der Quelle den 1. April erlebt?
   b) Welche Gefühle werden erwähnt?
   c) Untersucht die Unterschiede zwischen den einzelnen Wahrnehmungen und begründet diese.

3 Erkläre die Bedeutung der „Nürnberger Gesetze" für das Leben der Jüdinnen und Juden (GB, DT).

4 **Partnerarbeit:** Recherchiert nach Beispielen, die zum Ausdruck bringen, wie Jüdinnen und Juden die Zeit zwischen 1933 und 1935 in Bayern erlebt haben. Gebt dazu die Suchbegriffe „Dokumente", „Die Quellen sprechen" (z. B. Walter Gyssling oder Otto Marx) ein. Berücksichtigt Hinweise, wie sich die nichtjüdische Bevölkerung verhalten hat. Berichtet in der Klasse.

Die Verfolgung der Jüdinnen und Juden 1938

Bei den Olympischen Spielen in Berlin 1936 sollte sich Deutschland auf Anordnung der NS-Führung weltoffen und tolerant geben. Umso radikaler erfolgten Ausgrenzung und Verfolgung der jüdischen Bevölkerung im Jahr 1938.

- ***Setze dich mit den antijüdischen Maßnahmen und Ereignissen des Jahres 1938 und ihren Folgen für die Betroffenen auseinander.***
- ***Recherchiere nach lokalen Beispielen aus deiner Gemeinde oder Stadt.***

M 1

Ein Geschäftsmann, vermutlich aus Treuchtlingen (Mittelfranken), berichtet nach seiner Entlassung aus dem KZ Ende November 1938:

Am 10. November 1938 zwischen 4 und 5 Uhr hörte ich Schritte im Garten. Als ich zum Fenster hinaussah, standen draußen acht bis zehn Mann (SA), stark bewaffnet mit Äxten, Beilen, Dolchen und Revolver. Bis ich meine Frau und meinen 11-jährigen Sohn weckte, war bereits ein Mann im Schlafzimmer, befahl uns, in den Keller zu gehen, und fing sofort an, alles klein zu schlagen: Waschgeschirr, Spiegel, Fenster, Möbel, Türen etc. Als wir (auch meine Schwägerin und Tochter) kurze Zeit im Keller waren, wurde ich heraufgerufen. Als meine Tochter mich begleiten wollte, wurde sie zurückgestoßen. Ich wurde angeschrien: „Du Lump, du weißt doch, dass ihr uns seit nachts um 12 Uhr freigegeben seid, gib uns deine Schriftstücke." – Bis ich den Schreibtisch aufschloss, bekam ich einen derartigen Schlag ins Gesicht, dass meine Brille herunterfiel und zersprang, mein rechtes Auge stark anschwoll ... Dann wurde ich in die Ecke gestoßen und wahllos Möbelstücke nach mir geworfen. Dass ich dabei keine ernstlichen Verletzungen zuzog, muss als besonderes Glück bezeichnet werden. Inzwischen wurde das ganze Haus in der oben erwähnten Weise zertrümmert ... Nach der SA kam der Plebs [Pöbel], dann die Schuljugend; jede Partei hat noch weiter vernichtet und gestohlen. Einwandfrei festzustellen ist, dass die SA den Inhalt des Schreibtisches mitnahm: eine goldene Herrenarmbanduhr, eine neue Herrenarmbanduhr, RM 120.– in bar, einen Ehering, ein Collier ... Bis meine Frau nach einigen Tagen zum Packen gekommen ist, waren sämtliche Schränke und Schubladen fast restlos leer ... Inzwischen wurde auch die Synagoge mit sämtlichen Thorarollen ... angezündet und verbrannt ... Vor und nach dem 10. November wurde auch wiederholt der jüdische Friedhof geschändet. Wir durften am 10. November nach den verschiedenen Zerstörungsaktionen etwas Wäsche und Kleider packen und mussten zwischen dem Spalier des Pöbels und dessen Hohngelächter zum Bahnhof. Dort waren bereits andere Mitglieder der Gemeinde, andere [waren] schon mit früheren Zügen abgefahren. Einige Zurückgebliebene wurden noch abends stark misshandelt ... insbesondere der mehr als 70-jährige Arzt ..., der sich aus Aufregung darüber das Leben nahm. Die restlichen Juden mussten die Stadt am anderen Tag verlassen, womit die jahrhundertealte jüdische Gemeinde ihr Ende gefunden hat.
Wir fuhren nach München, dort traf ich meinen Bruder ... Nach kurzem Aufenthalt wurden mein Bruder und ich verhaftet. Nach verschiedenen Personalaufnahmen wurden wir nach Dachau gebracht.

*Zit. nach Ben Barkow, Raphael Gross, Michael Lenartz (Hg.), Novemberpogrom 1938. Die Augenzeugenberichte der Wiener Library, London, Frankfurt a. M. (Jüdischer Verlag) 2008, S. 456 ff.**

Grundlegendes Datum

9. November 1938
Novemberpogrome: vom NS-Regime organisierte und gesteuerte Gewaltmaßnahmen gegen jüdische Deutsche, in deren Verlauf es u. a. zu Morden und gewaltsamen Übergriffen kam, zahlreiche Synagogen und Geschäfte in jüdischem Besitz zerstört und tausende Juden in Konzentrationslager verschleppt wurden

„Arisierung"* und Novemberpogrome

1938 entzog die NS-Regierung der jüdischen Bevölkerung mit einer Fülle an Verordnungen vollends die Existenzgrundlage. Der bereits 1933 einsetzende Prozess der Enteignung, beschönigend „Arisierung" genannt, zielte auch auf eine Vertreibung der jüdischen Bevölkerung ab. Den Höhepunkt der Radikalisierung 1938 bildeten die gewaltsamen Ausschreitungen an vielen Orten in Deutschland und Österreich, die Novemberpogrome

(Pogrome*). Vorgeschobener Anlass für diese: Kurz davor hatte in Paris ein 17-jähriger Jude aus Verzweiflung über die Ausweisung seiner Eltern aus Deutschland nach Polen einen deutschen Diplomaten erschossen. In der Nacht vom 9. zum 10. November 1938 organisierte die SA eine „Nacht der Vergeltung". Juden wurden durch die Straßen gehetzt, 100 ermordet und über 20 000 in Konzentrationslager verschleppt: Synagogen brannten, jüdische Geschäfte und Wohnungen wurden zerstört. Die Propaganda sprach von einem „Akt des Volkszorns", in der Realität reagierte die nichtjüdische Bevölkerung widersprüchlich auf die Ereignisse der Novemberpogrome. Als „Sühneleistung" für die entstandenen Schäden wurde den deutschen Juden die Zahlung von einer Milliarde Reichsmark auferlegt.

M 2 *Juden in Regensburg nach ihrer Verhaftung durch die SA. Sie wurden ins KZ Dachau gebracht. Foto, 10. November 1938. Der 16-jährige Paul Oettinger musste das Schild mit der Aufschrift „Auszug der Juden" tragen. Er durfte nach dem Marsch zum Bahnhof nach Hause gehen.*

M 3

Der Historiker Michael Brenner über die Beteiligung der nichtjüdischen Bevölkerung an der Verfolgung (2008):

Der Großteil der deutschen Bevölkerung beteiligte sich nicht aktiv an den antijüdischen Maßnahmen, kam den Juden aber auch nicht zu Hilfe. Die meisten verhielten sich passiv und profitierten vom Kollegen, dessen Stelle zu füllen war, von Nachbarn, dessen Möbel billig zu erwerben waren, und vom Geschäftsinhaber, der seinen Laden räumen musste.

Michael Brenner, Kleine jüdische Geschichte, München (C. H. Beck) 2008, S. 308.

Antijüdische Gesetze und Verordnungen 1938 (Auswahl):

26. April: Jeder Jude – und auch der nichtjüdische Ehegatte eines Juden – hat sein gesamtes in- und ausländisches Vermögen anzumelden.

17. August: Juden haben vom 1.1.1939 ab als weiteren Vornamen den Namen „Israel" (für männliche Personen) oder „Sara" (für weibliche Personen) anzunehmen.

5. Oktober: Alle deutschen Reisepässe, deren Inhaber Juden sind, werden ungültig. Auslandspässe werden wieder gültig, nachdem sie meist mit einem „J" versehen worden sind.

12. November: Es ist Juden verboten, Theater, Kinos, Konzerte, Ausstellungen usw. zu besuchen.

15. November: Es ist Juden verboten, deutsche Schulen zu besuchen.

30. November: Über sämtliche Bankguthaben von Juden darf nur mit Erlaubnis des Oberfinanzpräsidenten verfügt werden.

3. Dezember: Juden müssen ihre Führerscheine und Kraftwagenzulassungsbescheinigungen abgeben.

10. Dezember: Die Arisierung der jüdischen Gewerbebetriebe ist eine Aufgabe des Staates; die Gewinne, die bei der Ausschaltung der Juden aus dem deutschen Wirtschaftsleben erzielt werden, stehen allein dem Deutschen Reich zu.

1 Erkläre, inwiefern die Gesetze im Jahr 1938 über die bestehende Diskriminierung hinausgingen und die Existenz jüdischer Bürger bedrohten. Verwende dabei den Begriff „Arisierung" (DT).

2 a) Beschreibe den vorgeschobenen Grund, das eigentliche Motiv, das Vorgehen und die Folgen der Novemberpogrome (DT, GD, M1).

b) Beurteile das Verhalten der nichtjüdischen Bevölkerung in diesem Zusammenhang (M1–M3).

3 Recherchiere digital zu den Novemberpogromen in deiner Stadt bzw. Gegend. Berichte.

4 Diskutiert im Zusammenhang mit Fotos zu den Novemberpogromen, die ihr findet, wie wir mit Fotos, die von Tätern stammen und das Leid diskriminierter Menschen zeigen, heute umgehen sollten.

L Jugend in der NS-Diktatur

„Meine Pädagogik ist hart. Das Schwache muss weggehämmert werden … Eine gewalttätige, herrische, unerschrockene, grausame Jugend will ich", forderte Hitler.

- *Untersucht, wie Hitler dieses Ziel erreichen wollte und stellt anhand von Zeitzeugenaussagen fest, wie sehr der Alltag von Kindern und Jugendlichen von der NS-Diktatur geprägt war. Präsentiert eure Ergebnisse digital.*

M 1

Ein Hitlerjunge erinnert sich 1975:

Wir waren Hitler-Jungen, Kindersoldaten, längst ehe wir mit zehn Jahren für wert befunden wurden, das Braunhemd zu tragen. Schon vorher waren wir dauernd im „Einsatz". Wir sammelten Altpapier und Altmetalle, suchten Heilkräuter, schwangen fürs Winterhilfswerk die Sammelbüchse, bastelten Spielzeug für Babies, … Wenn andere von der Pimpfzeit[1] schwärmen (als sei das Ganze nur ein Pfadfinderklub mit anderem Vorzeichen gewesen), so kann ich diese Begeisterung nicht teilen. Ich habe beklemmende Erinnerungen. In unserem Fähnlein[2] bestanden die Jungvolk-Stunden fast nur aus „Ordnungsdienst", das heißt aus sturem militärischen Drill. Auch wenn Sport oder Schießen oder Singen auf dem Plan stand, gab es erst immer „Ordnungsdienst": endloses Exerzieren mit „Stillgestanden", „Rührt euch", „Links um", „Ganze Abteilung – kehrt" – Kommandos, die ich heute noch im Schlaf beherrsche.

Zitiert nach: Karl-Heinz Janßen. In: Klaus-Jörg Ruhl: Brauner Alltag. 1933–1939 in Deutschland, Düsseldorf (Droste) 1990, S. 48. Karl Heinz Janßen (1930–2013)*

[1] *Zeit im Jungvolk für 10- bis 14-Jährige.*
[2] *Untergliederung*

M 2

Otto Jehuda Reiter über seine Schulzeit:

[1933] kam es an meiner Schule zu ersten antijüdischen Ausschreitungen. In der Pause rotteten sich die Schüler auf dem Schulhof zusammen, und unter den Augen des aufsichtführenden Lehrers gelang es meinen Mitschülern, mich in einen der Papierkörbe zu stecken und mich mit viel Geschrei zu umtanzen. Schlagartig setzte eine Veränderung auf fast allen Gebieten des Schulbetriebs ein. Die Lehrer wurden aufgefordert, beim Betreten der Klasse den deutschen Gruß zu grüßen, und die Schüler antworteten im Chor. Nur einige Mitschüler wagten es noch, mit mir überhaupt zu reden. In den kommenden Jahren war eine besondere Schulbank an der Seite des Klassenzimmers für mich bestimmt … In den Turnstunden wurde fast nur Wehrsport getrieben. Aber trotz aller Versuche, alles durchzustehen, … blieb mir nichts anderes übrig, als 1937 auf eine jüdische Schule überzuwechseln. Am 9. November 1938 wurde die Schule zerschlagen [Novemberpogrom], Schüler und Lehrer verhaftet und in die KZs überführt.

*Zit. nach Geert Platner (Hg.), Schule im Dritten Reich. Erziehung zum Tod? Eine Dokumentation, München (dtv) 1983, 145ff.***

M 3

Hitlerjugend beim Appell, Fürth, Foto, 1936

„Gleichschaltung" auch der Jugend

Bereits 1933 begann eine staatliche Kampagne, um die Jugendlichen zum Eintritt in die Hitlerjugend (HJ) zu bewegen. Geworben wurde mit Fahrten und Zeltlagern. Sondereinheiten wie die Reiter-, Motor-, Flieger- oder Nachrichten-HJ zogen insbesondere technisch interessierte und sportliche Jugendliche an. Für künstlerisch Talentierte gab es z. B. Theaterspielgruppen. Ab 1936 schrieb ein Gesetz die Mitgliedschaft in der HJ verpflichtend vor. Dort sollte die Jugend „körperlich, geistig und sittlich im Geiste des Nationalsozialismus zum Dienst am Volk und zur Volksgemeinschaft" erzogen werden. Andere Jugendorganisationen wurden verboten. Wer nicht beitreten wollte, dessen Familie erfuhr Druck und Ausgrenzung, oft musste auch eine Strafe gezahlt werden. Der Versuch, alle Jugendliche „gleichzuschalten", gelang trotzdem nicht, manche Jugendliche riskierten sogar ihr Leben, indem sie NS-feindliche Parolen auf Wände schrieben oder Flugblätter verteilten, wie die Augsburgerin Anna Pröll oder der Münchner Walter Klingenbeck (siehe S. 52 M1b)

Die HJ gliederte sich in das Deutsche Jungvolk (DJ), die Hitlerjugend (HJ) für die männlichen sowie in die Jungmädel (JM) und den Bund Deutscher Mädel (BDM) für die weiblichen Jugendlichen. Im Jungvolk und bei den Jungmädels waren die 10- bis 14-Jährigen organisiert, in HJ und BDM die 14- bis 18- bzw. 21-Jährigen.

Bei den Aktivitäten für die männlichen Mitglieder spielte das Leitbild des Soldaten eine wichtige Rolle. Sogenannte soldatische Tugenden – Kameradschaft, Disziplin, Gehorsam, Opferbereitschaft – sollten spielerisch geübt werden. Die vormilitärische Ausbildung, die auch Schießübungen beinhaltete, diente der Vorbereitung auf den Krieg. Der BDM wollte die Mädchen hingegen auf die Rolle als Ehefrau und Mutter vorbereiten. Neben hauswirtschaftlichen Aufgaben stand körperliche Ertüchtigung im Zentrum, die als Voraussetzung galt, um „erbgesunden" Nachwuchs zur Welt zu bringen.

Schulen im NS-Staat

Für die Erziehung im Sinne der NS-Ideologie nutzte der NS-Staat auch die Schule (siehe S. 63). Neben den staatlichen Schulen wurden Eliteschulen wie die Adolf-Hitler-Schulen (AHS) etwa in Sonthofen oder die Nationalpolitischen Erziehungsanstalten (Napola), z. B. in Neubeuern, geschaffen. Die Aufnahme erfolgte mit 12/13 Jahren nach einer eingehenden Prüfung und dem Nachweis, dass die Familie „arisch" war. Als weitere Voraussetzungen galten die „Erbgesundheit" der Familie sowie ein Engagement bei der NSDAP. Jüdische Schülerinnen und Schüler waren ab 1938 vom Besuch „deutscher" Schulen ausgeschlossen.

M 4

Aus dem Tagebuch von Ortrun Scheumann-Koerber (1924–2019):

Sonntag, 30. April 1939

Ingeborg und ich sind dem BDM beigetreten ... Alle Mädchen müssen Mitglied sein ... Gestern ging Mutti mit uns in ein Warenhaus und wir kauften unsere Uniformen ... Dann mussten wir all die Abzeichen und Hakenkreuze kaufen, die man auf Jacke und Bluse nähen oder stecken muss.

Heute war ich beim ersten BDM-Treffen ... Als die BDM-Führerin, ein Mädchen von etwa 20 Jahren, kam, standen wir auf, erhoben den Arm und riefen „Heil Hitler!" Etwa zwei Stunden lang sprach sie über Hitler und las patriotische Gedichte vor ... Das Ganze war wirklich nicht besonders angenehm. Ich hoffe, dass wir noch andere Dinge tun als nur Vorträge anzuhören.

*Zit. nach www.km.bayern.de/epaper/LZ/EuP/2015_1/files/assets/basic-html/page35.html (Stand: 15.06.2021).**

Wie sah der Alltag für Jugendliche im NS-Staat aus? Recherchiert in Gruppen und präsentiert eure Ergebnisse. Nutzt dazu folgende Aufgaben.

1 Notiert Fragen zum Alltag von Kindern und Jugendlichen in der Diktatur. Tragt die Fragestellungen in der Klasse zusammen.

2 Sammelt erste Informationen zum Lebensalltag von Kindern und Jugendlichen im NS-Staat (DT, M1–M4). Überprüft und ergänzt euren Fragenkatalog und leitet davon konkrete Themenstellungen für einzelne Gruppen ab.

3 Gruppenarbeit:

a) Recherchiert nach zwei bis drei Quellen zum jeweiligen Aspekt der Alltagsgeschichte in der NS-Zeit bis 1939 (z. B. Alltag im BDM oder jüdischer Kinder). Nutzt Fotos, Briefe und Tagebucheinträge, sofern möglich, mit regionalem Bezug.

Tipp: Das Zeitzeugenportal u. a. des Hauses der Bayerischen Geschichte ist für die Recherche sehr hilfreich. Material findet sich auch über den Suchbegriff „Jugend Deutschland 1918–1945" oder über Biografien, z. B. durch Eingabe des Namens Anna Pröll.

b) Wertet die Quellen kritisch aus (Inhalt, Aussagewert). Berücksichtigt dabei die Arbeitsschritte auf S. 65 und 121.

Reflektiert auch die Methode der Quellenarbeit (Vorteile, Schwierigkeiten).

c) Nutzt euren Fragekatalog für die Zusammenstellung der Rechercheergebnisse. Verwendet mindestens ein Foto und stellt Auszüge aus den verwendeten Quellen vor, jeweils mit Einleitung (Autor, Datum ...) und kritischer Bewertung.

Die NS-Außenpolitik von 1933 bis 1939

In seinem Buch „Mein Kampf" (siehe S. 54) sprach Hitler bereits vom „unvermeidbaren Krieg" gegen die Länder Ost- und Südosteuropas zur „Gewinnung von Lebensraum" für Deutschland. Die deutsche Wirtschaft hatte die Aufgabe, das Land innerhalb weniger Jahre „kriegsfähig" zu machen.

- *Welche doppelte Strategie verfolgte Hitler in seiner Außenpolitik?*

M 1

Rede Hitlers vor dem Reichstag am 17. Mai 1933 zu außenpolitischen Zielen:

Wir haben aber keinen sehnlicheren Wunsch als den, beizutragen, dass die Wunden des Krieges und des Versailler Vertrages endgültig geheilt werden, und Deutschland wird dabei keinen anderen Weg gehen als den, der durch die Verträge selbst als berechtigt anerkannt wird. Die deutsche Regierung wünscht, sich über alle schwierigen Fragen politischer und wirtschaftlicher Natur mit den anderen Nationen friedlich und vertraglich auseinanderzusetzen. Sie weiß, dass jede militärische Aktion in Europa auch im Falle seines vollständigen Gelingens, gemessen an seinen Opfern, in keinem Verhältnis steht zum möglichen endgültigen Gewinn.

*Zit. nach Paul Meier-Benneckenstein (Hg.), Dokumente der deutschen Politik, Bd. I, 2. Aufl., Berlin (Junker u. Dünnhaupt) 1937, S. 83ff.**

M 2

Geheimgehaltene Rede Hitlers vor Verlegern und Schriftstellern, 10. November 1938:

Die Umstände haben mich gezwungen, jahrzehntelang fast nur vom Frieden zu reden. Nur unter der fortgesetzten Betonung des deutschen Friedenswillens und der Friedensabsichten war es mir möglich, dem deutschen Volk Stück für Stück die Freiheit zu erringen und ihm die Rüstung zu geben, die immer wieder für den nächsten Schritt als Voraussetzung notwendig war. Es ist selbstverständlich, dass eine solche jahrzehntelange betriebene Friedenspropaganda auch ihre bedenklichen Seiten hat; denn es kann nur zu leicht dahin führen, dass sich in den Gehirnen vieler Menschen die Auffassung festsetzt, dass das heutige Regime an sich identisch sei mit dem Entschluss und dem Willen, den Frieden unter allen Umständen zu bewahren ... Es war nunmehr notwendig, das deutsche Volk psychologisch allmählich umzustellen und ihm langsam klarzumachen, dass es Dinge gibt, die, wenn sie nicht mit friedlichen Mitteln durchgesetzt werden können, mit Mitteln der Gewalt durchgesetzt werden müssen. Dazu war es aber notwendig, nicht etwa nun die Gewalt als solche zu propagieren, sondern es war notwendig, dem deutschen Volk bestimmte außenpolitische Vorgänge so zu beleuchten, dass die innere Stimme des Volkes selbst langsam nach der Gewalt zu schreien begann.

*Zit. nach Wilhelm Treue (Hg.), Rede Hitlers vor der deutschen Presse am 10. November 1938. In: Vierteljahreshefte für Zeitgeschichte, Jg. 6, 1958, S. 175ff.**

M 3 *Hitlers Expansionspolitik bis zum Beginn des Zweiten Weltkrieges 1939*

M4

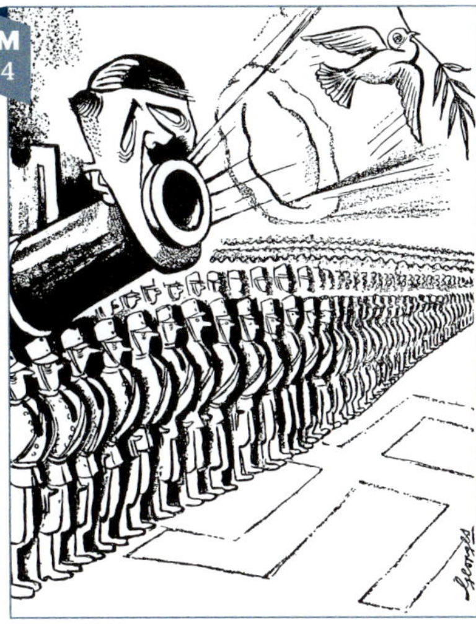

Amerikanische Karikatur zur Rede Hitlers am 17. Mai 1933

Deutsche Außenpolitik 1933–1938

1933 Austritt Deutschlands aus dem Völkerbund

1934 Nichtangriffspakt mit Polen

1935 Volksabstimmung im Saargebiet gemäß dem Versailler Vertrag; über 90 Prozent der Wahlberechtigten stimmten für eine Rückkehr des Saarlandes nach Deutschland aus der französischen Verwaltung nach dem Ersten Weltkrieg.

1935 Einführung der allgemeinen Wehrpflicht in der neugeschaffenen „Wehrmacht", massive Proteste vor allem aus Frankreich

1936 Einmarsch von Truppen in die Gebiete links des Rheins, die nach dem Versailler Vertrag entmilitarisierte Zone waren. Großbritannien und Frankreich protestieren gegen diesen Vertragsbruch.

1936 Bündnis Deutschlands mit Italien unter seinem Diktator Benito Mussolini („Achse Berlin–Rom")

1938 „Anschluss" Österreichs an das Deutsche Reich, obgleich eine Vereinigung in den Pariser Vorortverträgen nach dem Ersten Weltkrieg ausdrücklich untersagt wurde. Frankreich und Großbritannien belassen es bei Protestnoten.

Hitlers Doppelstrategie

Die wichtigste außenpolitische Forderung der Nationalsozialisten war eine radikale Abkehr von den Bestimmungen des Versailler Vertrages. Nach außen beteuerte Hitler den Friedenswillen des Deutschen Reichs, unterwarf aber die gesamte Wirtschaftspolitik des Landes mittels neuer Vierjahresplänen der schnellen Aufrüstung zur Kriegsfähigkeit Deutschlands. Hitler schien zu gelingen, was den Regierungen der Weimarer Republik nicht gelungen war: Deutschland wieder zur militärischen und politischen Großmacht zu führen. Die Zustimmung von großen Teilen der Bevölkerung zu dieser Politik war sehr hoch.

Der Weg in den Krieg 1938/1939

Hitler forderte in einem nächsten Schritt das Selbstbestimmungsrecht für die in den Randgebieten der Tschechoslowakei lebende Minderheit der Sudetendeutschen. Als dies nicht erfüllt wurde, drohte Hitler mit der Zerschlagung der Tschechoslowakei. Daher trafen sich im September 1938 der italienische Diktator Mussolini, der britische Premierminister Chamberlain und der französische Ministerpräsident Daladier mit Hitler in München. Im Münchner Abkommen 1938 stimmten sie der Abtretung des Sudetenlandes an Deutschland zu. Tschechoslowakische Vertreter waren nicht zugelassen worden. Großbritannien und Frankreich erhofften sich von diesem Zugeständnis, dass Deutschland nun keine weiteren Gebietsansprüche mehr erheben würde, drohten anderenfalls mit Krieg.

Diese Politik des Appeasements* (engl. Beschwichtigung) gegenüber dem NS-Staat scheiterte. Hitler bereitete schon die völlige „Zerschlagung" der Tschechoslowakei vor und brach das Abkommen. Unter erheblichem Druck erklärte sich die Slowakei für souverän und stellte sich unter den Schutz des Deutschen Reichs. Der restliche Teil der Tschechoslowakei wurde im März 1939 von der deutschen Wehrmacht kampflos besetzt. Hitler verkündete in Prag die Errichtung des „Reichsprotektorats Böhmen und Mähren".

Heutige Historiker haben nachgewiesen, dass Deutschland aufgrund der gewaltigen Ausgaben für die Aufrüstung 1939 bankrott gewesen wäre. Durch die Entfesselung des Zweiten Weltkrieges 1939 stahlen die Deutschen in den besetzten Ländern die Goldreserven der dortigen Nationalbanken und plünderten die besiegten Länder zur Finanzierung des Krieges systematisch aus.

1 a) Erläutere den Begriff „Doppelstrategie" (DT und M4).

b) Ordne Hitlers außenpolitische Maßnahmen der Jahre 1933–1938 der jeweiligen Strategie zu.

2 Partnerarbeit:

a) Partner A fasst M1, Partner B M2 mit eigenen Worten zusammen.

b) Vergleicht eure Ergebnisse.

c) Beurteilt die neue Dimension der deutschen Außenpolitik. Bezieht dazu M3, den DT, die Übersicht und eure Ergebnisse aus dem Arbeitsauftrag 1a) ein.

3 Bewerte am Beispiel der Münchner Konferenz die Appeasement-Politik aus damaliger und aus heutiger Sicht (DT).

Der Zweite Weltkrieg in Europa

Von den zwölf Jahren nationalsozialistischer Herrschaft waren sechs vom Zweiten Weltkrieg gekennzeichnet. Dieser Krieg wurde von Deutschland lange geplant, vorbereitet und bewusst ausgelöst. Die Nationalsozialisten stellten mit diesem Eroberungskrieg den Fortbestand ganzer Staaten und Völker infrage.

- ***Wie kam es zum Zweiten Weltkrieg und welchen Verlauf nahm er in den ersten Kriegsjahren?***

M 1

„Mal sehen, wie lange die Flitterwochen dauern werden!“, englische Karikatur zum Hitler-Stalin-Pakt, September 1939

Grundlegendes Datum

1939–1945 Zweiter Weltkrieg

M 2

Aus dem Befehl Hitlers zum Angriff auf Polen vom 31. August 1939:

1. Nachdem alle politischen Möglichkeiten erschöpft sind, um auf friedlichem Wege eine für Deutschland unerträgliche Lage an seiner Ostgrenze zu beseitigen, habe ich mich zur gewaltsamen Lösung entschlossen.

2. Der Angriff gegen Polen ist nach den für den Fall „Weiß“ [Polen] getroffenen Vorbereitungen zu führen mit Abänderungen, die sich beim Heer durch den inzwischen fast vollendeten Aufmarsch ergeben.

Aufgabenverteilung und Operationsziel bleiben unverändert Angriffstag: 1. September 1939. Angriffszeit: 4.45 ...

3. Im Westen kommt es darauf an, die Verantwortung für die Eröffnung der Feindseligkeiten eindeutig England und Frankreich zu überlassen. Geringfügigen Grenzverletzungen ist zunächst rein örtlich entgegenzutreten.

Die von Holland, Belgien, Luxemburg und der Schweiz zugesicherte Neutralität ist peinlich [= genau] zu achten.

*Zit. nach http://www.documentarchiv.de/ns/1939/weisung-nr01_weiss.html (Stand: 19. 07. 2020).**

Die Vorbereitung des Krieges

Der Bruch des Münchner Abkommens (siehe S. 75) machte deutlich, dass Hitler viel mehr wollte als nur eine Revision* des Versailler Vertrages. Auch von Polen forderte er Gebiete. Großbritannien beendete seine Appeasement-Politik und gab gemeinsam mit Frankreich eine Garantieerklärung für den Bestand Polens ab. Hitler kündigte daraufhin am 28. April den Nichtangriffspakt mit Polen von 1934. Er war entschlossen, deutsche Truppen in Polen einmarschieren zu lassen.

Um Konflikte mit der Sowjetunion vorerst zu vermeiden, schloss Hitler am 23. August 1939 ein Abkommen mit dem sowjetischen Diktator Josef Stalin. Dieser „Hitler-Stalin-Pakt“* war geheim verhandelt worden. Er kam für alle anderen Länder völlig überraschend zustande, denn der sowjetische Kommunismus und der deutsche Nationalsozialismus waren völlig gegensätzliche Ideologien (siehe S. 54). Deutschland und die Sowjetunion vereinbarten, sich nicht anzugreifen. Hitler wollte damit einen möglichen Zweifrontenkrieg vermeiden. Der Vertrag besaß ein geheimes Zusatzprotokoll, in dem beide Großmächte eine Aufteilung Polens und der baltischen Staaten Lettland, Litauen und Estland unter sich vereinbarten.

Kriegsbeginn in Polen – die „Blitzkriege“

Am 1. September 1939 überfielen Truppen der Wehrmacht ohne Kriegserklärung Polen. Nach einem Monat war das militärisch deutlich unterlegene Polen besiegt.

Von Beginn an verübten deutsche Soldaten schwere Kriegsverbrechen. Zahlreiche polnische Kriegsgefangene und Zivilisten wurden ermordet (siehe S. 78/79). Gleichzeitig marschierten am 17. September 1939 gemäß dem geheimen deutsch-sowjetischen Zusatzprotokoll Truppen der Roten Armee von Osten nach Polen ein. Die polnische Republik wurde zwischen dem Deutschen Reich und der Sowjetunion aufgeteilt und hörte auf, als Staat zu existieren. Großbritannien und Frankreich erklärten Deutschland den Krieg, griffen aber zunächst nicht mit Truppen ein.

Bis zum Sommer 1941 verlief der Krieg für das NS-Regime sehr erfolgreich. Die Strategie Hitlers, andere Staaten nach einem rasch erfolgten und überfallartigen Angriff zu besetzen, ohne dem Gegner Zeit für eine Gegenwehr zu geben, erhielt die Bezeichnung „Blitzkrieg". Der Hauptgrund für dieses schnelle und offensive Vorgehen war, dass die deutsche Rüstungsindustrie nicht auf einen längeren Krieg vorbereitet war. Es fehlte an Rohstoffen und an ausreichenden Produktionsstätten. Daher besetzte Deutschland im April und Juni 1940 Dänemark sowie Norwegen und sicherte sich die Erzzufuhr aus dem nicht am Krieg beteiligten Schweden. Die Deutschen erhofften sich davon eine bessere Ausgangsbasis für ihren Krieg gegen Großbritannien. Zuvor waren von den deutschen Truppen Holland, Belgien, Luxemburg und Frankreich erobert worden. Auch auf dem Balkan führte diese Strategie zum Erfolg. Die französische Regierung war im Juni 1940 gezwungen, ein Waffenstillstandsabkommen zu unterzeichnen. Ein großer Teil Frankreichs wurde von deutschen Truppen besetzt. Hitler war auf dem Höhepunkt seiner Macht.

Nach dem Sieg über Frankreich wollte Hitler Großbritannien angreifen und besetzen. Die deutsche Luftwaffe bombardierte von Juli bis Oktober 1940 fast täglich London und bedeutende Industriestädte wie Coventry und Birmingham. Über 27 000 britische Zivilisten starben. Erstmals fielen bei einem Gegenangriff der Briten Bomben auf Berlin. Den „Battle of Britain" gewannen die Piloten der britischen Royal Air Force mithilfe amerikanischer Waffenlieferungen.

M3

Die deutsche Expansionspolitik bis 1942

Der Krieg wird zum Weltkrieg

Am 22. Juni 1941 überfiel die deutsche Wehrmacht unter Missachtung des Hitler-Stalin-Pakts die Sowjetunion. Dieses „Unternehmen Barbarossa" wurde zu einem beispiellosen Vernichtungskrieg (siehe S. 78/79). Parallel dazu fanden Kämpfe im Mittelmeerraum, auf dem Balkan und in Afrika statt, größtenteils mithilfe der mit den Deutschen verbündeten Truppen des italienischen Diktators Mussolini.

In Asien hatte Japan 1937 einen Krieg gegen China begonnen (siehe S. 91). Mit den japanischen Eroberungen in Ostasien und im Pazifik sahen die USA ihre Interessen an diesen Gebieten gefährdet. Sie forderten von den Japanern einen Rückzug aus China. Die Japaner antworteten 1941 mit einem Überraschungsangriff ihrer Luftwaffe auf den Stützpunkt der amerikanischen Pazifikflotte in Pearl Harbor in Hawaii. Einen Tag später traten die USA in den Weltkrieg ein.

1 Analysiere die Karikatur M1 mithilfe der Arbeitsschritte auf S. 41.

2 Beurteile mithilfe von M2 und M3 die neue Dimension der deutschen Expansionspolitik.

3 Wähle eine Aufgabe aus:

a) Begründe, weshalb der Hitler-Stalin-Pakt geheim verhandelt wurde (M3, DT).

b) „Um seine Weltanschauung durchzusetzen, war Hitler jedes Mittel recht." Überprüfe diese Feststellung am Beispiel des Hitler-Stalin-Pakts (M3, DT).

4 Untersuche die Karte M3 nach den Arbeitsschritten auf S. 189. Ziehe M2 und den DT hinzu.

5 Erstelle mithilfe des DT eine Zeitleiste zum Kriegsverlauf bis 1941. Du kannst die Zeitleiste im Laufe des Kapitels weiterführen.

Besatzungspolitik und Vernichtungskrieg

Der Krieg Deutschlands gegen Polen und die Sowjetunion unterschied sich von bisherigen Kriegen. Er wurde als Vernichtungskrieg gegen die dort lebende Zivilbevölkerung geführt.

- ***Warum wird der Krieg in Osteuropa als Vernichtungskrieg bezeichnet?***
- ***Welche Verbrechen verübten die deutschen Soldaten? Wer war davon betroffen?***

M 1

Erlass Hitlers über die Art der Kriegsführung im Osten, 13. Mai 1941:

Freischärler[1] sind durch die Truppe im Kampf oder auf der Flucht schonungslos zu erledigen … Auch alle anderen Angriffe feindlicher Zivilpersonen gegen die Wehrmacht … sind … auf der Stelle mit den äußersten Mitteln bis zur Vernichtung des Angreifers niederzukämpfen … Für Handlungen, die Angehörige der Wehrmacht … gegen feindliche Zivilpersonen begehen, besteht kein Verfolgungszwang, auch dann nicht, wenn die Tat zugleich ein militärisches Verbrechen oder Vergehen ist.

*Zit. nach Hamburger Institut für Sozialforschung (Hg.), Verbrechen der Wehrmacht. Dimensionen des Vernichtungskrieges 1941–1944, Hamburg (Hamburger Edition) 2002, S. 46ff.**

[1] Widerstandskämpfer, auch Partisanen genannt

M 2

Der Obergefreite Müller erzählt von seinen Erlebnissen an der Ostfront:

In einem Dorf in Russland waren Partisanen. Da ist es klar, man muss das Dorf dem Erdboden gleichmachen, ohne Rücksicht auf Verluste. Da hatten wir einen … Berliner; jeden, den er im Dorf sah, führte er hinters Haus und hat ihm einen Genickschuss gegeben. Dabei war der Kerl damals zwanzig Jahre oder neunzehneinhalb. Es hieß, jeder zehnte Mann ist zu erschießen in dem Dorf. „Ach, was heißt hier jeder zehnte Mann? Das ist doch klar“, sagen die Kumpels, „das ganze Dorf muss ausgerottet werden.“ Da haben wir Bierflaschen mit Benzin gefüllt auf den Tisch gestellt und beim Rausgehen so ganz lässig Handgranaten dahinter geworfen. Da brannte gleich alles lichterloh … Man hat Frauen und Kinder, alles niedergeschossen; die wenigsten davon waren Partisanen. Ich habe bei so was nie geschossen, wenn ich nicht ganz genau gewusst habe, dass das überhaupt Partisanen waren. Aber es gab viele Kumpels, denen machte das ungeheuren Spaß.

*Zit. nach Sönke Neitzel/Harald Welzer, Soldaten. Protokolle vom Kämpfen, Töten und Sterben, 5. Aufl., Frankfurt a. M. (S. Fischer) 2011, 124f.**

M 3

Eine Frau weint in den Armen ihres Mannes, nachdem sie ihren von Deutschen getöteten Sohn unter den Opfern erkannt haben. Sowjetisches Foto, Kertsch auf der Halbinsel Krim, Januar 1942

Deutsche Gewaltherrschaft in Polen

„Es ist die Absicht des Führers, das polnische Volk zu vernichten und auszurotten“, erklärte der Oberkommandierende des deutschen Heeres bei Beginn des deutschen Überfalls auf Polen. Den deutschen Soldaten war durch die NS-Propaganda eingetrichtert worden, alle Polen als „hinterlistige Untermenschen“ zu betrachten. Es kam zu brutalen Übergriffen. Deutsche Soldaten erschossen oft willkürlich am Kriegsgeschehen unbeteiligte Zivilisten, darunter viele Frauen und Kinder. Dabei verstießen sie gegen geltendes Kriegsrecht. Bis Ende 1939 wurden auf Befehl Hitlers etwa 61 000 Angehörige der polnischen Bildungsschicht, vor allem Ärzte, Lehrer und Priester, ermordet. Zur „Schaffung von Lebensraum“ für Bauern und ihre Familien aus Deutschland sowie aus anderen Teilen Osteuropas wurden Zehntausende polnische Familien aus ihren Dörfern vertrieben. Bis Kriegsende töteten die Deutschen während der Jahre der Besatzung sechs Millionen Bürger Polens, darunter über drei Millionen Polen jüdischen Glaubens. Etwa vier Millionen Personen wurden gegen ihren Willen zur Zwangsarbeit nach Deutschland geschickt, darunter auch viele Minderjährige.

Polen, die im sowjetisch besetzten Teil des Landes Zuflucht vor den Deutschen suchten, gerieten dort oft in sowjetische Lager für politische Gegner oder wurden zur Zwangsarbeit nach Sibirien deportiert. Der sowjetische Geheimdienst ermordete auf Befehl Stalins im Mai 1940 etwa 4400 vor den Deutschen geflohene polnische Offiziere im Wald von Katyn im heutigen Weißrussland.

Deutscher Terror in der Sowjetunion

Am 22. Juni 1941 überfielen Hitlers Truppen mit drei Millionen Soldaten ohne Kriegserklärung die kommunistische Sowjetunion. Sie galt den Nationalsozialisten als der „jüdisch-bolschewistische" Hauptfeind. Es kam wie schon zuvor in Polen zur systematischen Verfolgung und Ermordung der jüdischen Bevölkerung, von Sinti und Roma und der kommunistischen Führungsschicht durch SS, SD, Polizei und die Wehrmacht. Drei Millionen sowjetische Kriegsgefangene ließen die Deutschen streng bewacht im Freien verhungern. In der von deutschen Truppen von September 1941 bis Januar 1944 eingeschlossenen Stadt Leningrad starben eine Million Zivilisten den Hungertod. Die deutsche Wehrmacht zerstörte vor allem in Weißrussland, der Ukraine und dem Baltikum viele Dörfer und Städte. Die Gesamtzahl der zwischen 1941 und 1944 durch den Krieg getöteten Sowjetbürger (Zivilisten und Soldaten) wird auf 27 Millionen Menschen geschätzt. In den von Deutschen besetzten Gebieten wurden Kinder, Frauen und Männer unter menschenunwürdigen Bedingungen zur Arbeit gezwungen. Von den nach Deutschland geschickten Zwangsarbeitern waren ein Drittel Frauen.

M 4 **Zeitzeugen über die Auswirkungen der Hungerblockade von Leningrad:**

a) *Jelena Michailowna Nikitina berichtet:*

Man musste essen, was einem gerade in die Hände fiel ... Neben dem kleinen Ofen lag Feuerholz, ein Scheit oder zwei. Also nahm ich ein Scheit (es war Kiefernholz) und nagte daran, weil meine jungen Zähne etwas beißen wollten. Mir war schrecklich nach Essen zumute! Als ich an dem Scheit nagte, trat Harz heraus. Der Harzgeruch bereitete mir Genuss, weil ich wenigstens etwas zu knabbern hatte. Man musste etwas essen, sonst wäre der Hungertod unvermeidlich gewesen, und das war noch schlimmer, als beim Beschuss zu sterben. Der Hungertod ist ein grausiger Tod.

b) *Aus dem Tagebuch der elfjährigen Tanja Sawitschewa:*

Dezember 1941: Schenja ist heute kurz nach Mitternacht gestorben. Oma ist am Nachmittag gegen drei Uhr gestorben, wir haben den 25. Januar 1942. Ljoka um fünf Uhr morgens gestorben, am 17. März 1942. Onkel Wassja um zwei Uhr nachmittags am 13. April 1942 verstorben.

Onkel Ljoscha haben wir heute um vier Uhr nachmittags für immer verloren. 10. Mai 1942. 13. Mai 1942, Mutti gegen acht Uhr früh gestorben. Jetzt sind fast alle tot. Nur ich bin übrig geblieben. Was soll nun werden?[1]

[1] *Tanja wird gerettet, stirbt aber trotz ärztlicher Betreuung an Entkräftung im Juli 1944.*

*a) Zit. nach Alex Adamowitsch/Daniil Granin, Blockadebuch Leningrad 1941–1944, aus dem Russischen von Ruprecht Willnow und Helmut Ettinger. Mit einem Vorwort von Ingo Schulze, Berlin (Aufbau-Verlag) 2018.**
*b) https://www.freitag.de/autoren/der-freitag/nur-tanja-wird-ubrig-bleiben (Stand: 16. 07. 2020).**

1 Partnerarbeit:
a) Untersucht M1 hinsichtlich der Vorgaben für die deutschen Soldaten.
b) Begründet, warum es sich bei den Taten der Wehrmacht um Kriegsverbrechen handelt.

2 Untersuche die Haltung des Soldaten und seiner Kameraden in M2. Wie kritisch sieht er die Taten im Nachhinein?

3 Stelle anhand von M1–M4 und des DT die Verbrechen an der Zivilbevölkerung dar.

4 Diskutiert: Worin lag die neue Dimension der nationalsozialistischen Expansionspolitik und der Kriegsführung im Osten? Bezieht dazu auch M1C auf S. 54 sowie die Zeilen 17-23 auf S. 55 zur NS-Ideologie mit ein.

Der Völkermord an europäischen Jüdinnen und Juden

Das Vorgehen gegen die jüdische Bevölkerung Europas resultierte aus der menschenverachtenden NS-Ideologie, nicht aus einem konkreten Konflikt. 6 Millionen Jüdinnen und Juden wurden ermordet, unter ihnen 1,5 Millionen Kinder.

- ***Was macht diesen Völkermord historisch beispiellos?***

M 1

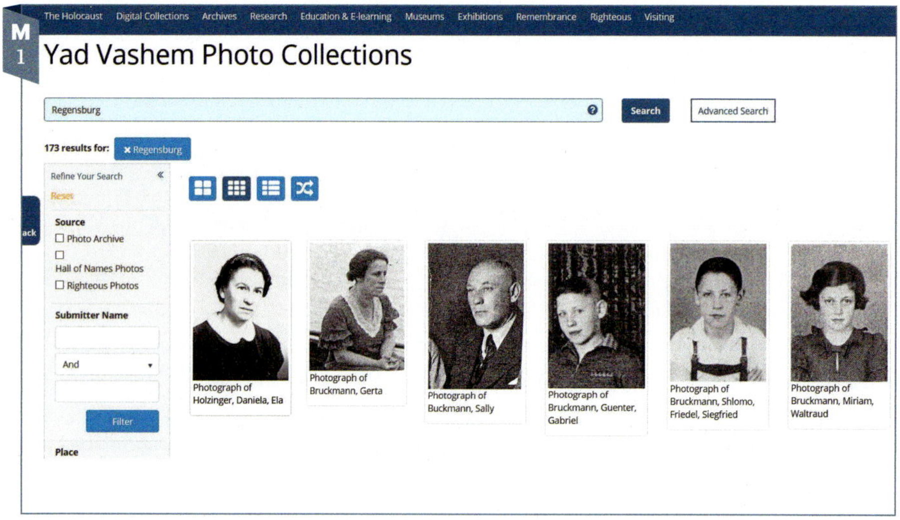

Screenshot (Ausschnitt) aus der Webseite der Holocaust-Gedenkstätte Yad Vashem (Israel). Anliegen der Gedenkstätte ist es, das Andenken an jede einzelne im Holocaust ermordete Person zu ermöglichen, u. a. indem sie Namen, persönliche Daten und Fotos sammelt und in Datenbanken zur Verfügung stellt. Zentral dafür sind die von Überlebenden ausgefüllten 2,6 Millionen Gedenkblätter. Gezeigt werden sechs von 173 Fotos der „Photo Collection" zum Stichwort Regensburg: Daniela Holzinger, Gerta Bruckmann, Sally B(r)uckmann, Günter Bruckmann, Friedel Bruckmann, Miriam Bruckmann.

Von der „NS-Rassenpolitik" zum Massenmord

Mit dem deutschen Angriffskrieg im Osten begann eine regelrechte „Jagd" auf die jüdische Bevölkerung in den von Deutschland besetzten Gebieten. Schon im Dezember 1939 mussten alle Jüdinnen und Juden in Polen einen „Judenstern" tragen, die Kennzeichnungspflicht wurde im Zuge der Eroberungen auf weitere Gebiete ausgedehnt. Besondere SS-Einsatzgruppen* führten Massenerschießungen im Osten durch, teils unterstützt von deutschen Soldaten oder Polizisten. Insgesamt wurden dadurch ca. zwei Millionen Menschen ermordet. In Babi Yar, einer Schlucht am Rade Kiews, erschossen deutsche Einheiten in zwei Tagen über 33 000 jüdische Frauen, Männer und Kinder.

Zudem zwangen die Deutschen die jüdische Bevölkerung im Osten zum Umzug in Ghettos. Im Warschauer Ghetto sperrten die deutschen Besatzer 350 000 Jüdinnen und Juden Warschaus und weitere 150 000 aus anderen Städten ein. Eine meterhohe Mauer riegelte das Ghetto ab. Fast 100 000 Menschen starben bis zum 21. Juli 1942 im Warschauer Ghetto infolge von Hunger und Krankheiten. Dann wurden die verbliebenen Bewohner in die Vernichtungslager deportiert (verschleppt). Im Deutschen Reich setzte die Deportation der Jüdinnen und Juden, die nun auch einen „Judenstern" tragen mussten, im Oktober 1941 ein.

Die NS-Rassenfanatiker suchten nach immer „effektiveren" Mordverfahren. Hohe Beamte und die SS-Führung besprachen im Januar 1942 auf einer Konferenz am Berliner Wannsee die sogenannte „Endlösung der Judenfrage". Darunter verstanden die Konferenzteilnehmer die Ermordung aller Jüdinnen und Juden Europas. In Vernichtungslagern (siehe Karte im Umschlagteil hinten) wurde ein technisch-fabrikmäßiger Mordapparat errichtet. Ein Großteil der aus Deutschland und den besetzten Gebieten dorthin Deportierten wurde direkt nach der Ankunft in die Gaskammern getrieben. Die Leichen mussten von Häftlingen verbrannt werden, die Asche wurde verstreut. Wer bei der Selektion nach der Ankunft als „arbeitsfähig" eingestuft wurde, musste Schwerstarbeit in den Lagern oder in benachbarten Fabriken leisten. Viele verstarben infolge von Mangelernährung und Seuchen oder bei medizinischen Experimenten und Gewalttaten der SS. Im größten, aus mehreren Teilen bestehenden Lager Auschwitz-Birkenau wurden über 1 100 000 Juden, 70 000 Polen, 25 000 Sinti und Roma und etwa 15 000 Kriegsgefangene aus der Sowjetunion und anderen Ländern ermordet.

Grundlegender Begriff: Holocaust bzw. Shoa

Seit Ende der 1970er Jahre übliche Bezeichnung für die systematische Ermordung von ca. sechs Millionen europäischer Jüdinnen und Juden durch das nationalsozialistische Deutschland. Aufgrund seiner Herkunft vom griechischen Begriff holókaustos („vollständig verbrannt") wird der Begriff Holocaust gelegentlich kritisiert, üblich ist daher auch der Begriff Shoa (auch Shoah geschrieben, hebräisch für „Katastrophe").

Grundlegender Begriff: Vernichtungslager

Während des Zweiten Weltkrieges von den Nationalsozialisten in den besetzten Gebieten Osteuropas errichtete Lager zur systematischen Ermordung insbesondere von Jüdinnen und Juden, aber auch von Sinti und Roma und anderen Bevölkerungsgruppen. Sie unterschieden sich von den Konzentrationslagern dadurch, dass sie gezielt und vorrangig der massenhaften Vernichtung von Menschen dienten.

M 2

Der Zeitzeuge Max Mannheimer (1920–2016), geboren in in Neutitschein, Tschechoslowakei, in seinen 1956 verfassten Erinnerungen:

Der Zug hält kreischend an ... Wir sind an der Todesrampe von Auschwitz-Birkenau ... Mitternacht vom 1. zum 2. Februar 1943. Alles aussteigen! Alles liegenlassen! Eine Panik. Jeder versucht, so viel wie möglich in die Taschen zu stopfen. Die SS-Leute brüllen: Bewegung! Ein bisschen dalli! ...
Ein SS-Offizier steht vor uns ... Vermutlich Arzt[1] ... Einzeln treten wir vor. Seine Stimme ist ruhig. Fast zu ruhig. Fragt nach Alter, Beruf, ob gesund. Lässt sich Hände vorzeigen. Einige Antworten höre ich. Schlosser – links. Verwalter – rechts. Arzt – links. Arbeiter – links. Magazineur[2] der Firma Bata – rechts. Es ist unser Bekannter. Schreiner – links. Dann ist mein Vater an der Reihe. Hilfsarbeiter. Er geht den Weg des Verwalters und des Magazineurs. Er ist fünfundfünfzig. Dürfte der Grund sein. Dann komme ich. Dreiundzwanzig Jahre, gesund, Straßenbauarbeiter. Die Schwielen an den Händen. Wie gut sind die Schwielen – links. Mein Bruder Ernst: zwanzig, Installateur, links. Mein Bruder Edgar: siebzehn, Schuhmacher – links. Versuche meine Mutter, Frau, Schwester, Schwägerin zu entdecken. Es ist unmöglich. Viele Autos sind abgefahren. Wir marschieren ... Wachtürme mit MGs[3]. Doppelter Stacheldraht, Scheinwerfer, Baracken. SS-Wachen öffnen ein Tor. Wir sind in Birkenau ... Vor einer Baracke bleiben wir zehn Minuten stehen. Dann werden wir eingelassen. Aus dem Transport von eintausend Männern, Frauen, Kindern sind es jetzt 155 Männer ... Ein Häftling in gestreifter Kleidung kommt herein ... Wir fragen nach den Frauen, Kindern. „Gehen durch den Kamin". Wir verstehen ihn nicht. Halten ihn für einen Sadisten. Wir fragen nicht mehr

*Zitiert nach: Max Mannheimer: Theresienstadt-Auschwitz-Warschau-Dachau. Erinnerungen, in: Dachauer Hefte 1,hg. von Wolfgang Benz und Barbara Diestel, 1/1985, S. 100ff.**

[1] *Selektion durch den Lagerarzt Josef Mengele, der an den Häftlingen viele medizinische Experimente durchführte, die meist tödlich endeten.*
[2] *Lagerverwalter*
[3] *Maschinengewehr*

1 Betrachte M1. Formuliere Vermutungen zu den dargestellten Personen.

2 **a)** Erläutere die menschenverachtenden Maßnahmen gegenüber den europäischen Jüdinnen und Juden (DT). Berücksichtige dabei dein Wissen zur NS-Ideologie, die GB „Vernichtungslager", „Holocaust bzw. Shoa" und die Karte 3 im Umschlag hinten.
b) Nimm Stellung zum Sprachgebrauch bei der Formulierung „Endlösung der Judenfrage" (DT).
c) Erläutere das Verhalten der SS gegenüber der jüdischen Bevölkerung im Warschauer Ghetto. Nutze dazu die Quelle einer Zeugin zum Warschauer Ghetto vom 6. September 1942 unter dem Link „Die Quellen sprechen".

3 **a)** Arbeite die Erlebnisse von Max Mannheimer heraus (M2). Welche Fragen hättest du dem Zeitzeugen gerne gestellt? Versuche einige durch eine Recherche zur Biographie Max Mannheimers zu klären. Nutze die Homepage der KZ-Gedenkstätte Dachau.
b) Max Mannheimer bei der Begegnung mit „Jugendlichen: „Ihr seid nicht für das verantwortlich, was geschah. Aber dass es nicht wieder geschieht, dafür schon." Nehmt Stellung zu dieser Aussage.

4 Recherchiere auf der Homepage von Yad Vashem nach dem Schicksal von Juden aus einer Stadt in deiner näheren Umgebung. Gib dazu die Stichworte „Photo Collections", dann den Namen der Stadt sowie „Hall of Names Photos" ein. Wenn du die Fotos anklickst, erhältst du Informationen zum Einzelschicksal.

5 Beantworte die Frage in der Einleitung.

L Der Holocaust im Spiegel von Quellen

Was erfahren wir aus Quellen über den Holocaust? Was verraten sie über das zeitgenössische Wissen darüber? Gehe diesen Fragen nach und halte deine Ergebnisse in einer Tabelle fest.

M 1

Else Rosenfeld, Historikerin, im Sammellager für Jüdinnen und Juden in München, Berg am Laim, interniert, dort als Sozialarbeiterin tätig, in ihrem Tagebuch:

Berg am Laim, Sonntag, den 26. Juli 1942:

Mein Leben ist zur Hölle geworden; ich schleppe mich nur noch mühsam durch die Tage. Woche für Woche kommt am Freitag die Liste der zu Deportierenden, und nicht nur Alte, die nach Theresienstadt[1] kommen, auch nach Polen gehen die Deportationen weiter. In der letzten Woche verließ uns Frau Dillenius, mit ihr ging Herr Walder, der Pianist, beide nach Polen. Lisel Beer, unsere Geigerin, und unser Cellist kamen nach Theresienstadt. Mit ihnen Stahl und seine Frau, er hat das Eiserne Kreuz 1. Klasse[2]. Ich war auf ihren Wunsch den letzten Tag mit ihnen zusammen, ehe sie ins Sammellager nach Milbertshofen[3] gebracht wurden. Ich konnte ihnen beim Packen helfen und ihnen manchen nützlichen Wink geben. ... Der Abschied wurde mir unendlich schwer, und ihnen ging es nicht anders!

Aber auch das Ehepaar Schönberg gehörte mit zu diesem Transport. Wie wird ihn die schwer herzkranke Frau überstehen! Er, der siebzigjährige Baurat, der Erbauer des „Deutschen Museums“ war bewundernswert gefasst ... – Was ich befürchtet hatte, als Frau Schulmann von uns ging, ist eingetroffen. Noch acht unserer Insassen, immer solche, die deportiert werden sollten, sind seither still aus dem Leben gegangen. Der Beamte von der Mordkommission der Kriminalpolizei, der nach jedem Selbstmord zur Untersuchung kommen und die Leiche zur Beerdigung freigeben muss, sagte mir beim letzten Mal mit einem etwas missglückten Versuch zu scherzen: „Sie sind mein bester Kunde, Frau Doktor!“ Aber er wollte damit nur verbergen, dass auch ihn diese sich ständig steigernden Selbstmorde tiefer bewegen, als das sonst der Fall ist.

Vor drei Wochen ereilte mich aus Lissabon wieder eine Nachricht von dir.[4] Du fragtest darin ... nur für mich verständlich, ob ich nicht versuchen wollte, mich allen schlimmen Wendungen durch die Flucht zu entziehen ... Nach reiflichen Überlegungen muss ich ... ablehnen. Unmöglich könnte ich jetzt in dieser kritischen Zeitspanne das Heim verlassen. Es würde mir wie Fahnenflucht erscheinen, ganz abgesehen von den äußeren Schwierigkeiten und Vorbereitungen.

*Else R. Behrend-Rosenfeld: Ich stand nicht allein. Erlebnisse einer Jüdin in Deutschland 1933–1944, 3. Aufl., Köln, Frankfurt a. M. (Europäische Verlagsanstalt) 1979, S. 166f.**

[1] *Siehe Karte im Umschlag hinten.*
[2] *hohe militärische Auszeichnung im Ersten Weltkrieg*
[3] *Die „Judensiedlung Milbertshofen“ in München diente ab 1941 als Sammelstelle für die Deportationen.*
[4] *Ehemann Siegfried, der 1939 fliehen konnte, während Else kein Visum erhielt.*

M 2

Judendeportation in Würzburg am Güterbahnhof Aumühle in die Vernichtungslager, Foto, 1942

M 3

Ortrun Scheumann-Koerber (1924–2019) am 10. Dezember 1942 in ihrem Tagebuch, Würzburg:
Ein fürchterlicher Schatten hängt drohend über dieser vierten Kriegsweihnacht. Es ist so unmenschlich, dass ich kaum darüber schreiben kann. Vor etwa sechs Monaten zwangen die Nazis alle Juden, gelbe Sterne mit der Aufschrift „Jude" an ihre Kleidung zu nähen. Auf diese Weise konnte jeder einen Juden sofort erkennen ...
Seit einiger Zeit sehe ich keine Juden mehr in den Straßen und das jüdische Altersheim ist jetzt mit Deutschen belegt. Ich hatte keine Ahnung, wohin sie alle gekommen waren und war schrecklich schockiert, als ich hörte, dass alle Juden, die in Deutschland leben, nach Polen geschickt wurden, wo sie mit Tausenden von polnischen Juden – Männern, Frauen und Kindern – getötet werden sollen! Ist das möglich? Es ist so grausam, so unglaublich grausam! Ich dachte nicht, dass sogar die Nazis so etwas tun könnten.
Gibt es denn gar nichts, das wir unternehmen könnten, um zu helfen? Oh, wie furchtbar sinnlos unsere Tränen sind!"

*Zit. nach www.km.bayern.de/epaper/LZ/EuP/2015_1-/files/assets/basic-html/page39.html (Stand 25. 6. 2021).**

M 4

Kitty Hart (geb. 1926 in Bielsko, Polen) erinnert sich an die Arbeit beim Sonderkommando „Kanada" im Vernichtungslager Auschwitz-Birkenau (1961):
Ich gehörte zu den zweihundert Neuen aus dem Frauenlager, die dem Kanada-Kommando zugeteilt worden waren ... Unsere Arbeit bestand darin, die Besitztümer von Menschen zu sortieren, die vergast und verbrannt worden waren ...
Ich wurde der Gruppe in der Nachtschicht zugeteilt, die Frauenkleider zu sortieren hatten. Die Kleider mussten ordentlich gefaltet und dann verschnürt werden. Es war genau vorgeschrieben, in welcher Zeit man eine bestimmte Anzahl von Bündeln fertigzumachen hatte ... Täglich fuhren Lastautos mit diesem geraubten Gut aus dem Lager nach Deutschland.
Wenn wir Kleider sortierten, mussten alle Taschen ausgeleert werden. Es war schlimm, wenn einem dabei Personaldokumente oder – was noch furchtbarer war – Fotografien in die Hände gerieten. Ich wagte nie, sie anzuschauen. Wer hätte das vermocht! Nur wenige Meter von uns entfernt – und vielleicht im gleichen Moment – wurden die Menschen, denen alles gehört hatte, verbrannt.
Bei dieser Arbeit schwindelten wir viel ... Oft legte ich ... das Bündel nicht auf den Haufen, wo die fertigen lagen, sondern zerriss die Schnur, die es zusammenhielt, und ging mit ihm zum Packtisch zurück. Dann verschnürte ich es aufs neue ...

*Zit. Nach Kitty Hart, Kanada, in: H.G. Adler/Hermann Langbein/Ella Lingens-Reiner (Hg.), Auschwitz. Zeugnisse und Berichte, Bonn (Bundeszentrale für politische Bildung) 2014, S. 82f.**

Analysiere die Quellen mithilfe der Arbeitsschritte auf S. 188 sowie S. 121 und halte deine Ergebnisse in einer Tabelle fest.
Die Tabelle enthält horizontal folgende Spalten:

- Art der Quelle und Zeitpunkt des Entstehens
- Was verrät die Quelle über den Holocaust?
- Welche Rückschlüsse über das Wissen um den Holocaust können wir aus der Quelle ziehen?

1 Werte die Quelle M1 aus und notiere deine Ergebnisse stichpunktartig in der Tabelle. Verfahre mit M2–M4 entsprechend.

2 Vergleicht und ergänzt eure Ergebnisse in der Klasse.

3 Nach 1945 behaupteten viele Deutsche, sie hätten vom Holocaust nichts gewusst. Nimm, ausgehend von deinen Ergebnissen, Stellung dazu.

4 **a)** Geschichtsforschende Personen unterscheiden verschiedene Arten des Widerstands von Jüdinnen und Juden im nationalsozialistischen Deutschland und in den deutsch besetzten Gebieten: Verweigerung (z. B. Flucht, Leben im Untergrund, Selbstmorde) bzw. Abwehr (offener Protest, illegale Schriften, Attentate, Sabotage). Finde Beispiele dafür anhand der Quellen M1 und M4.
b) Recherchiere nach Informationen zu Deportationen, die von München, Nürnberg oder Würzburg ausgingen. Nutze dazu die Homepage von Yad Vashem .

5 **Zusatzaufgabe:** Recherchiere nach dem Schicksal einer in den Quellen erwähnten Person.
Tipp: Für München kannst du das digital verfügbare Gedenkbuch der Münchner Juden verwenden.

Der Völkermord an Sinti und Roma

Sinti und Roma sind in Deutschland seit über 600 Jahren beheimatet. Sie wurden schon vor 1933 durch Sonderrechte ausgegrenzt. Im NS-Staat erlebten sie eine systematische Diskriminierung und Verfolgung. Zu Kriegsbeginn kündigte Heinrich Himmler, Reichsführer SS, Chef der deutschen Polizei, eine „Lösung der Zigeunerfrage" an.

- ***Welches Schicksal erlitten Sinti und Roma? Welche anderen Opfergruppen gab es?***

M 1

Erinnerungen des Auschwitz-Überlebenden Sinto Johann Höllenreiner (1909–1980), der mit seiner Familie in München lebte:

Auch ich besaß wie alle meine Brüder ein selbständiges Fuhrgeschäft und alles ging gut, bis die Nazis kamen. Man verbot uns die Benutzung der Straßenbahnen, wir durften in kein Kino ..., genehmigt aber war, dass wir doppelte Steuern zahlen durften.

Am 8.3.1943 früh um 4 Uhr wurden wir verhaftet. Man brachte uns nach dem K.L. Auschwitz.

Meine Frau und meine Kinder wurden eines Tages geimpft, angeblich gegen Typhus, aber das Gegenteil war der Fall. Sie wurden nämlich mit Typhus infiziert, Flecktyphus. Bei den meisten so Behandelten trat auch bald die Reaktion ein. Sie lagen nach wenigen Stunden mit über 40° Fieber darnieder.

Weiterhin erhielt meine Frau einmal ... die allgemein bekannten 25[1]. Der Vorfall war folgender: Es gab bereits schon seit 3 Wochen kein einziges Stückchen Brot und nur einmal am Tag ein viertel Liter Suppe und ein viertel Liter gekochte Steckrüben. – Da sah meine Frau, wie bei der Küche Steckrüben lagen, und sie schickte das Jüngste hin, um eine zu holen. Ein „Capo"[2] sah das und meldete meine Frau sofort. Das Kind erhielt zwei kräftige Ohrfeigen und meine Frau bekam ihre 25 ...

Sämtliche Frauen und Kinder [ab 12 Jahren] wurden sterilisiert. Auch mir blieb das nicht erspart. Meine Frau sagt, dass man 72 Frauen innerhalb von 2 Stunden sterilisiert hatte. Wahrhaftig eine Rekordleistung. Und wofür das Alles? Noch keiner unserer Familie war irgendwie vorbestraft gewesen!

Dies mag als ein kleiner Ausschnitt aus unserer Vergangenheit und unserm Leidensweg im Hitler-Staat gelten.

*Zit. nach Ludwig Eiber, „Ich wusste, es wird schlimm." Die Verfolgung der Sinti und Roma in München 1933–1945, hg. v. d. Landeshauptstadt München, München (Buchendorfer Verlag) 1993, S. 105 f.**

[1] *Prügelstrafe, bei der Häftlinge auf ein Holzgestell geschnallt wurden und mit einer Peitsche Schläge auf das Hinterteil bekamen. 25 Hiebe konnten schon tödlich sein.*

[2] *Funktionshäftling im Dienst der Lagerleitung*

M 2

Die neunjährige Anna Maria (Settela) Steinbach gehörte zu einer Gruppe von über 500 Sinti, die verhaftet und in das Lager Westerbork gebracht und von dort nach Auschwitz-Birkenau deportiert wurden. Sie band sich ein Tuch um, da ihr die Haare in Westerbork abgeschoren worden waren. Standbild aus einem Film, 1944

M 3

Zeitungsinterview mit der Historikerin Karola Fings 2019 über die Auflösung des „Zigeunerlagers" in Auschwitz-Birkenau, 1944:

Der 2. August 1944 ist ein zentraler Tag in der nationalsozialistischen Verfolgung der Sinti und Roma. Frau Fings, was geschah damals?

In der Nacht vom 2. auf den 3. August 1944 wurde das sogenannte „Zigeunerlager" im Konzentrations- und Vernichtungslager Auschwitz-Birkenau aufgelöst oder – in der Sprache der SS – „liquidiert". Man hat die letzten Insassen – etwa 4300 Männer, Frauen und Kinder – in die Gaskammern getrieben und ermordet.

Warum kam es zur Räumung und dem Massenmord?

Entscheidend war, dass man diesen Lagerbereich für aus Ungarn deportierte Juden freiräumen wollte. Man hat nach und nach die Kräftigeren als Zwangsarbeiter weggebracht – auch weil das diejenigen waren, die sich am stärksten gewehrt hätten bei einer Auflösung des Lagers ... Die verbliebenen Häftlinge waren damit der Vernichtung preisgegeben.

Überlebende berichteten vom Widerstand gegen eine versuchte Räumung im Mai 1944. Was weiß man darüber?

Sehr wenig. Gesichert ist aber, dass sich Sinti und Roma im Lager heftig zur Wehr gesetzt haben – auch in der Nacht vom 2. auf den 3. August 1944 ... Die SS umstellte die Baracken. Die dort Verbliebenen – sehr geschwächte Menschen, Kranke, Alte, viele Kinder und ihre Mütter – konnten nur mit Verstärkung und äußerster Brutalität auf die Lastwagen zu den Krematorien geladen werden.

Zit. nach www.dw.com/de/vor-75-jahren-mord-an-sinti-und-roma-in-auschwitz/a-49382742 (Stand: 02.11.2020). Interview geführt von Andrea Grunau.*

Verfolgung und Ermordung im Nationalsozialismus

Im Frühjahr 1940 begannen die Deportationen der Sinti und Roma aus dem Deutschen Reich in das besetzte Polen. Die Verschleppten wurden in Lagern, Ghettos oder Dörfern untergebracht und mussten Zwangsarbeit verrichten. Heinrich Himmlers „Auschwitz-Erlass" ordnete im Dezember 1942 an, dass die noch im Deutschen Reich befindlichen Sinti und Roma ins Vernichtungslager Auschwitz-Birkenau gebracht wurden. Die örtliche Kriminalpolizei half bei der Durchführung: Sie erstellte Listen der Betroffenen, verhaftete Sinti und Roma verbrachte sie zu den Bahnhöfen, von denen die Güterzüge nach Auschwitz losfuhren. Der Besitz der Deportierten wurde als „reichsfeindliches Vermögen" beschlagnahmt. Mehr als 12 000 deutsche Sinti und Roma wurden ins „Zigeunerlager" in Auschwitz-Birkenau deportiert und dort als Familien in überfüllten Baracken untergebracht. Viele starben an Hunger, Krankheiten, Misshandlungen und medizinischen Experimenten. Schätzungen zufolge verloren zwischen 220 000 bis 500 000 Sinti und Roma infolge der nationalsozialistischen Verfolgung ihr Leben. Erst 1982 erkannte die deutsche Regierung diese Verbrechen offiziell als Völkermord an.

M 4

Beispiele für die von den Nationalsozilisten verwendeten Kennzeichen für Häftlinge in Konzentrations- und Vernichtungslagern. Als „Asoziale" bezeichneten die Nationalsozialisten Arme, Bettler, Obdachlose und Prostituierte. „Bibelforscher", also Angehörige der Zeugen Jehovas, wurden verfolgt, weil sie den Kriegsdienst verweigerten. „Berufsverbrecher" waren Täter mit mehrfachen Vorstrafen (z. B. wegen Diebstahls).

1 a) Beschreibe, wie es zum Völkermord an Sinti und Roma gekommen ist (DT).
b) Nimm Stellung zur Rolle der Kriminalpolizei im Zusammenhang mit dem Völkermord an den Sinti und Roma.

2 Charakterisiere die Situation der verfolgten Sinti und Roma (M1–M3).

3 Recherchiere nach Lebensläufen von Sinti und Roma während der NS-Zeit, u. a. zum Schicksal von Anna Maria Settela und deren Familie. Stelle die Ergebnisse kurz in der Klasse vor.

4 Erläutere, ausgehend von M4, aus welchen Gründen Menschen von den Nationalsozialisten in ein Konzentrations- oder Vernichtungslager eingewiesen wurden. Stelle Bezüge zur NS-Ideologie (siehe S. 54/55) und zu dem GB „Volksgemeinschaft" her.

L Widerstand gegen das NS-Regime – aussichtslos?

In Deutschland gab es nur wenige Frauen und Männer, die Widerstand gegen das NS-Regime leisteten und dabei ihr Leben riskierten. Widerstandsgruppen in den von deutschen Truppen besetzten Gebieten kämpften für die Freiheit ihres Landes.

- *Welche Möglichkeiten des Widerstandes gab es und wodurch waren dem Widerstand Grenzen gesetzt? Erarbeitet eine begründete Antwort auf die Überschrift.*

M 1

Mitglieder der „Weißen Rose": Hans (links) und Sophie Scholl mit Christoph Probst, Foto, 1942

M 2

„Aufruf an alle Deutsche!"

Auszug aus dem vorletzten Flugblatt der „Weißen Rose"[1] (1942):

Der Krieg geht seinem sicheren Ende entgegen ... Mit mathematischer Sicherheit führt Hitler das deutsche Volk in den Abgrund. Hitler kann den Krieg nicht gewinnen, nur noch verlängern! Seine und seiner Helfer Schuld hat jedes Maß unendlich überschritten. Die gerechte Strafe rückt näher und näher!

Was aber tut das deutsche Volk? Es sieht nicht und es hört nicht. Blindlings folgt es seinen Verführern ins Verderben ...

Deutsche! Wollt Ihr und Eure Kinder dasselbe Schicksal erleiden, das den Juden widerfahren ist? Wollt ihr mit dem gleichen Maße gemessen werden wie Eure Verführer? Sollen wir auf ewig das von aller Welt gehasste und ausgestoßene Volk sein? Nein! Darum trennt Euch von dem nationalsozialistischen Untermenschentum! Beweist durch die Tat, dass Ihr anders denkt! ... Zerreißt den Mantel der Gleichgültigkeit, den Ihr um Euer Herz gelegt! Entscheidet Euch, eh' es zu spät ist!

*Zit. nach www.1000dokumente.de/index.html?c=dokument_de&dokument=0087_ros&object=facsimile&l=de (Stand: 07. 11. 2020).**

[1] *Mitglieder der „Weißen Rose" waren Münchner Studenten, u. a. die Geschwister Hans und Sophie Scholl, und der Hochschullehrer Kurt Huber.*

M 3

Aus den Verhörprotokollen von Sophie Scholl am 18. Februar 1943:

... Es war unsere Überzeugung, dass der Krieg für Deutschland verloren ist, und dass jedes Menschenleben, das für diesen verlorenen Krieg geopfert wird, umsonst ist.

Nach vielen Unterredungen mit meinem Bruder reifte im Dezember 1942 bei uns der Entschluss, ein Flugblatt zu verfassen, in größerer Zahl herzustellen und zu verbreiten. Schmorell hat wohl um diese Zeit von unserem feststehenden Plan gewusst, trat jedoch aktiv nicht in Erscheinung, sondern war vielmehr zuerst Mitwisser und Zuhörer ... Der Student Willi Graf... war an der Herstellung und Verbreitung der Flugblätter in keiner Weise beteiligt ... In meinem Übermut oder meiner Dummheit habe ich den Fehler begangen, etwa 80 bis 100 solcher Flugblätter vom 2. Stock der Universität in den Lichthof herunterzuwerfen, wodurch mein Bruder und ich entdeckt wurden ... Ich war mir ohne weiteres im Klaren darüber, dass unser Vorgehen darauf abgestellt war, die heutige Staatsform zu beseitigen und dieses Ziel durch geeignete Propaganda in breiten Schichten der Bevölkerung zu erreichen ...

[Schlussfrage der Gesamtvernehmung] Sind Sie nach diesen Aussprachen nun nicht doch zu der Auffassung gekommen, dass man Ihrer Handlungsweise ... gerade in der jetzigen Phase des Krieges als ein Verbrechen gegenüber der Gemeinschaft insbesondere aber unserer im Osten hart kämpfenden Truppen anzusehen ist, das die schärfste Verurteilung finden muss?

Antwort: Von meinem Standpunkt muss ich diese Frage verneinen. Ich bin nach wie vor der Meinung, das Beste getan zu haben, was ich gerade jetzt für mein Volk tun konnte.

*Zit. nach www.bpb.de/geschichte/nationalsozialismus/-weisse-rose/61044/verhoerprotokoll-sophie-scholl?p=all (Stand: 08. 06. 2021).***

In Deutschland: „Widerstand ohne Volk"?

Unter der Herrschaft der Nationalsozialisten gab es angesichts der hohen Zustimmung zur NS-Herrschaft nur vereinzelten Widerstand von kleinen Gruppen oder Einzelkämpfern, unter ihnen auch Frauen. Der Historiker Hans Mommsen spricht vom „Widerstand ohne Volk". Ein zweiter Grund für den schwachen Widerstand in Deutschland gegen die offensichtlichen Verbrechen des Regimes war das Überwachungsnetz der Geheimen Staatspolizei. Massive Einschüchterung und die Angst vor brutaler Verfolgung ließen die Menschen schweigen. Die Verschärfung des Strafrechts und die Einführung des „Volksgerichtshofs" erlaubten dem Regime willkürliche Verhaftungen und Hinrichtungen ohne rechtsstaatliches Verfahren. Dennoch leisteten Einzelne, unter ihnen auch viele Frauen und Gruppen Widerstand. Das konnte auch unangepasstes (nonkonformes) Verhalten wie das Verweigern des Hitlergrußes sein (siehe S. 50/51), Kontakte zu Jüdinnen und Juden aufrechterhalten oder Zwangsarbeiterinnen und Zwangsarbeitern heimlich Essen zukommen lassen.

Wer leistete Widerstand und in welcher Form? Einige Beispiele:

– **Kommunisten, Sozialdemokraten und Gewerkschafter:** Diese waren von Anfang an Gegner der NS-Herrschaft und gründeten trotz Verfolgung Untergrundorganisationen. Besondere Bedeutung erlangte die kommunistische „Rote Kapelle". Die Widerstandsgruppen arbeiteten teilweise im Exil oder verteilten in Deutschland regimekritische Flugblätter.

– **Kirchlicher Widerstand:** Einzelne evangelische und katholische Geistliche predigten öffentlich gegen die Ermordung von behinderten Menschen („Euthanasie"*) und verfassten Protestschreiben, da aus ihrer Sicht das christliche Bekenntnis nicht mit der NS-Ideologie vereinbar war (siehe auch M8 auf S. 108). Protest übten z. B. Bischof von Galen, die Pfarrer Martin Niemöller und Dietrich Bonhoeffer.

– **Vertreter aus dem Bürgertum:** Der „Kreisauer Kreis" aus Militärs, Beamten, Geistlichen und Sozialdemokraten plante im Untergrund die politisch-gesellschaftliche Neuordnung nach dem Zusammenbruch des Nationalsozialismus. Aus ihrer Sicht war ein Umsturz nur mithilfe der Militärs möglich.

– **Widerstandsgruppen von Jugendlichen und Studenten wie die „Weiße Rose":**
Mit „Weißer Rose" waren sechs Flugblätter unterschrieben, die eine Gruppe junger Münchener Studierende 1942 und 1943 verteilte. Führende Mitglieder dieser Gruppen waren die Geschwister Sophie und Hans Scholl sowie ihr Professor Kurt Huber. Nachdem Hans Scholl als Soldat an die Ostfront geschickt worden war, schwand die anfängliche Begeisterung der Geschwister für den Nationalsozialismus. In ihren Flugblättern riefen sie zum Kampf gegen die Herrschaft der Nationalsozialisten auf. Am 18. Februar 1943 wurden die Geschwister beim Verteilen des sechsten Flugblatts verhaftet. Vom „Volksgerichtshof" wegen Hochverrats zum Tode verurteilt, wurden sie am 22. Februar 1943 hingerichtet. Professor Huber und drei weitere Studierende wurden ebenfalls ermordet. Es folgten noch eine Reihe weiterer Prozesse.

Widerstand in den besetzten Gebieten

Zum Widerstand kam es auch in den von Deutschland besetzten Gebieten Europas. In Frankreich und Belgien gab es zahlreiche Bewegungen, die unter dem Namen Résistance zusammengefasst wurden. Hauptaktionen waren dort Sabotageakte, wie die Sprengung von Strommasten und Brücken. Im besetzten Osteuropa kämpften Partisanengruppen gegen die Wehrmacht. Im Warschauer Ghetto fand vom 19. April bis 16. Mai 1943 ein bewaffneter Aufstand statt. Die „Jüdische Kampforganisation" kämpfte dabei zusammen mit der „Polnischen Heimatarmee" gegen die Deportation der Ghettobewohner in die Vernichtungslager. Fast alle noch im Ghetto verbliebenen ca. 50 000 Juden wurden bei den Kämpfen getötet.

---

1 Gruppenarbeit:
Bildet Kleingruppen und erarbeitet in eurer Gruppe mithilfe der Materialien und des DT eine begründete Antwort auf die Leitfrage dieser Doppelseite. Plant euer Vorgehen und stellt eure Ergebnisse in einer Mindmap zusammen.
Folgende Arbeitsschritte können euch bei der Erarbeitung und Urteilsbildung helfen:

a) Analysiert die Quellen M2 und M3 nach den Arbeitsschritten auf S. 188. Bewertet, wie Sophie Scholl ihre Taten rechtfertigt und wie sie sich über ihre Mitverschwörer äußert (M3, DT).

b) **Recherche:** Findet heraus, was die einzelnen Mitglieder zum Widerstand bewog.

c) Vergleicht anhand des DT die Beispiele für Widerstand gegen den Nationalsozialismus (Gruppen; Motive und Formen des Widerstands).

d) Begründet, weshalb sich kein einheitlicher und breiter Widerstand in Deutschland bildete. Weist nach, in welcher Form Widerstand überhaupt möglich war (DT).

2 Diskutiert, wovon es abhängt, ob ein Vorgehen gegen den Staat als Widerstand* bezeichnet werden kann. Zieht dazu Art. 20, Ab. 4 hinzu (siehe Seite 109).

Zwei Attentäter, die Hitler töten wollten

Die beiden bekanntesten Attentatsversuche auf Hitler sind die Bombenanschläge der Widerstandsgruppe von Militärs, Beamten und Zivilisten um Oberst Claus Schenk Graf von Stauffenberg 1944 und des Kunstschreiners Georg Elser 1939. Beide Attentäter wurden nach ihrer Tat verhaftet. Stauffenberg wurde noch in der Tatnacht hingerichtet, Elser am 9. April 1945 im KZ Dachau.

- ***Untersuche in Partnerarbeit die Motive der beiden Attentäter und zeige die Möglichkeiten sowie die Grenzen ihres Widerstandes auf.***

Grundlegendes Datum

20. Juli 1944 Attentat auf Hitler durch den militärischen Widerstandskreis um Graf von Stauffenberg

M 1

Georg Elser (1903–1945), Foto, 1930er Jahre. Der Handwerker Georg Elser scheiterte am 8. November 1939 mit dem Versuch, Hitler während dessen traditioneller Rede zum Jahrestag des gescheiterten Hitlerputsches von 1923 zu töten.

M 2

Blick in den Bürgerbräukeller, der durch eine Bombe von Georg Elser zerstört wurde. Die Bombe, die Elser in der Säule hinter dem Rednerpult angebracht hatte, verwüstete das gesamte Lokal, ohne das Ziel, den Tod Adolf Hitlers, zu erreichen. Der hatte vor der Explosion das Lokal verlassen. Foto, 1939

M 3

Denkmal für Georg Elser in der Wilhelmstraße in Berlin-Mitte. Unweit des Denkmals befand sich Hitlers Reichskanzlei. Foto, 2015

M 4

Oberst Claus Schenk Graf von Stauffenberg (1907–1944), Foto, ca. 1944. Stauffenberg misslang das Attentat am 20. Juli 1944 bei einer Besprechung im „Führerhauptquartier Wolfsschanze" (im heutigen Polen).

M 5

Hitler und der italienische Diktator und Verbündete Mussolini besichtigen wenige Stunden nach dem gescheiterten Attentat die Zerstörungen im Konferenzraum des Führerhauptquartiers. Foto, 1944

M 6

Ehrenmal für die Widerstandskämpfer des 20. Juli 1944 im Hof des Bendlerblocks in Berlin-Tiergarten. Hier wurden Stauffenberg und weitere Mitglieder der Widerstandsgruppe hingerichtet. Foto, 2011

M 7

Aussagen Georg Elsers bei seiner Vernehmung durch die Gestapo (19.–23. November 1939):

Die seit 1933 in der Arbeiterschaft von mir beobachtete Unzufriedenheit und der von mir seit Herbst 1938 vermutete unvermeidliche Krieg beschäftigten stets meine Gedankengänge ... Ich stellte allein Betrachtungen an, wie man die Verhältnisse der Arbeiterschaft bessern und einen Krieg vermeiden könnte. Hierzu wurde ich von niemandem angeregt, auch wurde ich von niemandem in diesem Sinne beeinflusst ... Die von mir angestellten Betrachtungen zeitigten das Ergebnis, dass die Verhältnisse in Deutschland nur durch eine Beseitigung der augenblicklichen Führung geändert werden könnten. Unter der Führung verstand ich die „Obersten", ich meine damit Hitler, Göring und Goebbels. Durch meine Überlegungen kam ich zu der Überzeugung, dass durch die Beseitigung dieser drei Männer andere Männer an die Regierung kommen, die an das Ausland keine untragbaren Forderungen stellen, „die kein fremdes Land einbeziehen wollen" und „die für eine Verbesserung der sozialen Verhältnisse der Arbeiterschaft Sorge tragen werden" ...

Frage: „Dachten Sie daran, dass eine Reihe von Personen getötet werden könnten?"

Antwort: „Ja."

Frage: „Wollten Sie das? Und wen wollten Sie treffen?"

Antwort: „Ja. Ich wollte die Führung treffen."

Verhörprotokoll S. 91f. und 200f.
*Zit. nach http://www.georg-elser-arbeitskreis.de/texts/geverhoer5.htm (Stand: 08. 11. 2020).**

M 8

Aus dem Aufruf der Widerstandskämpfer vom 20. Juli 1944, der nach dem Anschlag auf Hitler verbreitet werden sollte:

Deutsche! Hitler ... hat die göttlichen Gebote verhöhnt, das Recht zerstört, ... das Glück von Millionen vernichtet. Er hat Ehre und Würde, Freiheit und Leben anderer für nichts erachtet. Zahllose Deutsche, aber auch Angehörige anderer Völker schmachten seit Jahren in Konzentrationslagern ... Durch grausame Massenmorde ist unser guter Name besudelt ... Unser Ziel ist die wahre, auf Achtung, Hilfsbereitschaft und soziale Gerechtigkeit gegründete Gemeinschaft des Volkes. Wir wollen Gottesfurcht anstelle von Selbstvergottung, Recht und Freiheit anstelle von Gewalt und Terror, Wahrheit und Sauberkeit anstelle von Lüge und Eigennutz ... Wir wollen mit besten Kräften dazu beitragen, die Wunden zu heilen, die dieser Krieg allen Völkern geschlagen hat, und das Vertrauen zwischen ihnen wieder neu beleben. ... Wir wollen der Hoffnungslosigkeit, dass dieser Krieg noch unendlich weitergehen müsse, ein Ende machen. Wir erstreben einen gerechten Frieden, der an die Stelle der ... Vernichtung der Völker friedliche Zusammenarbeit setzt. Ein solcher Friede kann sich nur auf Achtung vor der Freiheit und der Gleichberechtigung aller Völker gründen.

*Zit. nach www.gdw-berlin.de/fileadmin/bilder/publikationen/-begleltmaterialien/Faksimiles_PDFs_deutsch/FS_-10.2_DE_2.Aufl-RZ-web.pdf (Stand: 08. 06. 2021).**

1 Partnerarbeit:

a) Recherchiert arbeitsteilig über die Biografien und die Attentatsversuche von Elser und Stauffenberg. Berücksichtigt die Materialien auf dieser Doppelseite. Die Homepage der Gedenkstätte Deutscher Widerstand enthält viele Informationen zu dieser Thematik.

Tipp: Nutzt das Analyseraster. Ergänzt, wenn notwendig, weitere Vergleichskriterien.

Vergleichskriterien	Stauffenberg	Elser
Biografie (Lebensdaten, soziale Herkunft, beruflicher Werdegang)		
Einstellung zum NS		
Motive für die Tat		
Möglichkeiten und Grenzen des Widerstandes		

b) Stellt euch gegenseitig eure Rechercheergebnisse vor und vergleicht beide Attentäter und ihre jeweiligen Attentatsversuche.

c) Darf ein Diktator wie Adolf Hitler gezielt getötet werden? Nehmt Stellung zu dieser Frage. Berücksichtigt hierbei auch mögliche Argumente der beiden Attentäter.

2 An beide Attentäter wird in Denkmälern (M3, M6) erinnert. Diskutiert, ob sich diese Widerstandskämpfer zu Recht für uns heute als Vorbild eignen. Bringt in die Diskussion mit ein, dass Stauffenberg sehr lange und mit Überzeugung dem NS-Staat gedient hat, erst allmählich ein Gegner des Regimes wurde. Er blieb ein Gegner des Parlamentarismus; statt Parteien sollten die alten Eliten den Staat führen.

Das Ende des Weltkrieges in Europa und Asien

Anfang 1943 erfolgte bei Stalingrad die Kriegswende, mit der die spätere Niederlage Deutschlands eingeläutet wurde. Am 8. Mai 1945 endete in Europa der Krieg. In Asien hielt er noch bis August 1945 an.

- ***Wie verliefen die letzten Kriegsjahre und wie sah das Kriegsende aus?***

Die Kriegswende

Der Angriff der deutschen Truppen auf die Sowjetunion kam Ende 1941 zum Stillstand. Im selben Jahr entwickelten der amerikanische Präsident Roosevelt und der britische Premierminister Churchill mit der „Atlantik-Charta"* vom 14. August 1941 erste Vorstellungen von einer künftigen Weltordnung nach einem Sieg über Deutschland: Kernpunkte dieser Charta waren der Verzicht auf Annexionen und Gewalt, Anerkennung des Selbstbestimmungsrechts der Völker, Freiheit des Handels und der Meere sowie die Gründung einer Weltsicherheitsorganisation, die späteren Vereinten Nationen (siehe S. 110).

Zur entscheidenden Kriegswende in Europa kam es dann im Januar/Februar 1943, als die 6. deutsche Armee in Stalingrad von sowjetischen Truppen eingekesselt und unter großen Verlusten kapitulieren musste. Von 250 000 Soldaten kamen 90 000 um, von den übrigen kehrten nur 6000 nach langer Kriegsgefangenschaft in die Heimat zurück.

M 1

Auszug aus der Rede von Joseph Goebbels im Berliner Sportpalast, 18. Februar 1943:

Ich frage euch: Wollt ihr den totalen Krieg? Wollt ihr ihn, wenn nötig totaler und radikaler, als wir ihn uns heute überhaupt noch vorstellen können? ... Die Engländer behaupten, das deutsche Volk hat sein Vertrauen zum Führer verloren. Ich frage euch: Ist euer Vertrauen zum Führer heute größer, gläubiger und unerschütterlicher denn je? [Die Menge erhebt sich ... begeisterte Sprechchöre: „Führer befiehl, wir folgen!"]

*Zit. nach Pressefassung aus dem „Völkischen Beobachter" vom 19. Februar 1943, S. 2.**

Die letzte Mobilisierung – der „totale Krieg"*

Angesichts der Kriegswende rief Reichspropagandaminister Joseph Goebbels am 18. Februar 1943 im Berliner Sportpalast unter dem Jubel der geladenen überzeugten Anhänger des NS-Regimes während einer Propagandaveranstaltung zum „totalen Krieg" auf. Entgegen der NS-Ideologie wurden immer mehr Frauen zu Verwaltungsaufgaben, bei der Flugabwehr oder in der Rüstungsindustrie dienstverpflichtet. In der Landwirtschaft und in der Industrie arbeiteten über zehn Millionen Zwangsarbeiter, KZ-Häftlinge und der größte Teil der Kriegsgefangenen für den deutschen „Endsieg". Jugendliche und ältere Männer wurden in den letzten Kriegsmonaten als „Volkssturm" kaum ausgebildet und schlecht bewaffnet in den Kampf geschickt; hohe Verluste waren zu beklagen.

M 2

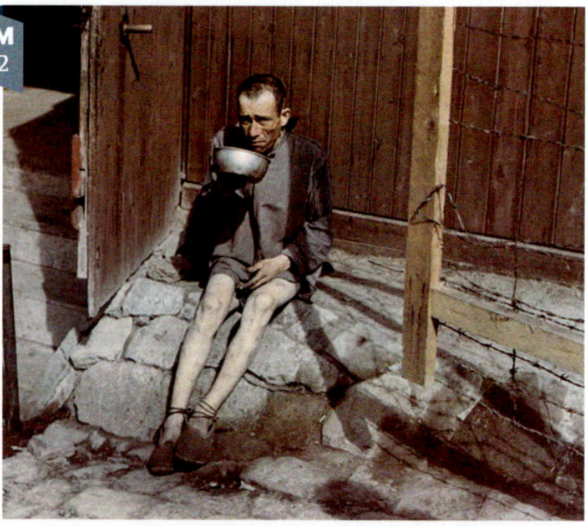

Ein Überlebender des KZ Buchenwald hat von seinen Befreiern, US-amerikanischen Soldaten, Essen erhalten. Foto, 1945

Das Kriegsende in Europa

1944 rückte die sowjetische Armee immer weiter nach Westen auf die deutschen Grenzen vor. Am 6. Juni 1944 („D-Day") starteten amerikanische und britische Truppen eine Landung an den Küsten der Normandie und befreiten Frankreich. Die deutsche Zivilbevölkerung litt unter den massiven Bombenangriffen der Briten und Amerikaner: Zahlreiche deutsche Städte fielen in den letzten Kriegsmonaten in Schutt und Asche. Zum Jahreswechsel 1944/45 rückten die Truppen der drei Alliierten nach Deutschland ein. Im Osten begann die Flucht von Millionen Deutschen aus Angst vor Racheakten der Roten Armee (siehe S. 118 ff.). Am 25. April 1945 trafen sich amerikanische und sowjetische Truppen an der Elbe in Torgau/Sachsen. Am 30. April, während die sowjetische Armee nach heftigen und sehr verlustreichen Straßenkämpfen auf beiden Seiten Berlin besetzte, beging Hitler in seinem „Führerbunker" in Berlin Selbstmord. Am 7. Mai unterzeichnete die Wehrmachtsführung im US-Hauptquartier in Reims die bedingungslose Kapitulation; sie trat am 8. Mai in Kraft. In der Nacht vom 8. auf den 9. Mai wurde diese im sowjetischen Hauptquartier in Berlin wiederholt.

M 3

Das von der Atombombe zerstörte Hiroshima, Foto, August 1945

Der Weltkrieg in Asien

1937 begannen die Japaner einen Angriffskrieg gegen das chinesische Kaiserreich. Bis 1945 besetzten die Japaner die Hälfte des chinesischen Territoriums und verübten grausame Verbrechen an der Zivilbevölkerung. Japan hatte 1940 mit Deutschland und Italien den „Dreimächtepakt" geschlossen. In Asien eroberten japanische Truppen weite Teile Südostasiens und des Pazifikraums mit dem Ziel, die Vorherrschaft Japans in dieser Region zu festigen. Nach dem japanischen Angriff auf den amerikanischen Flottenstützpunkt Pearl Harbor (siehe S. 77) führten die Amerikaner einen verlustreichen Krieg im Pazifik gegen Japan. Als der Krieg in Europa endete, wehrte sich Japan trotz der Zerstörung vieler japanischer Städte durch amerikanische Luftangriffe gegen eine bedingungslose Kapitulation. Am 6. August warf ein amerikanisches Flugzeug erstmals in der Geschichte eine Atombombe ab: Die Stadt Hiroshima wurde zu 80 Prozent sofort zerstört. Etwa 100 000 Menschen starben binnen weniger Minuten und Zehntausende an den Folgen der Verbrennungen und Verstrahlungen. Am 9. August wurde eine zweite amerikanische Atombombe über der Stadt Nagasaki abgeworfen. Wenige Tage später nahm die japanische Regierung die amerikanischen Kapitulationsbedingungen an und der Zweite Weltkrieg endete.

M 4

Die Toten des Zweiten Weltkrieges

In Klammern: Anteil der Zivilisten

Gesamtverluste: ca. 65 Millionen Tote
Deutschland 6 350 000 (1 170 000)
Sowjetunion 27 000 000 (14 000 000)
China 13 500 000 (10 000 000)
USA 407 316
Frankreich 360 000 (150 000)
Polen 6 000 000 (5 700 000)
Ungarn 950 000 (590 000)
Jugoslawien 1 690 000 (950 000)
Niederlande 220 000 (198 000)
Griechenland 180 000 (160 000)
Japan 3 760 000 (1 700 000)

*Zusammengestellt nach Rolf-Dieter Müller (Hg.), Das Deutsche Reich und der Zweite Weltkrieg, Bd. 10: Halbband 2: Die Folgen des Zweiten Weltkrieges, München (Deutsche Verlags-Anstalt) 2008.**

Grundlegendes Datum

8./9. Mai 1945 bedingungslose Kapitulation Deutschlands

1 Setze die Zeitleiste von S. 77 Aufgabe 5 mit den wichtigen Ereignissen in den letzten Jahren des Zweiten Weltkrieges fort (M1–M3, DT).
2 Gib den Eindruck wieder, den die Rede sowie die Reaktion des (ausgewählten) Publikums (M1) bei dir hinterlässt, und begründe. Beziehe dabei auch die Informationen zur Kriegslage im DT mit ein.
3 Fasse zusammen, was die Materialien M2–M4 zum Kriegsende aussagen. Auf welche Fragen geben sie keine Antwort?
4 Der amerikanische Präsident Truman äußerte sich 1965 im Rückblick auf seine Entscheidung, Atombomben auf japanische Städte abwerfen zu lassen: „Ich betrachte die Bombe als militärische Waffe und hatte nie den geringsten Zweifel, dass sie eingesetzt werden sollte." Diskutiert diesen Standpunkt.
5 **Partnerarbeit:** Recherchiert, wie die letzten Kriegsmonate in eurer Heimatregion verliefen. Gestaltet hierzu einen Beitrag für eure Schülerzeitung.
Tipp: Hilfreich sind Suchbegriffe wie „Kriegsende in Bayern" bzw. die Namen des Heimatortes oder der nächstgelegenen größeren Stadt.

Erinnern an die Verbrechen der NS-Zeit

1945 endete mit dem Zweiten Weltkrieg die NS-Diktatur. Nur allmählich wurde das wahre Ausmaß der NS-Verbrechen bekannt. Sie beschäftigen die Gesellschaft bis heute.
- *Wie können wir an diese Millionen von Opfern gedenken?*
- *Wie kann die Erinnerung an sie für künftige Generationen wachgehalten werden?*

M 1

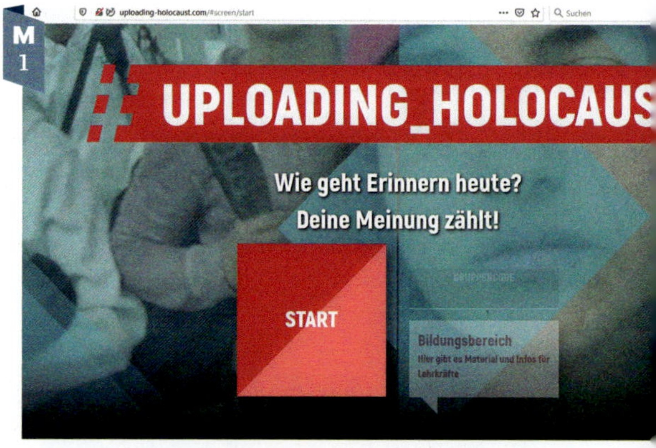

Screenshot des multimedialen Webprojekts. Es beschäftigt sich damit, wie Jugendliche heute mit der Erinnerung an den Holocaust umgehen, und präsentiert Videoclips jüdischer Jugendlicher aus Israel auf ihrer Fahrt in die Gedenkstätte Auschwitz. Anknüpfend daran werden deutschsprachige Jugendliche nach ihrer Haltung zum Holocaust befragt. Dabei soll es nicht darum gehen, sich gegenseitig zu be- oder verurteilen, sondern das israelische Material als Anknüpfungspunkt für das Nachdenken zu nutzen. Auf die Frage „Welches Gefühl löst das Wort ‚Holocaust' bei dir aus?", antworteten die Befragten Nachdenklichkeit 39 %, Trauer 29 %, Neugier 12 %, Schuldgefühle 8 %, Unmut 7 %, Genervtheit 4 %, Gleichgültigkeit 3 % (Stand 2020).

M 2

Rede von Bundespräsident Frank-Walter Steinmeier am 23. Januar 2020 in der Holocaust-Gedenkstätte Yad Vashem bei einer internationalen Gedenkfeier zum 75. Jahrestag der Befreiung von Auschwitz-Birkenau durch sowjetische Truppen:

Hier in Yad Vashem brennt die ewige Flamme der Erinnerung an die Toten der Shoah.
Dieser Ort erinnert an ihr millionenfaches Leid ...
Der industrielle Massenmord an sechs Millionen Jüdinnen und Juden, das größte Verbrechen der Menschheitsgeschichte – es wurde von meinen Landsleuten begangen. Der grausame Krieg, der weit mehr als 50 Millionen Menschenleben kosten sollte, er ging von meinem Lande aus.
75 Jahre nach der Befreiung von Auschwitz stehe ich als deutscher Präsident vor Ihnen allen, beladen mit großer historischer Schuld. Doch zugleich bin ich erfüllt von Dankbarkeit: für die ausgestreckte Hand der Überlebenden, für das neue Vertrauen von Menschen in Israel und der ganzen Welt, für das wieder erblühte jüdische Leben in Deutschland ...
Die Flamme von Yad Vashem erlischt nicht. Und unsere deutsche Verantwortung vergeht nicht. Ihr wollen wir gerecht werden. An ihr sollt Ihr uns messen ....
Ja, wir Deutsche erinnern uns. Aber manchmal scheint es mir, als verstünden wir die Vergangenheit besser als die Gegenwart. Die bösen Geister zeigen sich heute in neuem Gewand. Mehr noch: Sie präsentieren ihr antisemitisches, ihr völkisches, ihr autoritäres Denken als Antwort für die Zukunft, als neue Lösung für die Probleme unserer Zeit. Ich wünschte, sagen zu können: Wir Deutsche haben für immer aus der Geschichte gelernt.
Aber das kann ich nicht sagen, wenn Hass und Hetze sich ausbreiten. Das kann ich nicht sagen, wenn jüdische Kinder auf dem Schulhof bespuckt werden. Das kann ich nicht sagen, wenn unter dem Deckmantel angeblicher Kritik an israelischer Politik kruder[1] Antisemitismus hervorbricht. Das kann ich nicht sagen, wenn nur eine schwere Holztür verhindert, dass ein Rechtsterrorist an Jom Kippur in einer Synagoge in Halle ein Massaker, ein Blutbad anrichtet.[2]
Natürlich: Unsere Zeit ist nicht dieselbe Zeit. Es sind nicht dieselben Worte. Es sind nicht dieselben Täter. Aber es ist dasselbe Böse.
Und es bleibt die eine Antwort: Nie wieder!
Deshalb darf es keinen Schlussstrich unter das Erinnern geben. Diese Verantwortung ist der Bundesrepublik Deutschland vom ersten Tage eingeschrieben. Aber sie prüft uns – hier und heute!

*https://www.bundespraesident.de/SharedDocs/Reden/DE/Frank-Walter-Steinmeier/Reden/2020/01/200123-Israel-Yad-Vashem.html (Stand: 05. 11. 2020)**

[1] *roher*

[2] *Missglückter antisemitischer Terroranschlag auf eine Synagoge in Halle im Oktober 2019 am höchsten jüdischen Feiertag. Der Täter erschoss zwei Passanten und verletzte mehrere schwer.*

M 3

Denkmal für die ermordeten Juden Europas in Berlin, eröffnet im Mai 2005 nach elfjähriger Debatte und zweijähriger Bauzeit. Es besteht aus 2700 Betonstelen und einem Infozentrum (siehe auch Umschlagbild). Foto, 2005

M 4

Die „Stolpersteine" sind ein Projekt des Künstlers Gunter Denning. Sie werden seit 1992 am letzten Wohnort der Opfer verlegt. Links: Bad Wörishofen, Foto, 2020; rechts: Stolperstein in München, Foto, 2018

M 5

Anlässlich einer Gedenkveranstaltung zur Befreiung des Konzentrationslagers Auschwitz singt Esther Bejarano (siehe S. 53) mit einer Band Lieder gegen Gewalt und Terror und ruft darin auch auf, Mut zu haben, sich Angriffen auf die Freiheit entgegenzustellen. Foto, Hamburg 2010

1 Gedenktage der deutschen Geschichte: 9. November, 20. Juli, 8./9. Mai:

a) Nenne die zugehörigen historischen Ereignisse.
Tipp: Beim 9. November sind es mehrere.

b) Wähle ein Ereignis aus und erkläre, warum ein Gedenken daran wichtig ist.

2 a) Erarbeite die zentralen Aussagen von M2 mithilfe der Arbeitsschritte auf S. 188.

b) Nimm Stellung zu den vier letzten abgedruckten Sätzen (Zeile 43–47).

3 a) Beschreibe unterschiedliche Formen des Umgangs mit der Erinnerung an die NS-Zeit (M1–M5).

b) Nehmt Stellung zum Umfrageergebnis (M1). Erscheint es euch repräsentativ?

c) Recherchiert in Gruppen nach weiteren Formen der Erinnerungskultur zum Thema NS-Zeit, auch mit Blick auf andere Opfergruppen. Ihr könnt z. B. folgende Stichwörter nutzen: Graphic Novel, „Eva Stories", Zeitzeugen-Hologramme, Zeitzeugenportale. Tauscht eure Ergebnisse aus.

4 Nehmt Stellung zur Frage: In welcher Form würdet ihr die Erinnerung an die Terrorherrschaft der Nationalsozialisten und deren Opfer wachhalten wollen?

5 **Zusatzaufgabe:** Entwickle Vorschläge für eine Gedenkaktion am 27. Januar, den internationalen Gedenktag für die Opfer des Nationalsozialismus, an deiner Schule.

1933 | 1934 | 1935 | 1936 | 1937 | 1938 | 1939

30. Januar 1933: Hitler wird Reichskanzler

März: Beginn der „Gleichschaltung",
„Ermächtigungsgesetz" – Ausschaltung des Reichstags als Gesetzgeber
Mai: Zerschlagung der Gewerkschaften
Juni–Juli: Verbot der SPD und Auflösung der anderen Parteien

1934 Hitler wird „Führer" und Reichskanzler

1935 „Nürnberger Gesetze":
Jüdinnen und Juden keine Staatsbürger mehr
Wiedereinführung der allgemeinen Wehrpflicht

9. November 1938: „Novemberpogrome"

„Anschluss" Österreichs
Münchner Abkommen

1939–1945 Zweiter Weltkrieg

1939 September: deutscher Überfall auf Polen

Nationalsozialismus, Zweiter Weltkrieg und Holocaust

Die Ideologie der Nationalsozialisten

Im Zentrum der Ideologie des **Nationalsozialismus** standen der „Rassismus", der **Antisemitismus** und die Auffassung, das deutsche Volk benötige einen größeren „Lebensraum im Osten". Mit scheinwissenschaftlichen Begriffen wie „Rasse", „Arier" und „Nichtarier" wurde eine Überlegenheit der „arischen" Menschen behauptet. Diese sollten eine rassisch definierte **„Volksgemeinschaft"** bilden. Ein weiteres ideologisches Element ist in dem „Führerprinzip" zu sehen. Demnach sollten politische Entscheidungen nicht durch parlamentarische Vertretungen beschlossen, sondern von einem starken „Führer" gefällt werden. Ein ausgeprägter „Führerkult" überhöhte die Person Hitlers.

Die Errichtung des NS-Herrschaftssystems

Als Grundlage für die Machtsicherung dienten den Nationalsozialisten die „Reichstagsbrandverordnung" vom 28. Februar 1933 und das **„Ermächtigungsgesetz"** vom 23. März 1933. Durch die „Reichstagsbrandverordnung" wurden wichtige Grundrechte außer Kraft gesetzt. Aufgrund dieser Verordnung konnten viele Tausende politische Gegner verhaftet und ohne Gerichtsurteil eingesperrt werden. Das „Ermächtigungsgesetz" ermöglichte es der Regierung, Gesetze ohne Zustimmung des Reichstags zu erlassen, und verlieh ihr diktatorische Vollmachten. In den folgenden Wochen und Monaten versuchten die Nationalsozialisten, alle Bereiche von Staat und Gesellschaft zu durchdringen und nach ihren Zielen auszurichten. Diesen Prozess bezeichneten sie als **„Gleichschaltung"**. Die Bevölkerung sollte durch eine allgegenwärtige Propaganda gleichgeschaltet werden. Schon in der Schule war die NS-Propaganda, etwa in Schulbüchern, präsent. Im Zuge der „Gleichschaltung" wurden die Gewerkschaften aufgelöst, die SPD sowie die KPD verboten und die bürgerlichen Parteien gezwungen, sich selbst aufzulösen. Im gesamten Reich entstanden **Konzentrationslager**, in denen anfangs vorrangig politische Gegner der NSDAP inhaftiert wurden.
Mit dem Tod Hindenburgs am 2. August 1934 ließ Hitler das Amt des Reichspräsidenten auflösen und die Staatsführung wurde allein auf ihn als „Führer" und Reichskanzler übertragen.

Entrechtung und Verfolgung der deutschen Jüdinnen und Juden

Die rassistische Politik der Nationalsozialisten setzte sofort nach der Machtübernahme ein und richtete sich zunächst gegen die 500 000 Jüdinnen und Juden. Nach einzelnen diskriminierenden Aktionen wie dem Boykott jüdischer Geschäfte im April 1933 erfolgte mit den **„Nürnberger Gesetzen"** 1935 eine systematische Entrechtung aller deutschen Jüdinnen und Juden. Durch diese „Rassegesetze" verloren sie alle staatsbürgerlichen Rechte; Eheschließungen zwischen Juden und „Ariern" wurden verboten. Die Novemberpogrome vom 9. zum 10. November 1938 zeigten die Brutalität des NS-Herrschaftsregimes und die Bereitschaft zur Mittäterschaft vieler Deutscher: Synagogen wurden in Brand gesteckt, jüdische Friedhöfe geschändet, Wohnungen sowie Geschäfte zerstört und Juden verhaftet, viele ermordet.

NS-Außenpolitik

Seine Ziele, die Revision des Versailler Vertrages und die Schaffung von „Lebensraum im Osten", bereitete Hitler mit einer doppelgleisigen Politik vor. So beteuerte er öffentlich stets seine „friedlichen" Absichten. Den

1940 | 1941 | 1942 | 1943 | 1944 | 1945

1941
Juni: deutscher Angriff auf die Sowjetunion
ab Herbst: Deportation europäische Jüdinnen und Juden aus allen Gebieten unter deutscher Kontrolle in die Vernichtungslager
Dezember: Deutschland erklärt Amerika den Krieg

1943
Februar: Kapitulation der deutschen Truppen in Stalingrad, Aufruf zum „totalen Krieg“

20. Juli 1944 Attentat auf Hitler

8./9. Mai 1945 bedingungslose Kapitulation Deutschlands

August 1945 Atombomben auf Hiroshima und Nagasaki,
September: Kapitulation Japans

aggressiven Charakter der Außenpolitik ließ er u. a. in der Besetzung der entmilitarisierten Rheinlandzone (1936) und dem „Anschluss“ Österreichs (1938) erkennen. Um den Frieden aufrechtzuerhalten, akzeptierten die Westmächte im Münchner Abkommen (1938) auch die Eingliederung der sudetendeutschen Gebiete in das Deutsche Reich. Die Appeasement-Politik der Westmächte endete, als Hitler weitere Teile der Tschechoslowakei als „Reichsprotektorat Böhmen und Mähren“ annektierte.

Der Zweite Weltkrieg: Vom „Blitzkrieg“ zum Vernichtungskrieg

Kurz nach der Unterzeichnung des Hitler-Stalin-Pakts begannen am 1. September 1939 mit dem Überfall auf Polen eine Serie von „Blitzkriegen“ und der Vernichtungskrieg im Osten. Mit der Blitzkriegsstrategie konnte das NS-Regime nicht nur Erfolge in Polen, sondern auch in Frankreich, Dänemark und Norwegen sowie auf dem Balkan erzielen. Trotz heftiger Bombenangriffe auf englische Städte gelang es nicht, England wesentlich zu schwächen. Die USA unterstützten das Land mit umfangreichen Rüstungsgütern. Am 22. Juni 1941 griffen die deutschen Truppen die Sowjetunion an. Aus dem „Unternehmen Barbarossa“ wurde ein beispielloser Vernichtungskrieg gegen die Armee der Sowjetunion und die Zivilbevölkerung. Mit diesem Angriff und dem Kriegseintritt der USA nach dem japanischen Überfall auf den amerikanischen Flottenstützpunkt Pearl Harbor (1941) entwickelte sich der Krieg zu einem Weltkrieg. Die Niederlage bei Stalingrad Ende Januar 1943 (Kapitulation Anfang Februar) leitete die Niederlage Deutschlands ein. Sie wurde mit der bedingungslosen Kapitulation der deutschen Wehrmacht vom 8./9. Mai 1945 besiegelt. In Asien endete der Zweite Weltkrieg nach dem Abwurf von zwei Atombomben mit der Kapitulation Japans im September 1945.

Der Völkermord an den europäischen Jüdinnen und Juden

Mit der Besetzung großer Teile Europas durch die Wehrmacht gerieten etwa sieben der zehn Millionen Jüdinnen und Juden in Europa in unmittelbare Lebensgefahr. In den größeren Städten der besetzten Länder wurden Ghettos eingerichtet. Auf der Wannsee-Konferenz im Januar 1942 organisierten führende NS-Beamte die systematische Ermordung der jüdischen Bevölkerung. In neu errichteten **Vernichtungslagern**, bei Massenerschießungen und in den Ghettos wurden über sechs Millionen Jüdinnen und Juden ermordet. In der Geschichtsschreibung taucht für den Völkermord häufig das Wort **„Holocaust“** (griech. „vollständig verbrannt“) auf, die überlebenden Juden sprechen meist von der **„Shoa“** (hebr. „Katastrophe“). Den Völkermord verschleierten die Nationalsozialisten mit dem Begriff „Endlösung“. Weitere Opfer waren Sinti und Roma, politische Gegner, Homosexuelle, Zeugen Jehovas und Kriegsgefangene.

Widerstand in Deutschland und Europa

Widerstand gegen die Nationalsozialisten blieb schwach. Die Motive waren meist politischer, religiöser oder ethischer Natur. Das Spektrum des Widerstands reichte von der Verbreitung von Flugblättern, Hilfsmaßnahmen für Verfolgte bis hin zu Attentatsversuchen. Bekannte Widerstandskämpfer waren z. B. die Mitglieder der „Weißen Rose“ und die Gruppe um Oberst Claus Graf Schenk von Stauffenberg, der mit dem Attentat auf Hitler am 20. Juli 1944 das Regime zu stürzen versuchte. Die Gestapo und der „Volksgerichtshof“ gingen schnell und brutal gegen Verdächtige vor. Widerstandsgruppen gab es während des Krieges auch in den besetzten Gebieten, z. B. im Warschauer Ghetto (1943) und in Form von Partisanenverbänden. Auch hier wurde jeglicher Widerstand brutal unterdrückt.

In diesem Kapitel konntest du folgende Kompetenzen erwerben:

- den Wert des Engagement für unsere freiheitlich-demokratische Grundordnung erkennen, indem du dich mit Ideologie, Ausformung und Folgen des NS-Terrorregimes und seinem menschenverachtenden Charakter auseinandersetzt
- vor dem Hintergrund demokratischer Prinzipien Maßnahmen der Nationalsozialisten zu Machtausbau und Systemstabilisierung bewerten
- einen Zusammenhang zwischen NS-Ideologie und politischem Handeln herstellen, indem du verschiedene Bereiche der NS-Politik untersuchst
- die Aussagekraft von Quellen der Alltagsgeschichte beurteilen, um Fragestellungen zum Lebensalltag im totalitären Staat zu entwickeln und diese zu beantworten; für die Recherche und Präsentation der Ergebnisse auch digitale Medien nutzen
- nationalsozialistische Propaganda hinsichtlich ihrer Möglichkeiten zur Manipulation analysieren
- die neue Dimension nationalsozialistischer Expansions- und Eroberungspolitik vor dem und im Zweiten Weltkrieg beurteilen und dabei die Auswirkung auf die Zivilbevölkerung berücksichtigen
- den menschenverachtenden Charakter der NS-Ideologie anhand der Entrechtung, Verfolgung und Ermordung der europäischen Jüdinnen und Juden sowie weiterer Bevölkerungsgruppen erkennen
- Quellen und Darstellungen zum Widerstand gegen das NS-Regime auswerten, um Möglichkeiten und Grenzen des Widerstandes zu bestimmen
- die sinnstiftende Bedeutung von Daten für die Geschichtskultur erkennen

M 1

Auszüge aus einer handschriftlichen Mitschrift der ersten Rede Hitlers vor Reichswehrgenerälen (3. Februar 1933):

Ziel der Gesamtpolitik allein: Wiedergewinnung der pol. Macht. Hierauf muss gesamte Staatsführung eingestellt werden ...

1. Im Innern: Völlige Umkehrung der gegenwärtigen innenpol. Zustände in D. Keine Duldung der Betätigung irgendeiner Gesinnung, die dem Ziel entgegensteht (Pazifismus![1]) ... Einstellung der Jugend u. des ganzen Volkes auf den Gedanken, dass nur d. Kampf uns retten kann u. diesem Gedanken gegenüber alles zurückzutreten hat ... Ertüchtigung der Jugend u. Stärkung des Wehrwillens mit allen Mitteln ... Straffste autoritäre Staatsführung. Beseitigung des Krebsschadens der Demokratie!

2. Nach außen, Kampf gegen Versailles, ... Gleichberechtigung in Genf; aber zwecklos, wenn Volk nicht auf Wehrwillen eingestellt ...

4. Aufbau der Wehrmacht wichtigste Voraussetzung für Erreichung des Ziels ... Wiedererringung der pol. Macht. Allg. Wehrpflicht muss wiederkommen ... Wie soll pol. Macht, wenn sie gewonnen ist, gebraucht werden? Jetzt noch nicht zu sagen ... Vielleicht ... Eroberung neuen Lebensraumes im Osten u. dessen rücksichtslose Germanisierung.

*Zit. nach www.1000dokumente.de/pdf/dok-0109_hrw_de.pdf (Stand: 24.11.2020).**

[1] *Friedenswille*

M 2

a)	b)
A) *Attentat auf Hitler durch Graf von Stauffenberg* **B)** *Novemberpogrom* **C)** *Beginn des Zweiten Weltkrieges* **D)** *„Ermächtigungsgesetz“* **E)** *Abwurf der ersten Atombombe* **F)** *bedingungslose Kapitulation Deutschlands* **G)** *„Nürnberger Gesetze“*	**1.** Die NS-Ideologie war menschenverachtend, da sie ... **2.** Der Begriff „Vernichtungskrieg“ für die deutsche Kriegsführung im Osten ist berechtigt, weil ... **3.** Die unterschiedlichen Formen des Widerstandes machen deutlich, dass ...

M 3

Martin Niemöller: „Als die Nazis die Kommunisten holten ...“

Der evangelische Pfarrer (1892–1984) war wegen seiner Kritik an der NS-Rassenideologie von 1941 bis 1945 im KZ Dachau inhaftiert:

Als die Nazis die Kommunisten holten, / habe ich geschwiegen, / ich war ja kein Kommunist. Als sie die Sozialdemokraten einsperrten, / habe ich geschwiegen, / ich war ja kein Sozialdemokrat. Als sie die Gewerkschafter holten, / habe ich geschwiegen, / ich war ja kein Gewerkschafter. Als sie mich holten, / gab es keinen mehr / zu protestieren.

Zit. nach www.martin-niemoeller-stiftung.de/martin-niemoeller/als-die-nazis-die-kommunisten-holten (Stand: 11.11.2020).

M4

Plakat zur Mobilisierung der Heimatfront im „totalen Krieg“, 1943

M6

Rudolf Höß (1900–1947), Lagerkommandant von Auschwitz, 1946 vor dem Nürnberger Kriegsverbrecherprozess:

Ich hatte im Juni 1941 den Befehl erhalten, in Auschwitz Vernichtungsmöglichkeiten einzurichten. Zu jener Zeit gab es schon drei weitere Vernichtungslager ... Ich besuchte Treblinka, um festzustellen, wie die Vernichtungen ausgeführt wurden. Der Lagerkommandant von Treblinka sagte mir, dass er 80 000 im Laufe eines halben Jahres liquidiert hätte. Seine Aufgabe war hauptsächlich die Liquidierung aller Juden aus dem Warschauer Ghetto. Er hat Monoxydgas verwendet und ich hielt seine Methoden für nicht sehr wirksam. Als ich daher das Vernichtungsgebäude in Auschwitz errichtete, nahm ich Zyklon B in Verwendung, eine kristallisierte Blausäure, die wir in die Todeskammer durch eine kleine Öffnung einwarfen.

*Zit. nach www.zeno.org/Geschichte/M/Der+-N%C3%BCrnberger+Proze%C3%9F/Hauptverhandlungen/Einhundertachter+Tag.+Montag,+15.+April+1946/Vormittagssitzung (Stand: 16. 11. 2020).**

M5

Schuhe von Opfern in einer Vitrine des Museums von Ausschwitz, Foto, 1995

Orientierungskompetenz

1 **a)** Nenne Kennzeichen des Nationalsozialismus. Ergänzt stichpunktartig eure Aufstellung zur Aufgabe 1b) auf S. 53 und vergleicht eure Ergebnisse. Berücksichtigt auch die Zeit des Zweiten Weltkrieges.
b) Erkläre, warum es wichtig ist, dass wir uns mit der NS-Terrorherrschaft auseinandersetzen.

2 Wie kann jeder Einzelne dazu beitragen, eine Diktatur zu verhindern? Diskutiert eure Vorschläge und bezieht M3 mit ein.

Sachkompetenz und Narrative Kompetenz

3 Ordne die Ereignisse in M2a) in die richtige Reihenfolge und erläutere sie zusammen mit deinem Banknachbarn.

4 Vervollständige die Sätze in M2b).

Methodenkompetenz

5 Erschließe M1, indem du Hitlers Ziele herausarbeitest. Nenne besonders wichtige Maßnahmen, mit denen diese umgesetzt wurden. Siehe auch S. 188.

6 Analysiere das Plakat M4 mit den Arbeitsschritten auf S. 19 und verwende dabei den Begriff „Propaganda“ und den GB „Volksgemeinschaft“.

Urteilskompetenz

7 Beurteile die Aussage von Rudolf Höß (M6). Berücksichtige dabei seine Sprache.

8 Warum Schuhe von Ermordeten im Museum Auschwitz ausstellen (M5)? Verfasse einen kurzen Beitrag.

9 Dass einige Deutsche Widerstand leisten konnten, zeigt, dass es Handlungsspielräume auch in einer Diktatur gab. Nehmt Stellung zu dieser Aussage.

cornelsen.de/webcodes
Code: teruma
Selbsteinschätzungsbogen

MENSCHEN-
RECHTE
SIND FÜR
ALLE DA

cornelsen.de/webcodes
Code: cireto
Alle Darstellungstexte zum Anhören

3

Rechte des Menschen gestern und heute

In der „Allgemeinen Erklärung der Menschenrechte“ der Vereinten Nationen Artikel 1 aus dem Jahr 1948 heißt es: „Alle Menschen sind frei und gleich an Würde und Rechten geboren. Sie … sollen einander im Geiste der Brüderlichkeit begegnen.“
Menschenrechte gelten weltweit als ein wichtiger Teil unserer Gesellschaftsordnung und als wesentlicher Bestandteil der Demokratie.
Das war nicht immer so und auch die Einhaltung der Menschenrechte heute ist nicht in allen Ländern selbstverständlich.

Für welches Menschenrecht könnte die Demonstrantin sich eingesetzt haben? Zähle zwei mögliche Beispiele auf.

„Menschenrechte sind für alle da“, Aufschrift auf dem Schild einer Frau bei einer Demonstration in Hamburg, 2015

1800 | 1850

1776 Amerikanische Unabhängigkeitserklärung
nimmt Menschenrechte auf

1789 Beginn der Französischen Revolution
„Erklärung der Menschen- und Bürgerrechte"

1848/49 Revolution in Deutschland
Verfassung wie auch die Grundrechte treten nicht in Kraft

1871 Deutsche Reichsgründung
Reichsverfassung enthält keinen Grundrechtskatalog

Welchen Stellenwert hatten Menschenrechte in der Geschichte und welche Bedeutung haben sie heute?

Die Idee von „angeborenen" Menschenrechten entstand im Zeitalter der Aufklärung im 18. Jahrhundert. Die französische „Erklärung der Menschen- und Bürgerrechte" von 1789 verankerte schriftlich die Menschen- und Bürgerrechte. Ergänzend zu ihrem Vorbild, der amerikanischen Unabhängigkeitserklärung von 1776, legte sie auch die Pflichten des Staates fest, die gesetzlich garantierten Freiheiten zu schützen. Im Fall, dass dies nicht geschehe, billigte die Erklärung den Staatsbürgern ein Recht auf Widerstand* zu.

M 1

Poster anlässlich des 70-jährigen Jubiläums zur „Allgemeinen Erklärung der Menschenrechte", in Auftrag gegeben von Amnesty International, gezeichnet von Detlef Surrey, 2018

1900 | 1950

1919 Weimarer Reichsverfassung:
Grundrechte erstmalig in der Verfassung

30. Januar 1933 Ernennung Hitlers zum Reichskanzler

28. Februar 1933 „Reichstagsbrandverordnung“:
Grundrechte der Weimarer Reichsverfassung außer Kraft gesetzt

1948 „Allgemeine Erklärung der Menschenrechte“ der Vereinten Nationen (UN-Menschenrechtscharta)

1949 Grundrechte im Grundgesetz der Bundesrepublik Deutschland verankert

1950 Europäische Menschenrechtskonvention

M 2

Aus der „Allgemeinen Erklärung der Menschenrechte“ (1948):

Artikel 9 Niemand darf willkürlich festgenommen, in Haft gehalten oder des Landes verwiesen werden.

Artikel 11 Jeder, der einer strafbaren Handlung beschuldigt wird, hat das Recht, als unschuldig zu gelten, solange seine Schuld nicht in einem öffentlichen Verfahren ... nachgewiesen ist.

Artikel 12 Niemand darf willkürlichen Eingriffen in sein Privatleben, seine Familie, seine Wohnung und seinen Schriftverkehr oder Beeinträchtigungen seiner Ehre und seines Rufes ausgesetzt werden. Jeder hat Anspruch auf rechtlichen Schutz gegen solche Eingriffe oder Beeinträchtigungen.

Artikel 23 Jeder hat das Recht auf Arbeit, auf freie Berufswahl, auf gerechte und befriedigende Arbeitsbedingungen sowie auf Schutz vor Arbeitslosigkeit.

Artikel 24 Jeder hat das Recht auf Erholung und Freizeit und insbesondere auf eine vernünftige Begrenzung der Arbeitszeit und regelmäßigen bezahlten Urlaub.

Artikel 26 Jeder hat ein Recht auf Bildung ...

Zit. nach https://www.auswaertiges-amt.de/blob/209898/beeab63c2704f684c606a65589cf236c/allgerklaerung-menschenrechte-data.pdf (Stand: 02. 03. 2020).

M 3

Grundrechte, Menschenrechte, Bürgerrechte:

Grundrechte leiten sich von den Menschenrechten ab, der Inhalt ist oft gleich. Menschenrechte sind dem Staat vorgegeben und müssen von ihm anerkannt und geschätzt werden. In Deutschland garantieren das die Grundrechte, die im Grundgesetz aufgeschrieben sind. Jeder Bürger kann eine Verfassungsbeschwerde beim Bundesverfassungsgericht einreichen, wenn er sich in seinen Grundrechten verletzt sieht. Einige Grundrechte gelten nur für Menschen mit deutscher Staatsangehörigkeit. Diese nennt man auch Bürgerrechte[1].

Zit. nach www.bpb.de/lernen/formate/242830/gut-zu-wissen?show=image&k=0 (Stand: 02. 11. 2020).

[1] *Bei Bürgerrechten lautet die Formulierung im Grundgesetz „alle Deutschen“; bei den Grundrechten „alle“; z. B. Wahlrecht, Versammlungsfreiheit*

1 Partnerarbeit:

a) Ordnet den Menschenrechten (M2) das passende Bild in der Grafik M1 zu.

b) Findet heraus, welche Darstellung sich auf Artikel 1 bezieht: „Alle Menschen sind frei und gleich an Würde und Rechten geboren.“

2 Wiederhole die GD in der Zeitleiste zu Deutschland und zeige auf, in welcher Zeit die Grundrechte nicht galten.

3 Welchen Stellenwert haben Menschenrechte heute? Finde erste Antworten und berücksichtige M3.

In diesem Kapitel übst du folgende Kompetenzen:

- Du erkennst Grund- und Menschenrechte als bedeutende Errungenschaft und schätzt sie als grundlegende Werte in unserer Gesellschaft.
- Du charakterisierst die Stellung des Einzelnen in der Ständegesellschaft hinsichtlich zentraler Merkmale.
- Du untersuchst Ausschnitte der amerikanischen Unabhängigkeitserklärung sowie der französischen „Erklärung der Menschen- und Bürgerrechte“ von 1789 und arbeitest den Einfluss des Gedankenguts der Aufklärung heraus.
- Du bewertest anhand von Quellenausschnitten die Grund- und Menschenrechte in Deutschland seit 1871 und präsentierst deine Ergebnisse in einer Argumentation.
- Du erkennst die Bedeutung der UN-Menschenrechtscharta sowie der Europäischen Menschenrechtskonvention und diskutierst die Probleme der Durchsetzung an einem aktuellen Beispiel.

L Die Ständeordnung: Gleiches Recht für alle?

Bis in die Frühe Neuzeit galt eine angeblich von Gott so gewollte Einteilung der Gesellschaft in drei Stände, denen verschiedene Aufgaben zugeordnet wurden.

- ***Was bedeutet die Ständeordnung für die Stellung des Einzelnen? Galten für ihn bereits Menschenrechte wie eine freie Berufswahl? Bereitet in Partnerarbeit einen Kurzvortrag vor, der auch die Frage in der Überschrift beantwortet.***

M 1

Die drei Stände, Holzschnitt von Johannes Lichtenberger, 1488. Die Beschriftung lautet: Tu supplex ora – du bete demütig! Tu protege – du beschütze! Tuque labora – Und du arbeite!

Das Individuum innerhalb der Ständeordnung

An der Spitze des Staates stand der Monarch, dessen Herrschaft ebenfalls als von Gott gegeben betrachtet und daher nicht angezweifelt wurde. Durch die Einteilung der mittelalterlichen und frühneuzeitlichen Gesellschaft Europas in drei Stände, Klerus, Adel sowie Bauern und Bürger, war bereits von Geburt an die Rechtesituation festgelegt. Der Einzelne hatte wenige Möglichkeiten, sein Leben nach seinen Vorstellungen zu gestalten. Der erste und zweite Stand waren zahlenmäßig deutlich kleiner als der dritte, sie besaßen jedoch viel mehr Einfluss und Vorrechte. Aber auch die Adligen waren von der Gunst eines Fürsten oder Königs abhängig. In sich waren die Stände jedoch sehr uneinheitlich: Es war ein Unterschied, ob man als abhängiger oder freier Bauer, als kleiner Landadliger oder Fürstensohn geboren wurde oder aber als Bürger in einer Stadt wohnte. Beim Klerus bestanden Aufstiegsmöglichkeiten durch Bildung und kirchliche Ämter.

„Standeslose" waren Menschen, die keinem Stand zugeordnet wurden und rechtlos waren. Zu diesen zählten beispielsweise Tagelöhner, Bettler und Henker.

M 2

Mittelalterliche Städte und ihre Bewohner:

Die Bewohner einer mittelalterlichen Stadt lassen sich grob in Bürger und Nichtbürger einteilen. Die Bürger konnten die Freiheiten der Stadt genießen und waren z. B. von der Heerfahrt[1] befreit. Neben vielen Rechten hatten sie auch Pflichten zu erfüllen. So war z. B. die Wehrpflicht eine allgemeine Bürgerpflicht. Im Kriegsfalle mussten sie die Stadt mit den eigenen Waffen verteidigen und in Friedenszeiten an der Stadtbefestigung mithelfen. Auch Steuern hatten sie zu zahlen und eventuelle Schulden der Stadt mit abzutragen.

Um Bürger zu werden, hatte man einen Bürgereid abzulegen, der zu bestimmten Zeiten wiederholt werden musste, und seit der zweiten Hälfte des 12. Jhs. eine Gebühr zu zahlen. Im Laufe der Zeit kamen jedoch weitere Bedingungen hinzu. So musste man schließlich von ehelicher Geburt sein, Haus- oder Grundbesitz oder ein Mindestvermögen vorweisen oder selbständig ein Handwerk ausüben können ... In manchen Städten konnten auch die Frauen das Bürgerrecht erwerben, besaßen dann jedoch trotzdem keine politischen Rechte.

Neben den Bürgern ... gab es noch die Nichtbürger ... Diese waren nicht vermögend genug, um das Bürgerrecht erwerben zu können. Trotz alledem waren sie steuer-, wehr- und gerichtspflichtig .... Als Nichtbürger hatte man es schwer, städtischen Grundbesitz zu kaufen oder in einer Gilde oder in einer Zunft Aufnahme zu finden. Ebenso wenig konnte man politische Rechte erlangen. [Man] konnte die einzelnen Stadtbewohner entweder der Ober-, der Mittel-, der Unterschicht oder der Randgruppe zuordnen.

*Zit. nach http://www.kleio.org/de/geschichte/mittelalter/alltag/kap_vii2/ (Stand: 02.11.2020).***

1 *mussten nicht in einen Krieg ziehen*

M 3

Die bayerische Gesellschaft im Absolutismus

Aus einem Beitrag des Bayerischen Rundfunks:

Um 1650 zählte das Land [Bayern] nicht ganz eine Million Einwohner. Mit etwa 500 Familien machte der Adel den geringsten Bevölkerungsanteil aus, besaß aber 25 Prozent des bewirtschafteten Bodens.

Wer ... zu den alteingesessenen, mit allen Rechten ... ausgestatteten Familien gehörte, genoss eine Reihe wichtiger Privilegien, darunter das Recht auf die Ausübung der niederen Gerichtsbarkeit[1] und weitgehende Abgabenfreiheit.

Der zweite große Herrschaftsträger im Land waren die Prälatenklöster. 1648 besaß der Prälatenstand (Bischöfe, Äbte) rund 50 Prozent der bayerischen Bauerngüter ... Die Klöster waren eigenständige Herrschaften. Sie übten grundherrliche Rechte aus, verfügten über eine eigene Gerichtsbarkeit und finanzierten sich, wie der Adel, durch die Erträge ihrer vielen Grundherrschaften. Ein wesentlicher Einkommensfaktor waren bäuerliche Pflichtabgaben ... Darüber hatten die Prälaten, auch hierin dem Adel gleichgestellt, Anspruch auf körperliche Dienstleistungen (Hand-, Spanndienste ...) ihrer abhängigen Bauern und Dörfer ...

Der überwiegende Teil der bayerischen Bevölkerung waren Bauern. Nur die wenigsten der 115 000 bäuerlichen Familien, etwa 4 Prozent, bewirtschafteten eigenes Land. Rund 96 Prozent war in vielfacher Weise rechtlich, finanziell und existenziell von einem Grundherrn (Kurfürst, Adel, Kirche) abhängig. Wer nicht auf eigener Scholle[2] saß, musste unterschiedlichste Abgaben an einen Grundherrn entrichten, die bis zu vier Fünftel der Arbeitsträge betragen konnten ...

Über diese materielle Abhängigkeit hinaus hatten manche Bauern zudem einen Leibherrn, der weitreichende Rechte über ihr Leben, ihren Aufenthaltsort sowie ihre Eheschließung geltend machte ... Das System der Leibhörigkeit bestand bis zur Bauernbefreiung im 19. Jahrhundert.

*Zit. nach https://www.br.de/alphalernen/faecher/-geschichte/absolutismus-leben-buerger-100.html (Stand: 17. 06. 2021).***

[1] *geringe Strafen, Verurteilung durch den Grundherrn oder dessen Beamte*

[2] *Boden*

M 4

Der unterdrückte Dritte Stand, französische Karikatur von 1789. Untertitel: „Es darf gehofft werden, dass das Spiel bald vorbei ist." Hacke: „von Tränen benetzt"; Zettel in der Hosentasche des Bauern: „Zehnt", „Salz- und Tabaksteuern"; „Fron- und Militärdienst"; Zettel in der Hosentasche des Abbe: „Bischof, Abt, Herzog, Graf, Unterhalt, Großspurigkeit".
Dem dritten Stand war es verboten zu jagen, außerdem fraßen die Hasen und die Rebhühner die Saat auf.

Partnerarbeit:

Bereitet ein Kurzreferat über die Rolle des Individuums in der Ständegesellschaft vor. Zeigt auf, ob Menschenrechte (siehe S. 101) zum Tragen kamen. Beantwortet die Frage in der Überschrift. Hilfreich dazu sind für die Erarbeitung folgende Arbeitsaufträge:

1. Nennt die zentralen Merkmale jedes Standes (M1, DT). Erklärt, wie diese Ordnung begründet wurde. Wiederholt den GB „Stände".
2. Wiederholt den GB „Bürger". Begründet anhand von M2, inwiefern der einzelne Stadtbewohner in seiner Lebensführung und der freien Wahl seines Berufes eingeschränkt wurde.
3. Vergleicht M2 mit M3. Entspricht das Leben in Bayern um 1650 dem in einer klassischen Ständegesellschaft? Hilfreich sind dabei auch die GB „Grundherrschaft" und „Lehnswesen" sowie die Arbeitsschritte auf S. 188.
4. Wiederholt die GB „Absolutismus", „Adel" und „Monarchie". Interpretiert anschließend die Karikatur M4. Geht dabei vor allem darauf ein, inwiefern die Ungleichheit der Individuen zu Ungerechtigkeiten führt.

L Woher stammt die Idee von den Menschenrechten?

„Alle Menschen sind gleich." Untersuche am Beispiel der amerikanischen Unabhängigkeitserklärung von 1776 und der französischen „Erklärung der Menschen- und Bürgerrechte" von 1789, wie dieser Satz erstmalig Gesetz wurde und woher diese Gedanken ursprünglich stammen. Halte deine Ergebnisse in einem Lernplakat fest.

Die Unabhängigkeitserklärung der USA

Noch heute gilt der 4. Juli in den USA als ein besonders wichtiger Feiertag. Alljährlich finden landesweit große Paraden und Feuerwerke statt. Die Feiern erinnern an den 4. Juli 1776, den Tag, an dem der Kongress der Vereinigten Staaten die Unabhängigkeitserklärung und damit die Loslösung der 13 Kolonien Nordamerikas von Großbritannien verabschiedet hatte. Der Text der Erklärung stammt in großen Teilen von dem Rechtsanwalt Thomas Jefferson (1743–1826), der später der dritte amerikanische Präsident werden sollte. Darin wurde dargelegt, warum die amerikanischen Kolonien nicht mehr Teil des „British Empire" sein sollten. Jefferson berief sich bei seinen Ausführungen zum Widerstand insbesondere auf Forderungen des Aufklärers John Locke. In diesem Dokument wurden aber auch erstmalig – basierend auf den Ideen der Aufklärer – Menschenrechte festgelegt, die bis heute noch ihre Gültigkeit haben. Allerdings bezog sich das Wort „Menschen" (engl.: all men are equal; frz. hommes) nur auf Männer. Die Sklaverei dauerte in den USA weiter an, viele Indigene waren vertrieben worden und Frauen hatten kein Wahlrecht.
In die 1789 während der Französischen Revolution entstandene „Erklärung der Menschen- und Bürgerrechte" flossen viele dieser Vorstellungen über die Rechte des Menschen ein. Thomas Jefferson hat beratend bei ihrer Entstehung mitgewirkt.

Grundlegendes Datum

1776 Amerikanische Unabhängigkeitserklärung:
Mit der am 4. Juli 1776 verabschiedeten „Declaration of Independence" erklärten die britischen Kolonien in Nordamerika ihre Loslösung von Großbritannien und beanspruchten das Recht zur Bildung eines eigenständigen Staatenbunds. Die Erklärung gilt als Geburtsstunde der Vereinigten Staaten von Amerika.

M 1

Auszug aus der „Declaration of Independence" vom 4. Juli 1776

Eine Erklärung der im Allgemeinen Kongress versammelten Bevollmächtigten der Vereinigten Staaten von Amerika:

Wenn es im Laufe der geschichtlichen Ereignisse für ein Volk notwendig wird, die politischen Bande zu lösen, die es mit einem anderen verknüpft hat, ... so gehört es sich, der Welt die Gründe anzugeben, die es zur Trennung zwingen.
Wir halten diese Wahrheiten für in sich einleuchtend: dass alle Menschen gleich geschaffen sind und dass sie von ihrem Schöpfer mit angeborenen und unveräußerlichen[1] Rechten ausgestattet sind. Dazu gehören Leben, Freiheit und das Streben nach Glück. Zur Sicherung dieser Rechte setzen die Menschen Regierungen ein, deren gerechte Vollmachten von der Zustimmung der Regierten abhängen. Wenn eine Regierungsform diese Rechte nicht garantieren kann, hat das Volk das Recht, eine andere Regierung zu wählen, die diese Grundsätze beachtet, um Sicherheit und Glück zu gewährleisten ... Das Volk hat das Recht und die Pflicht, eine despotische[2] Herrschaft abzuschütteln. Die Kolonien haben geduldig gelitten und sehen es jetzt als Notwendigkeit an, ihr früheres Regierungssystem zu beseitigen, wegen des unablässigen Unrechts und ständiger Übergriffe des englischen Königs, die alle auf die Errichtung einer absoluten Tyrannei über diese Staaten abzielen.
Wir, die Vertreter der Vereinigten Staaten von Amerika, rufen deshalb den höchsten Richter der Welt zum Zeugen für die Rechtmäßigkeit unserer Absichten an ... und erklären, dass diese Vereinigten Kolonien rechtlich freie und unabhängige Staaten sind, völlig losgelöst vom Staate Großbritannien.

*Henry Steele Commager, Documents of American History, zit. nach Geschichte in Quellen, Bd. 4, hg. v. Wolfgang Lautemann, München (bsv) 1981, S. 90f. Übers. v. Felix Salomon.***

[1] *Niemand darf den Menschen die Grundrechte wegnehmen.*
[2] *rücksichtslos, tyrannisch*

M 2

Auszug aus der „Erklärung der Menschen- und Bürgerrechte" vom 26. August 1789:

Präambel (Einleitung): In der Überzeugung, dass die Unkenntnis das Vergessen oder Verachten der Menschenrechte die alleinigen Ursachen der öffentlichen Missstände und der Verderbtheit der Regierungen sind, haben die in der Nationalversammlung vereinigten Vertreter des französischen Volkes beschlossen, in einer feierlichen Erklärung, die natürlichen, unveräußerlichen und geheiligten Menschenrechte darzulegen.

Art. 1: Die Menschen sind und bleiben von Geburt an frei und gleich an Rechten ...

Art. 2: Das Ziel einer jeden politischen Vereinigung besteht in der Erhaltung der natürlichen und unantastbaren Menschenrechte. Diese Rechte sind Freiheit, Eigentum, Sicherheit und Widerstand gegen Unterdrückung.

Art. 3: Die Nation bildet den hauptsächlichen Ursprung jeder Souveränität ...

Art. 4: Die Freiheit besteht darin, alles tun zu können, was dem anderen nicht schadet ...

Art. 6: Das Gesetz ist der Ausdruck des allgemeinen Willens. Alle Bürger sind berechtigt, persönlich oder durch ihre Vertreter an seiner Gestaltung mitzuwirken. Ob es schützt oder straft, es muss für alle gleich sein ...

Art. 7: Kein Mensch kann anders als in den gesetzlich ... verfügten Fällen und vorgeschriebenen Formen angeklagt, verhaftet und gefangen genommen werden ...

Art. 10: Niemand darf wegen seiner Meinung, selbst religiöser Art, belangt werden ...

Art. 11: Die freie Mitteilung der Gedanken und Ansichten ist eines der kostbarsten Menschenrechte, jeder Bürger darf daher frei schreiben, reden und drucken ...

Zit. nach Geschichte in Quellen, Bd. 4, hg. v. Wolfgang Lautemann u. a., München (bsv) 1981, S. 199ff. Bearb. v. Verf.

M 3

Der englische Philosoph John Locke (1632–1704) über die Regierung:

Folgende Grenzen muss die Regierung eines Landes beachten, die durch das Gesetz Gottes und die Natur vorgegeben sind: Erstens muss nach öffentlich bekannt gemachten und festen Regeln regiert werden, die für Arme und Reiche gleich sind.

Zweitens sollen diese Gesetze nur dem Wohle des Volkes dienen.

Drittens dürfen ohne Zustimmung des Volkes und seiner Vertreter keine neuen Steuern erhoben werden.

Zit. nach John Locke, Zwei Abhandlungen über die Regierung, Halle (Max Niemeyer) 1906, S. 182. Übers. von Hilmar Wilmanns.

Erstelle ein Lernplakat mit der Überschrift: „Was haben die Ideen der Aufklärer mit der gesetzlichen Festlegung von Menschenrechten zu tun?" Nutze dazu die Ergebnisse aus folgenden Arbeitsaufträgen. Beziehe die GB „Aufklärung", „Monarchie" „Verfassung" und „Parlament" sowie die GD zu 1776 und 1789 mit ein.

1 **a)** Analysiere M1 mithilfe der Arbeitsschritte auf S. 188.
b) Benenne die Ziele, die in der amerikanischen Unabhängigkeitserklärung angestrebt wurden.
c) Überprüfe, ob diese Ziele in der französischen „Erklärung der Menschen- und Bürgerrechte" (M2) enthalten sind.
d) „Die Menschen sind gleich an Rechten." Lege dar, ob dieser Satz damals wirklich für alle Menschen in den USA und in Frankreich galt (DT).

2 **a)** Erschließe aus M3 drei Regeln, die vor dem Hintergrund der Aufklärung formuliert wurden.
b) Überprüfe, ob sich diese Regeln in M1 und M2 wiederfinden.

3 Diskutiert abschließend in der Klasse, ob man in Frankreich mit der Menschenrechtserklärung von einem Ende der Ständegesellschaft sprechen kann.

4 **Zusatzaufgabe:** Die amerikanische Verfassung wird eingeleitet und ergänzt durch die „Bill of Rights" (1791). Die zehn Zusatzartikel enthalten die wesentlichen Grundrechte. Recherchiere und vergleiche die Inhalte mit denen von M2.

Grund- und Menschenrechte in Deutschland von 1871 bis heute

Erarbeitet in Kleingruppen, welche Bedeutung die Grundrechte während des Deutschen Kaiserreichs und zur Zeit der Weimarer Republik (A) oder während der Zeit des Nationalsozialismus und in der Bundesrepublik ab 1949 (B) hatten. Präsentiert eure Ergebnisse, indem ihr den Stellenwert dieser Rechte in dem jeweiligen Zeitraum begründet. Tauscht eure Ergebnisse aus.

A Das Deutsche Kaiserreich 1871

M 1

Gesetz gegen die gemeingefährlichen Bestrebungen der Sozialdemokratie.

Vom 21. Oktober 1878:

§1,1: Vereine, welche durch sozialdemokratische, sozialistische und kommunistische Bestrebungen den Umsturz der bestehenden Staats- oder Gesellschaftsordnung bezwecken, sind zu verbieten.

*Zit. nach /www.documentarchiv.de/ksr/soz_ges.html (Stand 13. 08. 2020).***

1871 entstand mit der Reichsgründung „von oben" eine konstitutionelle Monarchie. Die Besetzung des Reichstages erfolgte aufgrund eines allgemeinen, unmittelbaren und geheimen Wahlrechts für Männer ab 25 Jahren. Grundrechte waren nur in den Verfassungen der Länder, nicht aber in der Reichsverfassung verankert. Sie garantierte allerdings staatsbürgerliche Rechte, wie Eigentumsrecht, Schutz der Persönlichkeit und Gleichheit vor dem Gesetz. So durfte der Bürger eines Einzelstaates sich auch in einem anderen Land innerhalb des Deutschen Kaiserreichs niederlassen und musste dort als Inländer behandelt werden. Auch sah das Gesetz den Schutz seiner Bürger im Ausland vor.

In den folgenden Jahren wurden weitere Grundrechte nicht über die Verfassung, sondern über die Reichsgesetzgebung verankert, beispielsweise das Vereinsrecht 1908, das im ganzen Kaiserreich Gültigkeit hatte. Es erlaubte u. a. die Gründung von Vereinen und das Abhalten von öffentlichen Versammlungen, setzte aber stets die Zustimmung der Polizeibehörde voraus. Daher wurde im Reichstag immer wieder eine Nachbesserung dieses Gesetzes verlangt.

1871 wurde die seit Beginn der Aufklärung geforderte Gleichberechtigung des jüdischen Bevölkerungsteils Reichsgesetz. Sie basierte auf dem am 3. Juli 1869 wirksam gewordenen Gesetz des Norddeutschen Bundes. Viele jüdische Deutsche aus Wirtschaft, Politik und Kunst genossen im Deutschen Kaiserreich hohes Ansehen. Aber antisemitische Propaganda, auch ausgehend von einzelnen Parteien und Verbänden, versuchte eine soziale Eingliederung zu verhindern.

M 2

Ein Schritt zur Gleichberechtigung:

Als 1908 das Reichsvereinsgesetz in Kraft trat, war das ein bedeutender Schritt für die staatsbürgerliche Gleichberechtigung der Frau. Der beharrliche Kampf bürgerlicher und proletarischer Frauen hatte diesen Wandel herbeigeführt ... 1908 konnten Frauen in ganz Deutschland politischen Vereinen oder Parteien beitreten und auch das Wort ergreifen.

*Zit. nach www.deutschlandfunkkultur.de/ein-schritt-zur-gleichberechtigung.932.de.html?dram:article_id=130073 (Stand: 13. 08. 2020).***

M 3

Gesetz über die Gleichberechtigung der Konfessionen vom 3. Juli 1869/1871[1]:

Alle noch bestehenden, aus der Verschiedenheit des religiösen Bekenntnisses hergeleiteten Beschränkungen der bürgerlichen und staatsbürgerlichen Rechte werden hierdurch aufgehoben. Insbesondere soll die Befähigung zur Teilnahme an der Gemeinde- und Landesvertretung und zur Bekleidung öffentlicher Aemter vom religiösen Bekenntniß unabgängig sein.

Zit. nach http://ghdi.ghi-dc.org/sub_image.cfm?-image_id=1349&language=german (Stand: 06. 11. 2020).

[1] *1869: bezogen nur auf Gebiet des Norddeutschen Bundes, 1871 im Deutsches Kaiserreich geltend*

Die Weimarer Republik 1918–1933

M 4

Auszüge aus der Weimarer Reichsverfassung (WRV) 1919

a) *Im ersten Teil der Weimarer Reichsverfassung mit dem Titel „Aufbau und Aufgaben des Reichs" findet sich auch der folgende Paragraf:*

Art. 48 Abs. 2 Der Reichspräsident kann, wenn im Deutschen Reiche die öffentliche Sicherheit und Ordnung erheblich gestört oder gefährdet wird, die zur Wiederherstellung der öffentlichen Sicherheit und Ordnung nötigen Maßnahmen treffen, erforderlichenfalls mit Hilfe der bewaffneten Macht einschreiten. Zu diesem Zwecke darf er vorübergehend die in den Artikeln 114, 115, 117, 118, 123, 124 und 153 festgesetzten Grundrechte ganz oder zum Teil außer Kraft setzen.

b) *Im zweiten Hauptteil der Weimarer Reichsverfassung sind die „Grundrechte und Grundpflichten der Deutschen" niedergelegt:*

Art. 109 Alle Deutschen sind vor dem Gesetze gleich ...

Art. 113 Die fremdsprachigen Volksteile des Reichs dürfen ... nicht ... im Gebrauch ihrer Muttersprache ... beeinträchtigt werden.

Art. 114 Die Freiheit der Person ist unverletzlich ...

Art 115 Die Wohnung jedes Deutschen ist ... unverletzlich.

Art. 118 Jeder Deutsche hat das Recht, ... seine Meinung ... frei zu äußern ...

Art. 123 Alle Deutschen haben das Recht, sich ohne Anmeldung oder besondere Erlaubnis zu versammeln.

Art. 136 Der Genuss bürgerlicher und staatsbürgerlicher Rechte sowie die Zulassung zu öffentlichen Ämtern sind unabhängig vom religiösen Bekenntnis.

Art. 153 Das Eigentum wird von der Verfassung gewährleistet.

*Zit. nach www.documentarchiv.de/ wr/wrv.html (Stand: 14. 05. 2020).**

Was den Demokraten 1848/49 nicht gelang, konnte ab 9. November 1918 durchgesetzt werden, als Philipp Scheidemann vom Balkon des Berliner Reichstages die Republik verkündete (siehe S. 15). Mit der Weimarer Reichsverfassung (WRV) vom August 1919 trat die erste demokratische Verfassung der Deutschen tatsächlich in Kraft. Starker Mann war – laut Verfassung – der Reichspräsident, der aufgrund seiner Rechte auch als „Ersatzkaiser" angesehen wurde (siehe S. 21). Damals gehörte die Weimarer Reichsverfassung zu den modernsten Verfassungen der Welt, insbesondere, weil sie einen Katalog von Grundrechten enthielt. In der Spätphase der Republik wurde der Artikel 48 der WRV mehrfach angewandt und so wurden viele Artikel außer Kraft gesetzt (siehe S. 36).

M 5

Wahllokal in Berlin, Foto, 19. Januar 1919

1. Bewerte den Stellenwert der Grundrechte im Deutschen Kaiserreich mithilfe der Quellen M1–M3. Beziehe den DT, die GB „Deutsches Kaiserreich", „Verfassung" sowie den Begriff „Obrigkeitsstaat" mit ein.
   Tipp: Finde heraus, ob der „Obrigkeitsstaat" den Bürgern Grundrechte zugestanden hat. Galten sie für alle Bürger? Sind Veränderungen erkennbar?
2. Liste einige Grundrechte auf, die die WVR garantierte (M4b, M5 und GB „Weimarer Reichsverfassung").
3. Begründe die Aussage: „Die Grundrechte blieben ungeschützt" (M4a).
4. Halte Veränderungen fest, die sich in Bezug auf die gesetzliche Verankerung der Grundrechte in der Weimarer Republik im Vergleich zum Deutschen Kaiserreich ergeben haben. Sind Verbesserungen erkennbar bzw. wurden den Bürgerinnen und Bürgern mehr Rechte zugestanden?
5. Bewerte, ob es sich bei der Weimarer Republik um einen liberalen Staat handelte. Beziehe M4 sowie die GB „Liberalismus" und „Demokratie" mit ein.

B Zeit des Nationalsozialismus 1933–1945

M 6

„Nürnberger Gesetze“ (1935)

Im September 1935 wurde neben dem „Reichsbürgergesetz“, das die Juden zu Bürgern zweiter Klasse machte, das „Gesetz zum Schutz des deutschen Blutes und der deutschen Ehre“ erlassen (siehe S. 69):

Durchdrungen von der Erkenntnis, dass die Reinheit des deutschen Blutes die Voraussetzung für den Fortbestand des deutschen Volkes ist, und beseelt von dem unbeugsamen Willen, die deutsche Nation für alle Zukunft zu sichern, hat der Reichstag einstimmig das folgende Gesetz beschlossen, das hiermit verkündet wird:

§ 1 (1) Eheschließungen zwischen Juden und Staatsangehörigen deutschen und artverwandten Blutes sind verboten. Trotzdem geschlossene Ehen sind nichtig, auch wenn sie zur Umgehung dieses Gesetzes im Ausland geschlossen sind …

§ 2 Außerehelicher Verkehr zwischen Juden und Staatsangehörigen deutschen oder artverwandten Blutes ist verboten.

§ 3 Juden dürfen weibliche Staatsangehörige deutschen oder artverwandten Blutes unter 45 Jahren nicht in ihrem Haushalt beschäftigen.

§ 4 (1) Juden ist das Hissen der Reichs- und Nationalflagge und das Zeigen der Reichsfarben verboten …

§ 5 (1) Wer dem Verbot des § 1 zuwiderhandelt, wird mit Zuchthaus bestraft.

(2) Der Mann, der dem Verbot des § 2 zuwiderhandelt, wird mit Gefängnis oder Zuchthaus bestraft.

(3) Wer den Bestimmungen der § 3 oder § 4 zuwiderhandelt, wird mit Gefängnis bis zu einem Jahr und mit Geldstrafe oder mit einer dieser Strafen bestraft.

*Zit. nach www.1000dokumente.de/index.-html?c=dokument_de&dokument=0007_nue&object=translation&l=de (Stand: 09. 11. 2020).**

M 7

Ortsschild, Foto, um 1935

M 8

Propagandaplakat, um 1937

Bundesrepublik Deutschland 1949: Grundgesetz

M 9

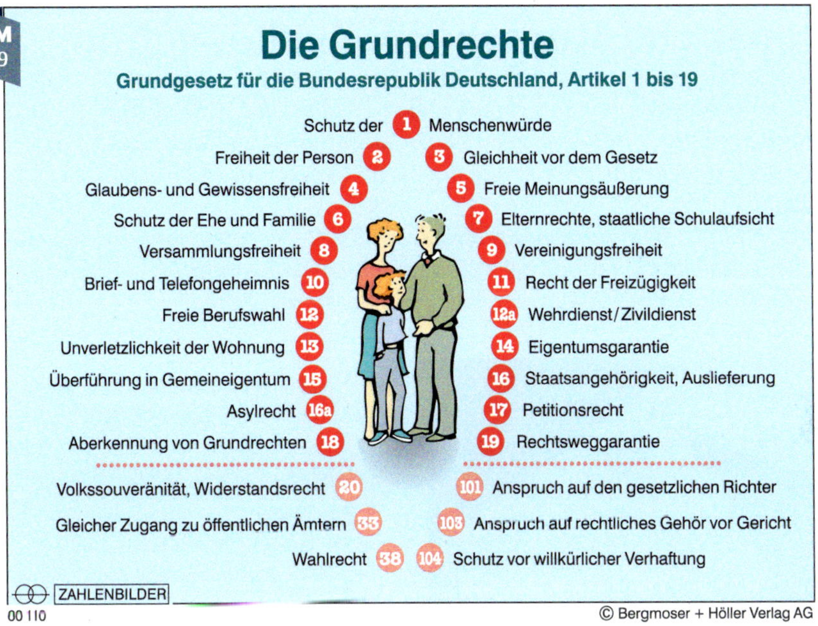

M 10

Aus dem Grundgesetz, der Verfassung der Bundesrepublik Deutschland, 1949:

Art. 1

Die Würde des Menschen ist unantastbar. Sie zu achten und zu schützen ist Verpflichtung aller staatlichen Gewalt.

Art. 20

(1) Die Bundesrepublik Deutschland ist ein demokratischer und sozialer Bundesstaat.

(2) Alle Staatsgewalt geht vom Volke aus. Sie wird vom Volke in Wahlen und Abstimmungen und durch besondere Organe der Gesetzgebung, der vollziehenden Gewalt und der Rechtsprechung ausgeübt.

(4) Gegen jeden, der es unternimmt, diese Ordnung zu beseitigen, haben alle Deutschen das Recht zum Widerstand, wenn andere Abhilfe nicht möglich ist.

Art. 79

(3) Eine Änderung dieses Grundgesetzes, durch welche die Gliederung des Bundes in Länder, die grundsätzliche Mitwirkung der Länder bei der Gesetzgebung oder die in den Artikeln 1 und 20 niedergelegten Grundsätze berührt werden, ist unzulässig.

*Zit. nach www.bundestag.de/grundgesetz#url=L3Bhcm xhbWVudC9ncnVuZGdlc2VoeignZy1zZXJpZSowMi1ncn VuZHJlY2hoZSo2MzQ1NDY= (Stand: 13. 11. 2020).**

1 Zeige auf, inwieweit sich in den „Nürnberger Gesetzen“ (M6) die Rassenideologie und die Diktatur ergänzten. Lies nach auf S. 69 und wiederhole den GB „Nürnberger Gesetze“.

2 Überprüfe anhand der „Verordnung zum Schutz von Volk und Staat“ („Reichstagsbrandverordnung“, siehe S. 56) und dem „Ermächtigungsgesetz“ (siehe S. 58), inwiefern die in der WRV genannten Rechte auch in der Realität eingeschränkt wurden (M7, M8). Beziehe Art. 48 Abs. 2 der Weimarer Reichsverfassung mit ein (siehe S. 107 M4).

3 Suche zu fünf in den in M9 aufgelisteten Grundrechten die passende Stelle im Grundgesetz und gib sie mit eigenen Worten wieder (Internet).

4 Begründe, warum Art. 79 (M10) so wichtig ist.
Tipp: Vergleiche mit Art. 48 der Weimarer Reichsverfassung und dessen Wirkung.

Präsentation und Diskussion

Erklärt den Stellenwert, den Grund- und Menschenrechte in dem von euch bearbeiteten Zeitraum hatten und vergleicht eure Ergebnisse.
Stellt Errungenschaften und Mängel fest. Geht dabei auch auf Art. 48 der Weimarer Reichsverfassung und Art. 79 des Grundgesetzes ein.
Diskutiert abschließend, welchen Stellenwert Grundrechte in eurem Leben haben.

Die UN-Menschenrechtscharta und die Europäische Menschenrechtskonvention

Auch heute noch werden Menschenrechte in vielen Ländern der Welt nicht oder nur teilweise geachtet. Daher setzen sich Organisationen weltweit, auf der Grundlage der „Allgemeinen Erklärung der Menschenrechte", für deren Einhaltung ein.

- *Welche Zielsetzungen enthält diese Erklärung?*
- *Welche Bedeutung hat die Europäische Menschenrechtskonvention?*
- *Gelingt es der UN und ihren Behörden, ihre Ziele zu verwirklichen?*

M 1

Eleanor Roosevelt, Ehefrau des US-Präsidenten Franklin D. Roosevelt, US-amerikanische Menschenrechtsaktivistin, mit einem Ausdruck der englischen Sprachversion der „Allgemeinen Erklärung der Menschenrechte" (AEMR) im November 1949

Die „Allgemeine Erklärung der Menschenrechte"

Infolge der beiden Weltkriege, in denen die Nichtanerkennung und Verachtung von Menschenrechten zu „Akten der Barbarei" (aus der Präambel der „Allgemeinen Erklärung der Menschenrechte") führten, wurden 1945 zur Sicherung des Friedens die Vereinten Nationen (UN) gegründet. Drei Jahre später, 1948, unterzeichneten die damals 58 Mitgliedsstaaten die 30 Artikel der „Allgemeinen Erklärung der Menschenrechte". Die UN-Menschenrechtscharta nimmt viele Formulierungen früherer Menschenrechtserklärungen auf. Sie gilt zwar lediglich als eine Beschlussfassung, weil sich die Mitglieder nicht auf eine für alle Länder gültige gesetzliche Regelung einigen konnten, aber ihre Bedeutung wird dadurch nicht geringer, ihre Auswirkungen sind heute noch immer deutlich zu erkennen.

Eine große Anzahl von globalen und regionalen Konventionen (Abkommen) und völkerrechtlichen Verträgen beruft sich auf diese Erklärung. Viele Verfassungen, u. a. auch das Grundgesetz der Bundesrepublik Deutschland wie auch die Europäische Menschenrechtskonvention, gehen auf sie zurück. Der Menschenrechtskatalog der Vereinten Nationen wurde im Laufe der Zeit zunehmend erweitert, u. a. um die Rechte von Frauen, Kindern und Behinderten sowie Minderheiten zu schützen. Diese Ergänzungen nahmen wiederum viele Länder in ihre Gesetzgebung und Verfassung auf.

Der 2006 gegründete UN-Menschenrechtsrat kann die Entsendung von Beobachtern und unabhängigen Experten zur Überwachung der Menschenrechtssituation in einem Mitgliedsstaat beschließen. Die Mitgliedsländer müssen zu den ergriffenen Maßnahmen zum Schutz der Menschenrechte Rückmeldung geben. Nicht alle UN-Mitglieder sind Mitglieder des Menschenrechtsrats. Wegen seiner Zusammensetzung und seines Abstimmungsverhaltens ist er umstritten.

Vor dem Internationalen Gerichtshof werden Konflikte zwischen verschiedenen Staaten verhandelt. Der Internationale Strafgerichtshof, 1998 gegründet, arbeitet auch mit der UN zusammen, ist aber eine unabhängige internationale Organisation mit Sitz in Den Haag/Niederlande. Dieser kann in Fällen schwerster Menschenrechtsverletzungen, bei Völkermord oder Kriegsverbrechen, unabhängig vom Willen einzelner Staaten, über Personen richten.

Europäische Menschenrechtskonvention

1950, nur zwei Jahre nach der Unterzeichnung der AEMR durch die UN-Staaten, beschloss der Europarat* die Europäische Menschenrechtskonvention. Sie wurde 1953 in Kraft gesetzt. Die Konvention gilt als das wichtigste Menschrechtsübereinkommen in Europa und wird ständig erweitert. Der Europäische Gerichtshof für Menschenrechte (EGMR) mit Sitz in Straßburg hat u. a. die Aufgabe, die Achtung der Menschenrechte in den 47 Mitgliedsstaaten des Europarats zu überwachen. Die von ihm gefällten Urteile sind für die jeweiligen Länder bindend.

M 2

1 Wähle eine Aufgabe aus:
Gib die Bedeutung
a) der UN-Menschenrechtscharta (DT sowie S. 100/M1 und S. 101 M2) bzw.
b) der Europäischen Menschenrechtskonvention (M2) mit eigenen Worten wieder.

2 Nenne Behörden, die sich im Auftrag der UN und des Europarats für die Menschenrechte einsetzen. Erkläre ihre Aufgaben (DT und M2).

3 Partnerarbeit: Erarbeitet aus M3,
a) welche Menschenrechte im syrischen Bürgerkrieg verletzt werden,
b) warum es der UN nicht gelingt, Maßnahmen zu treffen, um weitere Menschenrechtsverletzungen zu verhindern und die Schuldigen zu bestrafen.

4 Diskutiert anhand eines aktuellen Beispiels, woran es liegt, dass die Menschenrechte nicht immer eingehalten bzw. durchgesetzt werden:
Liegt es an den Prozessen innerhalb der UN, an den Politikern, die keine Eingriffe in die inneren Probleme ihres Landes dulden?
Wissen die Menschen in diesen Ländern zu wenig über ihre Rechte Bescheid?
Welche weiteren Gründe könnte es geben?
Recherchiert über die Arbeit von Menschenrechtsorganisationen. Sie weisen oft in ihren Berichten darauf hin, welche Herausforderungen sie zu bewältigen haben.

5 Entwickelt Vorschläge, wie man gezielter erreichen könnte, dass die Menschenrechte geachtet werden.
Tipp: Möglich wären Recherchen u. a. zu Themen wie Kinderarbeit, Ausgrenzung von Minderheiten, Bestrafung von Oppositionellen mit Folter und Gefängnis, Todesstrafe.

M 3

Dokumentation der Hilflosigkeit

Aus einem Zeitungsbericht über den Krieg in Syrien (22. Dezember 2016):

Die UN will Beweise für Kriegsverbrechen in Syrien sammeln. Trotzdem muss sie erkennen: Es gibt keinen Hebel gegen die Gräueltaten.
Im syrischen Bürgerkrieg gibt es keinen Mangel an Gräueltaten. Die Angriffe mit den geächteten chemischen Waffen, die Hungerbelagerung von Dörfern ..., die Folterkerker des Regimes, der Luftangriff auf den UN-Hilfskonvoi, das Bombardement von Krankenhäusern und Schulen – die Liste der Verstöße ... ist schier endlos. Kaum ein Krieg der vergangenen Jahrzehnte ist so reich an halbdokumentierten Verbrechen ... Syrien ist ein Ort grausamer Enthemmung und gleichzeitig ein digitales Schlachtfeld. Deswegen finden sich für all diese Vergehen auch Belege ...
Ein eigens eingerichteter UN-Stab wird also systematisch Beweise für diese Verbrechen sammeln und Widersprüche aufzuklären versuchen. Dann aber – und hier beginnt der frustrierende Teil der Entscheidung – folgt daraus erst einmal: nichts. Weder ist Syrien Mitglied jener Staatengruppe, die sich freiwillig der Jurisdiktion[1] des Internationalen Strafgerichtshofs unterworfen hat. Noch wird man die syrischen Kriegsverbrechen per UN-Resolution im Rahmen eines Sondertribunals[2] aufarbeiten können. Russlands und Chinas Veto macht[3] wird das verhindern. Die Staatenmehrheit dokumentiert also einmal mehr ihre Hilflosigkeit – und das fast auf den Tag 75 Jahre nach der Unterzeichnung jener denkwürdigen Washingtoner „Erklärung der Vereinten Nationen", die am Beginn der Gründung der UN stand.

*Zit. nach Stefan Kornelius, Dokumentation der Hilflosigkeit, in: SZ.de vom 22. Dezember 2016.**
*Digital: www.sueddeutsche.de/politik/-kriegsverbrechen-recht-oder-keule-1.3306360 (Stand: 24. 11. 2020).**

[1] *Rechtsprechung*
[2] *Internationaler Strafgerichtshof*
[3] *Die oberste Behörde bei der UN ist der Sicherheitsrat, dessen fünf ständige Mitglieder (Russland, USA, Frankreich, Großbritannien und China) bereits durch ein Veto eine Strafmaßnahme oder generell ein Eingreifen verhindert.*

★ Malala Yousafzai – eine Menschenrechtsaktivistin

M 1

Aus einem Interview mit Malala Yousafzai

Malala (geb. 1997) wächst im pakistanischen Swat-Tal auf, in dem ihr Vater eine Schule gegründet hat. 2007 übernahmen die Taliban, eine islamistische Terrorgruppe, die Herrschaft über Malalas Heimat. Sie berichtet über die Terrorherrschaft, führt ein Online-Tagebuch, tritt im Fernsehen auf, fordert das Recht auf Bildung ein, gibt Interviews und lässt sich nicht einschüchtern:

ZEIT: Malala, die Welt kennt Dich als das Mädchen, dem die Taliban in den Kopf geschossen haben[1]. Wie würdest Du Dich selbst vorstellen?

Malala: Ich bin Malala, ich bin eine Schülerin, und ich kämpfe dafür, dass jedes Kind auf der Welt zur Schule gehen kann und darf.

ZEIT: Glaubst Du denn, dass Kinder die Macht haben, die Welt zu verändern?

Malala: Ganz sicher, ich bin doch das beste Beispiel. 2007 kamen die Taliban in mein Tal und bedrohten uns mit Waffen. Sie haben Hunderte Schulen zerstört, weil sie nicht wollten, dass Kinder etwas lernen. Wir Mädchen sollten zu Hause bleiben, kochen, putzen und die Männer bedienen. Ich war zehn Jahre alt, und mir war klar, dass ich etwas tun musste. Sonst wäre ich mit 14 oder 15 verheiratet worden, hätte Kinder bekommen, und das wäre mein Leben gewesen ...

ZEIT: Was kann ein Kind in Deutschland tun?

Malala: Wir Jungen sind alle sehr gut in Social Media, kennen uns mit Facebook und Twitter aus. Das sollten wir nutzen, um unsere Botschaften zu verbreiten. Wir können uns mit Freunden zusammentun und überlegen, wem wir wie helfen wollen. Jeder kann an die Regierung seines Landes schreiben und fragen, was die für Kinder in ärmeren Ländern tut. Man muss den Leuten auf die Nerven gehen und sie zwingen, Bildung zu ihrer wichtigsten Aufgabe zu machen.

ZEIT: Kinder in Europa sind oft froh, wenn der Unterricht vorbei ist. Kannst Du das verstehen?

Malala: Ich möchte diesen Kindern gern sagen: Seid froh, dass ihr in eine gute Schule geht, mit Computerräumen, Laboren, Büchereien. Ich habe Schulen in Pakistan, Afghanistan und Indien gesehen, wo es keine Bücher gibt, keine Toiletten. Manchmal waren nicht einmal Lehrer da. So viele Kinder kämpfen dafür, zur Schule gehen zu dürfen ...

ZEIT: Du hast als Kind Krieg und Gewalt erlebt. Was ist daran das Schlimmste?

Malala: Es ist unerträglich, dass man keine Antworten bekommt. Man begreift nicht, was mit einem geschieht. Ich weiß, wie all die Flüchtlingskinder sich fühlen. Sie werden sich fragen, was sie Schlimmes getan haben, dass ihre Eltern, Geschwister und Freunde sterben müssen. Und kein Politiker gibt den Kindern darauf eine Antwort.

ZEIT: Stell Dir vor, Du hast Zauberkräfte und kannst eine Sache von der Welt verbannen. Was wäre es?

Malala: Mmh, meine Brüder? (lacht) Nein, ich würde Waffen von der Erde verschwinden lassen. Sie haben noch nie etwas Gutes hervorgebracht. Du kannst Terrorismus nicht mit Panzern und Pistolen bekämpfen, sondern nur mit Wissen.

*Zit. nach: Malala Yousafzai im Interview mit Katrin Hörnlein: „Schickt alle Waffen zum Mars". In: Die ZEIT 39/2014.**

[1] *2012 hielten einige Taliban ihren Schulbus auf der Heimfahrt an und fragten nach Malala. Ein Taliban schoss aus nächster Nähe auf sie und verletzte das Mädchen schwer.*

1 Fasse die wesentlichen Punkte des Interviews zusammen. Gehe dabei darauf ein, welche Erfahrungen Malala bewogen haben, sich für die Menschenrechte einzusetzen.

2 Erkläre, was Malala mit dem Satz „Du kannst Terrorismus nicht mit Panzern und Pistolen bekämpfen, sondern nur mit Wissen" (Z. 58–60) aussagen möchte.

3 Nenne Ziele, die sie sich für die Zukunft gesetzt hat.

4 **Zusatzaufgabe:** Recherchiere über das Leben Malalas nach dem Attentat. Gib als Suchbegriff ihren Namen ein.

5 Noch immer ist in zahlreichen Ländern der Welt das Recht auf Bildung nicht gewährleistet. Begründe, was ein Fehlen für die Menschen in einem solchen Land bedeutet.

In diesem Kapitel konntest du folgende Kompetenzen erwerben:

- Grund- und Menschenrechte als bedeutende Errungenschaft erkennen und diese Erkenntnis nutzen, um sie auch als entscheidenden Teil unserer gesellschaftlichen Wertenormen zu schätzen
- die Stellung des Einzelnen in der Ständegesellschaft anhand zentraler Merkmale charakterisieren
- Ausschnitte aus der amerikanischen Unabhängigkeitserklärung und der französischen „Erklärung der Menschen- und Bürgerrechte“ selbstständig untersuchen und das Gedankengut der Aufklärung darin aufzeigen
- die unterschiedliche Bedeutung der Grund- und Menschenrechte in Deutschland seit 1871 anhand von Quellen bewerten und die gewonnenen Erkenntnisse argumentativ präsentieren
- die Bedeutung der UN-Menschenrechtscharta und der Europäischen Menschenrechtskonvention erkennen und die Probleme der Durchsetzung anhand eines aktuellen Beispiels diskutieren

M1

Urteile des Europäischen Gerichtshofs für Menschenrechte (EGMR) aufgrund von Klagen:

a) *Juli 2020*

Der Europäische Gerichtshof für Menschenrechte (EGMR) hat Frankreich wegen „erniedrigender Behandlung“ von Migranten verurteilt. „Sie schliefen auf der Straße, hatten keinen Zugang zu sanitären Einrichtungen, verfügten über keinerlei Mittel zur Bestreitung ihres Lebensunterhalts und hatten ständig Angst, überfallen oder ausgeraubt zu werden“ ... Die Behandlung der Kläger ... lasse einen „Mangel an Respekt vor ihrer Würde“ erkennen. Geklagt hatten fünf asylsuchende Männer.

*Zit. nach www.lto.de/recht/nachrichten/n/egmr-frankreich-migranten-zeltstaedte-paris-menschenwuerde-erniedrigende-behandlung-unerkennung-minderjaehrige/ (Stand: 31.08.2020).**

b) *Oktober 2017*

Zu heftigen Diskussionen auch unter den Richtern des EGMR führte der Fall des Rumänen Bogdan B. B. hatte in der Arbeit mit seinem Messenger Account auch privat kommuniziert, was vom Arbeitgeber ausdrücklich untersagt wurde und wozu sich der Arbeitnehmer auch schriftlich verpflichtet hatte. Da sich Bodgan nicht an dieses Verbot hielt, wurde ihm gekündigt. Dagegen wehrte sich der Arbeitnehmer. Der EGMR stellte sich letztlich hinter den Mitarbeiter. Das Unternehmen hätte zwar seine Mitarbeiter über die Überwachungsmaßnahmen am Arbeitsplatz informiert, aber private Kommunikation könne und dürfe nicht völlig ausgeschaltet werden. Der Gerichtshof hielt in seinem Urteil fest, dass die Überwachung der privaten Korrespondenz einen Eingriff in den Schutzbereich von Art. 8 EMRK darstelle. Der Arbeitgeber darf das Recht auf Privatsphäre und die Vertraulichkeit der Kommunikation am Arbeitsplatz zwar einschränken, jedoch nicht auf null reduzieren.

c) *Juli 2015*

Drei gleichgeschlechtliche italienische Paare wandten sich an den EGMR, da es in ihrem Heimatland nicht möglich war, zu heiraten oder eine ähnliche rechtsgültige Partnerschaft einzugehen. Der EGMR entschied, dass alle Staaten, welche Mitglieder im Europarat sind, die Beziehung gleichgeschlechtlicher Paare im Sinne einer eingetragenen Partnerschaft rechtlich anerkennen müssen.

*b) und c) zit. nach www.humanrights.ch/de/internationale-menschenrechte/europarats-organe/egmr/urteile/ (Stand: 31.08.2020)***

Orientierungskompetenz

1 Zähle zwei Gründe auf, warum es wichtig ist, sich auch heute noch für Menschenrechte einzusetzen. Siehe dazu Karte 6 im Umschlag hinten.

Sachkompetenz

2 Nenne die Menschenrechte, die durch die Urteile des EGMR (M1) geschützt wurden. Lies nach im Buch auf S. 111 M2.

3 Gib kurz die Geschichte der Menschenrechte bis heute wieder. Bringe die GB und GD mit ein.

Urteilskompetenz

4 Notiere dir stichpunktartig vier Menschenrechte, die dir besonders schützenswert erscheinen und begründe deine Auswahl. Vergleicht eure Ergebnisse in der Klasse.

5 Diskutiert in der Klasse: Sind vom Staat erlassene Grundrechtseinschränkungen wie Ausgangssperren oder Verbot von Hassreden gerechtfertigt? Was spricht dafür, was dagegen?

cornelsen.de/webcodes
Code: koxuwo
Selbsteinschätzungsbogen

cornelsen.de/webcodes
Code: qokose
Alle Darstellungstexte zum Anhören

4 Deutschland und die Siegermächte 1945–1949

Mit der Kapitulation der deutschen Truppen am 8./9. Mai 1945 endete der Zweite Weltkrieg in Europa. Das Deutsche Reich hörte zu bestehen auf. Die meisten deutschen Städte waren stark zerstört. Soldaten der Siegernationen zogen in die Städte und Dörfer in Deutschland ein, die Alliierten übernahmen die Verwaltung.

Versetze dich in die Frau in der Bildmitte und zähle einige Befürchtungen, Nöte, aber auch Hoffnungen auf, die sie gehabt haben könnte.

Soldaten der 7. US Army beim Einmarsch in Bensheim/Hessen, Foto, Ende März 1945

1945

17. Juli–2. August 1945 Potsdamer Konferenz: Deutschland wird in Besatzungszonen aufgeteilt
Herbst/Winter Parteigründungen in den Westzonen

8./9. Mai 1945 Kapitulation der deutschen Wehrmacht

1946

April 1946 Zwangsvereinigung in der Sowjetischen Besatzungszone von SPD und KPD zur SED

1946 Verfassung des Freistaates Bayern

1947

Januar 1947 Zusammenschluss der britischen und amerikanischen Zone zur Bizone

Juli 1947 USA verkünden wirtschaftliche Aufbauhilfe für Westeuropa (Marshall-Plan)

1947 Beginn Kalter Krieg

Wie kam es zur Entstehung von zwei deutschen Staaten?

Viele Städte waren zerstört. Verzweifelte Menschen suchten nach Angehörigen, Hunger war ein ständiger Begleiter. Millionen waren auf der Flucht, Vertriebene suchten eine neue Heimat. Viele Menschen fragten sich, wie es mit Deutschland weitergehen sollte, welche Absichten die Siegermächte hatten. Aus heutiger Sicht ist es schwer vorstellbar, warum im kriegszerstörten und besetzten Deutschland nach dem Zweiten Weltkrieg im Jahr 1949 zwei deutsche Staaten entstehen konnten und die deutsche Nation gespalten wurde.

Die doppelte Staatsgründung lässt sich nicht ohne das Handeln der Alliierten (USA, Großbritannien, Sowjetunion und Frankreich) erklären. Die Teilung Deutschlands 1949 gehörte zunächst nicht zum Plan der Alliierten, sondern war eine Folge der Entwicklung des Verhältnisses zwischen den USA und der Sowjetunion. Schon bald nach Kriegsende traten die Gegensätze zwischen den beiden Mächten immer offener zutage, sie wurden auch in den jeweiligen Besatzungszonen spürbar. Beide Weltmächte versuchten, die befürchtete gegnerische Ausweitung einzudämmen und das eigene Lager zu stärken. Der Kalte Krieg (siehe GB S. 147) begann und führte zur Teilung Europas und auch Deutschlands in einen sowjetischen und einen westlichen Einflussbereich. 1949 entstand aus den drei Besatzungszonen der Westalliierten die Bundesrepublik Deutschland, aus der Sowjetischen Besatzungszone (SBZ) die Deutsche Demokratische Republik. Damit verbunden übernahmen die beiden deutschen Staaten auch die politischen und wirtschaftlichen Systeme der jeweiligen Besatzungsmacht.

M1

Im Januar 1945 war Nürnberg nach einem britischen Großangriff zu 90 Prozent zerbombt, über 60 000 Wohnungen waren zerstört. Die Stadt kapitulierte dennoch erst nach mehrtägigen Kämpfen am 20. April 1945. Die Amerikaner feierten den Sieg mit Paraden und mit der Sprengung des Hakenkreuzes über der Steintribüne auf dem Reichsparteitagsgelände als sichtbares Zeichen für das Ende der NS-Herrschaft.

M2

Großbritanniens Premierminister Churchill, US-Präsident Truman und der sowjetische Staatschef Stalin (von links) während einer Verhandlungspause auf der Potsdamer Konferenz in Berlin am 28. Juli 1945, Foto.

1948

Juni 1948 Währungsreform in den Westzonen und in der Sowjetischen Besatzungszone (SBZ)

Juni 1948–Mai 1949 Blockade Westberlins durch die sowjetische Besatzungsmacht

1949

April 1949 Gründung der Trizone: die französische Zone schließt sich der Bizone an

1949 Gründung der beiden deutschen Staaten Bundesrepublik Deutschland (BRD) und Deutsche Demokratische Republik (DDR)

1950

M 3

Die Außenminister der westlichen Besatzungszonen (links) und der russische Außenminister (rechts). Karikatur von Victor Weisz aus der britischen „News Chronicle", ca. 1947

M 4

„Ja, der hat's gut, der lebt unter einem besseren Himmel!" Titelbild der Zeitschrift „Ulenspiegel", 2. November 1946, Karikatur von Karl Holtz

1 Recherchiere im Internet unter dem Suchbegriff „Atlas zum Wiederaufbau" zum Grad der Zerstörung Nürnbergs. Du findest dort auch Informationen zu vielen bayerischen Städten. Informiere dich über das Schicksal deines Heimatortes oder einer größeren Stadt in deiner Nähe.

2 **a)** Formuliere eine erste Antwort auf die Frage, wie es 1949 zur Teilung Deutschlands kommen konnte. Untersuche die Zeitleiste und nutze den DT.

b) Ordne mithilfe des DT die Quellen M1–M4 chronologisch auf der Zeitleiste an.

3 **a)** Vergleiche M2 mit M3. Welche Unterschiede stellst du fest?

b) Stelle Hypothesen auf, weshalb es zu Änderungen im Verhältnis der Alliierten zueinander kommen konnte.

In diesem Kapitel übst du folgende Kompetenzen:

- Du nutzt die Erkenntnis, dass verschiedene Weichenstellungen der Siegermächte zur doppelten Staatsgründung 1949 führten, um einzuschätzen, wie sich weltpolitische Entscheidungen auf das Leben der Menschen auswirken können.
- Du erkennst u. a. anhand von digitalen Quellen Flucht und Vertreibung während und nach dem Zweiten Weltkrieg als drastischen Einschnitt in die Biografie der Betroffenen.
- Du erklärst am Beispiel Bayerns die Situation der Menschen in Deutschland nach Kriegsende, indem du unter anderem die Politik der Siegermächte und die Versorgungsproblematik untersuchst.
- Du wertest Geschichtskarten aus, um die territorialen Entwicklungen vom Zweiten Weltkrieg bis zur doppelten Staatsgründung zu erklären.
- Du diskutierst, unter Berücksichtigung kurz- und langfristiger Ursachen, ob die deutsche Teilung aufgrund der Politik der Siegermächte und deren Weltanschauung unausweichlich war.
- Du erörterst argumentativ Kontinuität und Wandel nach 1945 vor dem Hintergrund alliierter Politik und der Lebenssituation in Nachkriegsdeutschland.

Flucht und Vertreibung der Deutschen

Ab 1944 flohen Millionen Menschen, die in den Gebieten östlich der heutigen deutschen Grenzen lebten, aus ihrer Heimat oder wurden von dort vertrieben.

- ***Erarbeite die Gründe dafür und wie diese Ereignisse das Leben der Flüchtlinge bzw. Vertriebenen beeinflussten.***

M 1

Margarete Schleede (*1926) berichtet 2001 über ihre Flucht aus Gäbersdorf/heute Wojborz, Polen:

Wir kamen nur langsam voran, weil wir in dem Schnee schlecht laufen konnten und vor uns die vielen Flüchtlinge die Straßen blockierten. Mühsam erreichten wir die erste Station. Wir mussten in einem Kuhstall übernachten ... Todmüde fielen wir ins Stroh, denn wir waren den ganzen Tag bei klirrender Kälte gelaufen. Die Kinder weinten vor Erschöpfung ... Es war ein Elend, wie Mensch und Tier sich bei dieser Kälte quälen mussten. Die Schreie der Leute, vor allem der Kinder, wenn ein Wagen abgerutscht oder umgekippt war, machten viele nervös. Alle waren übermüdet ...

*Zit. nach www.dhm.de/lemo/zeitzeugen/margarete-schleede-flucht-und-vertreibung-aus-gaebersdorf (Stand: 12.08.2020).**

M 2

Flüchtlingstreck, Foto, 1945

M 3

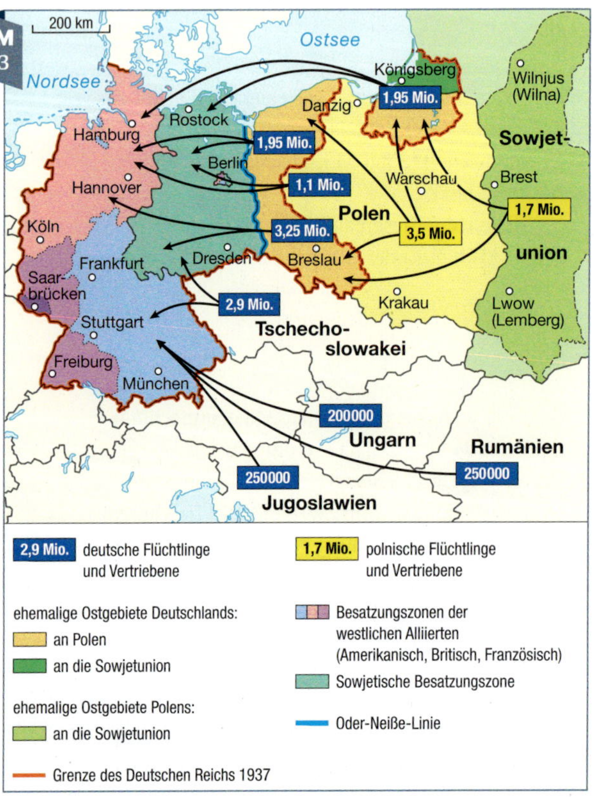

Flüchtlinge und Vertriebene 1945 bis 1950

Flucht vor der Roten Armee

Die deutsche Verteidigung im Osten brach 1945 in kurzer Zeit zusammen, sodass die sowjetischen Truppen im März die Oder erreichten. Begleitet war dieser schnelle Vormarsch von der Flucht von sechs Millionen Deutschen, die in den Ostprovinzen des Landes lebten und sich vor der Roten Armee in Sicherheit bringen wollten. Die meisten Flüchtlinge, in der Regel Frauen, Kinder und Alte, konnten erst im letzten Moment vor der Ankunft der Roten Armee aufbrechen, da sie sonst von den Nationalsozialisten bestraft worden wären. Schlechte Versorgung, Angriffe, Massenvergewaltigungen und Morde bedeuteten Leid und Tod für Hunderttausende. Aus Ostpreußen versuchten viele per Schiff zu fliehen. Die Schiffe wurden aber häufig von sowjetischen U-Booten angegriffen. Bekannt wurde das Unglück der „Wilhelm Gustloff", die am 30. Januar 1945 versenkt wurde – 9000 Menschen starben.

Die Vertreibung der Deutschen

Häufig kehrten die Flüchtlinge wieder in ihre Heimat zurück, da sie von der Front überholt wurden. Im Sommer 1945 lebten noch fünf Millionen Deutsche im Osten des Deutschen Reichs. In jenen Gebieten, die nun polnisch oder tschechisch wurden, kam es zu unzähligen Gewaltakten und „wilden" Vertreibungen. Zwar ordneten die Alliierten im Potsdamer Abkommen „die geregelte Überführung der deutschen Bevölkerung" an (siehe S. 122/123), die Realität sah jedoch anders aus. Etwa 12 bis 14 Millionen Deutsche und deutschstämmige Angehörige verschiedener Staaten waren zwischen 1944/45 und 1950 von Flucht und Vertreibung betroffen. An die zwei Millionen kamen dabei ums Leben.

Schwieriger Neuanfang

Das Leid der Flüchtlinge und Vertriebenen, die ohne Hab und Gut ankamen, endete jedoch nicht mit ihrer Ankunft in den Besatzungszonen. In den zerstörten Städten teilten sie Hunger, Wohnungsnot und Elend mit der übrigen deutschen Bevölkerung. Da sich durch die vielen Neuankömmlinge die bereits katastrophale Lage verschärfte, begegnete ihnen die einheimische Bevölkerung oft feindselig oder lehnte eine Aufnahme ab.

Doch bald zeigte sich auf viel Positives: Viele der Flüchtlinge waren sowohl schulisch als auch fachlich gut ausgebildet. In den zahlreichen Gemeinden und Städten belebten neu gegründete „Flüchtlingsbetriebe" die heimische Wirtschaft und trugen so wesentlich zum Wiederaufbau Deutschlands bei.

Grundlegender Begriff: Flucht und Vertreibung

Gemeint ist sowohl die seit 1944 einsetzende Massenflucht der deutschen Bevölkerung vor der sowjetischen Armee als auch die von den Alliierten auf der Potsdamer Konferenz beschlossene Ausweisung und Zwangsumsiedlung der Deutschen aus den ehemals deutschen Siedlungsgebieten östlich der Oder-Neiße-Linie.

M 4

Bericht eines Pfarrers über die Vertreibung aus Leobschütz in Oberschlesien im September 1945:

Am 26. September 1945, frühmorgens gegen 5.00 Uhr, begann die Razzia gegen die Deutschen. Die polnische Miliz drang in die Häuser ein und jagte alle Deutschen auf die Straße. Die wenigsten hatten noch Zeit und Gelegenheit, etwas von ihren wenigen Habseligkeiten mitzunehmen ... Nachdem man 70 bis 80 Personen wie Vieh in einen Güterwagen zusammengepfercht hatte, begann die Fahrt gegen 8.00 Uhr abends. Die polnische Miliz war dem Transport als Bewachung beigegeben. Niemand wusste, wohin die Fahrt geht. Am 28. September 1945 kam der Transport in Neiße an der Oder an und wurde vier Tage auf einem toten Gleis stehen gelassen. Da keine Lebensmittel mitgenommen waren, sich auch sonst niemand um die Verpflegung kümmerte, schrien die Menschen vor Hunger nach Brot. Aber keiner gab es ihnen. Sobald die Wagen von der polnischen Miliz geöffnet wurden, konnten die hungernden Menschen heraus und suchten sich Rüben und Kartoffeln auf den nächstliegenden Feldern. Dabei wurden viele ... mit Gummiknüppeln und Gewehrkolben geschlagen ... In der Nacht drang die polnische Miliz in die Wagen ein und ... stahl, was ihnen gefiel. Immer wieder wurde versucht, Frauen aus den Wagen herauszuziehen und sie zu vergewaltigen. Viele Kinder und alte Leute starben. Auf jeder Haltestelle wurden die Toten ausgeladen und ... auf freiem Felde beerdigt.

*Zit. nach www.leobschuetz-oberschlesien.de/40590.html (Stand: 02.09.2020).**

1 Erkläre mithilfe des DT, Z. 1–17, die in M3 dargestellten Flüchtlingsströme. Beziehe den GB „Flucht und Vertreibung" mit ein.

2 **Partnerarbeit:** Leitet ab, was Flucht und Vertreibung für das Leben des Einzelnen bedeuteten (M1–M4, DT).

3 **Gruppenarbeit:**

a) Stellt Hypothesen auf, welchen Herausforderungen sich Flüchtlinge, Vertriebene und die einheimische Bevölkerung gegenübersahen.

b) Überprüft die Richtigkeit eurer Hypothesen anhand des DT, Z. 32 ff.

4 Diskutiert, ob Flucht und Vertreibung die berechtigte Konsequenz eines verbrecherischen Angriffskrieges und einer grausamen Besatzungsherrschaft war.

5 **Zusatzaufgabe:** Erfahre mehr über die Flucht von Margarete Schleede (M1). Berichte vor der Klasse, wo sie und ihre Familie eine neue Heimat fanden. Nutze dazu den Link am Ende der Quelle.

Tipp: Du kannst auch die Suchbegriffe „Margarete Schleede" und „Flucht und Vertreibung" eingeben.

Eine Zeitzeugenaussage auswerten

Zeitzeugenberichte sind Quellen, die es uns ermöglichen, ein noch vielfältigeres Bild von der Vergangenheit zu erhalten. Es gibt sie verschriftlicht oder mündlich in Form von Videos und Audios. Zu Ereignissen, die nicht allzu weit in der Vergangenheit zurückliegen, kann man auch Zeitzeugen persönlich befragen.
- ***Worauf muss man achten, wenn man diese Berichte als Quelle nutzt?***

Zeitzeugenaussagen als Quellen

Zeitzeugen geben ihre eigene, subjektive Sicht der historischen Ereignisse wieder und zeigen, wie sich politische Entscheidungen auf ihr Leben auswirkten. Menschliche Erinnerung ist jedoch immer der Gefahr ausgesetzt, die Ereignisse z. B. zu verklären, zu vergessen oder zu verdrängen. Häufig erinnern sich Menschen nur noch an das, was ihnen selbst wichtig erschien, oder vermischen ihre eigene Erinnerung mit Erzählungen anderer Menschen. Deshalb können Zeitzeugenberichte die Darstellung der großen historischen Zusammenhänge ergänzen, aber nicht ersetzen. Ihre Analyse erfordert ein sehr gutes historisches Hintergrundwissen.

M 1

Manfred Gratz (* 1937) berichtet im Mai 2015 über seine Flucht aus Ostpreußen 1945:

Ein Schrei erschüttert das kleine Dorf in Ostpreußen: „Der Russe ist da!" Wir schreiben Sonnabend, den 20. Januar 1945 vormittags, ich sah die russischen Panzer über die Felder auf uns zukommen ... Ich warf das große Küchenmesser weg, mit dem ich den Russen bekämpfen wollte. Denn vor der Schule, in der wir wohnten, wartete einer der letzten LKW der zurückgehenden Wehrmacht auf uns ... Draußen war knallharter ostpreußischer Winter, viel Schnee und minus 20° Celsius. Was man in zwei Minuten ergreifen kann, wenn man seine Wohnung für immer verlassen muss, besonders wenn man nichts vorbereitet hat, kann sich jeder vorstellen. Mein 5-jähriger Bruder war nicht da. Er war bei der Oma, 40 km weiter westlich ... Wir kletterten, zusammen mit mehreren Frauen und Kindern, auf die Ladefläche des LKW. Wir kamen aber nur 500 m bis an den Friedhof. Das Fahrzeug stoppte, weil Tiefflieger uns angriffen. Herunter vom Wagen und rein in den Straßengraben! ... Direkt über mir suchte ein etwa 15-jähriger Junge hinter einem Baum Schutz. Mit Entsetzen sah ich, wie eine MG-Salve quer von oben nach unten in seinen Körper einschlug. Als er langsam vor meine Füße in den Straßengraben rutschte und der bisher weiße Schnee sich blutrot färbte, hatte ich begriffen was Krieg bedeutet.
... Wir waren inmitten heftiger Kämpfe gefangen ... Diese Kämpfe gingen bis Ende Januar ... Damit war eine Flucht über das zugefrorene Haff[1] für uns unmöglich geworden, der Rückweg war auch versperrt ... Wir hatten uns in den Ruinen so gut es ging versteckt ...
Als der Beschuss durch die Deutschen nachließ, verließen wir Tolkemit ... Ich vermute, dass es Ende März oder Anfang April gewesen sein muss, da am 29. März die Schlacht um den Kessel Heiligenbeil endete und damit auch der Beschuss von Tolkemit durch die Deutschen.

*Zit. nach www.dhm.de/lemo/zeitzeugen/manfred-gratz-flucht-aus-ostpreussen.html (Stand: 13. 09. 2020).**

[1] *Teil der Danziger Bucht in der Ostsee*

1 Erkläre, weshalb Zeitzeugenberichte mit den historischen Fakten abzugleichen sind (DT).

2 **a)** Untersuche M1 mithilfe der angegebenen Arbeitsschritte.
b) Lies noch weitere Teile des Berichts (M1) unter der angegebenen Internetadresse und ergänze deine Aufzeichnungen. Finde heraus, wie und ob die Familie zusammenfand.

3 **a)** Erläutere anhand von M2, weshalb viele ihre Flucht bzw. Vertreibung als drastischen Einschnitt in ihrem Leben empfanden.
b) Belege, weshalb man im Fall von Horst Teltschik (M2) aber auch von einer gelungenen Integration sprechen kann.

4 **Partnerarbeit:** Recherchiert im Internet nach Zeitzeugenaussagen zum Thema „Flucht, Vertreibung und Integration" und analysiert eine davon.
Tipp: z. B. Haus der Bayerischen Geschichte „Zeitzeugen berichten" oder LeMo (Lebendiges Museum online) sowie unter „Unsere Geschichte. Das Gedächtnis der Nation".

Arbeitsschritte „Eine Zeitzeugenaussage auswerten“

Formale Aspekte untersuchen	Lösungshinweise zu M1
1. Gib das Thema der Aussage wieder.	• *In dem Zeitzeugenbericht wird … beschrieben.*
2. Erfasse, sofern verfügbar, Informationen zu dem Zeitzeugen/zur Zeitzeugin (z. B. Alter bei der Flucht, biografische Daten …).	• …
3. Stelle den Zeitraum fest, der zwischen dem eigentlichen Ereignis und der Zeugenaussage liegt.	• …
4. Nenne die Form, in der die Aussage vorliegt.	• *z. B. Tagebuch, Tonaufzeichnung, Ausschnitte …*
Den Inhalt der Aussage zusammenfassen	
5. Fasse die wichtigsten Informationen zusammen.	• …
6. Beurteile die Art und Weise der Beschreibung.	• *z. B. sachlich, emotional …*
Die Aussage kritisch überprüfen und beurteilen	
7. Welche Aussagen erscheinen dir besonders interessant? Beurteile ihre Glaubwürdigkeit.	• …
8. Überprüfe die Richtigkeit der genannten Fakten.	**Tipp:** Überprüfe Ortsnamen, Ereignisse via Internetrecherche. Suchbegriffe: Tolkemit, Ostpreußen, 1945. Nutze auch Informationen aus dem Atlas.

M 2

„Zuagroaste“

Horst Teltschik (geb. 1940) flüchtete als 15-Jähriger mit seiner Familie aus dem Sudentenland 1945 nach Bayern an den Tegernsee. Er berichtet über die Anfangszeit in Bayern:

… [Mein Dialekt war] perfekt, aber trotzdem sind wir von den Einheimischen immer als ‚Zuagroaste‘, als Zugereiste, empfunden worden und das war nicht immer leicht. Das war vor allem auch für meine Eltern nicht leicht. Von Null anzufangen in einem Alter, mein Vater war über fünfzig, zweimal in zwei Weltkriegen und dann noch alles verloren, das war bitter. Und natürlich gab es in Tegernsee keine Arbeit … Mein Vater [vorher selbständig tätig] musste annehmen was sich bot, er hat in einer Metzgerei ausgeholfen, er hat dann als Hilfsarbeiter am Bau gearbeitet. Ich habe immer gesagt, mir braucht keiner erklären, was Armut ist. Denn das habe ich nun mit Krieg und Nachkriegszeit lebhaft erlebt, obwohl meine Mutter und mein Vater alles getan haben, damit die vier Söhne, wir waren vier Jungs, eine Spitzenausbildung bekommen und nicht hungern mussten. Lieber haben sie gehungert als die Kinder.

*Zit. nach www.hdbg.eu/zeitzeugen/suche/-Vertreibung%2520und%2520Integration?type=topic (Stand: 20. 06. 2021).** Transkribiert aus einem Zeitzeugeninterview von der Verfasserin.*

Horst Teltschik war Politiker, Wirtschaftsmanager und von 1999–2008 Leiter der Münchner Sicherheitskonferenz. Er gehörte zum engsten Beraterkreis um den damaligen Bundeskanzler Helmut Kohl.

Wie sieht die Zukunft Deutschlands nach 1945 aus?

Angesichts der Vertreibungen von Deutschen nach Kriegsende aus dem jetzt sowjetischen Machtbereich mussten die Westalliierten eine schnelle Lösung für Deutschland finden. Gemeinsam mit der Sowjetunion verhandelten sie neben den Fragen der Grenzen in Europa auch die Zukunft Deutschlands.
- *Welche Beschlüsse wurden gefasst?*
- *Wie sind die Ergebnisse zu beurteilen?*

M 1

Deutschland und Polen nach den Beschlüssen der Potsdamer Konferenz 1945. Das Saarland wurde 1947 dem französischen Zollgebiet angeschlossen.

Grundlegender Begriff: Potsdamer Konferenz

1945 von den Siegermächten USA, Großbritannien und der Sowjetunion abgehaltene Nachkriegskonferenz, um ein gemeinsames Vorgehen im besetzten Deutschland zu vereinbaren. Zentrale Beschlüsse waren u. a. die Teilung Deutschlands in vier Besatzungszonen, die Setzung der Oder-Neiße-Linie als deutsche Ostgrenze sowie die Durchsetzung der „fünf Ds“: Demokratisierung, Denazifizierung, Demilitarisierung, Dezentralisierung* und Demontagen*.

Die Potsdamer Konferenz 1945

Ihre Absprachen vom 17. Juli bis 2. August 1945 in Potsdam formulierten die „Großen Drei“ (siehe S. 116 M2) in einer Mitteilung, die später häufig als „Potsdamer Abkommen“ bezeichnet wurde. Es stellte die Weichen für die politische Entwicklung Deutschlands. Frankreich war nicht bei der Potsdamer Konferenz anwesend, stimmte aber den Beschlüssen im August 1945 zu und erhielt nachträglich eine eigene Besatzungszone.

Deutschland und Berlin wurden in vier Besatzungszonen aufgeteilt und von einem Alliierten Kontrollrat* verwaltet. Der Wiederaufbau Deutschlands sollte nach den Grundsätzen der „fünf Ds“ erfolgen. Die Zahlung von Reparationen an die Siegermächte wurde festgelegt. Die deutschen Bevölkerungsminderheiten in Polen, der Tschechoslowakei und Ungarn sollten „in ordnungsgemäßer und humaner Weise“ nach Deutschland umgesiedelt werden.

Deutschland und Polen

Polen musste Gebiete an die Sowjetunion abtreten und erhielt dafür die deutschen Provinzen Schlesien, Pommern und Teile Ostpreußens („Westverschiebung Polens“). Die Sowjetunion forderte, die Grenze Polens zu Deutschland entlang der Flüsse Oder und Neiße vertraglich festzuschreiben. Die westlichen Siegermächte lehnten dies ab. Sie wollten neue Staatsgrenzen im östlichen Europa erst in einem späteren Friedensvertrag festlegen.

M 2

Auszug aus dem Protokoll der Potsdamer Konferenz vom 2. August 1945:

1. Entsprechend der Übereinkunft ... wird die höchste Regierungsgewalt in Deutschland durch die Oberbefehlshaber der Streitkräfte [USA, UdSSR, GB, Frankreich] ausgeübt, und zwar von jedem in seiner Besatzungszone, sowie gemeinsam in ihrer Eigenschaft als Mitglieder des Kontrollrates in den Deutschland als Ganzes betreffenden Fragen.

2. Soweit dies durchführbar ist, muss die Behandlung der deutschen Bevölkerung in ganz Deutschland gleich sein.

3. Die Ziele der Besetzung Deutschlands ... sind:
(I) völlige Abrüstung und Entmilitarisierung ...
(II) Das deutsche Volk muss überzeugt werden, dass ... es sich nicht seiner Verantwortung entziehen kann, ... dass seine eigene mitleidlose Kriegsführung ... die deutsche Wirtschaft zerstört und Chaos und Elend unvermeidlich gemacht haben.
III) Die nationalsozialistische Partei mit ihren angeschlossenen Gliederungen ... ist zu vernichten.
(IV) Die endgültige Umgestaltung des deutschen politischen Lebens auf demokratischer Grundlage ... [ist] vorzubereiten ...

5. Kriegsverbrecher und alle ..., die an ... Maßnahmen, die Gräuel und Kriegsverbrechen nach sich gezogen ... hatten, teilgenommen haben, sind zu verhaften ...

7. Das Erziehungswesen in Deutschland muss so überwacht werden, dass die nazistischen und militaristischen Lehren völlig entfernt werden und eine erfolgreiche Entwicklung der demokratischen Ideen möglich gemacht wird.

9. Die Verwaltung Deutschlands muss in Richtung auf eine Dezentralisation der politischen Struktur und der Entwicklung einer örtlichen Selbstverantwortung durchgeführt werden ... [Überall in Deutschland] sollen alle demokratischen politischen Parteien ... erlaubt und gefördert werden.

12. In praktisch kürzester Zeit ist das deutsche Wirtschaftsleben zu dezentralisieren, mit dem Ziel der Vernichtung der bestehenden übermäßigen Konzentration der Wirtschaftskraft ...

14. Während der Besatzungszeit ist Deutschland als eine wirtschaftliche Einheit zu betrachten.

*Zit. nach www.documentarchiv.de/in/1945/potsdamer-abkommen.html (Stand: 23.03.2020).***

M 3

Der Historiker Rolf Steininger urteilte 1988:

Keiner der „Großen Drei" sprach in Potsdam von der Zerstückelung Deutschlands in Einzelstaaten; diese Frage galt als erledigt. Dennoch, als das Thema Reparationen von Stalin angeschnitten wurde, stand für Churchill fest, dass die Idee eines einheitlichen Deutschlands nicht mehr existierte. Die Sowjets hatten seiner Meinung nach ihre Zone ausgeplündert und erwarteten nun, dass die Briten und Amerikaner in ihren Zonen dasselbe tun würden; in einem offiziellen amerikanischen Bericht hieß es, das russische Vorgehen komme organisiertem Vandalismus gleich, der sich nicht nur gegen Deutschland, sondern auch gegen die amerikanische Besatzungsmacht richte ... Am 31. Juli waren sich Truman und Stalin einig, auch Attlee[1] stimmte der Vereinbarung [„Potsdamer Abkommen"] schließlich zu. Auch wenn sich möglicherweise nicht alle Konferenzteilnehmer der Tatsache bewusst waren: An diesem Tag wurde de facto die Teilung Deutschlands beschlossen. Deutschland wurde in ein westliches und ein östliches Reparationsgebiet geteilt ...

*Rolf Steininger, Deutsche Geschichte 1945–1961, Bd. 1, Frankfurt a. M. (Fischer) 1988, S. 61ff.**

[1] *Clement Attlee, Nachfolger Churchills*

1 Erkläre mithilfe des GB „Potsdamer Konferenz" und der Karte M1 folgende Beschlüsse der Siegermächte:
  a) Besatzungszonen
  b) „Westverschiebung Polens"
  c) Staatsgebiet Deutschlands
  d) Sonderstatus Berlins

2 Ordne die Beschlüsse der Potsdamer Konferenz (M2, GB und DT) den „fünf Ds" zu.

3 **Partnerarbeit:** Besprecht, warum gerade der Beschluss der Demokratisierung zu unterschiedlicher Auslegung führen konnte.
  Tipp: Die GB „Kommunismus", „Liberalismus", „Parlament", „Sozialismus" und „Volkssouveränität" können euch Anregungen geben.

4 Erkläre, welchen Bedeutung der Historiker Rolf Steiniger dem Abkommen in Bezug auf die Reparationen für die Zukunft Deutschland zuschreibt.
  Tipp: Lies dazu auch M2 Art. 14.

5 Stellt in der Klasse begründete Hypothesen auf, welche Weichen für die politische und territoriale Entwicklung Deutschlands in Potsdam gestellt wurden.

Besatzung und staatlicher Neubeginn – das Beispiel Bayern

Im April 1945 von der US-Armee besetzt, wurde Bayern ab Juni Teil der amerikanischen Besatzungszone. In jeder größeren Stadt herrschte ein Militärkommandant, der die wichtigsten Fragen des Alltagslebens regelte und für die Versorgung der Bevölkerung zuständig war.

- *Wie entwickelte sich das Leben unter der amerikanischen Besatzungsherrschaft?*

M1

Anzeigen aus einer bayerischen Zeitung vom September 1945:

Wer verkauft an Heimkehrer, der alles verloren hat, einige Stücke Herrengarderobe Größe 48 für den Winter? Zuschriften unter 159

Biete neuwertigen Kindersportwagen. Suche gute Strickwolle, Franze, Augsburg Johann-Haag-Str. 34

Suche meinen Mann Rudolf Karl, Tochter Waltraud, Mutter Maria Elsner aus Troppau. Margarete Karl, Krankenhaus Ulm-Söfling

Frau Wally Peters aus Görlitz und die fünf Kinder werden von ihrem Mann gesucht. Anschrift: Heinz Peters, zu Zeit Loderbach bei Neumarkt Opf. Im Behelfsheim.

Zit. nach Mitteilungen für die Stadt und den Landkreis Bad Aibling, 29. September 1945.

M2

Preise 1946/47 (in Reichsmark):

Ware 1 kg	offizieller Preis	Schwarzmarktpreis
Fleisch	2,20	60–80
Brot	0,37	20–30
Kartoffeln	0,12	4–12
Zucker	1,07	120–180
Butter	4,00	350–550
Magermilchpulver	nicht im Angebot	140–160
1 Paar Schuhe	nicht im Angebot	500–800

*Nach Karl-Heinz Rothenberger, Die Hungerjahre nach dem Zweiten Weltkrieg. Ernährungs- und Landwirtschaft in Rheinland-Pfalz 1945–1950, Boppard (Boldt) 1980, S. 140.***

Zum Vergleich: Ein Arbeiter verdiente in der Zeit von 1945 bis 1948 zwischen 150 und 200 RM im Monat.

Neubeginn in Trümmern und Not

Viele Städte glichen hohen Trümmerbergen (siehe S. 116 M1), ein großer Teil der Industrieanlagen und etwa 25 Prozent des Wohnraumes waren zerstört, Straßen und Eisenbahnlinien sowie Wasser- und Gasleitungen beschädigt. Das Leben und Denken der Menschen war gezeichnet von dem Verlust von Familienmitgliedern, bestimmt von der Sorge um das eigene Überleben, um Wohnraum und vor allem um eine ausreichende Versorgung mit Lebensmitteln und Kohle. Mit Zigaretten als Tauschwährung, Schwarzhandel* und Hamsterfahrten aufs Land versuchten die Menschen, ihr Überleben zu sichern. Die Lage wurde noch erschwert durch den Zuzug vieler Flüchtlinge und Vertriebener aus den ehemals deutschen Ostgebieten, die gleichfalls Wohnung und Nahrung brauchten.

M3

Kohlenklau, Foto, 1946

Neubeginn des politischen Lebens in Bayern

Die Militärregierung kontrollierte das gesamte öffentliche Leben und verbot jede politische Betätigung. Vorrangig war den Besatzern zunächst der Aufbau einer Verwaltung, um die drängendsten Nachkriegsprobleme zu bewältigen. Als deutlich wurde, dass eine gemeinsame alliierte Politik kaum noch möglich war, wandte sich die US-Militärregierung verstärkt dem politischen Aufbau ihrer Zone zu. In allen Besatzungszonen wurden durch Verordnungen neue Länder geschaffen – dabei wurde kaum Rücksicht auf die zuvor bestehenden Landesgrenzen genommen. Im September 1945 waren dies u. a. Bayern und Württemberg-Baden (siehe S. 132 M1). Im Streben nach einer Demokratisierung Deutschlands wurden von der Militärregierung auf örtlicher Ebene auch Parteien zugelassen. KPD und SPD konnten dabei an ihre Tradition vor 1933 anknüpfen, während die bürgerlichen Parteien Neugründungen waren. Wie die CDU (Christlich Demokratische Union Deutschlands) verstand sich auch die CSU (Christlich-Soziale Union) als überkonfessionelle Volkspartei. Bereits 1946 traten die Parteien bei den ersten Gemeindewahlen an.

Grundlegendes Datum

1946 Verfassung des Freistaats Bayern

M 4

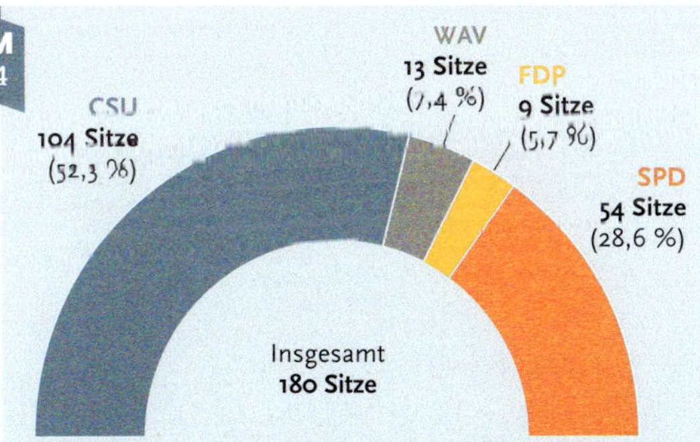

WAV = Wirtschaftliche Aufbau-Vereinigung, FDP = Freie Demokratische Partei
Nach: Statistisches Bundesamt

Ergebnisse der Landtagswahlen in Bayern 1946. Erstmals fand damit seit 1932 wieder eine freie Wahl in Bayern statt.

Bayerische Verfassung

Anfang 1946 erhielt der von der amerikanischen Militärregierung eingesetzte Ministerpräsident Wilhelm Hoegner (SPD) den Auftrag, eine demokratische Landesverfassung auszuarbeiten. Bayern sollte Teil eines künftigen deutschen Bundesstaates sein. Eine vom Volk gewählte verfassunggebende Versammlung beriet über die geplante Grundordnung des Staates. Die amerikanische Militärregierung verfolgte den Fortgang der Verfassungsberatungen sehr genau. Im Dezember 1946 stimmten 70,6 Prozent der vier Millionen Wahlberechtigten für die neue Verfassung, gleichzeitig fand die Landtagswahl statt. Die CSU errang eine klare Mehrheit und stellte den neuen Ministerpräsidenten Hans Ehard. Mit dem Inkrafttreten der Verfassung erlangte Bayern deutlich größere Selbstständigkeit, dennoch übte auch weiterhin die amerikanische Militärregierung die Oberhoheit aus. Die Bayerische Verfassung legt in den ersten drei Artikeln fest, dass Bayern ein Freistaat, dass die Träger der Macht das Volk und Bayern ein Rechts-, Kultur- und Sozialstaat ist. Die staatliche Gewalt wird ausgeübt vom Landtag, der Staatsregierung und den obersten Gerichten. Im Weiteren werden in der Verfassung Aufbau und Aufgaben des Freistaates sowie Grundrechte und Grundpflichten behandelt. Gewährleistet werden neben der parlamentarischen Gesetzgebung die Volksgesetzgebung durch Volksbegehren und Volksentscheid.

M 5

Präambel* der Bayerischen Verfassung:

Angesichts des Trümmerfeldes, zu dem eine Staats- und Gesellschaftsordnung ohne Gott, ohne Gewissen und ohne Achtung vor der Würde des Menschen die Überlebenden des zweiten Weltkrieges geführt hat, in dem festen Entschluss, den kommenden deutschen Geschlechtern die Segnungen des Friedens, der Menschlichkeit und des Rechtes dauernd zu sichern, gibt sich das Bayerische Volk, eingedenk seiner mehr als tausendjährigen Geschichte, nachstehende demokratische Verfassung.

Zit. nach www.gesetze-bayern.de/Content/Document/BayVerf/true (Stand: 28.03.2020).

---

1 Partnerarbeit:

a) Fasst die größten Probleme in Nachkriegsdeutschland zusammen (M1–M3 und DT).

b) Besprecht, welche Auswirkungen das jeweilige Problem für das Leben und den Alltag der Erwachsenen einerseits und der Kinder andererseits hatte.

c) Zusatzaufgabe: Belegt an Beispielen, dass die Hauptlast der Nachkriegsjahre auf den Frauen lag.

2 Formuliere fünf Punkte, die man deiner Meinung nach über die Entwicklung des politischen Lebens in Bayern unter der amerikanischen Besatzungsherrschaft wissen sollte. Beziehe das GD 1946, M4 und den DT mit ein.

3 Erarbeite die Ziele der Bayerischen Verfassung (M5, DT).

Entnazifizierung

Unmittelbar nach ihrem Sieg über NS-Deutschland im Mai 1945 begannen die Besatzungsmächte mit der Entnazifizierung des Landes.

- ***Wie setzten die Alliierten in ihren Besatzungszonen diesen Vorgang um?***
- ***Mit welchen Problemen ging der Prozess der Entnazifizierung einher? Ließ sich das genaue Maß an Schuld und Verstrickung jedes Einzelnen ermitteln?***

Abrechnung mit dem Nationalsozialismus

Die Alliierten wollten den Militarismus und das nationalsozialistische Denken so schnell wie möglich beseitigen. So wurden alle NS-Organisationen verboten, Gesetze aus der NS-Zeit für ungültig erklärt, u. a. Straßen umbenannt sowie Bücher und Zeitschriften mit NS-Gedankengut vernichtet.

Die Entnazifizierung in den Besatzungszonen verlief unterschiedlich. Rund zwölf Millionen Deutsche mussten ihr Verhalten während der NS-Zeit anfangs vor alliierten Gerichten, später – in den westlichen Besatzungszonen – vor deutschen Laienrichtern rechtfertigen. Dazu waren sie in der amerikanischen Zone verpflichtet, beispielsweise Fragebögen über ihre berufliche und politische Vergangenheit während der NS-Zeit auszufüllen. Die Beschuldigten wurden in fünf Gruppen eingeteilt: Hauptschuldige, Belastete, Minderbelastete, Mitläufer und Entlastete. Straffrei sollten nur die letzten beiden Gruppen sein, für die anderen drei waren Gefängnis-, Geldstrafen und Berufsverbote vorgesehen. Etwa zehn Prozent der Angeklagten wurden verurteilt. Mehr als die Hälfte aller Befragten wurden als Mitläufer eingestuft. Vielfach kam es auch zu Fehlentscheidungen. Schuldige beschafften sich „Persilscheine"*, in denen ihnen z. B. politisch Verfolgte oder Geistliche untadeliges Verhalten in der NS-Zeit bescheinigten.

M 1

Wortprotokoll aus einem Gerichtsverfahren gegen einen Zugführer der Reichsbahn, britische Zone, 1945:

Ankläger: Ist es wahr, dass bei dem sechstägigen Bahntransport von Nordhausen nach Belsen ... zweiundvierzig Menschen tatsächlich an Durst gestorben sind?

Angeklagter: Wir hatten eine Portion Tote, aber mich ging es nichts an. Ich war nicht Dienstältester.

Ankläger: Es ist überhaupt nicht zu verstehen, dass Sie die Gefangenen verdursten ließen ... Sie konnten doch den Zug halten und Wasser holen lassen.

Angeklagter: Ich meine, das geht ja nicht, dass jeder über einen Zug bestimmen kann, wie er will. Es ist doch so, dass der Zugführer seinen bestimmten Plan hatte, nach dem er fahren musste ... Die Gefangenen hatten es auf dem Transport ganz gemütlich. Je hundert Stück Häftlinge auf einem Waggon.

Ankläger: Warum haben Sie auf den Bahnhöfen kein Wasser für die Gefangenen geholt?

Angeklagter: Diese Bahnhöfe, dieses Wasser ... es gibt da Bestimmungen, das ist nur für die Lokomotiven da. Auch hatte ich ja gar nicht das Kommando.

Zit. nach Hanna Lévy-Hass, Vielleicht war das alles erst der Anfang, Tagebuch aus dem KZ Bergen-Belsen 1944 bis 1945, hg. v. Eike Geisel, Berlin (Rotbuch) 1982. Text auf dem Umschlag.

Grundlegender Begriff: Entnazifizierung

Maßnahmen der Besatzungsmächte zur Beseitigung des Nationalsozialismus; Maßnahmen waren u. a. ein Verbot der NSDAP und ihrer Organisationen, die Strafverfolgung führender Kriegsverbrecher sowie massenhafte „Entnazifizierungsverfahren" vor Spruchkammern.

M 2

Die Einwohner von Neunburg vorm Wald in der Oberpfalz/Bayern werden an den Leichen ermordeter KZ-Insassen vorbeigeführt. Foto, 1945

Die Amerikaner legten im Gegensatz zu den Briten und Franzosen sehr strenge Maßstäbe an. Aber im Zuge des sich verschärfenden Ost-West-Konflikts und aufgrund des organisatorischen Aufwands stellten auch die Amerikaner im März 1948 die meisten Verfahren ein. Da man Fachkräfte dringend benötigte, konnten viele ehemalige NS-Funktionäre hohe Ämter in Industrie und Verwaltung besetzen und die westdeutsche Politik der Nachkriegszeit mitbestimmen. Tausende Lehrer mit zeitweiligem Arbeitsverbot kehrten wieder in die Schulen zurück.

In der Sowjetischen Besatzungszone wurden bis 1948 etwa 520 000 Personen aus ihren Stellen entfernt, darunter 85 Prozent aller Juristen. Annähernd 80 000 Deutsche wurden vom Sowjetischen Militärtribunal verurteilt. Das wirkte konsequent und entschlossen. Aber oft waren die Verurteilungen willkürlich, denn die Entnazifizierung wurde auch genutzt, um politische Gegner auszuschalten. All das verhinderte aber nicht, dass auch in der späteren DDR NS-Täter ihre Karrieren ungehindert fortsetzen konnten. Unbedeutende ehemalige NSDAP-Mitglieder verschonte man, wenn sie sich zum kommunistischen System bekannten.

Die Nürnberger Prozesse

Am 20. November 1945 begann in Nürnberg, der Stadt der Reichsparteitage, das Verfahren der Siegermächte gegen führende Nationalsozialisten. Die Verhandlungen fanden öffentlich vor einem internationalen Militärgerichtshof statt. Angeklagt waren 24 deutsche Hauptkriegsverbrecher: führende Mitglieder von Partei, Industrie und Wehrmacht. Die Anklagepunkte lauteten: Verschwörung und Verbrechen gegen den Frieden, Kriegsverbrechen und Verbrechen gegen die Menschlichkeit.

In den Prozessen bis 1949 wurden weitere 185 hochrangige Mediziner, Juristen, Industrielle, SS- und Polizeiführer, Militärs und Beamte angeklagt. Die von den Alliierten angeordnete Berichterstattung über die NS-Verbrechen sollte ebenfalls der Entnazifizierung der Bevölkerung dienen. Für die Prozesse hatten die Siegermächte ein besonderes Strafrecht geschaffen, in dem erstmals Verbrechen gegen die Menschlichkeit unter Strafe gestellt wurden. Neu war auch, dass Regierungsmitglieder nicht mehr durch ihr Amt vor Strafe geschützt waren. Der Prozess hatte Vorbildfunktion für spätere Völkerrechtsverfahren des Internationalen Militärgerichtshofs in Den Haag (siehe S. 110).

1 **a)** Beschreibe die Maßnahmen, mit denen die Alliierten versuchten, die Deutschen zu entnazifizieren (M1, M2, DT und GB).
b) Zeige auf, ob und wie sich diese Maßnahmen auf das Leben der Menschen ausgewirkt haben könnten.

2 Diskutiert in der Klasse, welche Probleme eine erfolgreiche Entnazifizierung schwierig gemacht haben (M1, DT).

3 **Gruppenarbeit:**
a) Erarbeitet die Anklagepunkte der Nürnberger Prozesse (DT) und sucht für jeden der Anklagepunkte mindestens zwei Beispiele aus der Zeit des Nationalsozialismus, mit denen diese belegt werden können. Lest z. B. auf den Seiten 78–85 nach.
b) Erklärt, welche Ziele die Alliierten mit den Prozessen verfolgten.

4 **a)** Beschreibe den Ablauf der „mechanischen Entnazifizierung" (M3). Nimm die Arbeitsschritte auf S. 188 zu Hilfe.
b) Erkläre, welche Haltung der Karikaturist zum Prozess der Entnazifizierung einnimmt.

M3 *„Schwarz wird weiß oder mechanische Entnazifizierung", Karikatur von Max Radler, 1946.*
Die Unschuldslämmer ziehen an der bayerischen Regierung und einem Kirchenvertreter (Bildmitte, auf der Kanzel) vorbei.
Auf dem Schriftband an der Wand steht: „Über einen reuigen Sünder ist mehr Freude als über 10 Gerechte." (einem Gleichnis in der Bibel ähnelnd, Lukas 15). Auf der Trommel steht „Entnazifikator".

L Die Entwicklung in der Sowjetischen Besatzungszone

Bereits vor der Potsdamer Konferenz unternahm die Sowjetische Militäradministration (SMAD) in ihrer Besatzungszone erste Maßnahmen zur Neugestaltung von Politik und Wirtschaft.

- ***Welche Ziele verfolgte die Sowjetunion in ihrer Zone und wie setzte sie diese um?***
- ***Stelle Ziele und Ergebnisse in einer Tabelle gegenüber.***

M 1

Aufruf der KPD am 11. Juni 1945:
Wir sind der Auffassung, dass der Weg, Deutschland das Sowjetsystem aufzuzwingen, falsch wäre, denn dieser Weg entspricht nicht den gegenwärtigen Entwicklungsbedingungen in Deutschland. Wir sind vielmehr der Auffassung, dass die entscheidenden Interessen des deutschen Volkes in der gegenwärtigen Lage für Deutschland einen anderen Weg vorschreiben, und zwar den Weg der Aufrichtung eines antifaschistischen-demokratischen Regimes, einer parlamentarisch-demokratischen Republik mit allen demokratischen Rechten für das Volk.
... Wir Kommunisten rufen alle Werktätigen, alle demokratischen und fortschrittlichen Kräfte des Volkes zu diesem großen Kampf für die demokratische Erneuerung Deutschlands, für die Wiedergeburt des Landes, auf!

*Zit. nach Thüringer Volkszeitung Nr. 1, Organ der Kommunistischen Partei Deutschlands, Bezirk Großthüringen vom 3. Juli 1945.**

M 2

Anweisungen von Walter Ulbricht 1945 über den Aufbau von Verwaltungen:
Die Bezirksverwaltungen müssen politisch richtig zusammengestellt werden. Kommunisten als Bürgermeister können wir nicht brauchen ... Die Bürgermeister sollen in den Arbeiterbezirken in der Regel Sozialdemokraten sein. In den bürgerlichen Vierteln müssen wir an die Spitze einen bürgerlichen Mann stellen, einen, der früher dem Zentrum, der Demokratischen oder Deutschen Volkspartei angehört hat. Am besten, wenn er ein Doktor ist; er muss aber gleichzeitig auch Antifaschist sein und ein Mann, mit dem wir gut zusammenarbeiten können ... Der erste stellvertretende Bürgermeister, der Dezernent[1] für Personalfragen und der Dezernent für Volksbildung – das müssen unsere Leute sein. Dann müsst ihr noch einen ganz verlässlichen Genossen in jedem Bezirk ausmachen, den wir für den Aufbau der Polizei brauchen ... Es ist doch ganz klar: Es muss demokratisch aussehen, aber wir müssen alles in der Hand haben!

*Zit. nach Wolfgang Leonhard, Die Revolution entlässt ihre Kinder, 7. Aufl., Köln (Kiepenheuer & Witsch) 2005, S. 356.**

[1] *Beamter mit Entscheidungsbefugnissen*

Die sowjetische Besatzungspolitik

Die Politik der Sowjetunion (UdSSR) war darauf ausgerichtet, dass von Deutschland nie mehr eine Bedrohung ausgehen könne. Noch während der letzten Kämpfe in Berlin kamen nach Moskau geflohene Kommunisten in die Hauptstadt zurück. Sie waren geschult worden, den Aufbau des Sozialismus nach sowjetischem Vorbild durchzusetzen. An der Spitze der bekanntesten Gruppe stand der spätere Staatsratsvorsitzende der DDR, Walter Ulbricht.

Neben den beiden Arbeiterparteien KPD und SPD entstanden weitere Parteien. Diese konnten sich jedoch nicht frei entfalten, da sie in der Mitte Juli 1945 gegründeten „Einheitsfront der antifaschistisch-demokratischer Parteien" („Antifa-Block"), in der die KPD die Führungsrolle innehatte, zusammengefasst wurden.

Die Gründung der SED

Gegen den Widerstand von Teilen der SPD, die in der SBZ zunehmend in ihrer politischen Arbeit behindert wurde, erfolgte im April 1946 die Zwangsvereinigung der beiden Arbeiterparteien KPD und SPD zur neuen „Sozialistischen Einheitspartei Deutschlands" (SED). Das erklärte Ziel der SED-Führung war der Aufbau des Sozialismus. Dazu war nach Ansicht der SED eine ständige Kontrolle aller gesellschaftlichen Bereiche und eine dauernde Einwirkung auf die Bürger nötig.

M 3

Plakat zur Bodenreform, 1945
Junker: Großgrundbesitzer

M 4

Abbau von Industrieanlagen (Demontage) in Ost und West:

	SBZ	Westzonen
Wert der Industrieanlagen in Milliarden Reichsmark	6,1	2,7
Kapazitätsverlust	≈ 30 %	≈ 3 %
Betriebe	≈ 3600	≈ 680
Demontagestopp	Anfang 1954	Ende 1950

Zahlen vom Verfasser aus verschiedenen Statistiken zusammengestellt.

Bodenreform und Verstaatlichungen

Zu den ersten Maßnahmen der sowjetischen Militärbehörde in der Sowjetischen Besatzungszone (SBZ) gehörte die entschädigungslose Enteignung von Banken, Betrieben, Unternehmern und Großgrundbesitzern. Die Neuverteilung der landwirtschaftlichen Flächen stand unter dem Motto „Junkerland in Bauernhand". Diese Bodenreform war sowohl eine Entnazifizierungsmaßnahme wie eine Strukturreform: Unter den Großgrundbesitzern befanden sich ehemalige NS-Größen, die nun enteignet wurden, um das Land an Kleinbauern, landlose Bauern und Umsiedler zu übergeben. Die Enteigneten wurden vertrieben, verhaftet, viele von ihnen in sowjetische Arbeitslager verschleppt. Wirtschaftlich war diese Bodenreform nicht erfolgreich. Die viel zu kleinen Betriebe ermöglichten keine gesicherten Existenzgrundlagen. Ab 1952 erfolgte daher der Zusammenschluss von Bauernhöfen zu Landwirtschaftlichen Produktionsgenossenschaften (LPG), die dann von den Bauern gemeinsam bewirtschaftet wurden.
Nach dem Muster der LPGs erfolgte die Auflösung und Umwandlung der Industriebetriebe in „Volkseigene Betriebe" (VEB). So wollte man zu einer Gesellschaft der Gleichheit und der Gerechtigkeit gelangen. Der wirtschaftliche Aufschwung ließ jedoch auf sich warten, da viele Betriebe zerstört waren und funktionierende Produktionsanlagen demontiert und als Reparationen in die Sowjetunion transportiert wurden.

Übertrage die folgende Tabelle zur Besatzungspolitik der Sowjetunion in dein Heft und fülle sie mithilfe der nachfolgenden Arbeitsaufträge aus:

	Ziele	*Maßnahmen*
politische	...	...
wirtschaftliche	...	...

1 **a)** Wiederhole die GB „Kommunismus" und „Sozialismus". Überprüfe, welche Informationen du daraus für das Ausfüllen der Tabelle benötigst.
b) Beschreibe das Demokratiemodell, das laut dem Aufruf der KPD (M1) in Deutschland umgesetzt werden soll.
c) Ergänze weitere politische Ziele (DT).
d) Nimm Stellung zu dem Aufruf der KPD. Beziehe dazu die Aussage von Walter Ulbricht in M2 (Z. 18–20) mit ein.

2 **a)** Ordne die von der SMAD ergriffenen Maßnahmen den einzelnen Zielen zu (M2, DT).
b) Erläutere, wie die Maßnahmen begründet wurden.

3 Ergänze nun die Tabelle mit den wirtschaftlichen Zielen und Maßnahmen (M3, DT). Füge auch hinzu, ob die angestrebten Ziele erste Erfolge zeigten (M4, DT).

4 **Zusatzaufgabe:** Ordne die einzelnen Maßnahmen der SMAD den Beschlüssen der Potsdamer Konferenz zu. Lies nach auf S. 123.

Die Entwicklung in den Westzonen

In den Westzonen waren die Siegermächte bestrebt, eine demokratische Ordnung zu schaffen. Die Amerikaner forderten zudem, dass den Deutschen wieder die Hauptverantwortung für ihre Angelegenheiten übertragen werden sollte. Erarbeitet,

- ***wie der Neubeginn des politischen Lebens in den westlichen Zonen aussah (Gruppe A),***
- ***welche Veränderungen es im wirtschaftlichen Bereich gab (Gruppe B).***

A

M1 *Wahlplakate von Parteien, die 1946/47 bei Gemeinde- und Landtagswahlen um Wähler warben*

M2

Gesamtergebnis der Landtagswahlen 1946 in den drei Westzonen (ohne Berlin und Saarland):

CDU/CSU	37,7 %
SPD	35,0 %
Liberale	9,5 % (ab 1948 FDP)
KPD	9,4 %

Nach Klaus Wasmund, Politische Plakate aus dem Nachkriegsdeutschland, Frankfurt a. M. (Fischer) 1986, S. 57.

Der Neubeginn des politischen Lebens

In den Westzonen ließen die Besatzer Parteien und Verbände zunächst nur auf örtlicher Ebene zu (siehe S. 125). Die SPD und KPD wurden wieder begründet. Neue Parteien waren die liberale FDP (Freie Demokratische Partei), die CDU (Christlich-Demokratische Union) und die bayerische CSU (Christlich-Soziale Union). Um ein geordnetes politisches, gesellschaftliches und wirtschaftliches Leben zu ermöglichen, richteten die westlichen Alliierten Kommunalverwaltungen ein. An ihre Spitze beriefen sie nach Möglichkeit Gegner des NS-Regimes. Die Kommunalwahlen von 1946 waren ein erster Schritt zum Aufbau der Demokratie „von unten". Mit der Gründung von Ländern 1946/47 entstanden größere Verwaltungseinheiten (siehe S. 132 M1). Die Bevölkerung stimmte in Wahlen über die Zusammensetzung der Länderparlamente und die Annahme der Länderverfassungen ab (siehe S. 125).

Das Ziel der Amerikaner war die Errichtung einer deutschen Zentralregierung mit der Einbindung in ein westliches Bündnissystem. Die Briten wollten möglichst schnell die deutsche Wirtschaft stabilisieren, um angesichts der Not im eigenen Land die hohen Kosten für die Besatzung zu senken. Die Franzosen blockierten zunächst jede politische und wirtschaftliche Zusammenarbeit mit den Deutschen über die Zonengrenze hinweg – sie hatten zu viele negative Erfahrungen mit den Nachbarn gemacht. Dennoch waren sich die westlichen Alliierten darüber einig, in Deutschland ein demokratisches System auf der Grundlage freier Wahlen zu schaffen.

1 a) Teilt die Plakate (M1) unter euch auf und untersucht sie nach den Arbeitsschritten auf S. 19.
b) Erschließt aus den Plakaten die Probleme, die die Parteien zu lösen versuchten.

2 Notiert die Ziele der Westalliierten für einen politischen Neubeginn (M1, M2, DT).

B

Wirtschaftshilfe durch den Marshall-Plan

1947 stellte der längste und kälteste Winter des Jahrhunderts in Deutschland die Besatzungsmächte vor besondere Probleme. In Großbritannien musste das Brot rationiert werden, was während des gesamten Zweiten Weltkrieges nicht geschehen war, um die hungernden Deutschen in der britischen Zone zu versorgen. Amerikanische Hilfslieferungen und Lebensmittel aus Geldern der Vereinten Nationen in Höhe von zehn Millionen Dollar retteten viele Menschen in Mitteleuropa in den Nachkriegsjahren vor dem Hungertod. Dennoch blieb die Versorgungslage weiterhin angespannt.

Den Westmächten war klar, dass nur durch eine stabile Versorgungslage und die Aussicht auf eine funktionierende Wirtschaft das Modell „Freiheit und Demokratie" Anerkennung bei der deutschen Bevölkerung finden würde. Die USA entschlossen sich, den vom Kommunismus bedrohten Staaten Beistand zu leisten. Sie wollten durch wirtschaftliche und finanzielle Hilfe eine sowjetische Expansion eindämmen (siehe S. 149). Deshalb verkündeten die Amerikaner 1947 ein umfassendes wirtschaftliches Hilfsprogramm für Europa: Das „European Recovery Program" (ERP) im Wert von 13,3 Milliarden Dollar (heutiger Wert ca. 130 Mrd. Dollar). Davon entfielen 1,5 Milliarden auf Westdeutschland. Mit diesem Hilfsprogramm, das nach dem amerikanischen Außenminister auch Marshall-Plan genannt wurde, stellten die USA den europäischen Staaten Sach- und Geldmittel zum Wiederaufbau zur Verfügung. Die sowjetische Besatzungsmacht deutete dies als „imperialistische Strategie" und untersagte der SBZ wie auch den osteuropäischen Ländern die Teilnahme an dem Hilfsprogramm.

Mit dem Marshall-Plan wurde die Wirtschaft der USA gestärkt. Durch den Wiederaufbau in Europa fanden die amerikanischen Unternehmen neue Handelspartner. Die Hilfsgüter wurden fast ausschließlich in den USA produziert und vorwiegend über amerikanische Schiffsunternehmen transportiert.

1 a) Erarbeitet die Ziele der USA (DT).

b) Erklärt, welche Bedeutung der Marshall-Plan
- für die Westzonen
- für die von der Sowjetunion Besetzte Zone
- für die USA

hatte.

2 a) Untersucht die beiden Plakate (M3) mithilfe der Arbeitsschritte auf S. 19.

b) Vergleicht die Bewertung des Marshall-Plans in den beiden Plakaten (M3).

M3

Plakat (links) aus den westlichen Besatzungszonen, Plakat (rechts) aus der SBZ, 1947. Die Sowjetunion hatte ein ähnliches Hilfsprogramm eingeführt. Es war aber keineswegs so erfolgreich wie der Marshall-Plan.

Aufgaben für alle:

Gruppenarbeit: Je ein Team A mit einem Team B

1 a) Erklärt euch gegenseitig anhand der Materialien sowohl die politische als auch die wirtschaftliche Entwicklung der drei Westzonen.

b) Erstellt gemeinsam eine Tabelle:

	Ziele	*Maßnahmen*
politische	...	...
wirtschaftliche		

2 Vergleicht mit der Entwicklung in der SBZ (siehe S. 128/129). Bezieht auch M4 auf S. 129 mit ein.

War die Spaltung Deutschlands unausweichlich?

Die unterschiedlichen politischen wie auch die wirtschaftlichen Ausrichtungen in den westlichen Besatzungszonen und in der SBZ verschärften die Gegensätze zwischen den Besatzungsmächten und führten letztlich zu einem Auseinanderbrechen der Anti-Hitler-Koalition.

- *Untersuche, welche Maßnahmen die Spannungen verstärkten und zur späteren Spaltung Deutschlands führten.*

M 1

Deutschland unter den Besatzungsmächten 1945–1949

M 2

Aus den Memoiren des amerikanischen Diplomaten George F. Kennan, 1945:

Die Idee, Deutschland gemeinsam mit den Russen regieren zu wollen, ist ein Wahn ... Wir haben keine andere Wahl, als unseren Teil von Deutschland ... zu einer Form von Unabhängigkeit zu führen, die so befriedigend, so gesichert, so überlegen ist, dass der Osten sie nicht gefährden kann ... Besser ein zerstückeltes Deutschland, von dem wenigstens der westliche Teil als Prellbock[1] für die Kräfte des Totalitarismus wirkt, als ein geeintes Deutschland, das diese Kräfte wieder bis an die Nordsee vorlässt.

*George F. Kennan, Memoiren eines Diplomaten, 4. Aufl., Stuttgart (Goverts) 1968, S. 262f.**

[1] *soll die sowjetische Expansion verhindern*

M 3

Aus der Stuttgarter Rede des US-Außenministers James F. Byrnes vom 6. September 1946:

Die Vereinigten Staaten sind der festen Überzeugung, dass Deutschland als Wirtschaftseinheit verwaltet werden muss und dass die Zollschranken, soweit sie das Wirtschaftsleben ... betreffen, vollständig fallen müssen. Die jetzigen Verhältnisse in Deutschland machen es unmöglich, den Stand der industriellen Erzeugung zu erreichen, auf den sich die Besatzungsmächte als absolutes Mindestmaß einer deutschen Friedenswirtschaft geeinigt hatten ...

Wir treten für eine wirtschaftliche Vereinigung Deutschlands ein ... Das amerikanische Volk wünscht, dem deutschen Volk die Regierung zurückzugeben. Das amerikanische Volk will dem deutschen Volk helfen, seinen Weg zurückzufinden zu einem ehrenvollen Platz unter den freien und friedliebenden Nationen der Welt.

*Zit. nach www.byrnes-rede.de/index-php?id=3271 (Stand: 17. 06. 2021).**

M 4

„Zweie sind schon ein Verein – doch viere würden besser sein." Karikatur aus der britischen Zeitung „Daily Herald" vom 2. August 1946

Von der Bizone zur Trizone

Im September 1946 schlug US-Außenminister Byrnes vor, dass alle Besatzungszonen eine wirtschaftliche Einheit bilden sollten, um eine bessere Versorgung Deutschlands zu gewährleisten. Der sowjetische Außenminister wollte einer Vereinigung aber nur dann zustimmen, wenn ganz Deutschland nach den Vorgaben aus der SBZ gestaltet werden würde. Da auch Frankreich zögerte, vereinigten Anfang 1947 nur die USA und Großbritannien ihre Sektoren zur sogenannten Bizone. Gespräche mit der Sowjetunion, sich in der Deutschlandfrage zu einigen, scheiterten. Im März 1948 zog sich der sowjetische Vertreter aus dem Alliierten Kontrollrat zurück. Frankreich schloss sich im April 1949 der Bizone an, es entstand die Trizone. Mit diesem Zusammenschluss wurde ein weiterer Schritt zur Spaltung Deutschlands vollzogen. Die Westmächte fassten nun verstärkt die Gründung eines westdeutschen Staates, der ein „Bollwerk gegen den Kommunismus" darstellen sollte, ins Auge.

Währungsreform und Berlin-Blockade

Für den wirtschaftlichen Erfolg war die Einführung einer stabilen Währung unverzichtbar. Deshalb wurde in den Westzonen am 21. Juni 1948 eine Währungsreform mit Einführung der „Deutschen Mark" (DM) durchgeführt. Die neue Währung ermöglichte binnen Kurzem, dass sich die Geschäfte mit Waren füllten und die Bevölkerung der Westzonen Waren kaufen konnte, die bis zu diesem Zeitpunkt selbst auf dem Schwarzmarkt nur schwer zu erhalten waren.

Die Sowjetunion antwortete mit einer eigenen Währungsreform in der SBZ und mit der Blockade aller Zufahrtswege zu den Westsektoren Berlins am 24. Juni 1948. Der Plan, die Westmächte so zur Aufgabe ihrer drei Sektoren Berlins zu zwingen, scheiterte jedoch am Widerstandswillen der Berliner sowie den alliierten Hilfsmaßnahmen. Die Amerikaner und die Briten versorgten die 2,1 Millionen Westberliner bis zum Ende der Blockade im Mai 1949 über eine Luftbrücke, die zum Freiheitssymbol wurde. Sie bewirkte auch eine deutliche Verbesserung des Verhältnisses zwischen der westdeutschen Bevölkerung und den westlichen Alliierten; zugleich verschlechterte sich ihre Einstellung gegenüber der Politik der Sowjetunion.

M5

General Lucius D. Clay in einem Telegramm nach Washington am 13. Juni 1948:

We are convinced that our remaining in Berlin is essential to our prestige in Germany and in Europe. Whether for good or bad, it has become a Symbol of the American intent.

Zit. nach alu.army.mil/alog/issues/sepoct05/Berlinairlift.html (Stand: 20.10.2020).

1 a) Beschreibe die territoriale Entwicklung Deutschlands zwischen 1945 und 1949 (M1, M4, DT). Ziehe die Karte auf Seite 122 M1 hinzu.

Tipp: Haben sich die Außengrenzen zwischen 1945 und 1948 verändert? Welche Veränderungen erfuhren die Besatzungszonen? Welche Länder gehörten zur Bizone? Kannst du Veränderungen in Bezug auf Berlin feststellen?

b) Erarbeite, welche Ereignisse der jeweiligen Entwicklung zugrunde lagen (M1, DT).

c) Lege mit den Ergebnissen eine Zeitleiste an:

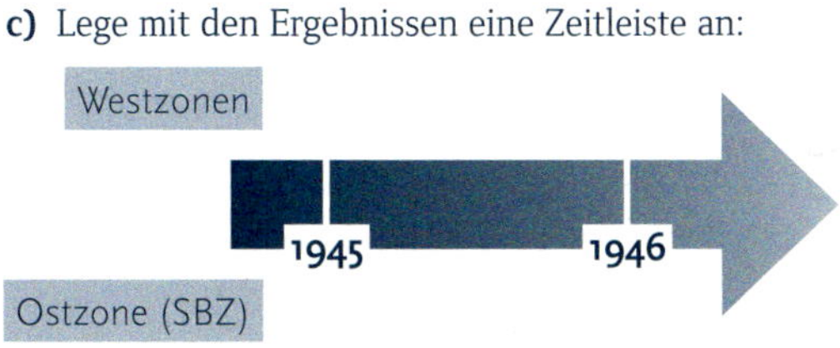

Tipp: Du kannst die Zeitleiste auch digital erstellen.

2 Partnerarbeit: Erarbeitet arbeitsteilig anhand von M2, M3 und M5 die Gründe der USA, sich für die Bildung eines westdeutschen Staates einzusetzen.

3 Erkläre Ursachen und Folgen der Berlin-Blockade (DT).

4 Diskutiert, ob die Spaltung Deutschlands unausweichlich war. Notiert euch vorbereitend jeweils einen Aspekt dafür bzw. dagegen, unterscheidet auch zwischen lang- und kurzfristigen Ursachen.

Tipp: Bezieht ideologische und wirtschaftliche Gegensätze mit ein.

Hinweis: Wenn du noch mehr über die Berliner Luftbrücke erfahren willst, lies nach auf den Seiten 178/179.

Die Gründung der Bundesrepublik Deutschland

Die Siegerstaaten USA und Sowjetunion zerstritten sich immer mehr. Eine wirtschaftliche und eine Währungseinheit hatte sich nur in den drei westlichen Besatzungszonen durchgesetzt. So strebten vor allem die britische und amerikanische Besatzungsmacht auch nach einer politischen Einheit in diesen drei Zonen.

- ***Wie gingen sie dabei vor und welche Interessen vertraten die deutschen Politiker in diesen Zonen? Welche Staatsform erhielt die Bundesrepublik?***

M 1

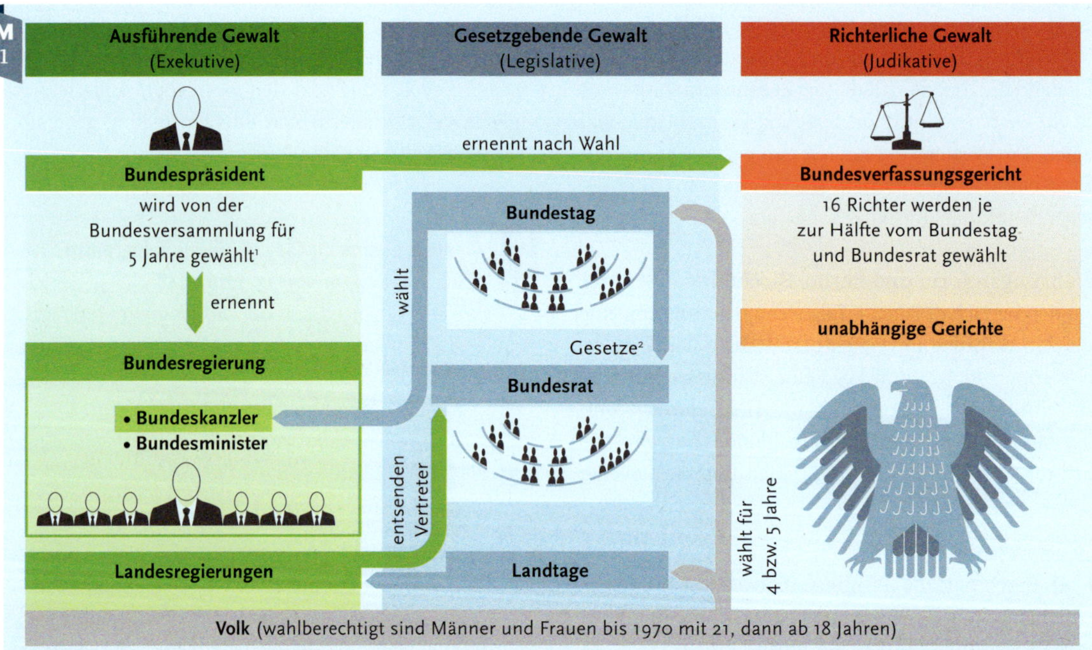

1 = Die Bundesversammlung setzt sich zusammen aus den Abgeordneten des Bundestages und einer gleich großen Anzahl von Vertretern der Länderparlamente. Sie wählt den Bundespräsidenten. Dieser ernennt die vom Bundeskanzler vorgeschlagenen Bundesminister.

2 = Der Bundespräsident fertigt Bundesgesetze durch seine Unterschrift aus und lässt sie durch Bekanntmachung im Bundesgesetzblatt verkünden.

Staatsaufbau der Bundesrepublik Deutschland 1949

M 2

Aus den Frankfurter Dokumenten, 1948:

Die Verfassunggebende Versammlung wird eine demokratische Verfassung ausarbeiten, die für die beteiligten Länder eine Regierungsform des föderalistischen Typs schafft, ... einen angemessenen Zentralismus schafft und die Garantien der individuellen Rechte und Freiheiten erhält.

*Zit. nach www.documentarchiv.de/brd/frftdok.html (Stand: 12. 06. 2020).**

Grundlegender Begriff: Grundgesetz

demokratische und menschenrechtsbasierte Verfassung der Bundesrepublik Deutschland aus dem Jahr 1949

Die Westzonen werden zur Bundesrepublik

Am 1. Juli 1948 übergaben die drei Westmächte den Ministerpräsidenten ihrer Zonen die sogenannten Frankfurter Dokumente. Diese enthielten den Auftrag, eine Verfassung für den neu zu gründenden Staat zu erarbeiten. Die Abgeordneten des „Parlamentarischen Rats“, 65 Vertreter der Länderparlamente, berieten über ein halbes Jahr lang den von Experten erarbeiteten Verfassungsentwurf. Sie hatten Bedenken gegen die Schaffung eines westdeutschen Teilstaates und verstanden daher das Werk als eine vorläufige Verfassung. Zur Unterstreichung des provisorischen Charakters hieß die Verfassung „Grundgesetz“. Nachdem alle Länderparlamente mit Ausnahme Bayerns, dem die neue Staatsordnung zu zentralistisch war, dem Entwurf zugestimmt und die alliierten Militärgouverneure diesen genehmigt hatten, trat das „Grundgesetz für die Bundesrepublik Deutschland" am 23. Mai 1949 in Kraft. Das Grundgesetz sollte dem „staatlichen Leben für eine Übergangszeit eine neue Ordnung geben". Vorangestellt wurde dem Text eine Präambel, in der das Ziel einer künftigen Wiedervereinigung Deutschlands verankert war. Bonn wurde mit knapper Mehrheit gegenüber Frankfurt am Main zur neuen Hauptstadt bestimmt. Zum ersten Kanzler der Bundesrepublik wurde am 15. September 1949 Konrad Adenauer (CDU) gewählt; das Amt des ersten Bundespräsidenten übernahm Theodor Heuss (FDP). Die Bundesrepublik war damit jedoch noch kein souveräner Staat. Die westlichen Siegermächte behielten – insbesondere in der Außenpolitik – die oberste Kontrollaufsicht, die im Besatzungsstatut* festgeschrieben wurde.

Grundlegendes Datum

1949 Gründung der beiden deutschen Staaten Bundesrepublik Deutschland (BRD) und Deutsche Demokratische Republik (DDR)

M 3

Aus der Regierungserklärung Konrad Adenauers (CDU) vom 20. September 1949:

Der Fortschritt gegenüber den Verhältnissen, die seit 1945 bei uns bestanden, auch gegenüber den Zuständen des nationalsozialistischen Reichs, ist groß. Zwar müssen wir uns immer bewusst sein, dass Deutschland und das deutsche Volk noch nicht frei sind, dass es noch nicht gleichberechtigt neben den anderen Völkern steht, dass es – und das ist besonders schmerzlich – in zwei Teile zerrissen ist. Aber wir erfreuen uns doch einer wenigstens relativen staatlichen Freiheit ...
Niemand kann bei uns, wie das im nationalsozialistischen Reich der Fall war, und wie es jetzt zu unserem Bedauern in weiten Teilen Deutschlands in der Ostzone der Fall ist, durch geheime Staatspolizei ... der Freiheit und des Lebens beraubt werden ...
Wenn wir auch kein Ministerium des Auswärtigen haben, so bedeutet das keineswegs, dass wir damit auf jede Betätigung auf diesem Gebiete Verzicht leisten ... Deutschland ist infolge Marshallplan, Besatzungsstatut ... enger mit dem Ausland verflochten als jemals zuvor ...
Durch die Denazifizierung ist viel ... Unheil angerichtet worden. Die wirklich Schuldigen an den Verbrechen, die in der nationalsozialistischen Zeit und im Kriege begangen worden sind, sollen mit aller Strenge bestraft werden. Aber im Übrigen dürfen wir nicht mehr zwei Klassen von Menschen in Deutschland unterscheiden: die politisch Einwandfreien und die Nichteinwandfreien ...
Und nun lassen Sie mich übergehen zu Fragen, die ... für unser gesamtes Volk Lebensfragen sind. Es handelt sich um ... die Oder-Neiße-Linie. Im Potsdamer Abkommen heißt es ausdrücklich ..., dass die endgültige Bestimmung der polnischen Westgrenzen bis zur Friedenskonferenz vertagt werden muss. Wir können uns daher unter keinen Umständen abfinden mit einer von Sowjetrussland und Polen später einseitig vorgenommenen Abtrennung dieser Gebiete ... Alles das soll im Rahmen der Europäischen Union – deren Mitglied wir möglichst bald zu werden wünschen – in Ordnung und Übereinstimmung gebracht werden.

*Zit. nach www.konrad-adenauer.de/quellen/erklaerungen/1949-09-20-regierungserklaerung (Stand: 12. 06. 2020)**

1 Untersuche M1 mithilfe der Arbeitsschritte S. 189.
Tipp: Wiederhole vorab die GB „Gewaltenteilung" „Parlament" und „Volkssouveränität".

2 Belege, dass sich die Vorgaben der Militärgouverneure (M2) in der Verfassung (M1) widerspiegeln. Siehe dazu auch S. 109.

3 **a)** Gib die Präambel des Grundgesetzes von 1949 mit eigenen Worten wieder (Internet).
b) Erkläre, weshalb die Verfassung als „Grundgesetz" bezeichnet wurde (DT).

4 Analysiere M3 mithilfe der Arbeitsschritte auf S. 188.

5 **Zusatzaufgabe:** Unter dem in M3 angegebenen Link findest du die Mitschrift der Rede. Zeige anhand von zwei Beispielen auf, welche zusätzlichen Informationen du daraus erhältst.

6 Ergänze die Zeitleiste von S. 133, Aufgabe 1c) mit den Stationen, die zur Gründung der Bundesrepublik führten (DT, GD und GB).

Die Gründung der Deutschen Demokratischen Republik

Als Reaktion auf die Gründung der Bundesrepublik Deutschland im Mai 1949 veranlasste die Sowjetunion die Umwandlung ihrer Besatzungszone in die Deutsche Demokratische Republik (DDR). Sie erfolgte am 7. Oktober 1949.

- ***Welche Schritte führten zur Gründung der DDR und wer übernahm die Herrschaft?***

M1

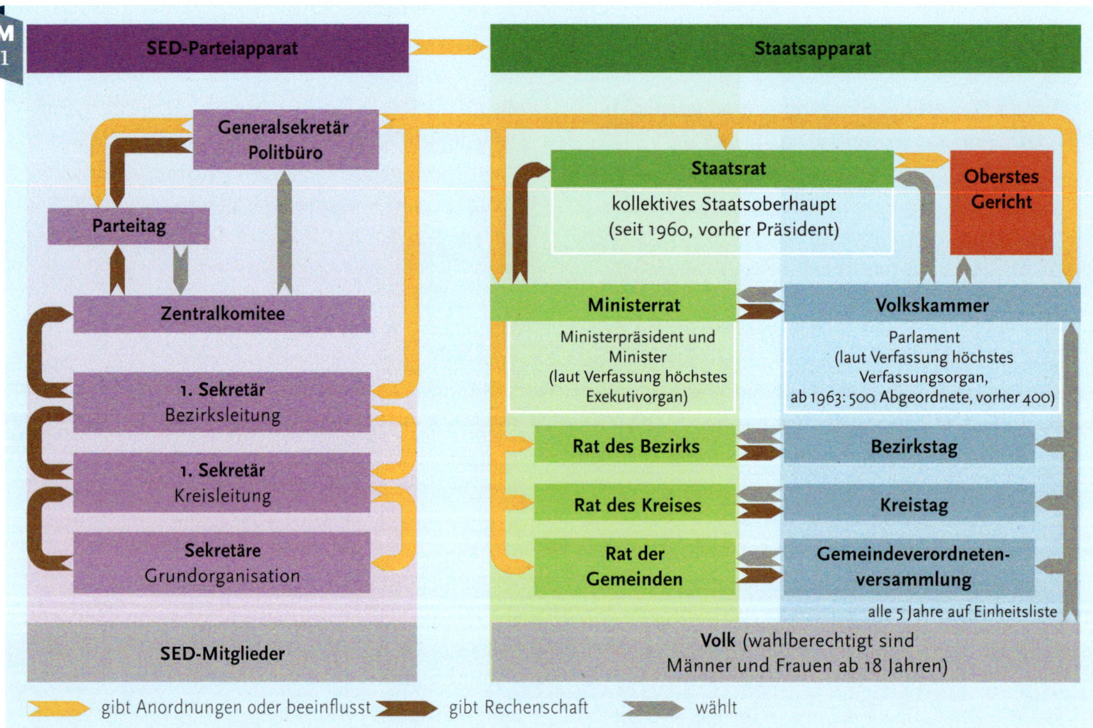

Staatsaufbau und Herrschaftsverhältnisse in der Deutschen Demokratischen Republik bis 1989

Staatsgründung im Osten

Die SED veranstaltete von 1947 bis 1949 drei Volkskongresse, auf denen eine Verfassung für ganz Deutschland ausgearbeitet werden sollte. Nach der Gründung der Bundesrepublik Deutschland am 23. Mai 1949 verabschiedete der letzte der drei Volkskongresse Ende Mai 1949 die Verfassung der DDR auf Grundlage eines SED-Entwurfs. Sie setzte den kommunistischen Herrschaftsanspruch fest und trat am 7. Oktober 1949 in Kraft. Über die Verfassung gab es keine Volksabstimmung.

Präsident wurde Wilhelm Pieck, Ministerpräsident Otto Grotewohl, beide SED-Vorsitzende. Wie in der Bundesrepublik lag in der DDR die oberste Entscheidung in zentralen Fragen der Politik bei der Besatzungsmacht. Ähnlich wie das Grundgesetz sollte auch die DDR-Verfassung nur provisorischen Charakter haben, um als Vorlage für ein angestrebtes vereintes Deutschland zu gelten.

Die Verfassung der DDR – eine demokratische Ordnung?

Die Verfassung glich äußerlich denen der westlichen demokratischen Staaten. Sie enthielt die Festlegung der Einhaltung der Grundrechte, gab die Grundsätze der allgemeinen, gleichen, unmittelbaren und geheimen Wahlen der Abgeordneten an und legte auch die Mitsprache der Länder fest. In der Praxis hatte die Verfassung jedoch keine Bedeutung. Die SED-Führung beschloss am

17. Oktober 1949, alle Gesetze von ihrer Zustimmung abhängig zu machen. Damit wurden Regierung und Parlament zu Ausführungsorganen der SED. Die Wahl der Volkskammer erfolgte nach einer „Einheitsliste"* mit bereits vor der Wahl festgelegter Sitzverteilung.

Die SED kontrollierte alle Bereiche der Gesellschaft. Da keine unabhängige Justiz existierte, konnte die Berufung auf die Grundrechte der Verfassung für den Einzelnen aussichtslos sein. Das eigentliche Machtzentrum der DDR bildete das Politbüro der SED mit Walter Ulbricht als Generalsekretär von 1950 bis 1971.

M 2

Auszug aus der Regierungserklärung Otto Grotewohls (SED) vom 7. Oktober 1949:

Als die Sowjetregierung feststellen musste, dass infolge ... der mit Bildung des separaten Weststaates vollzogenen Spaltung Deutschlands eine neue Lage entstanden war, die neue grundlegende Entscheidungen erforderlich machte, hat die Sowjetregierung nicht gezögert, ... dem deutschen Volke die im Potsdamer Abkommen zugebilligten Rechte zu gewähren ... Die befreiende Tat der Sowjetunion, die uns die Bildung einer eigenen deutschen Regierung ermöglichte, verpflichtet uns, in Zukunft noch mehr als bisher für die Freundschaft mit der Sowjetunion einzutreten ... Die Politik des Friedens und der Freundschaft zur Sowjetunion findet ihre Ergänzung im Verhältnis ... mit unseren Nachbarn, dem neuen Polen und der Tschechoslowakischen Republik ... Die Oder-Neiße-Grenze ist für uns eine Friedensgrenze, die ein freundschaftliches Verhältnis mit dem polnischen Volke ermöglicht ...
Die Größe der ... Gefahren, die das deutsche Volk bedrohen, erfordert eine neue Art der Beziehungen zwischen den Parteien ..., erfordert enge, freundschaftliche Zusammenarbeit und Einmütigkeit in den Beschlüssen und Handlungen ...
Während sich in Westdeutschland die Anzeichen der herannahenden Wirtschaftskrise bemerkbar machen, ... ist es uns dank der Hilfe der Sowjetunion ... gelungen, unsere Wirtschaft von der krisenhaften Entwicklung der kapitalistischen Welt freizuhalten ... Wir sind an unseren Aufbau herangegangen, ohne uns durch Dollarkredite in die Abhängigkeit ausländischer Finanzkreise zu begeben.

*Zit. nach Otto Grotewohl, Im Kampf um die einige Deutsche Demokratische Republik, Reden und Aufsätze, Bd. 1: 1945 bis 1949, Berlin (Dietz Verlag) 1954 f., S. 521–526.**

M 3

Der Historiker Stefan Wolle über den 7. Oktober 1949, den Gründungstag der DDR:

Die Kinder hatten schulfrei bekommen ... Die Funktionäre der SED erklärten die Bedeutung der geschichtlichen Stunde. Ein Staat des Friedens sei nun entstanden, der den Spaltern in Bonn entgegentreten würde. Die Einheit Deutschlands wurde beschworen und die Freundschaft zur großen ruhmreichen Sowjetunion betont. Danach sollten die Schüler unter Leitung der Lehrer selbstgemalte Bilder und Friedenstauben an die Fensterscheiben kleben oder mit herbstlichem Laub die Porträts von Josef Stalin schmücken. Die Bilder der neuen Staatsmänner Pieck, Grotewohl und Ulbricht waren noch nicht geliefert worden.

*Stefan Wolle, Der große Plan: Alltag und Gesellschaft in der DDR, Berlin (Ch. Links Verlag) 2013, S. 22.**

1 Untersuche M1 mithilfe der Arbeitsschritte S. 189.

2 Vergleiche M1 mit M1 auf S. 134 hinsichtlich der Gewaltenteilung.

3 **a)** Erarbeite die Kernaussage von M2. Nutze die Arbeitsschritte auf S. 188.
b) Gib wieder, wie diese Gedanken den Schulkindern vermittelt wurden (M2, M3).

4 Ergänze die Zeitleiste auf S. 133, Aufgabe 1c) mit den Stationen, die zur Gründung der DDR führten.

5 **Zusatzaufgabe:** Auch Schulbücher stellen eine bestimmte Sichtweise auf Geschichte dar. Suche im DT nach Anhaltspunkten, dass es sich hier um eine bestimmte Sichtweise handelt.
Tipp: Spiegelt der Verfasser etwas aus deiner Sicht Negatives positiv wider? Zum Beispiel: Wie kommentiert er die Nichtbeteiligung der Bevölkerung an den Entscheidungen der DDR?

L 1945 – Kriegsende und Neuanfang?

Als am 8. Mai 1945 der Weltkrieg endete, sahen sich viele von der NS-Herrschaft befreit, andere wiederum empfanden das Ende als Niederlage. Alle traf der Zusammenbruch in ihrer Existenz. Sie stellten sich die Frage: Wie soll das Leben weitergehen? Konnte man neu beginnen, die Vergangenheit zurücklassen?

- *Erörtere, wo es Neuanfänge gab und wo sich Kontinuitäten zeigten.*

M 1

Der Journalist Heinrich Jaenecke beschreibt 2002, was viele Menschen in Deutschland bei Kriegsende empfanden:

Die Mehrheit der Deutschen war tief bedrückt ... Von „Befreiung“ zu sprechen, kam niemandem in den Sinn. Die gängige Begriff für das Kriegsende hieß „Zusammenbruch“ – ... Es spiegelte wider, was die meisten empfanden: Die Stunde Null war der Absturz ins Nichts, materiell und psychisch ... Die Städte in Trümmern, Millionen in Notunterkünften oder im Land umherirrend: Ausgebombte, Evakuierte, Vertriebene, zerrissene Familien ... „Alles verloren“ war der immer wiederkehrende Refrain eines Massenschicksals. Es gab nichts mehr, an dem man Halt finden und sich aufrichten konnte ... Die Besatzungsmächte hatten die uneingeschränkte Befehlsgewalt über das Territorium des Gegners übernommen ... Die Enttrümmerung der Städte war eine gigantische Aufgabe, aber die Schuttbeseitigung in den Köpfen war schwerer ... Die „Entnazifizierung“ war eine oberflächliche Säuberung der Verwaltung und der öffentlichen Dienste. „Mitläufer“ gewesen zu sein, war keine Schande.

*Heinrich Jaenecke, Die Stunde Null. In: GeoEpoche 102/2020, S. 28–30.**

M 2

Soldat vor dem brennenden Reichstag, Titelseite des „Spiegels“, 2/1985

M 3

Der Historiker Hans-Ulrich Wehler über das Denken der Deutschen nach 1945:

Der Bann des charismatischen „Führers“ war 1945 endgültig gebrochen worden, nachdem der Selbstmörder ein bis dahin unvorstellbares Chaos heraufgeführt hatte. Trotzdem: Da der Hitler-Mythos ... viel tiefer verankert war, als mancher Kritiker der Führerschaft später wahrhaben wollte, ist seine Ausstrahlungskraft nicht über Nacht erloschen. Die ersten Meinungsumfragen ergaben, dass Hitlers Leistungen in den sechs Friedensjahren noch rundum auf Anerkennung trafen. Im Sommer 1952 etwa hielt ihn ein Drittel der Befragten für einen „großen Staatsmann“, ein weiteres Viertel besaß eine „gute Meinung“ von ihm. Auch 1955 glaubte immerhin fast die Hälfte (48 Prozent), dass Hitler ohne den Krieg als einer „der großen deutschen Staatsmänner“ dagestanden hätte.

*Hans-Ulrich Wehler, Deutsche Gesellschaftsgeschichte, Bd. 4. Vom Beginn des Ersten Weltkriegs bis zur Gründung der beiden deutschen Staaten 1914–1949, München (C. H. Beck) 2003, S. 981f.**

M 4

„Bruchlose" Karrieren:

Hans Globke (1898–1973): Mitverfasser der „Nürnberger Gesetze". Ab 1949 im Bundeskanzleramt tätig und einflussreichster Berater von Bundeskanzler Konrad Adenauer.

Josef Neckermann (1912–1992): Der Mann, der mit seinem 1948 gegründeten Versandhandel zu einem Symbol des Wirtschaftswunders wird, verdankt seine ersten Erfolge als Kaufmann der Enteignung jüdischer Unternehmen. Nach dem Krieg wurde Neckermann als „Mitläufer" eingestuft und musste laut richterlichem Beschluss Abfindungen an die Geschädigten zahlen; Kritik an den unrechtmäßigen Aneignungen blieb.

Otmar Freiherr von Verschuer (1896–1969): Der Mediziner forschte ab 1935 über „unwertes Leben"; enge Zusammenarbeit mit Josef Mengele, Lagerarzt in Auschwitz, der berüchtigt war für seine grausamen Menschenversuche, die meist tödlich endeten. Ab 1951 Professor der Medizinischen Fakultät in Münster.

Vom Verfasser nach verschiedenen Quellen zusammengestellt.

M 5

Die Historikerin Julia Angster 2004 über die ersten Nachkriegsjahre:

Im Mai 1945 endete der Krieg und die nationalsozialistische Herrschaft brach zusammen. Es zeigte sich aber bald, dass die „Stunde Null", der vollkommene Bruch mit allem Vorangegangenen, den viele Zeitgenossen ... zu erleben glaubten, nicht stattgefunden hatte. Zu groß waren die Kontinuitäten in manchen Bereichen, zu deutlich der Rückgriff auf die Weimarer Zeit ... Und auch wenn fast alle politischen Richtungen in den ersten Jahren des Wiederaufbaus nach einer Neuordnung der Verhältnisse strebten ..., so erwiesen sich doch die wirtschaftlichen, bürokratischen und gesellschaftlichen Strukturen als widerstandsfähig. Sie hatten schließlich im Großen und Ganzen auch die Zeit des „Dritten Reiches" überstanden. Anders verhielt es sich bei den politischen Strukturen. Hier gab es ... einen Neuanfang. Mit der bedingungslosen Kapitulation des Deutschen Reiches ... endete jegliche deutsche Staatlichkeit.

*Jutta Angster, Ankunft im Westen: Die Bundesrepublik Deutschland. In: Edgar Wolfrum, Die Deutschen im 20. Jahrhundert, Darmstadt (Primus) 2004, S. 27.**

Verfasse eine Erörterung zu „Kontinuität und Wandel nach 1945". Folgende Arbeitsaufträge helfen dir dabei:

1 Übertrage die folgende Tabelle in dein Heft:

	Kontinuität	*Wandel*
Staat		
Politik/Parteien		
Entnazifizierung		
Einstellung zur NS-Diktatur		
Alltag/Familie		
Wirtschaft		
Flucht/Vertreibung		

2 Erarbeite aus M1–M5 mögliche Argumente für einen Wandel bzw. Kontinuität nach 1945 und trage sie entsprechend ein.

Tipp: Nicht immer enthält das Material nur Argumente für eine Seite.

3 Ordne mithilfe deines historischen Wissens aus den letzten Stunden den einzelnen Punkten Belege und Beispiele zu. Du kannst auch weitere Aspekte hinzufügen.

Tipp: Nimm deine Hefteinträge zu Hilfe.

4 Arbeite nun deine Erörterung aus.

a) Erörterungen beginnen oft mit einem Zitat. Suche dir ein passendes aus:

- Josef Stalin beschrieb 1945 Deutschland als ein „zerschlagenes Land", „das keine Regierung und keine festgelegten Grenzen" mehr habe. Es stellt sich nun die Frage, ...
- Die Historikerin Helga Haftendorn beginnt ihr Buch über die deutsche Außenpolitik nach 1945 mit dem Satz „Am Anfang waren die Alliierten". Das würde für einen kompletten Neuanfang im Jahr 1945 sprechen. Deshalb stellt sich nun die Frage, ...

b) Formuliere für den Hauptteil zwei Argumente aus.

c) Überlege dir einen treffenden Schluss für deine Erörterung, indem du z. B. statt „Stunde Null" einen passenden Begriff vorschlägst.

1945 | 1946 | 1947

8./9. Mai bedingungslose Kapitulation Deutschlands

17. Juli–2. August Potsdamer Konferenz: Deutschland wird in Besatzungszonen aufgeteilt

ab November 1945 Nürnberger Prozesse

April 1946 Zwangsvereinigung von SPD und KPD zur SED in der SBZ

1946 Verfassung des Freistaates Bayern

Januar 1947 Bildung der Bizone (USA und GB)

Deutschland und die Siegermächte 1945–1949

Flucht und Vertreibung aus den Ostgebieten

Ab dem Sommer 1944 flüchteten viele Deutsche aus den Ostgebieten vor den anrückenden sowjetischen Truppen. Mit Kriegsende im Frühjahr 1945 setzte auch die Vertreibung von Deutschen aus der Tschechoslowakei und Polen ein. Dieser Prozess ging häufig mit Racheakten vonseiten der einheimischen polnischen und tschechischen Bevölkerung sowie der russischen Soldaten einher. Über 14 Millionen Menschen mussten ihre Heimat verlassen, etwa zwei Millionen Menschen starben bei **Flucht und Vertreibung**.

Kriegsende 1945

Mit der Unterzeichnung der bedingungslosen Kapitulation der deutschen Wehrmacht am 8. und 9. Mai 1945 endete der Zweite Weltkrieg in Europa. Die Siegermächte besetzten ein weitgehend zerstörtes Land. Es gab keine intakten Verkehrswege; Wasser-, Gas- und Stromleitungen funktionierten nicht mehr. Etwa zwei Drittel der Bevölkerung war unterwegs, evakuiert, vertrieben, auf der Flucht. Die Sorge um das tägliche Überleben, die Suche nach Familienangehörigen und die notdürftige Wiederherstellung von Wohnraum bestimmten das Leben. Zugleich empfanden viele Menschen ein Gefühl der Befreiung von Zwangsherrschaft und Krieg. Während viele Zeitgenossen den Neuanfang als „Stunde Null“ wahrnahmen, sprechen heutige Historiker von einer „Zusammenbruchsgesellschaft“, die sowohl von Kontinuitäten als auch vom Wandel gezeichnet war.

Was wird aus Deutschland?

Im Juli/August 1945 fand die **Potsdamer Konferenz** statt. Die „Großen Drei“, die Staatschefs Truman (USA), Stalin (UdSSR) und Churchill/Attlee (GB) verhandelten in Potsdam über die Zukunft Deutschlands. In ihrer Abschlusserklärung formulierten sie mit den „fünf Ds“ (Demilitarisierung, Denazifizierung, Demokratisierung, Dezentralisierung, Demontage) ihre Pläne. Deutschland wurde in vier Besatzungszonen aufgeteilt. Frankreich erhielt erst im Anschluss an die Konferenz den Status einer Besatzungsmacht. Die oberste Gewalt lag bei der jeweiligen Besatzungsmacht. Konflikte zwischen den Besatzern entwickelten sich nicht nur über die Höhe der Reparationen, sondern auch über die Ostgrenze Deutschlands. Die UdSSR hatte bereits die ehemaligen deutschen Gebiete jenseits der Oder-Neiße-Linie unter die eigene oder die polnische Verwaltung gestellt. Eine endgültige Regelung sollte in einem künftigen Friedensvertrag getroffen werden.

Im Sinne der Denazifizierung fanden ab November 1945 in Nürnberg die Prozesse gegen die Hauptkriegsverbrecher statt. In den Besatzungszonen verlief die **Entnazifizierung** der Deutschen unterschiedlich streng und lang. Insbesondere im Westen, aber auch im Osten kamen zahlreiche Täter ungestraft davon und erlangten teilweise wieder hohe Ämter. Neben der Entnazifizierung sorgten auch die hohen Demontagen, insbesondere in der SBZ, für Kritik der Deutschen.

Politischer Neubeginn in Deutschland

Im Sinne der Demokratisierung entstanden in den Westzonen 1945 politische Parteien. Bei den ersten Kommunalwahlen setzten sich überlegen CDU und SPD durch. Die Alliierten sorgten mit der Gründung neuer Länder für größere Verwaltungseinheiten. Die Bevölkerung, so auch in Bayern, stimmte in Wahlen über die Länderparlamente und die Länderverfassungen ab. Bayern sollte Teil eines künftigen deutschen Bundesstaates werden und erhielt den Auftrag, eine Verfassung auszuarbeiten. Im Dezember 1946 stimmten über 70 Prozent der Bürger

1948

1949

ab 1948 Marshall-Plan der USA für Europa (wirtschaftliche Aufbauhilfe) und Gegenprogramm der UdSSR

Juni 1948 Währungsreform in den Westzonen und in der SBZ

Juni 1948–Mai 1949 Blockade Westberlins durch die sowjetische Besatzungsmacht; Luftbrücke der westlichen Alliierten

Juli 1948 „Frankfurter Dokumente": Auftrag zur Staatsgründung an die Ministerpräsidenten der Westzonen

April 1949 Bildung der Trizone (Bizone und frz. Zone)

1949 Gründung der beiden deutschen Staaten Bundesrepublik Deutschland (BRD) und Deutsche Demokratische Republik (DDR)

in Bayern für die Annahme der Verfassung. Bayerischer Ministerpräsident wurde Hans Ehard (CSU).

Die sowjetische Besatzungsmacht hatte schon vor der Potsdamer Konferenz zur Gründung von Parteien in ihrer Zone aufgerufen. Während jedoch in den Westzonen eine demokratische Ordnung entstand, war das langfristige Ziel der sowjetischen Besatzungspolitik, ein unter sowjetischem Einfluss stehendes Deutschland zu schaffen. Dazu sollten auch die Enteignung des Großgrundbesitzes und die Verstaatlichung wichtiger Industriebetriebe beitragen. So setzte die Sowjetunion in ihrer Besatzungszone im April 1946 die Zwangsvereinigung der KPD und SPD zur SED (Sozialistische Einheitspartei Deutschlands) durch. Sie bestimmte fortan alle Bereiche der Politik.

Die Spaltung Deutschlands zeichnet sich ab

Die Spannungen zwischen den Besatzungsmächten verschärften sich im Januar 1947 durch die Vereinigung der amerikanischen und britischen Zone zur Bizone. Die UdSSR sah darin eine Verletzung der Potsdamer Beschlüsse. Als die Amerikaner im Sommer 1947 den Marshall-Plan verabschiedeten, der die zerstörten europäischen Staaten beim Wiederaufbau der Wirtschaft unterstützen sollte, deutete die sowjetische Besatzungsmacht dies als „imperialistische Strategie" und untersagte der SBZ wie auch den osteuropäischen Ländern die Teilnahme an diesem Hilfsprogramm. Sie riefen ein ähnliches, aber wenig erfolgreiches Programm für ihren Einflussbereich ins Leben.

Die Staatsgründung in den westlichen Zonen wurde vor allem von den USA weiter vorangetrieben. In den Westzonen fand im Juni 1948 eine Währungsreform statt. Auf die Einführung der Deutschen Mark als neues Zahlungsmittel im Juni 1948 antwortete die Sowjetunion unmittelbar mit der Einführung einer eigenen Währung in ihrer Zone sowie mit der Blockade aller Zugangswege aus dem Westen nach Berlin. Die Blockade wurde erst im Mai 1949 aufgegeben. Im April 1949 entstand durch Beitritt Frankreichs zur Bizone die Trizone.

Die doppelte Staatsgründung

Auch der Konflikt um Berlin hatte gezeigt, dass eine einheitliche Deutschlandpolitik der vier Siegermächte nicht mehr möglich war. Die Befehlshaber der Westzonen überreichten daraufhin den Ministerpräsidenten ihrer drei Zonen am 1. Juli die „Frankfurter Dokumente" mit dem Auftrag, einen Verfassungsentwurf vorzulegen. Die Abgeordneten der Länderparlamente erarbeiteten diesen unter Aufsicht der Besatzer. Da sie Bedenken gegen die Schaffung eines westdeutschen Teilstaates hatten, nannten sie die neue Verfassung **Grundgesetz**. Die Verkündung des Grundgesetzes bedeutete am 23. Mai gleichzeitig die Staatsgründung der Bundesrepublik. Diese garantierte in ihrer Verfassung die Menschenrechte und eine parlamentarisch-demokratische Ordnung mit freien Wahlen sowie einem Mehrparteiensystem nach dem Vorbild westlicher Demokratien.

Der Staatsgründung in den westlichen Zonen folgte am 7. Oktober 1949 die Gründung der Deutschen Demokratischen Republik. Wilhelm Pieck (SED-Vorsitzender) wurde zum Präsidenten der DDR, Otto Grotewohl (SED) zum Ministerpräsidenten gewählt. In Artikel 1 der DDR-Verfassung hieß es: „Deutschland ist eine unteilbare demokratische Republik." Allerdings entsprach der Anspruch in der Verfassung nicht der Realität: Eine Gewaltenteilung existierte faktisch nicht und die Grundrechte wurden durch die Vorherrschaft der SED in allen Fragen eingeschränkt.

In diesem Kapitel konntest du folgende Kompetenzen erwerben:

- die Erkenntnis, dass Entscheidungen der Siegermächte zur Gründung zweier deutscher Staaten mit unterschiedlichen Systemen führten, nutzen, um einschätzen zu lernen, in welchem Ausmaß Weltpolitik sich auf das Leben der Menschen auswirken könnte
- Flucht und Vertreibung während und nach dem Zweiten Weltkrieg anhand von Quellen als drastischen Einschnitt in die Biografie der Betroffenen erkennen
- am Beispiel Bayerns die Situation der Menschen in Deutschland nach Kriegsende anhand unterschiedlicher Einflussfaktoren erklären
- Geschichtskarten auswerten, um die territorialen Entwicklungen vom Zweiten Weltkrieg bis zur doppelten Staatsgründung zu erklären
- die Frage, ob die deutsche Teilung vor dem Hintergrund alliierter Politik und der Lebenssituation in Deutschland unausweichlich war, diskutieren, dabei kurz- und langfristige Ursachen berücksichtigen
- Kontinuität und Wandel nach 1945 vor dem Hintergrund der alliierten Politik und der Lebenssituation in Deutschland in einer Argumentation erörtern

M 1

Flüchtlingsschicksale:

1 Familie S. aus Lemberg (heute Lviv in der Ukraine) im Osten Polens, muss nach Kriegsende ihre Heimat verlassen, da weite Teile Ostpolens sowjetisch werden. Sie warten, bedroht von ukrainischen Nationalisten, wochenlang auf Transportwaggons. Möbel und Vieh dürfen sie mitnehmen. Nach Monaten in Behelfsunterkünften weisen die polnischen Behörden ihnen das Haus einer vertriebenen deutschen Familie in Schlesien in der Nähe von Wrocław (Breslau) zu.

2 Elfriede F. flieht bei eisigen Temperaturen im Winter 1944 mit einem Pferdewagen und vier Kindern im Alter von 3 bis 11 Jahren aus Ostpreußen vor den sowjetischen Truppen nach Westen. Ein Kind stirbt an Erschöpfung auf der Flucht. Vom Hafen Kolberg in Pommern gelangen sie auf einem Schiff nach Kiel. Dort erfährt die Familie, dass ihr Vater an der Ostfront gestorben ist. Die Familie haust viele Jahre in einer Sammelunterkunft bei Hannover in einem einzigen Zimmer.

3 Herschel K., jüdischer Kaufmann aus Wilna und litauischer Staatsbürger, schließt sich den Partisanenkämpfern gegen die Deutschen an. Seine Familie wird ermordet, sein Haus beschlagnahmt. Ihm gelingt die Flucht zu den amerikanischen Truppen in Deutschland. Er erhält ein Visum für die USA.

4 Familie O., seit vielen Generationen als deutsche Bauern in Jugoslawien, wird mit Tausenden anderer Deutscher als „Naziunterstützer" von serbischen Nationalisten aus ihrem Haus vertrieben und findet eine neue Heimat in der Nähe von Ulm.

Vom Verfasser nach Quellen zusammengestellt.

M 2

Umbenennung einer Straße in Trier unter Aufsicht von US-Soldaten, Foto, Mai 1945. Die Adolf-Hitler-Straße wird wieder zur Bahnhofstraße.

M 3

Ereignisse

Verfassung des Freistaates Bayern – Potsdamer Konferenz – Zwangsvereinigung von KPD und SPD zur SED – Bildung der Bizone – Versenkung der „Wilhelm Gustloff" – bedingungslose Kapitulation – Beginn der Nürnberger Prozesse – Inkrafttreten der Verfassung der DDR – Währungsreform – Marshall-Plan – Bildung der Trizone – „Frankfurter Dokumente" – Grundgesetz

M 4 **Antwort der westdeutschen Ministerpräsidenten vom 10. Juli 1948 an die Westmächte nach der Aufforderung, eine Verfassung zu entwerfen:**

Die Ministerpräsidenten glauben jedoch, dass alles vermieden werden müsste, was dem zu schaffenden Gebilde den Charakter eines Staates verleihen würde, sie sind der Ansicht, dass ... zum Ausdruck kommen müsste, dass es sich lediglich um ein Provisorium handelt ... Die Ministerpräsidenten ... betonen, dass ihrer Meinung nach eine deutsche Verfassung erst dann geschaffen werden kann, wenn das gesamte deutsche Volk die Möglichkeit besitzt, sich in freier Selbstbestimmung zu konstituieren ... Die Einberufung einer Nationalversammlung und die Ausarbeitung einer deutschen Verfassung sollen zurückgestellt werden, bis die Voraussetzungen für eine gesamtdeutsche Regelung gegeben sind und die deutsche Souveränität in ausreichendem Maße wiederhergestellt ist. Die Ministerpräsidenten werden den Landtagen der drei Zonen empfehlen, eine Vertretung [Parlamentarischer Rat] zu wählen, die die Aufgabe hat, ein Grundgesetz für die einheitliche Verwaltung des Besatzungsgebietes der Westmächte auszuarbeiten.

*Zit. nach Theo Stammen, Einigkeit und Recht und Freiheit. Westdeutsche Innenpolitik 1945–1955, München (dtv) 1965, S. 181ff.**

M 5 **Der DDR-Historiker Heinz Heitzer zur Staatsgründung der DDR (1979):**

Die Bundesrepublik Deutschland war ein Ergebnis der Restaurations-und Spaltungspolitik der Westmächte ... sowie rechter Führer der SPD ... Mit der Bundesrepublik Deutschland entstand ein Staat, in dem erneut jene Klassenkräfte die Macht ausübten, die das deutsche Volk zweimal in die Katastrophe eines Weltkrieges gestürzt hatten ... Entschiedene Gegenmaßnahmen waren erforderlich, um den Frieden und die revolutionären Errungenschaften der Werktätigen in der sowjetischen Besatzungszone zu sichern. Ende September/Anfang Oktober 1949 forderten zahlreiche Werktätige, eine demokratische Regierung in Berlin zu bilden. Die SED beriet mit der Kommunistischen Partei der Sowjetunion die notwendigen Maßnahmen. Sie nahm mit den anderen Blockparteien[1] entsprechende Verhandlungen auf. Am 5. Oktober 1949 beschloss eine gemeinsame Tagung des Präsidiums des Deutschen Volksrates, ... den Deutschen Volksrat für den 7. Oktober 1949 einzuberufen.

*Heinz Heitzer, DDR – Geschichtlicher Überblick, Berlin-Ost (Dietz) 1979, S. 75f.**

[1] *Blockparteien waren die Parteien des Demokratischen Blocks unter Führung der SED in der Nationalen Front der DDR.*

Orientierungskompetenz

1 Wähle aus dem zurückliegenden Kapitel eine Abbildung (Foto/Plakat) aus, die deiner Meinung nach am besten zeigt, wie sich weltpolitische Rahmenbedingungen auf das Leben der Menschen auswirken können. Begründe deine Auswahl.

Sachkompetenz und Narrative Kompetenz

2 Belege an M1, dass Flucht und Vertreibung als drastische Einschnitte in die Biografien gelten (siehe auch S. 118–121 und GB).

3 Beschreibe, ausgehend von M2, den Prozess der Entnazifizierung im Nachkriegsdeutschland.

4 **a)** Ordne die Ereignisse aus M3 chronologisch.
b) Wähle diejenigen Ereignisse aus, die aus deiner Sicht besondere Bedeutung für die Teilung Deutschlands hatten. Wiederhole dabei auch die GD 1946 und 1949 sowie die GB „Potsdamer Konferenz“ und „Grundgesetz“.

Methodenkompetenz

5 Zeitzeugenaussagen sind wichtig, lassen aber auch viele Fragen offen. Fasse zusammen, worauf bei ihrer Analyse geachtet werden muss (siehe S. 120).

6 Erarbeite aus M4 Haltung und Ziele der Ministerpräsidenten hinsichtlich der Gründung eines westdeutschen Staates.

7 Suche und erläutere Formulierungen, an denen deutlich wird, dass es sich bei der Quelle M5 um eine Geschichtsdarstellung aus der DDR handelt.

Urteilskompetenz

8 Beurteile eine der folgenden Aussagen und begründe deine Meinung:
a) Es gab 1945 keine „Stunde Null“.
a) Spätestens 1947 war klar, dass die Besatzungsmächte sich über die Deutschlandfrage nicht einigen würden.

cornelsen.de/webcodes
Code: desuwa
Selbsteinschätzungsbogen

ATOMIC BOMB
WORLD CONTROL
WORLD DESTRUCTION

cornelsen.de/webcodes
Code: yuwive
Alle Darstellungstexte zum Anhören

5

Weltpolitik im Kalten Krieg

Gemeinsam hatten die USA und die Sowjetunion das nationalsozialistische Deutschland besiegt. Aus den Siegerstaaten wurden in den Jahren nach dem Zweiten Weltkrieg Feinde. Beide Supermächte entwickelten immer neue Waffen. Mehrfach stand die Welt am Rande eines Atomkrieges. Fast 50 Jahre bestimmte der Kalte Krieg die Weltpolitik. Dieser Begriff bezeichnet die militärische und ideologische Konfrontation zwischen den Staaten des „kapitalistischen Westens“ unter Führung der USA und den Staaten des „kommunistischen Ostens“ unter Führung der Sowjetunion.

Beschreibe, wie die Karikatur auf dich wirkt. Wie sieht der Karikaturist seine Zeit?

„Peace Today“, Karikatur von Rube Goldberg, 1948. Die Zeichnung wurde mit dem Pulitzerpreis ausgezeichnet, dem höchsten US-Medienpreis.

1945 | 1950 | 1950 | 1955 | 1960 | 1965

1947–1990/91 Kalter Krieg/Ost-West-Konflikt
Entkolonialisierung: Ende der europäischen Kolonialherrschaft in Afrika und Asien

1961/62 Kuba-Krise

1949 Gründung der NATO

1955 Gründung des Warschauer Pakts

1964–1973 militärisches Engagement der USA im Vietnamkrieg

1950–1953 Koreakrieg

1968 Atomwaffensperrvertrag (USA, GB und UdSSR)

8./9. Mai 1945 Kriegsende in Europa

1948/49 Berlin-Blockade

1949 Gründung der BRD und der DDR

1961 Bau der Berliner Mauer

Wie sehr prägte der Konflikt zwischen den beiden Supermächten USA und UdSSR die Weltpolitik nach dem Zweiten Weltkrieg?

Die ungleichen Verbündeten USA und Sowjetunion besaßen schon während des Zweiten Weltkrieges unterschiedliche Vorstellungen über eine Friedensordnung nach dem Krieg. Sie stellten ihre Meinungsverschiedenheiten jedoch so lange zurück, bis die gemeinsamen Kriegsgegner Deutschland und Japan besiegt waren.

Nach Kriegsende verstärkte sich die Auseinandersetzung. Es kam zur Bildung von zwei militärischen Blöcken, der NATO (North Atlantic Treaty Organization) im Westen und dem Warschauer Pakt im Osten. In Europa verlief die Grenze zwischen den Blöcken längs durch den Kontinent und teilte Deutschland (siehe S. 132 M1). Beide Seiten rüsteten auf. Ab 1949 verfügte auch die Sowjetunion über Atomwaffen. Die Unterstützung der Sowjetunion für die Befreiungsbewegungen in den europäischen Kolonien Afrikas und Asiens heizten den Konflikt erneut an. Zahlreiche durch die Entkolonialisierung neu entstandene Staaten gerieten zwischen die Fronten des Ost-West-Konflikts.

Von 1947 bis zum Umbruch im Ostblock* ab 1989/90 wechselten Phasen der Konfrontation und der Entspannung miteinander ab.

M1

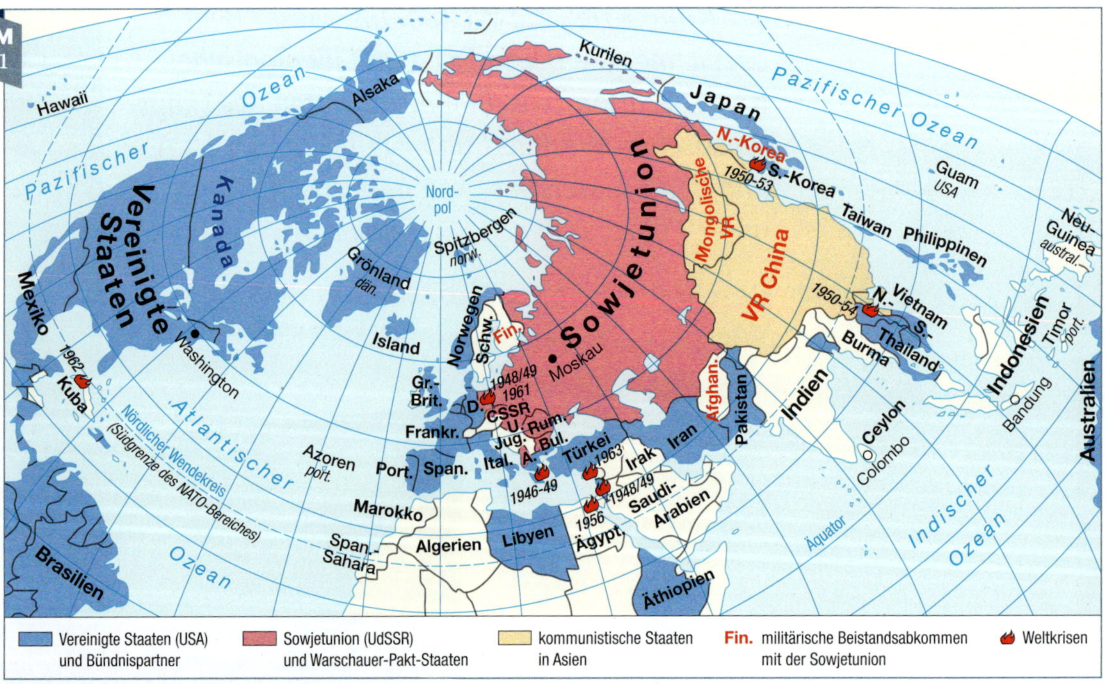

Militärische Blöcke im Kalten Krieg

1970 | 1975 | 1980 | 1985 | 1990 | 1995

1972 SALT I (Abrüstungsgespräche)

1975 Konferenz für Sicherheit und Zusammenarbeit in Europa (KSZE)

ab 1980 Beginn der Reformbewegung in Polen

ab 1985 Reformpolitik in der UdSSR und im Ostblock

ab 1989/90 Umbruch im Ostblock

1991 Ende der Sowjetunion und Auflösung des Warschauer Pakts

1990 deutsche Wiedervereinigung

M2

Westberliner Bürger beobachten die Errichtung einer Mauer, die nach Fertigstellung die Stadt 28 Jahre in zwei Teile trennen wird. Foto, 13. August 1961

M3

Ein sowjetischer Frachter (im Bild hinten) verlässt mit Raketen an Bord Kuba. Amerikanische Militärexperten beobachten von einem Schiff und einem Flugzeug aus das feindliche Schiff. Foto, 10. November 1962

Grundlegender Begriff: Kalter Krieg

Bezeichnung für die politisch-militärische Konfrontation zwischen den Supermächten USA und UdSSR sowie ihren Bündnispartnern nach 1945, die durch ideologische und propagandistische Angriffe, Wettrüsten, wirtschaftliche Kampfmaßnahmen und Stellvertreterkriege (z. B. Koreakrieg 1950–1953, Vietnamkrieg 1955–1975), aber nicht durch eine direkte militärische Konfrontation geprägt war

1 Beschreibe mithilfe von M1 die Ausdehnung der beiden Blöcke. Suche aus der Karte die Lage der bedeutenden Konflikte in Kuba und Vietnam heraus.

2 Stelle Vermutungen an, welchen gemeinsamen politischen Hintergrund die Bilder M2 und M3 aufweisen. Nimm den GB „Kalter Krieg" und die Zeitleiste zu Hilfe.

In diesem Kapitel übst du folgende Kompetenzen:

- Du erkennst den Gegensatz der Supermächte USA und Sowjetunion sowie deren Weltanschauungen als prägend für die internationale Politik in der zweiten Hälfte des 20. Jahrhunderts und nutzt dieses Wissen, um das Ausmaß des Konflikts für die Welt und die Menschheit einzuschätzen.
- Du erklärst die Folgen der Blockbildung im Kalten Krieg für die Menschen in Deutschland und in der Welt.
- Du bewertest den Verlauf und die Lösung der Kuba-Krise anhand von Quellen und Darstellungen, um die Bereitschaft zur Diplomatie und Kompromissfähigkeit als entscheidendes Mittel zur Erhaltung des Friedens zu erkennen.
- Du analysierst Bildquellen zum Vietnamkrieg, um den Einfluss der kritischen Presse auf den politischen Entscheidungsprozess zu erkennen.
- Du untersuchst Geschichtskarten und digitale Quellen, um den Umbruch im Ostblock ab 1989/90 als „Epochenwende" zu erklären.
- Du beschreibst an einem Beispiel die Folgen der Entkolonialisierung bis heute.

Blockbildung im Kalten Krieg

Im Kalten Krieg verfestigte sich der Gegensatz zwischen den USA und der Sowjetunion. Beide Lager kämpften weltweit mit verschiedensten Mitteln um Einflusszonen. In Europa trennte der „Eiserne Vorhang"* die Staaten im Osten und Westen des Kontinents (siehe S. 180 M1). Propaganda, Drohungen und Spionage waren auf beiden Seiten an der Tagesordnung.

- ***Welche Ideologien prägten die Auseinandersetzungen?***
- ***Welche Militärbündnisse bildeten sich?***

M 1

Der amerikanische Präsident Harry Truman vor dem Kongress, 12. März 1947 („Truman-Doktrin"):
Zum jetzigen Zeitpunkt der Weltgeschichte hat jede Nation die Wahl zwischen zwei Lebensformen. Nur allzu oft ist diese Wahl keine freie Wahl. Die eine Lebensform ist begründet auf dem Willen der Mehrheit. Sie ist gekennzeichnet durch freie Institutionen, eine repräsentative Regierungsform, freie Wahlen, Garantien für die Freiheit jedes Einzelnen, Rede- und Religionsfreiheit und die Freiheit von politischer Unterdrückung. Die andere Lebensform gründet sich auf den Willen einer Minderheit, den diese der Mehrheit gewaltsam aufzwingt. Sie stützt sich auf Terror und Unterdrückung, auf die Zensur von Presse und Rundfunk, auf manipulierte Wahlen und auf den Entzug der persönlichen Freiheiten. Ich glaube, wir müssen allen freien Völkern helfen, ihre Zukunft selber zu bestimmen ... Unter Hilfe verstehe ich wirtschaftliche und finanzielle Hilfe ... Die freien Völker der Welt zählen auf unserer Unterstützung in ihrem Kampf um die Freiheit. Wenn wir bei unserer Führungsrolle zögern, gefährden wir den Frieden der Welt und wir schaden mit Sicherheit dem Wohlergehen unseres eigenen Landes.

*Zit. nach Office of the Federal Register (Ed.), Harry S. Truman, Containing the public messages, speeches and statements, Washington (US Government Printing Office) 1963, p. 178f. Übers. vom Autor.***

M 2

Aus dem Vortrag des dritten Sekretärs der Kommunistischen Partei der Sowjetunion, Andrej Shdanow, vor den Vertretern der wichtigsten kommunistischen Parteien Europas in Polen, September 1947:
Auf die Volksmassen gestützt, vermochte die neue demokratische Macht in Jugoslawien, Bulgarien, Rumänien, Polen, der Tschechoslowakei, Ungarn und Albanien in kürzester Frist fortschrittliche demokratische Reformen durchzuführen, zu denen die bürgerliche Demokratie nicht mehr fähig ist. Die Agrarreform gab den Boden in die Hände der Bauern ... Die internationale Bedeutung und das Ansehen der Sowjetunion sind infolge des siegreichen Krieges unermesslich gestiegen ... Der Feldzug gegen den Kommunismus, den die amerikanischen regierenden Kreise verkündet haben, ... will die Masse der einfachen Amerikaner mit den Mitteln der antikommunistischen Propaganda durch Kino, Rundfunk, Kirche und Presse „verdummen". Konkrete Ausdrucksformen der USA stellen die „Truman-Doktrin" und der „Marshall-Plan" dar ... Die „Truman-Doktrin" ... trägt einen unverhüllt aggressiven Charakter.

*Andrej Shdanow, Über die internationale Lage, Vortrag, Berlin (SWA-Verlag) 1947, S. 3ff.***

Die Entstehung des Ost-West-Konflikts

Wie bereits 1918 nach dem Ersten Weltkrieg, waren die Amerikaner auch 1945 die eigentlichen Sieger des Krieges. Die Supermacht USA produzierte 60 Prozent der Industriegüter weltweit und besaß zwei Drittel der Goldreserven. Einzig ernsthafter Konkurrent war die Sowjetunion, die 1949 ebenfalls Atommacht wurde. Das Land litt jedoch bei Kriegsende 1945 unter den Folgen der Zerstörungen und der Ermordung von Millionen Menschen durch den deutschen Angriff. Nach dem siegreichen Einmarsch in Berlin verlangte die Sowjetunion eine Sicherheitszone über Osteuropa hinaus. Ab 1946 brachte die sowjetische Regierung in den von ihr besetzten Ländern kommunistische Regierungen an die Macht. Dabei wurden die Ergebnisse freier Wahlen vor allem in Polen massiv gefälscht. Nichtkommunistische Minister aus frei gewählten Regierungen wurden verleumdet, bedroht und wegen erfundener „Verbrechen" verhaftet. Nur Finnland und Jugoslawien entzogen sich dem direkten sowjetischen Einfluss. Als die Sowjetunion im griechischen Bürgerkrieg massiv die kommunistischen Aufständischen unterstützte, kam es zu einem Kurswechsel in der Politik der USA, der die Zusammenarbeit mit der Sowjetunion beendete.

Lässt sich der Kommunismus „eindämmen"?

Mit einer Politik der „Eindämmung" (containment) sollte nach den Worten von Präsident Truman (1945–1953) der sowjetische Einfluss in Osteuropa gestoppt oder wenn möglich zurückgedrängt werden („roll back"). Dazu verkündeten die Amerikaner ein umfassendes wirtschaftliches Hilfsprogramm im Werte von ca. 13,3 Milliarden Dollar (130 Milliarden Dollar nach heutigem Stand). An diesem „European Recovery Program", nach dem US-Wirtschaftsminister auch Marshall-Plan benannt, waren 15 europäische Länder und die Türkei beteiligt. Trotz anfänglichen Interesses der Tschechoslowakei, Ungarn und Bulgarien nahm auf Druck Moskaus kein Land des späteren Ostblocks am Marshall-Plan teil (siehe S. 131).

Die Gründung der Militärblöcke

Zehn westlich orientierte europäische Staaten und Kanada schlossen sich 1949 unter Führung der USA zu einem politischen und militärischen Verteidigungsbündnis mit Namen NATO (North Atlantic Treaty Organization) zusammen. Die Türkei und Griechenland traten 1952 und die Bundesrepublik Deutschland 1955 der NATO bei. Die Teilnehmerstaaten verpflichteten sich, nur diejenigen militärischen Maßnahmen zu ergreifen, die sie „für erforderlich halten, um die Sicherheit des nordatlantischen Gebiets wiederherzustellen und zu erhalten". Die USA stellten das Oberkommando und bestimmten die Strategie.
Die Sowjetunion schloss zwischen 1946 und 1949 mit den Ländern ihres Machtbereichs Freundschafts- und militärische Beistandsverträge. In allen befreundeten Ländern außer Rumänien wurden sowjetische Truppen stationiert. Das Gegenstück zur NATO war ab 1955 der „Warschauer Pakt". Die DDR wurde 1955 Mitglied (siehe S. 153).

Grundlegender Begriff: NATO

„North Atlantic Treaty Organization". 1949 gegründetes westliches Militärbündnis unter Führung der USA zum Schutz vor einem Angriff (z. B. der Sowjetunion)

1 Partnerarbeit:

a) Erarbeitet aus M1 die wichtigen Ziele der amerikanischen Außenpolitik. Beschreibt dabei, wie Truman das eigene System und das des Gegners beurteilt. Nehmt den ersten Absatz des DT und die Arbeitsschritte auf S. 188 zu Hilfe.

Darstellung des eigenen Systems	*Darstellung des gegnerischen Systems*

b) Erarbeitet aus M2 wichtige Ziele der sowjetischen Außenpolitik. Beschreibt, wie Shdanow das eigene und das gegnerische System beurteilt. Nehmt den zweiten Absatz des DT zu Hilfe.

2 Vergleicht beide Positionen miteinander und versucht eine Erklärung für die unterschiedliche Verwendung des Begriffs „Demokratie" zu finden.

3 Beurteilt die Folgen der Haltungen in M1 und M2 für die Bildung gegnerischer Blöcke.

4 a) Beschreibe die militärische Blockbildung (DT). Beziehe die Karte M1 auf S. 146 mit ein.

b) Analysiere die Karikatur M3 unter Einbeziehung des DT und des GB „NATO".

M 3 *Karikatur aus der sowjetischen Zeitschrift „Krokodil", 1949. Abgebildet sind Uncle Sam, der britische Außenminister Ernest Bevin, der französische Außenminister Robert Schuman und die Außenminister der Benelux-Staaten. Auf dem Vertrag steht „Nordatlantischer Pakt".*

Feindbilder im Kalten Krieg

Der Kalte Krieg war auch ein „Krieg der Bilder". Die beiden Supermächte und ihre Verbündeten verteidigten ihre Weltsicht auf Plakaten, in Zeitungsnachrichten, im Fernsehen, im Radio und in Filmen (z. B. „James-Bond"-Filme).

- ***Werte je ein Material aus, das etwas über die Sicht auf die jeweils andere Supermacht verrät. Tauscht dann eure Ergebnisse aus.***

Die Schaffung von Feindbildern

Beide Supermächte schürten die Angst vor dem feindlichen Gegenüber. Durch die gezielte Verfälschung von Tatsachen wurde die gegnerische Nation als „Kriegstreiber" oder „Friedensstörer" angeklagt. Die Propaganda sollte der eigenen Bevölkerung ein Gefühl der Stärke und der Entschlossenheit vermitteln und Skeptiker überzeugen. Die über Jahre aufgebauten Feindbilder erschwerten die Verständigung, da sie die Vorurteile gegenüber dem Gegner festigten. In westlichen Agentenfilmen wurden die Menschen auf der anderen Seite des „Eisernen Vorhangs" als hinterhältige und unerbittliche Gegner gezeigt. In den Veröffentlichungen des Ostens erscheinen die Menschen im Westen als konsumgierig und moralisch verdorben.

A

M 1

„Freiheit auf amerikanisch", sowjetisches Propagandaplakat von Nikolai Andrejewitsch Dolgorukow aus dem Jahre 1950.
Oben links steht „Pressefreiheit", die Vögel symbolisieren „Zeitungsenten" (= falsche Nachrichten). Im Bild darunter: „Meinungsfreiheit" (auf dem gelben Blatt steht „verurteilt wegen kommunistischer Umtriebe"). Oben rechts: „Bürgerrechte", darunter: „Versammlungsfreiheit". Die Männer in Kapuzen stehen für den Geheimbund des rassistischen Ku Klux Klan, der vor allem in den Südstaaten der USA Jagd auf Menschen schwarzer Hautfarbe machte. Auf dem Wolkenkratzer steht „Wall Street", die Straße der bedeutendsten Börse der Welt in New York.

1 Stelle in eigenen Worten dar, wie der politische Gegner hier gezeigt wird.
2 Diskutiert, ob die Art der Darstellung das gewünschte Ziel erreicht haben könnte.

B

M 2

Amerika unter dem Kommunismus, amerikanischer Comic von 1947. Das Plakat wurde erstmals von einer kirchlichen Organisation in Minnesota veröffentlicht. Es thematisiert die Angst vor einer Übernahme der USA durch kommunistische Führer.

1 Stelle in eigenen Worten dar, wie der politische Gegner hier gezeigt wird.
2 Diskutiert, ob die Art der Darstellung das gewünschte Ziel erreicht haben könnte.

Aufgabe für alle:
Beurteilt die Bedeutung von Propaganda wie dieser zur Zeit des Kalten Krieges. Zieht zum Vergleich ein Beispiel aus heutiger Zeit heran.
Tipp: Wie wird heute ein politischer Gegner dargestellt?

Deutsche im Westen gegen Deutsche im Osten?

Die Gründung von zwei deutschen Staaten war das Ergebnis der unterschiedlichen Vorstellungen der Westmächte und der Sowjetunion über die Zukunft Deutschlands.

- ***Untersuche, wie die DDR und die Bundesrepublik in die beiden militärischen Blöcke eingebunden wurden und wie sich dies auf das Verhältnis zwischen beiden deutschen Staaten auswirkte.***

M 1

a) Plakat (links), herausgegeben vom Presse- und Informationsamt der Bundesregierung, 1955
b) Plakat (rechts), herausgegeben von der Hauptverwaltung der Nationalen Volksarmee, ca. 1965. Der Spruch „Klassenbrüder – Waffenbrüder" wird auf Russisch, Polnisch und Tschechisch wiedergegeben.

Grundlegender Begriff: Westintegration

politische, wirtschaftliche und militärische Einbindung der frühen Bundesrepublik Deutschland in die westliche Staatengemeinschaft in Abgrenzung zu den sozialistischen Staaten im Osten

Grundlegender Begriff: Adenauer

Konrad Adenauer war von 1949 bis 1963 der erste Bundeskanzler der Bundesrepublik Deutschland. Er setzte sich für die Westintegration der Bundesrepublik ein und gilt als ein Wegbereiter der europäischen Einigung.

Grundlegender Begriff: Deutsche Frage

Nach 1945 Bezeichnung für das Problem der Teilung Deutschlands; dabei vertrat die Bundesrepublik das Ziel, diese durch eine Wiedervereinigung in Frieden und Freiheit zu überwinden. Dagegen strebte die DDR zunächst ein sozialistisches Gesamtdeutschland an. Als dieses nicht zu realisieren war, beharrte sie auf ihrer Eigenständigkeit.

M 2

Stimmen zur „Deutschen Frage"

a) *Bundeskanzler Adenauer im Radio am 2. Juli 1954:*
Als deutscher Bundeskanzler und Außenminister halte ich es für meine Pflicht, die beteiligten Mächte auf einen sehr einfachen Tatbestand hinzuweisen. Nämlich darauf, dass sich die Bundesrepublik die Souveränität längst verdient hat ... Wir stehen auf der Seite des Westens ...

b) *SPD-Oppositionsführer Erich Ollenhauer im Bundestag am 16. Juli 1955:*
Von allen Seiten müssen die Versuche eingestellt werden, die darauf hinauslaufen, die deutschen Teilstaaten oder ganz Deutschland in das Militärsystem des Westens oder des Ostens eingliedern zu wollen.

c) *Ministerpräsident Otto Grotewohl, Rundfunkansprache vom 16. Juli 1955:*
Die Regierung der Deutschen Demokratischen Republik hat alles getan, um eine Verständigung mit Westdeutschland herbeizuführen. Bonn hat ... mit den Gesetzen zur Einberufung seiner faschistischen Wehrmacht geantwortet.
[gemeint ist die Gründung der Bundeswehr]

d) *Nikita Chruschtschow, Generalsekretär der KPdSU, Rede in Berlin am 26. Juli 1955:*
Wie soll die deutsche Frage gelöst werden? ... Ein Weg, den die Westmächte vorschlugen, ist der Weg der Militarisierung Deutschlands ...

*Zit. nach a) www.kas.de/c/document_library/-get_file?uuid=b99ce78f-cac2-3d6b-6486-2bc56cbaec60&groupId=252038 (Stand: 08.04.2020); b)–d) Dokumente zur Deutschlandpolitik, hg. vom Bundesministerium für Gesamtdeutsche Fragen, III. Reihe/Band 1: 5. Mai bis 31. Dezember 1955, bearbeitet von Ernst Deuerlein unter Mitwirkung von Hansjürgen Schierbaum, Frankfurt a. M. (Alfred Metzner) 1961, S. 143ff.***

Die Westintegration der Bundesrepublik

Die Bundesrepublik war bei ihrer Gründung im Mai 1949 kein souveräner Staat. Die alliierten Westmächte sicherten sich weitgehende Mitspracherechte in der Innen- und Außenpolitik aufgrund des Besatzungsstatuts vom 21. September 1949. Der am 15. September 1949 gewählte Bundeskanzler Adenauer wollte die Bundesrepublik durch Verträge zum Partner der westlichen Staaten machen. Im Petersberger Abkommen vom 22. November 1949 handelte er mit den westlichen Siegermächten USA, Großbritannien und Frankreich den Stopp von Demontagen und die Möglichkeit zu eigenständigen internationalen Handelsbeziehungen aus. Wirtschaftlich profitierte die Bundesrepublik vom Marshall-Plan. Um das Vertrauen der Franzosen zu gewinnen, ging Adenauer auf den Vorschlag des französischen Außenministers Robert Schumann ein, den kriegswichtigen Rohstoff Kohle und die Stahlerzeugung unter eine gemeinsame Kontrolle zu stellen. Dieser „Montanunion" traten 1951 die Beneluxstaaten und Italien bei. Damit war ein gemeinsamer europäischer Markt für Kohle, Eisen und Stahl ohne Zölle und Handlungsbeschränkungen entstanden.

Die Sowjetunion machte 1952 Vorschläge zur Wiedervereinigung Deutschlands unter der Bedingung, dass Deutschland ein neutraler Staat zwischen den Blöcken sein würde. Die Westmächte lehnten dieses Angebot ab.

Bewaffnung der Deutschen in West und Ost?

Im Ost-West-Konflikt wollten die Westmächte das Industriepotenzial der Bundesrepublik angesichts der zunehmenden Konfrontation der Blöcke in das Verteidigungssystem des Westens einbinden. Große Teile der westdeutschen Bevölkerung waren gegen den Aufbau einer westdeutschen Armee. Die Oppositionspartei SPD kritisierte Adenauers Strategie der Westintegration als Gefahr für eine Wiedervereinigung. Der Ausbruch des Koreakrieges* (1950–1953), der erste „heiße" Krieg im Ost-West-Konflikt, bestärkte Adenauer in seinem Vorhaben. Die Westmächte stimmten 1955 einer Aufnahme der Bundesrepublik in die NATO zu. Die Bundesrepublik erhielt zeitgleich weitgehende Souveränität. Die Besatzungstruppen standen nun als Verbündete auf deutschem Boden. Nach der Gründung der Bundeswehr 1955 beschloss der Bundestag ein Jahr später die allgemeine Wehrpflicht. Die Bundeswehr verzichtete auf den Besitz von atomaren, chemischen und biologischen Waffen. Nach der Aufnahme der Bundesrepublik in die NATO wurde die DDR mit Gründung des Warschauer Pakts am 14. Mai 1955 Mitglied des östlichen Verteidigungsbündnisses. Mit der Nationalen Volksarmee der DDR entstand auch im Osten eine neue deutsche Armee. Im Falle eines Krieges würden daher Deutsche gegeneinander kämpfen.

M3

Protest in Frankfurt gegen die Wiederbewaffnung und die Einführung der Wehrpflicht, Foto, 1955

M4

SPD-Plakat, ca. 1955

1. Beschreibe die Plakate in M1 und ziehe den GB „Deutsche Frage" hinzu. Fasse die Aussage der Plakate in je einem Satz zusammen. Nutze die Arbeitsschritte auf S. 19.
2. Ordne die Aussagen M2 a)–d) in Beziehung zum GB „Westintegration" in die Politik der Zeit ein. Nutze den DT. Beziehe auch M3 und das Plakat M4 mit ein.
3. Erkläre Adenauers Politik der Westintegration. Beurteile, inwiefern Adenauers Politik eine Wiedervereinigung Deutschlands in weite Ferne rückte. Beziehe die GB „Adenauer" sowie „Westintegration" mit ein.
4. Recherchiere, warum es in der Bundesrepublik in den 1950er Jahren zu heftigen Protesten gegen die Wiederbewaffnung kam. Ziehe dazu auch die Biografien von Pastor Martin Niemöller und den Physikern Werner Heisenberg sowie Otto Hahn heran.

Die Kuba-Krise: Die Welt hält den Atem an!

Im Oktober 1962 drohte direkt vor der Küste der USA der Kalte Krieg in einen Atomkrieg zu münden.

- *Wie kam es zu dem Konflikt und wie wurde er in letzter Minute verhindert?*

M 1

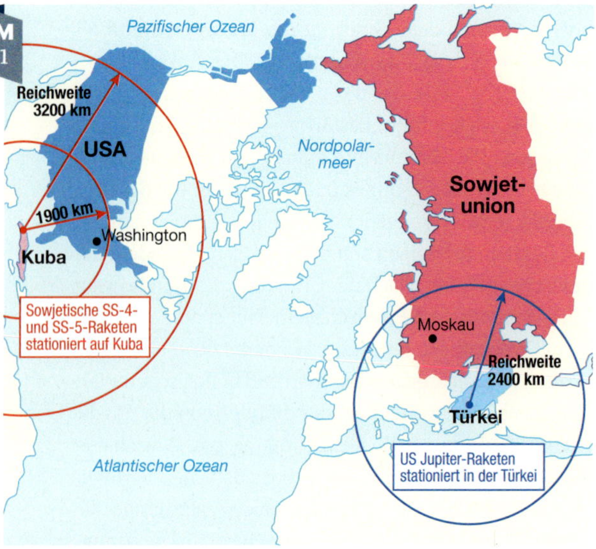

Reichweite amerikanischer und sowjetischer Raketen 1962 von Kuba und der Türkei aus

M 2

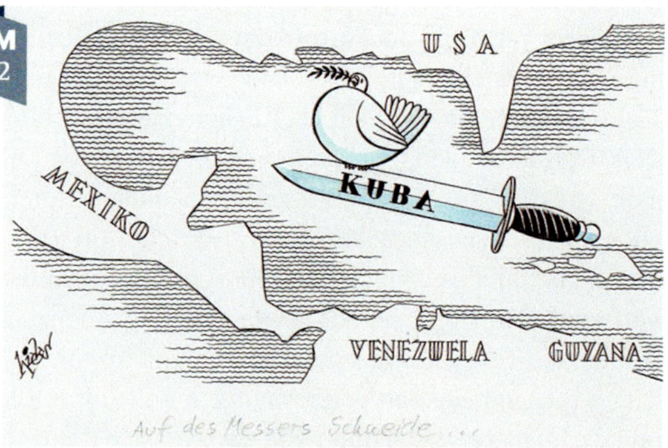

„Auf des Messers Schneide", Karikatur von Wolfgang Hicks, 1962

Grundlegendes Datum

1961/62 Kuba-Krise. Durch die Stationierung von Atomraketen auf Kuba ausgelöste Konfrontation zwischen den USA und der UdSSR, die beinahe zu einem militärischen Konflikt geführt hätte.

M 3

US-Präsident John F. Kennedy in seiner Fernseh- und Rundfunkansprache an die amerikanische Nation, 22. Oktober 1962:

Im Laufe der vergangenen Woche wurde es durch unwiderlegbare Beweise zur Gewissheit, dass Raketenabschussrampen auf dieser geknechteten Insel im Entstehen begriffen sind. Der Zweck dieser Stützpunkte kann nichts anderes sein als der, die Möglichkeiten für einen nuklearen Schlag gegen die westliche Hemisphäre[1] zu schaffen ... Wir werden weder voreilig noch ohne Not einen weltweiten Atomkrieg riskieren ...

Diese rasche Umwandlung Kubas in eine wichtige strategische Basis durch die Stationierung von weitreichenden Massenvernichtungswaffen, die eindeutig offensiven Zwecken dienen, stellt eine eindeutige Drohung gegen den Frieden und die Sicherheit der amerikanischen Staaten dar ... Unsere eigenen strategischen Raketen wurden nie in das Territorium irgendeines anderen Landes unter einem Mantel der Geheimhaltung und der Täuschung verbracht, und unsere Geschichte – im Gegensatz zu der der Sowjetunion seit dem Zweiten Weltkrieg – zeigt deutlich, dass wir nicht den Wunsch haben, irgendeine andere Nation zu beherrschen oder zu erobern oder unser System deren Volk aufzuzwingen ... Unsere Politik war von Geduld und Zurückhaltung getragen, wie es sich für eine friedliebende und mächtige Nation, die ein weltweites Bündnis anführt, gehört. Wir waren entschlossen, uns von unseren Hauptzielen nicht durch Störenfriede und Fanatiker abbringen zu lassen. Nun aber sind weitere Maßnahmen unerlässlich, und diese Maßnahmen werden bereits ergriffen und sind möglicherweise nur ein Anfang. Wir wollen weder voreilig und ohne zwingenden Grund das Risiko eines weltweiten Atomkrieges auf uns nehmen ... Aber wir werden auch nicht vor diesem Risiko zurückschrecken, wenn wir uns ihm stellen müssen.

*Zit. nach www.peterhall.de/cuba62/docs/doc2.html (Stand: 14. 07. 2020).***

[1] *der Block westlicher Staaten*

M 4

Briefwechsel zur Lösung der Krise, Oktober 1962

Während der Kuba-Krise kam es zu einem Briefwechsel zwischen Washington und Moskau.

4a *Auf die Vorschläge des russischen Regierungschefs Nikita S. Chruschtschow antwortete John F. Kennedy am 26. Oktober:*

Wie ich Ihrem Schreiben entnehme, sind die Kernpunkte Ihrer Vorschläge ... die Folgenden:

1. Sie würden der Beseitigung dieser Waffensysteme auf Kuba unter angemessener Beobachtung und Überwachung der Vereinten Nationen zustimmen und sich unter geeigneten Garantien verpflichten, die weitere Einfuhr solcher Waffen nach Kuba zu stoppen.
2. Wir würden unsererseits ... zustimmen: (a) sofort die jetzt bestehenden Sperrmaßnahmen aufzuheben, und (b) Garantien gegen eine Invasion Kubas zu geben.

4b *Chruschtschow antwortete Kennedy am 28. Oktober:*

Ich verstehe sehr wohl Ihre Befürchtung und die Befürchtung des Volkes der USA im Zusammenhang mit der Tatsache, dass die Waffen, die Sie als Angriffswaffen bezeichnen, tatsächlich furchtbare Waffen sind ... Um den gefährlichen Konflikt schneller zu beenden, der Sache des Friedens zu dienen, allen mit Sehnsucht nach dem Frieden erfüllten Völkern mehr Vertrauen zu geben und das Volk Amerikas zu beruhigen, das, dessen bin ich sicher, den Frieden ebenso wünscht wie die Völker der Sowjetunion, hat die sowjetische Regierung den Befehl ... zur Demontage der Waffen ..., zu ihrer Verpackung und Rückführung in die Sowjetunion erlassen.

*Zit. nach Archiv der Gegenwart 32/1962, Königswinter (Siegler) S. 10200f.**

Die USA und die UdSSR im Wettstreit um Kuba

Im Jahre 1959 stürzte auf der Insel Kuba eine Gruppe von Revolutionären um Fidel Castro und Ernesto „Che" Guevara den langjährigen Diktator Fulgencio Batista. Unter Batista war Kuba wirtschaftlich eine Kolonie der USA, denn die USA kontrollierten 80 Prozent der kubanischen Wirtschaft. Nach der Machtübernahme 1959 enteignete Fidel Castro im Sinne eines sozialistischen Staatsumbaus die Großgrundbesitzer und verstaatlichte das Eigentum von US-Firmen ohne die Zahlung von Entschädigungen. Als 1961 ein Landungsversuch amerikanischer Truppen misslang, bei dem Castro mithilfe von Exilkubanern gestürzt werden sollte, durften auf Druck der USA westliche Staaten und Firmen mit Kuba keinen Handel mehr betreiben. Wegen des Handelsverbots und der Furcht vor einem weiteren Invasionsversuch von US-Truppen suchte das blockfreie Kuba die wirtschaftliche und politische Annäherung an den Ostblock. Die UdSSR verpflichtete sich zur Abnahme der gesamten Zuckerproduktion, dem Hauptexportgut Kubas. Die UdSSR sah in Kuba den idealen strategischen Vorposten gegen die USA im Kalten Krieg. Sie lieferte Kuba neben Erdöl und Waren auch Waffen. Damit antwortete der sowjetische Regierungschef Nikita Chruschtschow auf die Stationierung amerikanischer Mittelstreckenraketen in Italien und der Türkei. Im Jahre 1962 befanden sich 42 000 sowjetische Soldaten auf Kuba. Bis 1962 betrachteten die Amerikaner die Lage des „freien Westberlin" inmitten des kommunistischen Machtbereichs als Ort der Auslösung eines militärischen Konflikts zwischen den Blöcken, nun stand Kuba im Mittelpunkt der Weltpolitik.

Der Konflikt spitzt sich zu

Am 14. Oktober 1962 fotografierte ein US-amerikanisches Aufklärungsflugzeug den fast vollendeten Bau einer sowjetischen Basis für Mittelstreckenraketen auf Kuba. US-Präsident John F. Kennedy informierte die Weltöffentlichkeit durch eine Fernsehansprache an die amerikanische Nation am 22. Oktober. Die amerikanische Marine sperrte den Seeraum vor Kuba für sowjetische Schiffe, um die weitere Anlieferung von Raketen zu unterbinden. Daraufhin zog Fidel Castro Truppen zusammen und die Sowjetunion entsandte Kriegsschiffe. Auf amerikanischer Seite drängten einige Militärführer den Präsidenten zum Angriff. Als am 27. Oktober ein US-Kriegsschiff vor Kuba ein mit Atomwaffen bestücktes sowjetisches U-Boot zum Auftauchen zwang und wenig später ein amerikanisches Aufklärungsflugzeug über Kuba abgeschossen wurde, standen die Zeichen auf Krieg (siehe auch M3 auf S. 147). Im letzten Moment wurde ein Dritter Weltkrieg verhindert, denn Kennedy und Chruschtschow einigten sich in Geheimverhandlungen auf eine friedliche Lösung des Konflikts. Die UdSSR zog ihre Raketen aus Kuba ab. Im Gegenzug verpflichteten sich die USA, Kuba nicht anzugreifen und die in der Türkei stationierten Mittelstreckenraketen abzubauen.

Die Folgen der Krise

Die Kuba-Krise machte den führenden Politikern der Großmächte klar, dass eine „Politik der Stärke" die Welt an den Abgrund eines Atomkrieges geführt hatte. Statt weiterer Konfrontation sollte nun eine Politik der Kriegsmeidung und mehr Diplomatie angestrebt werden. Dazu wurde eine direkte Telegrafenverbindung, der sogenannte Heiße Draht, zwischen dem Weißen Haus in Washington und dem Kreml in Moskau eingerichtet. Angesichts der damals sehr langsamen Kommunikationswege bedeutete diese Verbindung einen enormen Fortschritt bei der Entschärfung auftretender Konflikte zwischen Ost und West.

M 5

Chruschtschow und Kennedy während der Kuba-Krise, Karikatur aus der „Daily Mail", London 1962. Die Bildunterschrift lautet: „Einverstanden, Herr Präsident, wir wollen verhandeln ..."

M 6

Grundsatzrede Präsident Kennedys an der American University Washington über den Weltfrieden, 10. Juni 1963:

Welche Art von Frieden meine ich? Nach welcher Art von Frieden streben wir? Nicht nach einer Pax Americana, die der Welt durch amerikanische Kriegswaffen aufgezwungen wird ... Ich spreche hier von dem echten Frieden, jenem Frieden, der das Leben auf Erden lebenswert macht ... Ich spreche vom Frieden, weil der Krieg ein neues Gesicht bekommen hat.
Ein totaler Krieg ist sinnlos in einem Zeitalter, in dem Großmächte umfassende und verhältnismäßig unverwundbare Atomstreitkräfte unterhalten können und sich weigern, zu kapitulieren, ohne vorher auf diese Streitkräfte zurückgegriffen zu haben. Er ist sinnlos in einem Zeitalter, in dem eine einzige Atomwaffe fast das Zehnfache an Sprengkraft aller Bomben aufweist, die von den gesamten alliierten Luftstreitkräften während des Zweiten Weltkrieges abgeworfen wurden. Die Vereinigten Staaten werden, und das weiß man in der Welt, niemals einen Krieg beginnen. Wir wollen keine Kriege. Auch jetzt gehen wir nicht davon aus, dass es zu einem Krieg kommen wird. Diese Generation der Amerikaner hat bereits genug, mehr als genug, Krieg, Hass und Unterdrückung erlebt. Wir sollten jedoch vorbereitet sein, falls andere diesen Wunsch hegen. Wir sollten wachsam sein, um einen solchen Krieg möglichst zu unterbinden. Wir sollten aber auch unseren Beitrag leisten, wenn es darum geht, eine Welt des Friedens zu errichten, in der die Schwachen sicher und die Starken gerecht sind. Weder stehen wir dieser Aufgabe hilflos gegenüber noch fehlt uns der Glaube an ihren Erfolg. Wir sind zuversichtlich und furchtlos, und wir engagieren uns weiterhin, und zwar nicht für eine Strategie der Vernichtung, sondern für eine Strategie des Friedens.

*Zit. nach www.ag-friedensforschung.de/themen/Kalterkrieg/kennedy.htm (Stand: 15. 07. 2020).**

M 7

Nikita Chruschtschow in seinen Erinnerungen, 1971 erstmalig in Deutsch publiziert:

Indem wir die Welt an den Rand eines Atomkrieges brachten, gewannen wir ein sozialistisches Kuba. Für mich persönlich ist es sehr tröstlich zu wissen, dass unsere Seite korrekt handelte und dass wir eine große revolutionäre Tat vollbracht haben, weil wir uns vom amerikanischen Imperialismus nicht einschüchtern ließen. Die Karibische Krise [Kubakrise] war ein Triumph der sowjetischen Außenpolitik und ein persönlicher Triumph in meiner eigenen Laufbahn als Staatsmann und als Mitglied der kollektiven Führung. Wir errangen, so möchte ich sagen, einen spektakulären Erfolg, ohne einen einzigen Schuss abfeuern zu müssen.

Zit. nach Strobe Talbott (Hg.), Chruschtschow erinnert sich, eingeleitet und kommentiert von Edward Crankshaw, Reinbek bei Hamburg (Rowohlt) 1971, S. 468.

M 8

Der Historiker Rolf Steininger, 2004:

Wir wissen über die amerikanischen Entscheidungen insbesondere jener 13 Tage nach der Entdeckung der Raketen am 14. Oktober weitgehend Bescheid. Weniger gut sind wir über die sowjetische Seite informiert ... Manches deutet darauf hin, dass es Chruschtschow um den Schutz Kubas vor einer Invasion ging. Damit verbunden war eine – wenn auch nur psychologische – Veränderung des Kräfteverhältnisses mit der Möglichkeit, neuen Druck in der Berlinfrage auszuüben. Gegen eine Invasion Kubas hätte die Sowjetunion mit konventionellen Waffen wenig ausüben können. Mit Atomraketen sah das schon anders aus. Die Amerikaner, so Chruschtschow in seinen Erinnerungen, würden es sich „zweimal überlegen, unsere Stellungen durch einen Militärschlag zu eliminieren [auszulöschen]. Und selbst wenn nur ein Zehntel unserer Raketen oder nur eine einzige einen Angriff überstehen würde, könnten wir damit New York beschießen und von der Stadt würde nicht viel übrig bleiben". Nachdem in der Türkei amerikanische Raketen stationiert worden waren, fürchteten die Sowjets ernsthaft einen Erstschlag der USA. Die Amerikaner, so Chruschtschow später, „bedrohten uns mit nuklearen Waffen. Nun sollten sie lernen, wie es ist, wenn feindliche Raketen auf sie gerichtet sind". Es war eine einfache Rechnung: Sowjetische Mittelstreckenraketen in Kuba waren preiswerter als sowjetische Interkontinentalraketen. Mit dem eingesparten Geld konnte Chruschtschow wichtige innenpolitische Reformvorhaben finanzieren.

*Rolf Steininger, Der Kalte Krieg, Frankfurt a. M. (Fischer) 2004, S. 78f.**

M 9

Der Historiker Bernd Greiner in der Wochenzeitung „Die Zeit", 2012:

Seit den späten vierziger Jahren schacherten Ost und West um Macht- und Einflusszonen ... In der Kubakrise nun schickten die USA und die UdSSR keine Stellvertreter ins Feld, sondern gingen direkt aufeinander los – obwohl für keine der beiden Seiten die militärische Sicherheit auf dem Spiel stand ... Die Vereinigten Staaten hätten im Falle eines sowjetischen Angriffs zwar großen Schaden genommen; die UdSSR aber wäre durch einen Gegenschlag vollständig vernichtet worden. Weshalb also ging man ausgerechnet wegen Kuba ein größeres Risiko ein denn je zuvor? ...

Wie groß das Kriegsrisiko im Oktober 1962 tatsächlich war, ist eine bis heute umstrittene Frage. Eines aber ist sicher: Von einem souveränen Krisenmanagement konnte keine Rede sein – besonders auf amerikanischer Seite nicht. Nur selten waren Kennedy und seine Berater auf der Höhe des Geschehens, immer wieder tappten sie im Dunkeln, oft tagelang. Die langsame Datenübermittlung in überlasteten Funk- und Telegrafennetzen hatte zur Folge, dass die CIA[1] fast 24 Stunden benötigte, um Informationen über eine Kursänderung von sowjetischen Schiffen mit verdächtiger Ladung zu prüfen.

*Bernd Greiner, Kubakrise. Als die Welt am Abgrund stand. In: Zeit Nr. 3/2012. Zit. nach www.zeit.de/zeit-geschichte/2012/03/kubakrise-kalter-krieg (Stand: 10. 07. 2020).**

1 *Auslandsgeheimdienst der USA*

1 Analysiert M1 und M2. Stellt erste Überlegungen an, was der Auslöser für diese Krise war, die die Welt in Atem hielt. Bezieht M3 auf S. 147 mit ein.

2 Erstellt eine Fieberkurve der wichtigsten Ereignisse zum Auslöser und zum Verlauf der Kuba-Krise (DT).
Tipp: Zur Fieberkurve als Vorlage siehe S. 170/171.

3 Untersucht M3 mithilfe der Arbeitsschritte auf Seite 188. Zeigt Stellen auf, die deutlich machen, dass es sich bei der Rede nicht nur um eine Drohung handelt.

4 Analysiert den Briefwechsel der beiden Staatsmänner (M4) nach den Arbeitsschritten auf Seite 188. Woran wird deutlich, dass beide Seiten um eine friedliche Lösung bemüht sind? Bezieht die Karikatur M5 mit ein.

5 Untersucht die Haltung Kennedys in M6 in ihrer Bedeutung für die Wahrung des Friedens. Welche Argumente führt er dafür an?

6 Untersucht die Historikeraussagen in M8 und M9 nach den Arbeitsschritten auf Seite 188. Zeigt auf, wie sie die amerikanische bzw. sowjetische Krisenbewältigung bewerten.

7 Diskutiert in der Klasse, ob die Gefahr eines atomaren Krieges durch ein gelungenes Krisenmanagement beigelegt oder ob ein Dritter Weltkrieg nur durch viel Glück vermieden wurde. Fasst dabei mögliche Gründe der UdSSR und USA für ihr Engagement in Kuba zusammen. Bezieht auch Chruschtschows Sicht zur Bewältigung der Krise in M7 mit ein.

Der Krieg in Vietnam

Der Stellvertreterkrieg der USA in Vietnam wurde Amerikas längster Krieg und der erste, der verloren ging. Journalisten und Fotoreporter berichteten ausführlich in den Medien.

- ***Geht der Frage nach, in welchem Maße die Berichterstattung über den Vietnamkrieg dazu beitrug, politische Entscheidungen zu beeinflussen. Untersucht dazu Bilder und Historikeraussagen. Nutzt die Ergebnisse für eine Präsentation vor der Klasse. Diskutiert anschließend über die Bedeutung der Medien heute.***

M 1

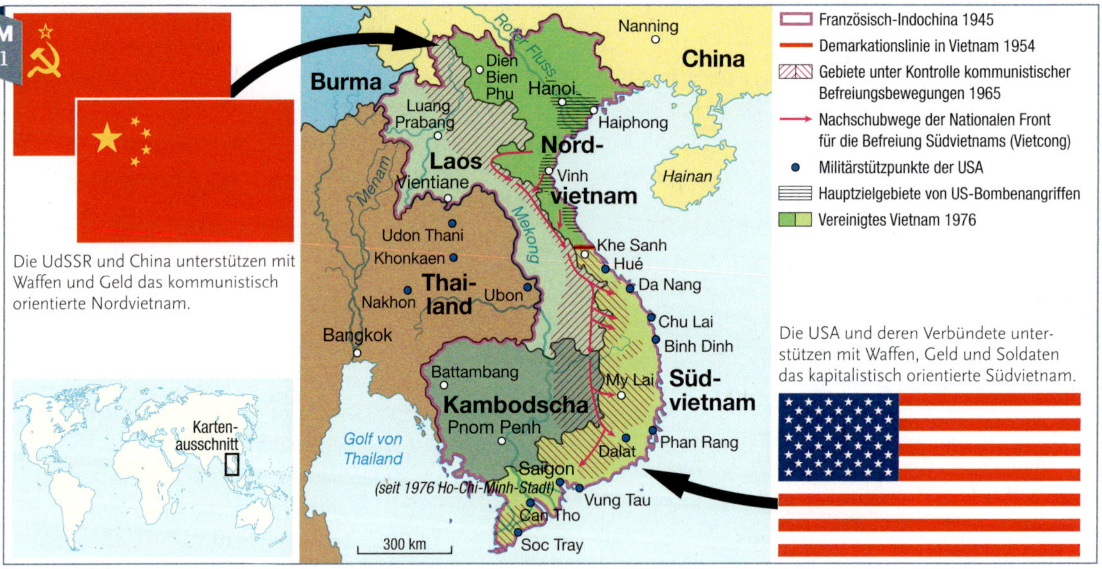

Vietnamkrieg 1955–1975
Demarkationslinie = vorläufige Grenzlinie

Der Vietnamkrieg

Die vietnamesische Unabhängigkeitsbewegung unter dem kommunistischen Führer Ho Chi Minh kämpfte zwischen 1946 und 1954 gegen die französische Kolonialmacht. 1954 kam es zur Teilung des Landes in Nord- und Südvietnam. Mit sowjetischer und chinesischer Unterstützung etablierte sich das kommunistische System im Norden, während das autoritäre Regime unter Ngo Dinh Diem den Süden beherrschte. Südvietnam wurde militärisch und finanziell von den USA unterstützt, die die Ausweitung des Kommunismus in Asien verhindern wollten. In den folgenden Jahren versuchte Ho Chi Minh Südvietnam mit der Guerillabewegung FNL („Vietcong"*) zu erobern. Nachdem die USA bereits 1961 erste Truppen als Berater Südvietnams geschickt hatten, weitete sich der Einsatz ab 1964 massiv aus. Ab 1964 flogen die Amerikaner Luftangriffe auf Nordvietnam und ein Jahr später folgten Bodentruppen. Hochgiftige Pflanzenvernichtungsmittel entlaubten riesige Tropenwälder, damit die Amerikaner die Nachschubwege der Nordvietnamesen erkennen und bombardieren konnten. Über Vietnam, Laos und Kambodscha warfen die Amerikaner mehr Bomben ab als im Zweiten Weltkrieg. Bis heute leidet die Landbevölkerung in Teilen Südostasiens unter den Auswirkungen der im Krieg eingesetzten Giftstoffe. Im Verlauf des Krieges zeigte sich, dass die hochgerüsteten amerikanischen Soldaten gegen die Guerillataktik* der einheimischen Kämpfer keinen Erfolg hatten, weil diese sich immer wieder in die ausgedehnten Dschungelgebiete zurückziehen und von dort aus Überraschungsangriffe starten konnten. In den USA wurde die anfängliche Zustimmung zum Kriegseinsatz stetig geringer, während massive Protestaktionen gegen den Vietnamkrieg immer mehr zunahmen; auch in vielen Teilen Europas kam es zu Anti-Kriegs-Demonstrationen. Der Krieg wurde nicht mehr als „Eindämmung des Kommunismus" gesehen, sondern als Kampf eines armen Entwicklungslandes gegen eine militärtechnisch übermächtige Supermacht.

M 2

Der Historiker Marc Frey 2006 über amerikanische Reaktionen auf Kriegsereignisse 1968:

Gebannt saß die amerikanische Bevölkerung am 31. Januar 1968 vor den Fernsehern. Die Bilder von der beschädigten Botschaft[1] und den auf dem Rasen liegenden Leichen im politischen Zentrum amerikanischer Macht in Saigon versetzten die Amerikaner in einen kollektiven Schock. Nervöse Streitkräfte, verwundete Soldaten, leichenübersäte Straßen – kaum ein Bild zeigt die Brutalität schonungsloser als ein Photo des südvietnamesischen Polizeipräsidenten, der auf offener Straße einem gefesselten Guerilla die Pistole an die Schläfe presste und abdrückte[2] ... Mit den Augen von 700 Journalisten sahen die Amerikaner in 500 Millionen Wohnzimmern fassungslos, wie das Land, das ihre Soldaten schützen sollte, niedergebrannt, verwüstet, zerbombt wurde ... Drei Jahre lang hatte der Präsident[3] die Lage in Südvietnam beschönigt, dem Volk und sich selbst eingeredet, die nächste Eskalation werde die Entscheidung zugunsten Amerikas bringen ... Johnsons Glaubwürdigkeit war zerstört.

*Zit nach Marc Frey Geschichte des Vietnamkrieges. Die Tragödie in Asien und das Ende des amerikanischen Traums, München (C. H. Beck) 2006, S. 223.**

[1] *Ab Januar 1968 fanden gezielt militärische Operationen der Vietcong landesweit statt, auch in Saigon, wo ein Stoßtrupp die amerikanischen Botschaft – allerdings erfolglos – angriff.*

[2] *siehe S. 173 M5*

[3] *Lyndon B. Johnson (amerik. Präsident von 1963 bis 1969)*

M 3

Die Opfer des Massakers von My Lai, Foto, 16. März 1968
Mehr als 200 Kriegsverbrechen begehen die Amerikaner in Vietnam. Am bekanntesten wird das Massaker von My Lai.

M 4

Der Journalist Hans-Herrmann Kotte 2014 zur Rolle der Medien im Vietnamkrieg:

Welche Rolle die Medien, insbesondere das Fernsehen, für den Meinungsumschwung gegen den Krieg, die Antikriegsproteste und den Abzug der USA spielten, ist bis heute umstritten. Einer dieser Mythen ist, dass es das Fernsehen und seine drastischen Bilder von der Realität des Krieges waren, die zur Stimmungsänderung in der Bevölkerung führten und damit quasi den Krieg beendeten. Diese Auffassung kann Forschern zufolge nicht aufrechterhalten werden ... „Die TV-Teams hatten damals einen relativ freien Zugang zu den Schlachtfeldern. Doch längst nicht alle Spielräume wurden genutzt", sagt der Historiker Gerhard Paul. „Daher sollte man die Rolle des Fernsehens auch nicht überschätzen." Eine neue, kritischere Qualität habe die TV-Berichterstattung erst im Zuge des Antikriegsprotests Ende der1960er-Jahre bekommen. „Der Vietnamkrieg war ja bis dahin in den Medien im Großen und Ganzen akzeptiert gewesen. Das Fernsehen holte da eine Entwicklung nach." Es habe sich angepasst, als die Zweifel der Amerikaner am Krieg immer größer wurden. Enormen Einfluss hätten die Pressefotos des Massakers von My Lai im März 1968 gehabt, das die US-Armee zu vertuschen versuchte. Sie zeigten wie US-Soldaten rund 500 Zivilisten umbrachten. Die Fotos konnten, so Klein[1], „die Brutalität des Kriegs viel deutlicher zeigen, als das Fernsehen mit eigenen Mitteln es konnte". Die Fotos seien aber erst 1969 öffentlich geworden, als ein Meinungsumschwung bereits auszumachen war. Klein betont, dass „Vietnam keineswegs ein Krieg war, aus dem frei und unbehindert berichtet werden konnte, und auch keiner, in dem sich Journalisten und Militärs gleichberechtigt gegenüber standen." Einerseits habe es auch damals Zensur gegeben, andererseits seien sowohl TV- als auch Printjournalisten nicht so durchweg kritisch und ihre Berichterstattung nicht so wirkungsvoll gewesen, wie sie selbst es später gern darstellten. „Es waren letztlich die ausbleibenden militärischen Erfolge und die steigende Zahl eigener toter Soldaten, die den Meinungsumschwung gegen den Krieg brachten."

*War is coming home. Artikel von Hans-Herrmann Kotte, 2014. Zit. nach www.fluter.de/war-is-coming-home (Stand: 10.06.2021).**

[1] *Historiker Lars Klein*

M 5

Der vietnamesisch-amerikanische Kriegsreporter Huyin Cong Út (genannt Nick Út) nahm am 8. Juni 1972 dieses Foto auf. Er wartete mit einer Reihe anderer Fotoreporter am Rand des Dorfes Trang Bang an der wichtigen Überlandstraße von Saigon in den Norden des Landes auf einen angekündigten Angriff südvietnamesischer Flugzeuge auf vermutete Stellungen nordvietnamesischer Soldaten. Das neunjährige Mädchen Kim Phúc (Mitte) floh mit seinen Geschwistern und ihrer Großmutter aus dem Dorf und hat sich die brennende Kleidung vom Leib gerissen. Kim Phúc überlebte mit schwersten Verbrennungen. Die kommunistische Regierung Vietnams machte sie zur Ikone der Grausamkeit amerikanisch-südvietnamesischer Kriegsführung und schickte sie später zum Medizinstudium nach Kuba. Bei der Rückkehr nutzte sie eine Zwischenlandung in Kanada zur Flucht und ließ sich in Toronto nieder. Für die Veröffentlichung wählte die Agentur einen verkleinerten Bildausschnitt (roter Rahmen), der den amerikanischen Kriegsreporter rechts, der gerade in aller Ruhe einen neuen Film in seine Kamera einlegt, ausblendete.

M 6

Der Historiker Gerhard Paul, 2005:

Bilder spiegeln Geschichte nicht einfach wider ... Sie sind gleichermaßen Zeugnis und Urteil ... Die Fotografie des Mädchens Kim Phúc wurde als authentisches Dokument des Vietnamkriegs millionenfach reproduziert und damit zur Ikone ... Es wurde für die unterschiedlichsten politischen, kommerziellen und religiösen Zwecke verwendet.

Nachdem die Flugzeuge abgedreht hatten und sich die Rauchschwaden aufzulösen begannen, kamen die ersten verängstigten Anwohner sowie einige ebenfalls von dem Angriff überraschte südvietnamesische Soldaten aus Richtung Trang Bang auf die vor dem Dorf wartenden Journalisten und Soldaten zu, unter ihnen das neunjährige Mädchen Kim Phúc ... Eine Gruppe von Journalisten war den Fliehenden bereits entgegengegangen. Dabei fokussierte sich der Blick der Kameras schnell auf die nackte Kim Phúc ... Die wartenden Fotografen wussten, so die chinesische Autorin Denise Chong, „dass sie das Bild des Tages vor sich hatten. Sie schossen ein Foto nach dem anderen, bis sie keinen Film mehr in den Kameras hatten. Sie stellten sich schon vor, wie sie das Bild aussuchen würden, das Leben und Tod voneinander trennte. Die Lebenden vermitteln die Schrecken des Krieges besser; die Gesichter der Toten sprechen nicht mehr." ...

Das Foto bediente beide Lager: Einmal Befürworter eines weiteren US-Engagements, da Südvietnam alleine nicht in der Lage sei, den Krieg erfolgreich zu führen. Auf der anderen Seite bestätigte die Fotografie die Kriegsgegner und Pazifisten in ihrer ablehnenden Haltung gegen den Krieg.

Gerhard Paul, Authentizität, Ikonisierung und Überschreibung eines Bildes aus dem Vietnamkrieg, in: Zeithistorische Forschungen 2/2005 (Vandenhoeck & Ruprecht Verlage), Online-Ausgabe, 2 (2005), H. 2, https://zeithistorische-forschungen.de/2-2005/4632 (Stand: 02.08.2020). Auszug aus: Denise Chong, Das Mädchen hinter dem Foto. Die Geschichte der Kim Phuc, Hamburg (Hoffmann und Campe) 2001, S. 20ff. Übers. v. Sabine Schulte.

M 7

Propagandabilder und „engagierte Kunst": Links: Bild eines unbekannten nordvietnamesischen Fotografen von der Gefangennahme des abgeschossenen amerikanischen Piloten Dewey Wayne in Nordvietnam am 5. Juli 1967.
Mitte: Inszenierung der Gefangennahme zwei Wochen später auf Vorgabe der Nordvietnamesen durch den DDR-Fotografen Thomas Billhardt, Farbfoto 1967, zu Propagandazwecken weit verbreitet.
Rechts: „La bataille du riz" (= „Kampf im Reisfeld"), Gemälde des französischen Künstlers Gilles Aillaud, 1968

Die Bilanz

Der Vietnamkrieg tötete zwei Millionen vietnamesische Zivilisten, eine unbekannte Zahl von Vietcong Kämpfern und ließ über zwei Millionen Opfer mit Verstümmelungen zurück. Auf amerikanischer Seite starben 59 000 Soldaten. Der Kampfstoff Napalm ließ Menschen qualvoll sterben. Die Berichte der Heimkehrer über die Brutalität der Kämpfe und die massive Kritik am amerikanischen Vorgehen gegenüber der Zivilbevölkerung führten in den USA und der gesamten westlichen Welt zu Massendemonstrationen gegen die Fortführung des Vietnamkrieges. Etwa 50 000 junge Amerikaner entzogen sich der Einberufung ins Militär durch die Flucht nach Kanada. Lieder gegen den Vietnamkrieg wie die von Joan Baez und Bob Dylan waren populär. In vielen Studentendemonstrationen gegen den Krieg wurde der nordvietnamesische Staatsgründer Ho Chi Minh zur Idolfigur gegen Kolonialismus und für das Selbstbestimmungsrecht einer Nation. Von 1969 an zogen die USA ihre Truppen nach und nach aus Südvietnam ab. Der Rückzug der Amerikaner nach dem Waffenstillstandsabkommen 1973 glich einer Flucht; der Krieg ging ohne die Amerikaner weiter. Nordvietnamesische Truppen eroberten 1975 den Süden und beide Länder wurden unter einer kommunistischen Regierung vereinigt. Die Bevölkerung Südvietnams wurde enteignet, umerzogen und zum Teil umgesiedelt. Zehntausende flohen. Die Niederlage im Vietnamkrieg wurde in den Folgejahren zum Trauma der amerikanischen Politik.

Gruppenarbeit:
Verfasst eine Präsentation zu der Frage, inwieweit die Berichtserstattung der Medien zum Vietnamkrieg politische Entscheidungen beeinflusst hat. Nutzt die Ergebnisse aus der Erarbeitung nachfolgender Arbeitsaufträge:

1 Zeigt anhand der Karte M1 und mithilfe des DT auf, dass der Vietnamkrieg ein Stellvertreterkrieg war, und erklärt, warum Amerika in diesen Krieg eintrat.

2 Beschreibt, was das Besondere an der amerikanischen Berichterstattung über den Vietnamkrieg war, analysiert dazu M2 und M4.

3 Erklärt, warum der Bildausschnitt in M5 die öffentliche Meinung für bzw. gegen die amerikanische Kriegsführung mobilisierte. Bezieht dazu M6 mit ein.

4 Zeigt anhand der Bildquellen M3, M5 und M7 auf, worauf man bei der Analyse von Reportagen bzw. Bildern aus dem Krieg besonders achten, welche Aspekte man hinterfragen muss. Die Arbeitsschritte auf Seite 65 helfen weiter.
Tipp: Wurde eines der abgedruckten Fotos manipuliert, ist es ein Propagandabild? Berücksichtigt die unterschiedliche Wirkung der beiden Versionen des Bildes M7 links. Welches „Bild" vom Krieg, von Amerika wird hier vermittelt?

5 Diskutiert die Frage, ob die Berichterstattung der Medien über den Vietnamkrieg politische Entscheidungen beeinflusst hat und welchen Stellenwert die Medien heute haben.

Entspannungspolitik und neue Konfrontationen

Die Kuba-Krise (1961/62) zeigte, wie nah die Welt am Rand einer atomaren Vernichtung gestanden hatte. In der Folgezeit waren die USA und die Sowjetunion bestrebt, eine erneute gefährliche Krise zu vermeiden.

- ***Blieb es bei dieser Entwicklung? Untersuche die Bemühungen um ein friedliches Miteinander.***

M 1

Der amerikanische Politiker Henry A. Kissinger (geb. 1923), ab 1969 US-Sicherheitsberater und Außenminister, 1969:

Die Stärke eines Staates konnte bis zum Zweiten Weltkrieg an der Fähigkeit gemessen werden, seine Bevölkerung vor einem Angriff schützen zu können. Das Atomzeitalter hat diesen traditionellen Maßstab zerbrochen ... Kein denkbarer Rüstungsstand – nicht einmal ein umfassendes Raketenabwehrsystem – kann Schäden verhindern, die die Verwüstung während der zwei Weltkriege weit in den Schatten stellen würden ... Das Widersinnige an der militärischen Stärke heute ist, dass die gewaltige Machtentfaltung in keinem Verhältnis mehr zur Politik steht ... Dieses Dilemma hat das Interesse an Verhandlungen für eine Rüstungskontrolle neu belebt.

*Zit. nach Henry A. Kissinger, Amerikanische Außenpolitik, Düsseldorf/Wien (Goldmann Sachbuch) 1969, S. 80ff. * Übers. v. Eduard Linpinsel u. a.*

M 2

Der sowjetische Generaloberst und stellvertretende Chefredakteur der Armeezeitung „Roter Stern", Nikolai Sidelnikow, 1973:

Die vermehrte Macht der sowjetischen Streitkräfte und der Armeen der übrigen Länder der sozialistischen Gemeinschaft kann nur diejenigen beunruhigen, denen die Interessen des Friedens, des sozialen Fortschritts und der Sicherheit der Völker fremd sind und die versuchen, die Entspannung zur Schwächung der Positionen des Sozialismus zu missbrauchen. Solange es auf der Erde aggressive, reaktionäre Kräfte des Imperialismus ... gibt, die fähig sind, einen neuen Kriegsbrand zu entfachen, wird die Festigung und Stärkung der Kampfmacht und Kampfbereitschaft der Streitkräfte der UdSSR mit allen Mitteln eine unserer wichtigsten Aufgaben sein und bleiben ...

*Zit. nach Manfred Görtemaker/Gerhard Wettig, USA–UdSSR. Dokumente zur Sicherheitspolitik, Hannover (Niedersächsische Landeszentrale für politische Bildung) 1986, S. 1988.** © Leske + Budrich Verlag, Opladen 1987*

M 3

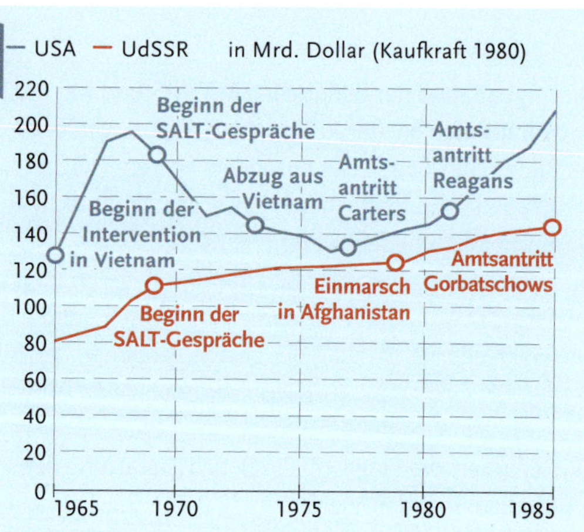

Verteidigungsausgaben der USA und der UdSSR 1965 bis 1985

M 4

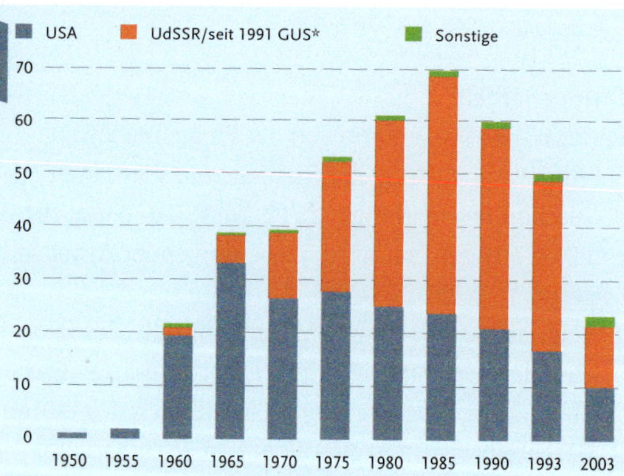

Zahl der weltweit vorhandenen nuklearen Sprengköpfe 1950 bis 2003 (in Tausend)
** GUS = Gemeinschaft Unabhängiger Staaten*

Abrüstungsverhandlungen

Die großen Mengen von Atomwaffen und Langstreckenraketen auf beiden Seiten erzeugten ein „Gleichgewicht des Schreckens". Keine der Supermächte hätte jedoch einen Angriff beginnen können, ohne dabei die eigene Vernichtung zu riskieren. Daher bemühten sich beide Supermächte um eine Beschränkung des Rüstungswettlaufs, der gewaltige Summen verschlang, die zur Finanzierung anderer wichtiger Projekte fehlten. Die USA und die UdSSR unterzeichneten 1963 einen Vertrag, der Atomwaffentests auf der Erde und im Weltraum verbot. 1968 folgte der Atomwaffensperrvertrag zwischen den Nuklearmächten USA, UdSSR und Großbritannien sowie weiteren 40 Staaten, der die Weitergabe von Atomwaffen untersagte.

Rüstungswettlauf trotz Entspannung?

Die Entspannungsbemühungen wurden von Rückschlägen begleitet. Die brutale Niederschlagung der Reformbewegung in der Tschechoslowakei („Prager Frühling"*) 1968 und der Vietnamkrieg (siehe S. 158 ff.) bremsten die Fortsetzung der Entspannungsbemühungen. Der Rüstungswettlauf ging in verminderter Form weiter. Beide Supermächte entwickelten Raketen mit Mehrfachsprengköpfen und prüften Pläne für Systeme der Raketenabwehr. 1972 übertraf die Sowjetunion die USA mit der Zahl ihrer Interkontinentalraketen. Vor diesem Hintergrund kam es 1972 zur Unterzeichnung einer ersten Vereinbarung zur Begrenzung der strategischen Rüstung (Strategic Arms Limitation Talks = SALT). Dabei handelte es sich jedoch weder beim SALT I Vertrag noch bei dem 1979 ausgehandelten SALT II-Vertrag um echte Abrüstung, sondern nur um eine Beschränkung weiterer Aufrüstung. Eine Verschärfung der Lage trat durch den Einmarsch sowjetischer Truppen nach Afghanistan 1979 ein. Die Sowjetunion unterstützte die dortige kommunistische Regierung gegen islamische Widerstandskämpfer, die von den USA mit Waffen beliefert wurden. Dieser Stellvertreterkrieg dauerte bis 1989.

Die Konferenzen von Helsinki 1973–1975

An der „Konferenz für Sicherheit und Zusammenarbeit in Europa" (KSZE)* nahmen ab 1973 in der finnischen Hauptstadt nahezu alle europäischen Staaten, die UdSSR, die USA und Kanada teil. In der Schlussakte der Konferenz vom 1. August 1975 verpflichteten sich die Teilnehmer zu folgenden Punkten:

- Unverletzlichkeit der Grenzen
- friedliche Regelung von Konflikten
- Nichteinmischung in die Angelegenheiten anderer Staaten
- Erleichterungen beim Personenverkehr zwischen Ost und West
- Achtung der Menschenrechte
- Zusammenarbeit in Wirtschaft und Technik

Der Westen erreichte Zugeständnisse der kommunistischen Staaten bei der Achtung der Menschenrechte. In mehreren Ländern Osteuropas entstanden nun Bürgerrechtsgruppen, z. B. die unabhängige Gewerkschaft Solidarność in Polen (siehe S. 164 f.), die sich auf die Inhalte der Schlussakte beriefen, um ihren Forderungen nach Meinungs- und Pressefreiheit in ihrem Land Nachdruck zu verleihen. Bis 1990 fanden Folgekonferenzen der KSZE statt. Die heutige Nachfolgeorganisation der KSZE ist die „Organisation für Sicherheit und Zusammenarbeit in Europa" (OSZE) mit Sitz in Prag.

M 5

„Rüstungswettlauf", Karikatur von Horst Haitzinger, 1981

1 **Partnerarbeit:** Analysiert arbeitsteilig M1 und M2 und vergleicht beide Positionen unter dem Aspekt der Bereitschaft zur Abrüstung.

2 Erkläre mithilfe des Auftaktbildes S. 144/145 die Bedrohung durch atomare Aufrüstung.

3 Entspannung oder Konfrontation? Notiere Stichpunkte mit Jahreszahlen zu diesen beiden Gegensätzen (M3, M4 und DT).

4 Diskutiert: Warum konnten sich die Supermächte nicht auf eine spürbare Abrüstung einigen? Berücksichtigt die Ergebnisse aus den Aufgaben zuvor und bezieht M5 sowie den DT mit ein.

5 Erkläre anhand eines Beispiels, wie die Politik der USA und Sowjetunion das Leben der Menschen in anderen Teilen der Welt beeinflusste.

Osteuropa im Wandel

In den 1980er Jahren regte sich in den Staaten des Ostblocks Widerstand gegen die Allmacht der kommunistischen Parteien, der mit einem völligen Umbruch der Machtverhältnisse 1989/90 endete.

- ***Wie wurden die kommunistischen Einparteiendiktaturen infrage gestellt?***
- ***Finde Gründe, warum der Umbruch als „Epochenwende" bezeichnet wird.***

M 1

Forderungen der Streikenden, Danzig (1980):

1. Zulassung von unabhängigen Berufsverbänden (Gewerkschaften), die nicht von der Kommunistischen Partei abhängig sind.

2. Garantie des Streikrechts.

3. Beachtung der Freiheit des Wortes, des Drucks und der Veröffentlichung. Keine Verfolgung unabhängiger Druckereien.

4. Wiedereinstellung der bei den Streiks von 1970 und 1976 entlassenen Arbeiter ...

Wiederaufnahme aller Studenten in die Universitäten, die wegen ihrer Überzeugungen aus den Unis geworfen wurden.

Freilassung aller politischen Gefangenen.

Aufhebung aller politisch motivierten Benachteiligungen und freie Religionsausübung ...

8. Erhöhung des Grundlohns als Ausgleich für Preissteigerungen ...

12. Wahl der Führungskräfte nach Qualifikation und nicht nach Parteizugehörigkeit. Aufhebung der Privilegien für Mitglieder in Polizei, Staatssicherheit und Parteiapparat.

16. Verbesserung der Gesundheitsfürsorge in den Betrieben.

17. Bereitstellung von genügend Kinderkrippen und Kindergärten für die berufstätigen Mütter.

*Plakat der Streikenden, Danzig 1980, Privatbesitz Hans-Joachim Cornelißen. Übers. v. Verf.**

M 2

Arbeiterführer Lech Wałęsa spricht in Danzig vor Anhängern der Gewerkschaft Solidarność, Foto, Herbst 1988. Übersetzung des Transparents: „Keine Freiheit ohne Gott und Solidarność"

Die Bedeutung der KSZE-Schlussakte

Die Schlussvereinbarung der KSZE-Akte (siehe S. 163) ließ in den kommunistischen Staaten kleine Bürgerrechtsgruppen entstehen, die für Meinungs- und Pressefreiheit eintraten. Sie verlangten, die in den kommunistischen Staaten streng verbotenen westlichen Zeitungen lesen zu dürfen, und machten Menschenrechtsverletzungen öffentlich. Jede Form der Opposition gegen die Herrschaft der kommunistischen Partei blieb gefährlich: In der Tschechoslowakei wurden Mitglieder der Bürgerrechtsbewegung „Charta 77" trotz ihres Verweises auf die von ihrer Regierung unterschriebene Schlussakte von Helsinki zu langjährigen Haftstrafen verurteilt. Eine Symbolfigur dieser Bewegung war der spätere tschechische Staatspräsident Václav Havel.

Die Reformbewegung in Polen

Im Sommer 1980 legten Arbeiter der Werften in Gdańsk (Danzig) und Gdynia (Gdingen) die Arbeit nieder. Auslöser der Unruhen waren drastische Preiserhöhungen bei Fleisch und das unzureichende Angebot an Nahrungsmitteln und Konsumgütern. Die Organisatoren der Streiks gründeten eine unabhängige Gewerkschaft mit dem Namen „Solidarität", polnisch Solidarność, die eine Reihe von Forderungen erhob. Innerhalb kürzester Zeit hatte die Protestbewegung zehn Millionen Mitglieder. Die Regierung verbot die Gewerkschaft und verhängte im Dezember 1981 das Kriegsrecht über Polen. Nun wurden Staatsbetriebe, Rundfunk und Fernsehen von Militärs geleitet, das Telefonnetz fast einen Monat lang abgeschaltet und eine Ausgangssperre am Abend verhängt; über 3000 Oppositionelle wurden verhaftet. Die Solidarność arbeitete im Untergrund weiter und erhielt massiven Rückhalt aus allen Teilen der Bevölkerung. Finanzielle Unterstützung für die Gewerkschaftsbewegung kam aus dem Westen über den Krakauer Erzbischof Karol Wojtyła (1920–2005). Dieser war 1978 zum Papst gewählt worden. Bei Besuchen in seiner polnischen Heimat unterstützte er öffentlich die Reformideen der Oppositionellen.

M 3

Umbruch in den Staaten Mittel- und Osteuropas bis 1990

M 4

Streikende am Eingang zur Danziger Lenin-Werft im August 1980, vor dem Tor die Angehörigen der Streikenden. Am Tor hängt ein Foto von Papst Johannes Paul II. Foto, August 1980

Das Wendejahr 1989

Unter dem Druck der Öffentlichkeit und durch Vermittlung der katholischen Kirche Polens verhandelte die Regierung 1989 mit dem Arbeiterführer der Solidarność, Lech Wałesa. Bei den Parlamentswahlen am 4. Juni 1989 traten erstmals nichtkommunistische Oppositionsparteien an, die alle frei wählbaren Mandate errangen. Im August 1989 wurde der Berater der Solidarność, Tadeusz Mazowiecki, als erster nicht-kommunistischer Ministerpräsident vereidigt. Polen wurde zu einer parlamentarischen Demokratie mit Rechtsstaat, Gewaltenteilung und Marktwirtschaft. Wałesa wurde 1990 zum Präsidenten der neuen Republik Polen gewählt. Im November fiel die Berliner Mauer, was ohne die Ereignisse in Polen so schnell nicht geschehen wäre.

Grundlegendes Datum

ab 1989/90 Umbruch im Ostblock

1 Wähle eine Aufgabe aus:

a) Analysiere M1, indem du herausarbeitest, welche Artikel einen Angriff auf die kommunistische Einheitspartei darstellten.

b) Setze die Forderungen der Solidarność in Beziehung zu der KSZE-Schlussakte (siehe S. 163).

2 Erkläre die Rolle der Kirche für den Reformprozess in Polen (M4, DT).

3 Zeige anhand von ausgewählten Bildern auf, in welcher Form der Protest in den osteuropäischen Ländern verlief. Gib Suchbegriffe wie „Samtene Revolution" oder „Singende Revolution" ein, hilfreich sind auch Namen wie Vaclav Havel und Lech Wałesa (M2).

4 Partnerarbeit: Beschreibt Veränderungen im Ostblock 1989/90, die den Begriff „Epochenwende" verdeutlichen.

a) Untersucht dazu mithilfe der Arbeitsschritte auf S. 189 die Karte M3 und nutzt die daraus gewonnenen Informationen. Vergleicht dann M3 mit der Karte „Europa heute" im Umschlag vorne. Ihr könnt aber auch einen Atlas hinzuziehen.

b) Zeigt anhand der Ereignisse in Polen den Umbruch auf (M1–M4, DT, GD).

Hinweis: Zum Fall des „Eisernen Vorhangs" siehe S. 180/181.

Wie endete der Kalte Krieg?

Mit der Wahl von Michail Gorbatschow zum Generalsekretär der Kommunistischen Partei der Sowjetunion (1985–1991, Staatspräsident der Sowjetunion 1990–1991), änderte sich sowohl die Innen- als auch die Außenpolitik dieses Landes grundlegend.

- ***Welche Veränderungen fanden statt?***
- ***Erkläre den Beitrag Gorbatschows zum Ende des Kalten Krieges.***

M 1

Michail Gorbatschow über sein politisches Programm[1], 1987:

Umgestaltung [russ. Perestroika] heißt, dass wir uns auf das lebendige Schöpfertum der Massen stützen. Dass wir Demokratie und sozialistische Selbstverwaltung umfassend entwickeln, Entschlusskraft und Eigeninitiative fördern, Ordnung und Disziplin stärken. Umgestaltung heißt mehr Offenheit, mehr Kritik und Selbstkritik in allen Lebensbereichen der Gesellschaft, heißt, dass die Werte und die Würde der Persönlichkeit hohe Achtung genießen. Umgestaltung heißt, dass die sowjetische Wirtschaft umfassend intensiviert wird, dass nicht länger kommandiert und administriert [verwaltet] wird und dass Schrittmachergeist und sozialistischer Unternehmungsgeist mit allen Mitteln gefördert werden ... Nötig ist eine weitgreifende Demokratisierung des gesamten gesellschaftlichen Lebens. Ohne Offenheit [Glasnost] kann es keine Demokratie geben. Und ohne Demokratie kann es keinen zeitgemäßen Sozialismus geben. Man muss den Massen die Wahrheit sagen ... Weltweite Sicherheit beruht in unserer Zeit auf der Anerkennung des Rechts jeder Nation, den Weg ihrer sozialen Entwicklung selbst zu bestimmen, auf dem Verzicht der Einmischung in die inneren Angelegenheiten anderer Staaten ... Nationen können und sollen ihr Leben nicht nach dem Muster der USA oder der Sowjetunion ausrichten.

*Zit. nach Michail Gorbatschow, Umgestaltung und neues Denken für unser Land und für die ganze Welt, Berlin (Dietz) 1987, S. 37 f.**

[1] Gorbatschows Buch wurde schon kurze Zeit nach seinem Erscheinen in viele Sprachen übersetzt und war als politischer Bestseller weltweit verbreitet.

M 2

Der deutsche Historiker Dietmar Neutatz über die Reformversuche Gorbatschows, 2013:

Gorbatschow glaubte an die Reformierbarkeit des sowjetischen Systems ... [Er] war ... überzeugt, man könne dieses Wirtschaftssystem durch Reformen effektiv machen, ohne das Privateigentum an Produktionsmitteln zuzulassen und ohne eine echte Preisbildung über den Markt einzuführen, die auf Angebot und Nachfrage beruhte. Er glaubte daran, dass die kommunistische Partei demokratisiert werden könne, ohne ihr Machtmonopol aufgeben zu müssen, und dass sich über die Lockerung der Zensur und ein Klima der Offenheit die Zustimmung der Bevölkerung zum Sozialismus erhöhen lasse. Dass ausgerechnet seine Politik, die zunächst große Hoffnungen weckte, im wirtschaftlichen Kollaps, dem Zusammenbruch der Sowjetmacht und im Auseinanderfallen des Imperiums endete, lag nicht an ungünstigen Umständen, sondern an der prinziellen Verkennung der Problemlage durch Gorbatschow selbst ... Die plötzliche Brisanz der Nationalitätenproblematik überraschte Gorbatschow, der diesen Faktor völlig unterschätzt hatte ... [Er gab sich] dem Wunschdenken von der harmonischen Gemeinschaft des Sowjetvolkes hin. Die Möglichkeit der freien Meinungsäußerung ließ Konflikte aufbrechen und eröffnete nationalen Unabhängigkeitsbewegungen Handlungsspielräume. Die Perestroika war nicht die Ursache für die nationalen Unabhängigkeitsbewegungen, aber sie verhalf ... zum Durchbruch.

*Dietmar Neutatz, Träume und Alpträume. Eine Geschichte Russlands im 20. Jahrhundert, München (C. H. Beck) 2013, S. 503, 513 ff.**

Ein neuer Mann an der Spitze der Sowjetunion

Die Kosten des Wettrüstens und des Krieges in Afghanistan verschlechterten die Lebensbedingungen der Sowjetbürger. Die Bevölkerung erhoffte sich von Michail Gorbatschow Maßnahmen zu einer spürbaren Verbesserung der katastrophalen Versorgungslage mit Nahrungsmitteln und Konsumgütern. Mit Eifer ging Gorbatschow daran, durch Reformen die jahrzehntelange Misswirtschaft, verbunden mit Korruption und Amtsmissbrauch zu überwinden und das kommunistische System durch eine radikale Umgestaltung (Perestroika*) zu modernisieren. Statt Einschüchterung, Zensur und systematischer Manipulation von Informationen sollten für die sowjetische Gesellschaft Meinungsfreiheit und Transparenz politischer Maßnahmen möglich sein.
In Abrüstungsgesprächen mit den USA vereinbarte Gorbatschow eine Verringerung der Zahl der Langstreckenraketen und die Vernichtung aller Mittelstreckenwaffen in Europa. Weitere Gespräche zur Rüstungsbegrenzung folgten. Die sowjetischen Truppen wurden 1989 aus Afghanistan abgezogen. Für seine Verdienste um den umfassenden Rüstungsabbau wurde Gorbatschow 1990 der Friedensnobelpreis verliehen.

Testfall Tschernobyl – der Anfang vom Ende?

Am 26. April 1986 explodierte in Tschernobyl (heute Ukraine) ein Reaktor eines Atomkraftwerks, wodurch große Mengen an Radioaktivität austraten. Angesichts der bevorstehenden Feierlichkeiten zum 1. Mai versuchte die Regierung zunächst die Katastrophe zu verheimlichen. In den staatlichen Medien der Sowjetunion hatte man nie über Umweltkatastrophen oder schwere Unfälle wie Flugzeugabstürze berichtet. Aber „Glasnost"* ermöglichte nun der sowjetischen Bevölkerung, über andere Kanäle das wahre Ausmaß der Katastrophe zu erfahren. Gorbatschow wurde für seine Hinhaltetaktik heftig kritisiert, und Misstrauen gegenüber seinem Reformkurs kam auf.

Das Ende der Sowjetunion

Der abrupte Übergang von der Planwirtschaft zur Marktwirtschaft brachte eine bis dahin im Sozialismus unbekannte Arbeitslosigkeit mit sich. Staatliche Hilfen waren nicht vorgesehen. Es kam zu Massenprotesten und landesweiten Streiks. Im Gegensatz zu seinen Vorgängern verkündete Gorbatschow, dass er den bisherigen „sozialistischen Bruderstaaten" des Warschauer Pakts die Wahl ihres Gesellschaftssystems selbst überlassen werde. Als daraufhin die baltischen Sowjetrepubliken Estland, Lettland und Litauen diese neue Freiheit Moskaus zur nationalen Selbstbestimmung nutzten, setzte die Moskauer Zentralregierung jedoch die Armee ein. Nach kurzen Kämpfen erklärten sich Litauen im März 1990 und Estland sowie Lettland im Mai desselben Jahres für unabhängig. Der Erfolg der baltischen Staaten bestärkte andere Teilrepubliken wie die Ukraine und Georgien, ihre Unabhängigkeit gegenüber Moskau zu erklären. Im Kaukasus und in Zentralasien brachen blutige Konflikte zwischen verschiedenen Völkern aus.
Im August 1991 stürzten überzeugte Kommunisten alten Denkens Gorbatschow und setzten ihn unter Hausarrest. Der Präsident der russischen Teilrepublik, Boris Jelzin (von 1991 bis 1999 Präsident Russlands), sorgte für die Niederschlagung des Putsches. Gorbatschow wurde befreit, verlor aber alle Ämter. Jelzin betrieb die Gründung der „Gemeinschaft Unabhängiger Staaten" (GUS)* unter Führung Russlands. Die Sowjetunion hörte am 31. Dezember 1991 zu bestehen auf; der Warschauer Pakt wurde aufgelöst. Der Kalte Krieg als Gegensatz zwischen den beiden Supermächten UdSSR und USA war beendet.

M 3

Gorbatschow, Karikatur von Peter Leger in der „Süddeutschen Zeitung" (SZ), 1987

1. **Partnerarbeit:** Analysiert die Reformversuche Gorbatschows (M1) und erklärt mithilfe des Historikerurteils in M2, warum sie scheiterten.
2. Bewerte Gorbatschows Innen- und Außenpolitik ausgehend von den Stichpunkten in der Karikatur M3. Beziehe M1, M2 und den DT mit ein.
3. Beantworte die Frage in der Überschrift. Erörtere, welche Faktoren für das Ende des Kalten Krieges ausschlaggebend waren.
4. **Zusatzfrage:** Recherchiere in den digitalen Angeboten eine der nationalen Unabhängigkeitsbewegungen in einem Nachfolgestaat der Sowjetunion (z. B. Georgien) und berichte vor der Klasse darüber.

L Entkolonialisierung am Beispiel Kongo

Die rohstoffreiche Kolonie Belgisch-Kongo war im Zeitalter des Imperialismus und im Kalten Krieg Schauplatz grausamer Ausbeutung und Machtkämpfe. Auch nach der Unabhängigkeit im Jahr 1960 setzten sich die Kämpfe fort.

- *Verfasse einen informierenden Text für die Schülerzeitung zur Entkolonialisierung des Kongo und deren Folgen.*

M 1

Rede von Ministerpräsident Patrice Lumumba bei der Unabhängigkeitsfeier am 30. Juni 1960:

Wir haben erleben müssen, dass man uns verhöhnte, beleidigte, schlug, tagaus tagein, von morgens bis abends, nur weil wir Schwarze waren. Niemand wird vergessen, dass man einen Schwarzen selbstverständlich duzte – nicht etwa, weil man ihn als einen Freund betrachtete, sondern weil das ehrbare „Sie" den Weißen vorbehalten war. Wir haben erleben müssen, dass man unser Land raubte aufgrund irgendwelcher Texte, die sich Gesetze nannten, in Wirklichkeit aber nur das Recht des Stärkeren verbrieften ... Wir haben erleben müssen, wie unsäglich Menschen zugesetzt wurde, die sich offen zu ihrer politischen Meinung oder zu ihrem Glauben bekannten ... Auch die Erschießungen, denen so viele von unseren Brüdern zum Opfer fielen, wird niemand je vergessen.

Zit. nach Ludo de Witte, Regierungsauftrag Mord. Der Tod Lumumbas und die Kongo-Krise, Leipzig (Forum Verlag) 2001, S. 30. Übers. von Ulrich Bossier.*

M 2

Der niederländische Historiker David Van Reybrouck schrieb 2013 über die Umstände der Entkolonialisierung Kongos:

Vier Monate waren noch Zeit, einen Staat zusammenzubasteln. Die „To-do-Liste" sah beeindruckend aus: Man musste eine Übergangsregierung bestimmen, eine Verfassung erstellen, ein Parlament aufbauen, Ministerien schaffen, Wahlen abhalten, eine Regierung bilden, ein Staatsoberhaupt ernennen ...

Die erste Regierung übernahm von Belgien ein Land mit gut ausgebauter Infrastruktur ... Doch was nutzte ein vollständig ausgestattetes Land, wenn niemand damit umzugehen wusste?

Am Tag der Unabhängigkeit gab es im Kongo 16 Menschen mit einem Universitätsabschluss. Es gab Hunderte gut ausgebildete Krankenpfleger und Verwaltungsangestellte, aber weder einen einheimischen Arzt noch einen Juristen, Agrar- oder Wirtschaftswissenschaftler.

Zit. nach David Van Reybrouck, Kongo – eine Geschichte, Berlin (Suhrkamp) 2012, S. 308 und 316. Übers. von Waltraud Hüslert.*

M 3

Staatsbesuch des belgischen Königs Baudouin (weiße Uniform) anlässlich der Unabhängigkeitsfeier des Kongo, 29. Juni 1960 (Foto Robert Lebeck). Inmitten einer jubelnden Menge entreißt ein junger Kongolese dem belgischen Monarchen seinen Parade-Degen. Die Abbildung wurde sowohl in Afrika als auch in Europa zu einem Schlüsselbild der Entkolonialisierung.

Der Kongo seit 1885

1885 Auf der Berliner „Afrika-Konferenz" wurden große Gebiete Afrikas willkürlich unter den europäischen Mächten aufgeteilt. Der belgische König Leopold II. erhält das Kongobecken als Privatbesitz. Die riesige Kolonie wird brutal ausgeplündert; etwa 20 Millionen Kongolesen sterben an den Folgen der Gewaltverbrechen („Kongogräuel").

1908 Aufgrund internationaler Proteste gegen die Verbrechen gibt der belgische König die Kolonie an den Staat ab; sie wird zur Kolonie Belgisch-Kongo.

1959 Aufstände gegen die Kolonialherrschaft

1960 17 afrikanische Staaten werden unabhängig, darunter der Kongo mit über 200 unterschiedlichen Völkern. Die Europäer verlassen überstürzt das Land. Patrice Lumumba, der einen antikolonialen Kurs vertritt, wird zum Ministerpräsidenten des Landes gewählt.

1961 Da die Rohstoffe auch nach der Unabhängigkeit weiter von belgischen Bergbaukonzernen beherrscht wurden, will Lumumba die Sowjetunion als Partner gewinnen. Er wird vom Militär unter Mithilfe Belgiens und des amerikanischen Geheimdienstes abgesetzt und später ermordet. Armeechef Joseph Mobutu putscht sich mit Unterstützung westlicher Mächte an die Macht und errichtet eine 32 Jahre währende korrupte Diktatur, die den Kongo ruiniert.

1961–1964 Rebellenarmeen bekämpfen Mobutu.

1994 Stammeskonflikte: Hutu-Milizen ermorden in Ruanda über 800 000 Tutsi; viele moderate Hutus, die nicht am Völkermord beteiligt waren, fliehen in den Kongo. Die Stammesrivalitäten zwischen Hutus und Tutsi setzen sich im Kongo fort. Mobutu solidarisiert sich mit den Hutus. Die Tutsis vereinigen sich mit oppositionellen Gruppen und bekämpfen erfolgreich Mobutu; neuer Präsident wird Laurent-Désiré Kabila.

1998–2002 „Afrikanischer Weltkrieg". Acht afrikanische Armeen, u. a. aus Ruanda, Uganda und Angola, stehen im Land und kämpfen für unterschiedliche Ziele; an die fünf Millionen Kongolesen sterben; das Wirtschaftsleben liegt am Boden.

2002 wird ein Friedensvertrag unterzeichnet, aber der Krieg im Osten des Landes geht bis heute noch weiter. Das Land zählt über vier Millionen Binnenflüchtlinge, die aufgrund von Kämpfen und Gewalt in ihrem Landesteil geflohen sind oder daraus vertrieben wurden. Hilfsorganisationen und Friedenstruppen der Vereinten Nationen sind zwar vor Ort, können aber ob der Ausmaße nur bedingt Hilfe leisten.

2006 erstmals freie Wahlen, aber nur geringe Anzeichen von einer demokratischen Ordnung

2020 Das Land gehört zu den ärmsten Ländern der Welt.

M 4

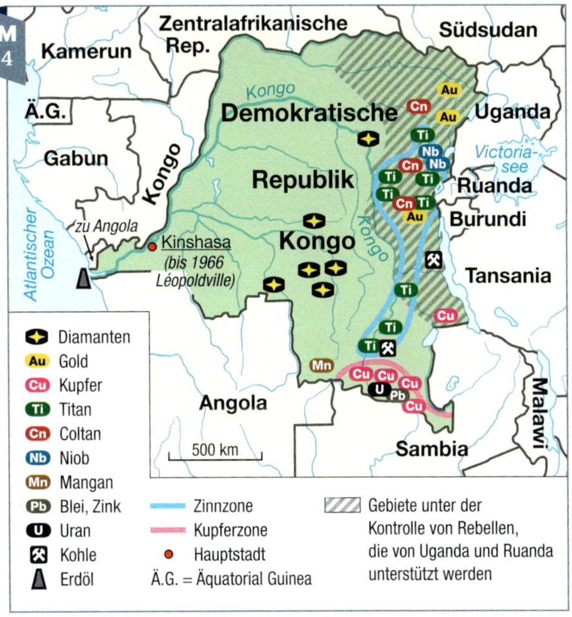

Die Demokratische Republik Kongo: Bodenschätze und Krisengebiete. Coltan ist ein bedeutendes Metall für Handys, Computer oder Digitalkameras. Niob ist einer der begehrtesten Stoffe der Erde als Metall für Pipelines, Raketen und Kernbrennstäbe. An die 40 000 Kinder arbeiten in den Minen; sie müssen mitunter 24 Stunden unter Tage verbringen, erhalten 1 bis 2 Dollar pro Tag.

Grundlegender Begriff: Entkolonialisierung

seit Ende des Zweiten Weltkrieges stattfindende Loslösung und Befreiung der afrikanischen und asiatischen Staaten von der Kolonialherrschaft der Europäer unter Berufung auf das Selbstbestimmungsrecht der Völker

Verfasse einen informierenden Text zur Demokratischen Republik Kongo für eure Schülerzeitung. Formuliere eine passende Frage als Überschrift. Erkläre, welche Probleme dieser Staat heute hat und zeige auf, welche davon ein Erbe der Entkolonialisierung sind. Hilfreich für die Erarbeitung sind die folgenden Arbeitsaufträge:

1 Erläutere die Botschaft von M3.
2 Vergleiche die Aussage von M1 mit M2.
3 Fasse Ereignisse und Handlungen im Kongo bis zur Unabhängigkeit zusammen (M1, Chronologie, GB „Imperialismus" und „Entkolonialisierung").
4 Nenne Probleme, die sich nach der Unabhängigkeit ergaben. Gehe dabei auf die Frage ein, ob der Rohstoffreichtum Segen oder Fluch für den Kongo ist (M2, M4 und Chronologie).
5 Recherchiere zur aktuellen Situation im Kongo. Gib die Suchbegriffe „Kongo Probleme heute" ein.

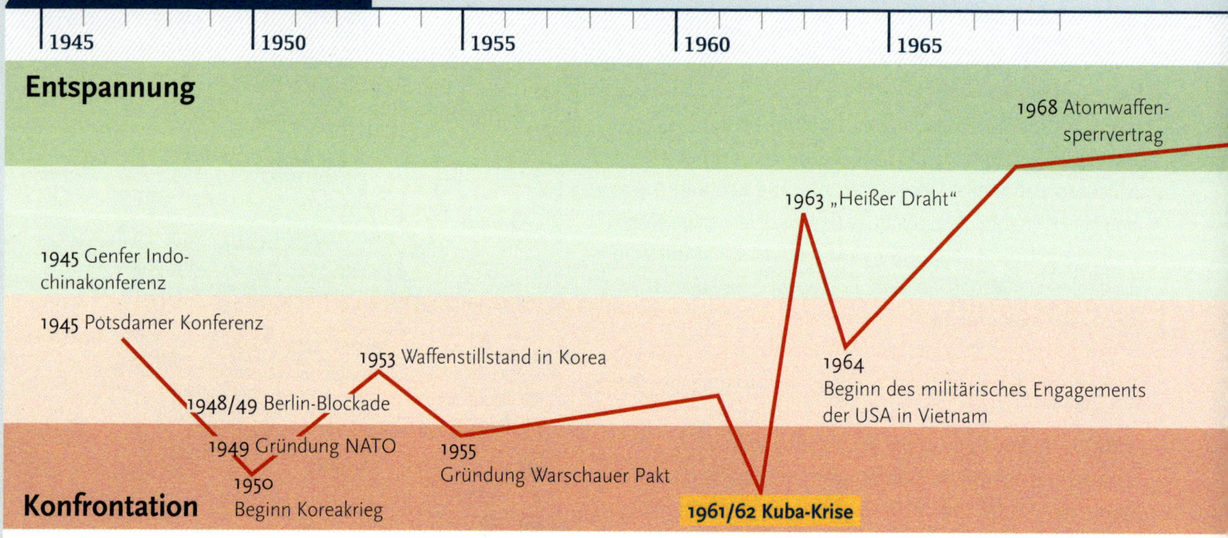

Weltpolitik im Kalten Krieg

Von der Anti-Hitler-Koalition zum Kalten Krieg

Schon während des Zweiten Weltkrieges und besonders anlässlich der Potsdamer Konferenz wurden die ideologischen Unterschiede zwischen den Verbündeten gegen NS-Deutschland immer deutlicher. Die westlichen Demokratien Großbritannien, Frankreich und die USA verband ein gemeinsames demokratisches Politik- und Wirtschaftsverständnis. Die Sowjetunion versuchte, ihre Ideologie in den von deutscher Herrschaft befreiten Staaten in Mittelosteuropa (Polen, Tschechoslowakei, Rumänien und Ungarn) auszuweiten. Daraus entwickelte sich der grundlegende Ost-West-Konflikt, in dem es um die militärische, politische und ideologische Vorherrschaft in der Welt ging. Die unterschiedlichen Machtinteressen führten zur Bildung zweier unterschiedlicher Blöcke. Durch die Gründung der Militärbündnisse **NATO** (1949) und Warschauer Pakt (1955) vertieften sich die Gegensätze. Da sich aber die beiden Supermächte USA und UdSSR zwischen 1947 und 1991 nie offiziell im Krieg miteinander befanden, bezeichnet man diese Phase als **Kalten Krieg**. Die politische Atmosphäre war stark geprägt durch gegenseitige Feindbilder, die auf verzerrter Bewertung und Wahrnehmung sowie Misstrauen gegenüber dem anderen beruhten.

Die Deutsche Frage

Der am 15. September 1949 zum ersten Bundeskanzler der Bundesrepublik Deutschland gewählte Konrad **Adenauer** wollte die Bundesrepublik mithilfe von Verträgen zum Partner der westeuropäischen Staaten machen. Für Adenauer besaß die **Westintegration** der Bundesrepublik Vorrang vor einer möglichen Wiedervereinigung.

Im Ost-West-Konflikt wollten die Westmächte das Industriepotenzial der Bundesrepublik in das Verteidigungssystem des Westens einbinden. 1955 stimmten die Westmächte einer Aufnahme in die NATO zu. Die Bundesrepublik erhielt weitgehende Souveränität. Die vormaligen Besatzungstruppen standen nun als Verbündete auf deutschem Boden. Nach der Aufnahme in die NATO führte die Bundesrepublik nach heftigen innenpolitischen Protesten die allgemeine Wehrpflicht ein und baute die Bundeswehr als neue Armee auf.

In der DDR traten die führenden Politiker der SED für die Wiedervereinigung ein, allerdings sollte der neue Staat eine sozialistische Staats- und Gesellschaftsordnung haben. Dieses Ziel blieb unerreicht und die DDR wurde am 14. Mai 1955 Mitglied des Warschauer Pakts unter Führung der Sowjetunion. Mit der neu gegründeten Nationalen Volksarmee der DDR hätten – im Kriegsfall – zwei deutsche Armeen gegeneinander gekämpft.

Brennpunkte des Kalten Krieges

In der Kuba-Krise 1962 bedrohte die Stationierung sowjetischer Atomraketen auf der Insel Kuba, 150 km von der Küste der USA entfernt, direkt das amerikanische Festland und führte die Welt an den Rand eines Atomkrieges. Nur durch die Besonnenheit der beiden Staatschefs Chruschtschow und Kennedy konnte ein Krieg mit atomaren Waffen verhindert werden.

Wie im Koreakrieg (1950–1953), so kämpften auch im Vietnamkrieg ab 1964 amerikanische Truppen gegen von der Sowjetunion unterstützte Revolutionäre, um eine Ausweitung des Machtbereichs der Sowjetunion zu verhindern.

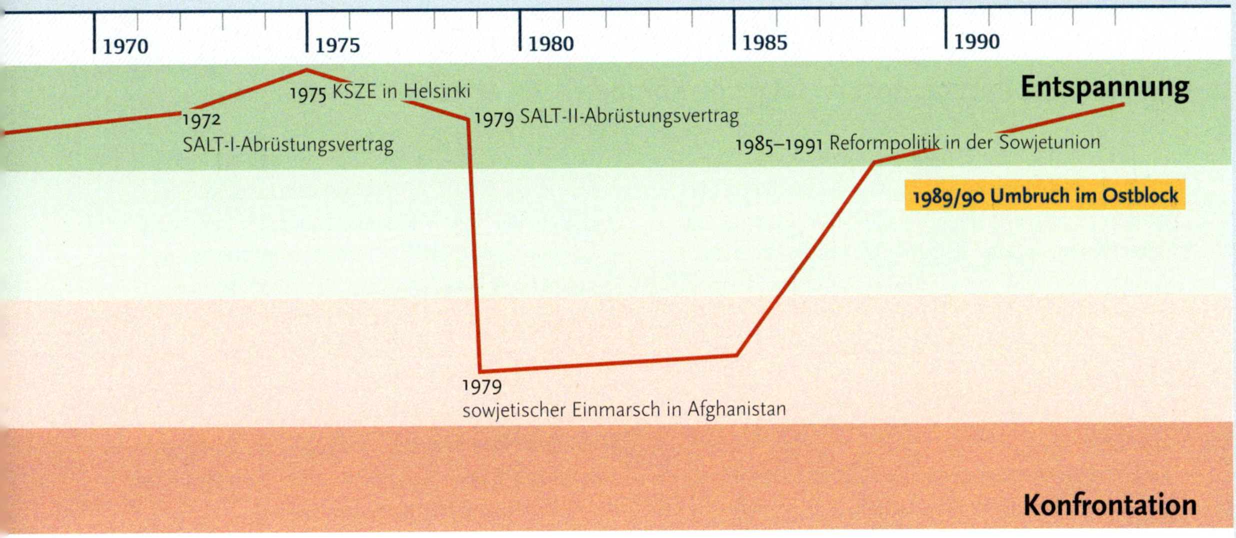

Zwischen Entspannung und Konfrontation

Die Kuba-Krise hatte beiden Supermächten die Gefahren ihres Konfrontationskurses deutlich gemacht. Eine erste Maßnahme zur Verbesserung der Kommunikation war die Einrichtung des „Heißen Drahts", einer Fernschreiberverbindung zwischen Moskau und Washington. Darüber hinaus begannen beide Supermächte Verhandlungen über die Eindämmung des Risikos eines Atomkrieges. Diese Verhandlungen führten 1968 zum Atomwaffensperrvertrag, der die Weitergabe von Atomwaffen verbot. Die Abmachung SALT I (1972) sollte eine weitere Aufrüstung verhindern. Die Nachfolgeverträge legten eine Reduzierung des Raketenpotenzials fest. Es zeichnete sich eine erste Phase der Entspannung ab. Besonderes Kennzeichen dieser Entspannungsphase war die Konferenz für Frieden und Zusammenarbeit in Europa (KSZE), die 1975 in Helsinki mit der Schlussakte beendet wurde. Diese legte fest, die Grenzen in Europa als unverletzlich anzuerkennen und die Menschenrechte zu wahren. Insbesondere die Abmachungen zur Wahrung der Menschenrechte verhalf oppositionellen Bürgerrechtsgruppen in den Staaten des Ostblocks zu größerem politischen Einfluss, der das Ende des Ost-West-Konflikts beschleunigen sollte. Die Entspannungspolitik der 1970er Jahre wurde aber von einem erneuten Rüstungswettlauf in den 1980er Jahren unterbrochen, der zu einer Verschärfung der Gegensätze führte.

Die Epochenwende 1989/90 und das Ende des Kalten Krieges

Das Wettrüsten und der Krieg im von der Sowjetarmee besetzten Afghanistan belasteten die Wirtschaft der Sowjetunion finanziell schwer. Der 1985 zum Generalsekretär der UdSSR gewählte Reformpolitiker Michail Gorbatschow versuchte, die großen wirtschaftlichen, sozialen und politischen Probleme seines Landes zu lösen. Dazu setzte er unter den Schlagworten „Glasnost" (Offenheit) und „Perestroika" (Umbau) Reformen in Bewegung, die eine Öffnung der Wirtschaft und eine Reduzierung staatlicher Kontrolle zum Ziel hatten. Der von Gorbatschow eingeleitete Prozess förderte auch die demokratischen Bewegungen der Ostblockländer. Diese befreiten sich von der sowjetischen Vorherrschaft. Mit dem Abbau der Grenzanlagen durch die Ungarn zum Nachbarn Österreich zerbrach ein erstes Stück des „Eisernen Vorhangs". Gorbatschow wurde gestürzt. Sein Nachfolger Boris Jelzin veranlasste 1991 ein Verbot der KPdSU und die Auflösung der Sowjetunion. An deren Stelle trat ein freiwilliger Zusammenschluss unabhängiger Staaten (GUS) aus den ehemaligen Sowjetrepubliken. Das Militärbündnis des Warschauer Pakts wurde aufgelöst. Der Ostblock zerfiel und der Ost-West-Konflikt endete.

Entkolonialisierung und ihre Auswirkungen bis heute – Beispiel Kongo

Die meisten Kolonien europäischer Staaten strebten nach Ende des Zweiten Weltkrieges nach Unabhängigkeit. Im Jahre 1960 wurden zahlreiche ehemalige Kolonien der Europäer in Afrika in die Unabhängigkeit entlassen, darunter der bis dahin zu Belgien gehörende Kongo. Der Mangel an einheimischen Fachleuten zur Bildung eines funktionierenden Staatswesens führte zu Diktaturen unter Militärführern. Zahlreiche neue Staaten gerieten im Ost-West-Konflikt unter den Einfluss der USA oder der Sowjetunion. Im Kongo verhinderten innenpolitische Konflikte, die Interessen ausländischer Konzerne und die Korruption, dass die reichen Bodenschätze des Landes zugunsten einer Steigerung des Wohlstandes genutzt werden konnten.

In diesem Kapitel konntest du folgende Kompetenzen erwerben:

- die Erkenntnis nutzen, dass die internationale Politik in der 2. Hälfte des 20. Jahrhunderts durch den Gegensatz der Supermächte USA und Sowjetunion und deren Weltanschauungen geprägt wurde, um das Ausmaß des Konflikts für die Welt und die Menschheit einzuschätzen
- die Folgen der Blockbildung für Deutschland und die Welt sowie die Auswirkungen des Kalten Krieges auf die Menschen in verschiedenen Teilen der Welt erläutern
- die Kuba-Krise anhand von Quellen und Darstellungen bewerten, um die Bereitschaft zu Diplomatie und Kompromissfähigkeit als ein entscheidendes Mittel zur Erhaltung des Friedens zu erkennen
- Bildquellen zum Vietnamkrieg analysieren, um den Einfluss der kritischen Berichterstattung auf den politischen Entscheidungsprozess zu erkennen
- Geschichtskarten sowie Bild- und Textquellen analysieren, u. a. auch aus digitalen Angeboten, um den Umbruch im Ostblock ab 1989/90 als „Epochenwende" erklären zu können
- anhand eines Beispiels die Folgen der Entkolonialisierung erklären, um zu erkennen, dass bestimmte Auswirkungen bis heute sichtbar sind

M1 Was passt zusammen?

1 NATO

5 Warschauer Pakt

4 Ostblock

E von den Supermächten USA und Sowjetunion unterstützte Kriege außerhalb ihres Territoriums

B Gründung der Bundeswehr

A militärisches Bündnissystem des Westens

3 Wiederbewaffnung der Bundesrepublik Deutschland

2 Stellvertreterkrieg

D Bezeichnung für die kommunistischen Staaten

C militärisches Bündnissystem des Ostens

M2

Karikatur von Henry Brockmann, Deutschland, 1956. Text unter der Karikatur: „Es wird hier dauernd von Frieden gesprochen – meine Herren, der Friede bin ich!"

M3 Der Historiker Jost Dülffer über den Kalten Krieg, 2004:

Der Begriff „Kalter Krieg" ist problematisch. Kalter Krieg bezeichnet einen Zustand des Staatensystems, der kriegsähnlich ist, bei dem sich aber die beiden Seiten unter amerikanischer bzw. sowjetischer Führung nicht direkt militärisch bekämpften ... Tatsächlich wurde aber zwischen den Blöcken geschossen: Das galt in Korea 1950–53, in Vietnam in den 1960er und 1970er Jahren und in einer Reihe von „Stellvertreterkriegen" genannten Konflikten in der Dritten Welt. Der Kalte Krieg schloss also „heiße" Kriege ein ... „Kalter Krieg" ist daher ein vereinfachender Begriff. Besser sollte man von einem Ost-West-Gegensatz sprechen, der allerdings zwischen 1945 und 1990 in Europa dreimal einen bedrohlichen Charakter annahm. Nur diese Phasen können tatsächlich als „Kalte Kriege" bezeichnet werden.

*Jost Dülffer, Europa im Ost-West-Konflikt 1945–1990, München (Oldenbourg) 2004, S. 4 f.**

M4

Plakat aus der Bundesrepublik Deutschland, 1952

M5

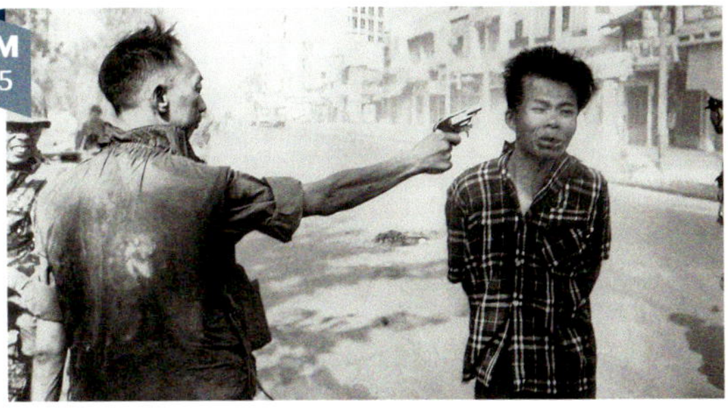

Der von den USA unterstützte südvietnamesische Polizeichef von Saigon erschießt am 1. Februar 1968 auf offener Straße einen gefangen genommenen Kämpfer der Vietcong (Ausschnitt eines Fotos von Eddie Adams und Film von Kameramann Vo Soo). Die Familie eines Freundes des Polizeichefs war kurz zuvor von den Vietcong ermordet worden. In den USA führte die Veröffentlichung des Fotos und des Films zu heftigen Diskussionen über die Art der Kriegsführung. Das deutsche Magazin „Stern" titelte: „Amerika – wo ist dein Sieg?"

M6

„Osteuropäischer Geleitzug im Winter 1988/1989", Karikatur von Karl-Heinz Schoenfeld, Westdeutschland. Auf den Schiffen steht hinten links Polen, hinten rechts Ungarn, vorne von links nach rechts: Rumänien, DDR, CSSR (Tschechoslowakei)

Orientierungskompetenz

1 Die Zeit nach dem Zweiten Weltkrieg bis 1990 war gekennzeichnet vom ideologischen Gegensatz zwischen den beiden Weltmächten USA und der UdSSR. Gib je ein Beispiel dafür an, wie sich die aus der Bildung von zwei Blöcken ergebenden Konflikte auf die Welt, auf Europa sowie auf Deutschland und deren Menschen auswirkten. Mache zugleich deutlich, welche Bedeutung der Umbruch in Osteuropa 1989/90 für die Beendigung dieses Gegensatzes hatte. Beziehe passende GB und GD mit ein.

Sachkompetenz und Narrative Kompetenz

2 Ordne die Begriffe in M1 den richtigen Erklärungen zu. Bilde ganze Sätze und füge Informationen hinzu.

3 Beschreibe den Verlauf des Ost-West-Konflikts zwischen Konfrontation und Entspannung. Berücksichtige vor allem den Beginn und das Ende des Kalten Krieges (M2, M3, M6, Zeitleiste S. 170/171, GB „Kalter Krieg").

Methodenkompetenz

4 **Wähle eine Aufgabe aus:**

a) Analysiere die Karikatur M2 mithilfe der Arbeitsschritte auf S. 41.

b) Analysiere das Plakat M4 mithilfe der Arbeitsschritte auf S. 19.

5 Das Foto M5 eines amerikanischen Kriegsberichterstatters brachte eine Wende in der öffentlichen Meinung des Westens bezüglich der Rechtfertigung des Vietnamkrieges. Beschreibe, welche „Botschaft" mit der Abbildung vermittelt wird. Erkläre mögliche Reaktionen nach seiner Veröffentlichung.

Urteilskompetenz

6 Begründe, warum es sich bei den Jahren 1989/90 um eine „Epochenwende" handelt.

Tipp: Lies nach auf S. 164/165. Beziehe M6 auf dieser Seite mit ein.

cornelsen.de/webcodes
Code: bujaha
Selbsteinschätzungsbogen

L Hindenburg wird Reichspräsident – ein Sieg für die Gegner der Republik?

Friedrich Ebert, der erste Reichspräsident in der Weimarer Republik, starb 1925. Die Mehrheit der Wähler stimmte für den Repräsentanten der Monarchie, Paul von Hindenburg, als neuen Präsidenten. Die Vertreter der „Reaktion", die Gegner der Republik, hatten also ihren Mann in das höchste Amt der Republik gewählt.

- ***Erarbeite die Umstände der Reichspräsidentenwahl 1925 und beantworte in einer kurzen Stellungnahme die Frage in der Überschrift aus heutiger Sicht.***

M 1

Das Jahr 1925 – ein Schicksalsjahr?

Das Jahr 1925 war in mancher Hinsicht ein Schicksalsjahr für die junge Weimarer Republik. Nach sechs Jahren Demokratie war das Vertrauen der Deutschen in die Republik auf einem Tiefpunkt. Unruhen und Putschversuche, ständige Regierungswechsel, politische Morde und die Verarmung des Mittelstandes nach dem Inflationsjahr 1923 – all dies führte dazu, dass der Ruf nach einem starken Mann an der Spitze des Staates immer lauter wurde. Viele Deutsche wollten schlicht ihren Kaiser Wilhelm wiederhaben. Am 29. März 1925 wurde zum ersten Mal – so sah es die Verfassung vor – der Reichspräsident direkt vom Volk gewählt – was diesem Amt ein ungeheures Gewicht verlieh. Die starke Position des Reichspräsidenten war umstritten, schon als die Nationalversammlung im Jahre 1919 in Weimar die Verfassung verabschiedete, warnte der sozialdemokratische Verleger Richard Fischer: „Wir müssen mit der Tatsache rechnen, dass eines Tages ein anderer Mann aus einer anderen Partei, vielleicht einer reaktionären, staatsstreichlüsternen Partei an dieser Stelle stehen wird."

Bis 1925 stand an dieser Stelle ein Mann, der seine Macht nicht missbraucht hatte. Der Sozialdemokrat Friedrich Ebert war noch von der Nationalversammlung zum Reichspräsidenten ernannt worden. Er galt als Mann des Ausgleichs zwischen Rechts und Links.

Zit. nach www.deutschlandfunk.de/hindenburgs-wahl-als-auftakt-zum-dritten-reich.871.de.html?dram:article_id=125103 (Stand: 02.11.2020). Artikel verfasst von Andreas Baum.

M 2

„Der Retter", Wahlplakat für Paul von Hindenburg, 1925

Die Reichspräsidentenwahl 1925

Nach den vielen unruhigen Jahren wünschte sich die deutsche Bevölkerung in erster Linie Stabilität. Vor diesem Hintergrund fand die Wahl eines neuen Reichspräsidenten statt. Für den Wahlsieg war im ersten Wahlgang die absolute Mehrheit nötig. Diese erreichte keiner der sieben Kandidaten. Es folgte ein zweiter Wahlgang, in dem die einfache Mehrheit genügte. Die republiktreuen Parteien SPD, DDP und Zentrum einigten sich auf Wilhelm Marx (Zentrum) als Kandidaten. DNVP, DVP ernannten den 78-jährigen Generalfeldmarschall Hindenburg. Die BVP (Bayerische Volkspartei), ähnlich wie das Zentrum eine Partei des politischen Katholizismus, unterstützte nicht den rheinländischen Katholiken Marx, sondern den protestantischen Hindenburg und trug damit entscheidend zum Ausgang der Wahl bei. Am 26. April 1925 votierte eine Mehrheit von 14,6 Mio. Stimmen (48,3 %) für Hindenburg. Wilhelm Marx erreichte 13,7 Mio. (45,3 %) und der KPD-Kandidat Ernst Thälmann erhielt 1,9 Mio. (6,4 %) Stimmen.

M 3

Der Chefredakteur des „Berliner Tageblatts“, Theodor Wolff, kommentiert die Wahl des Reichspräsidenten, 27. April 1925:

Die Republikaner haben eine Schlacht verloren, der bisher monarchistische Feldmarschall von Hindenburg wird Präsident der deutschen Republik ... wir empfinden Scham über die politische Unreife so vieler Millionen, die nun wieder den Augen der achselzuckenden Welt sich zeigt. Die gestrige Wahl war eine Intelligenzprüfung, und vor der zuschauenden Weltgalerie, vor mitleidig entsetzten Freunden und höhnenden Feinden ist ungefähr die Hälfte des deutschen Volkes in dieser Prüfung durchgefallen ... Was gestern die vierzehn Millionen, und eine halbe, die unbelehrbar bleiben, dem Lande beschert haben, ist jedenfalls kein Glücksgeschenk. Die fast vierzehn Millionen Republikaner, die in dieser Wahl unterlagen, werden zuschauen und zu handeln wissen, wenn es nötig ist. Wie sollten sie entmutigt sein, da sie sehen, dass ihre Gegner nur in republikanischer Verkleidung zum Ziele gelangen konnten, und dass der alte, würdigste Paladin [treuer Gefolgsmann] der Monarchie durch feierliches Gelübde sich zur republikanischen Staatsform bekennt? Und wer könnte entmutigt sein, der in diesen Tagen die Schwungkraft, den Ernst, die Zuversicht, die flammende Begeisterung, den festen Willen der republikanischen Massen gesehen hat ... Ach nein, antirepublikanische Cliquen konnten dem deutschen Gemüt und der Gedankenlosigkeit ein Wahlresultat ablisten, aber wenn einige Millionen sich gängeln lassen – vierzehn Millionen wissen, was sie wollen, und sie suchen nicht, aber sie fürchten auch nicht den Kampf. Wir sind überzeugt, dass auch der Reichspräsident Hindenburg keinen Kampf entzünden möchte, und seinen kriegslustigen Parteigängern sollte bekannt sein, dass man mitunter schon Schlachten gewonnen und doch den Sieg nicht errungen hat.

*Zit. nach http://zefys.staatsbibliothek-berlin.de/list/title/zdb/27646518/ (Stand: 03.11.2020).**

M 4

„Der letzte Mann der Reaktion ...“, Titelseite der sozialdemokratischen Zeitung „Lachen links. Das republikanische Witzblatt“ vom 4. Mai 1925

1 Wiederhole deine Kenntnisse über Paul von Hindenburg. Lies nach auf S. 14 und 23 sowie im Lexikon.

2 Der Reichspräsident wurde auch „Ersatzkaiser“ genannt. Erkläre die Bedeutung, die mit diesem Amt verbunden ist, indem du die Rechte und Aufgaben des Reichspräsidenten wiederholst. Nutze M1 und lies nach auf S. 20/21.

3 Fasse zusammen, wie Paul von Hindenburg zum Wahlsieger wurde (DT).
Tipp: Nenne die Regeln für den Wahlvorgang, die Parteien hinter Hindenburg, Gegner und Wahlergebnisse (DT). Lies nach auf S. 18 und wiederhole die Vorstellungen der Parteien hinter Hindenburg im Hinblick auf das bevorzugte politische System.

4 Interpretiere arbeitsteilig mit deinem Banknachbarn M2 bzw. M4 nach den Arbeitsschritten auf S. 19 bzw. 41. Teilt euch anschließend die Ergebnisse mit.

5 Erschließe die Meinung und Argumentation des Redakteurs in M3. Was möchte er bei seinen Lesern erreichen? Berücksichtige seine Wortwahl.

6 Verfasse eine kurze Stellungnahme aus heutiger Sicht unter der Überschrift auf dieser Doppelseite.

L Frauen in der „Volksgemeinschaft“

In der Weimarer Republik war das Rollenbild der „Neuen Frau“ präsent, die selbstbewusst ihr Leben gestaltete (siehe S. 31). Angesichts der hohen Arbeitslosigkeit setzten jedoch 1932 Versuche ein, Frauen aus der Arbeitswelt zu verdrängen. Die Nationalsozialisten griffen diese Politik auf und verschärften den Kurs.

- *Mit welchen Mitteln versuchten die Nationalsozialisten, die Frauen aus der Erwerbstätigkeit zu verdrängen?*
- *Welches Rollenbild für die Frau entwarfen die Nationalsozialisten?*
- *Gelang es den Nationalsozialisten, dieses durchzusetzen?*

M 1

Rede Adolf Hitlers über die Rolle der Frau vor Mitgliedern der „NS-Frauenschaft[1] (1934):

Das Wort von der Frauen-Emanzipation ist nur ein vom jüdischen Intellekt[2] erfundenes Wort, und der Inhalt ist von demselben Geist geprägt. Die deutsche Frau braucht sich in den wirklich guten Zeiten des deutschen Lebens nie zu emanzipieren ... Denn ihre Welt ist ihr Mann, ihre Familie, ihre Kinder und ihr Haus ... Jedes Kind, das sie zur Welt bringt, ist eine Schlacht, die sie besteht für das Sein oder Nichtsein ihres Volkes. ...

*Zit. nach Max Domarus, Hitler. Reden und Proklamationen 1932–1945, kommentiert von einem Zeitgenossen, Bd. 1, München (Süddeutscher Verlag) 1965, S. 450–452.**

[1] *Die „NS-Frauenschaft“ verstand sich zunächst als Eliteorganisation für Nationalsozialistinnen, zählte später über zwei Millionen Mitglieder.*

[2] *Die Forderung nach gleichen Rechten für Frauen geht auf die Zeit der Aufklärung zurück.*

M 3

Heiratsanzeige in der NS-Parteizeitung „Völkischer Beobachter“, 12. August 1934:

Deutsche Minne, blondes BDM-Mädel, gottgläubig, aus bäuerlicher Sippe, artbewusst, kinderlieb, mit starken Hüften, möchte einem deutschen Jungmann Frohwalterin[1] seines Stammes sein (niedere Absätze – kein Lippenstift). Nur Neigungsehe mit zackigem Uniformträger.

Zit. nach Wochenschau I, Nr. 2: Der NS-Staat, März/April 1995, S. 74.

[1] *altertümlich für eine Frau, die gerne auf etwas aufpasst*

M 2

Der Historiker Dietmar Süß (2017) über die Rolle der Frau im NS-Staat:

Wenn eine junge Mutter ... nicht mehr weiterwusste, dann blieb immerhin noch eines: „Schlag nach bei Haarer.“[1]... Nach der Lektüre wusste sie: „Versagt auch der Schnuller, dann, liebe Mutter, werde hart. Fange nur ja nicht an, das Kind aus dem Bett herauszunehmen, es zu tragen, zu wiegen, zu fahren oder es auf dem Schoß zu halten, es gar zu stillen. Das Kind begreift unglaublich rasch, dass es nur zu schreien braucht, um eine mitleidige Seele herbeizurufen.“... Tapfer sollten die deutschen Frauen sein, kaltblütig und diszipliniert. Mütter waren die „Führerinnen“ an der innerfamiliären Front, Retterinnen der „Rasse“ und Vorkämpferinnen gegen das Aussterben des Volkes.

*Dietmar Süß, Die deutsche Gesellschaft im Dritten Reich, München (C. H. Beck) 2017, S. 98f.**

[1] *Erziehungsratgeber „Die deutsche Mutter und ihr erstes Kind“ von Johanna Haarer, der sich bis 1938 über 160 000 Mal verkaufte*

M 4

Mitglieder des BDM verleihen das „Ehrenkreuz der Deutschen Mutter“ wie üblich am Muttertag. Das sogenannte Mutterkreuz gab es in drei Abstufungen: Bronze (4–5 Kinder), Silber (6–7 Kinder) und in Gold (ab 8 Kinder) Foto, Berlin 1941

M 5

Ein führender Wehrmachtsoffizier am 24. November 1936 auf einer internen Tagung zur Kriegsvorbereitung:

Meine Herren! Der totale Krieg der Zukunft wird Forderungen an das Volk stellen, wie wir alle sie noch nicht kennen ... Die Frau wird im Ernstfalle im großen Umfange die Arbeit in den Fabriken leisten müssen. Sie muss also dafür vorbereitet werden. Auch hier müssen sich die sozialen Bestrebungen, die Frau aus den Betrieben zu lösen, den militärischen Notwendigkeiten unterordnen. Wie diese Maßnahme vorzubereiten und durchzuführen ist, muss überlegt werden. Fest steht, dass auf vielen Gebieten die Frau eine glänzende Facharbeiterin werden kann und auch bereits jetzt schon dementsprechende Arbeit tut.

*Zit. nach Wolfgang Michalka (Hg.), Das Dritte Reich, Bd. 1, München (dtv) 1985, S. 100 und 106.**

M 6

Plakat 1941

Frauen zurück an den Herd?

Die „Gleichschaltung“ erfasste auch die Frauen: Frauenvereine wurden in das „Deutsche Frauenwerk“ und in den Parteiverband „NS-Frauenschaft“ (NSF) eingegliedert. Speziell geschulte Mitglieder sollten durch Gesprächsgruppen und Seminare Frauen für den Nationalsozialismus und deren Ziel gewinnen. Ein Schwerpunkt ihrer Bildungsarbeit lag in der Vorbereitung der Frauen auf ihre Aufgaben als Hausfrau und Mutter. Eine Erwerbstätigkeit der Frau widersprach der NS-Ideologie. Infolge der sogenannten Doppelverdienerkampagne, die bereits in der Endphase der Weimarer Republik eingesetzt hatte, wurden verheiratete Beamtinnen bei ausreichendem Einkommen des Mannes entlassen. Zudem gewährte der Staat seit 1933 „Ehestandsdarlehen“, also kostenlose Kredite bei der Heirat, sofern die künftige Ehefrau sich verpflichtete, ihren Beruf aufzugeben. Mit jedem geborenen Kind sank der zurückzuzahlende Betrag um ein Viertel.

Wenngleich kurzzeitig der Anteil der berufstätigen Frauen zurückging, wurde auch weiterhin eine große Zahl von Frauen eingestellt, weil sie billigere Arbeitskräfte als die Männer waren. Zudem wollten oder konnten nicht alle berufstätigen Frauen auf ihren Beruf verzichten und machten bittere Witze über die nationalsozialistische „Heim und Herd“-Propaganda. Ab 1936, aber insbesondere mit Beginn des „totalen Krieges“ 1943, wandelte sich die offizielle Arbeitsmarktpolitik (siehe S. 90). Nun brauchte man Frauen verstärkt für die Rüstung, später als Ersatz für die Männer, die im Krieg waren. Während des Zweiten Weltkrieges waren Frauen auch in den besetzten Gebieten im Einsatz und beteiligten sich an rassistischer Diskriminierung und Verbrechen, z. B. als Aufseherinnen in Vernichtungslagern.

Partnerarbeit: Erarbeitet gemeinsam ein Interview zum Thema „Frauen in der ‚Volksgemeinschaft‘“. Notiert Fragen und Stichpunkte zur Beantwortung. Nutzt die Ergebnisse aus den folgenden Aufgaben:

1 Wiederholt den GB „Volksgemeinschaft“ und erläutert diesen mithilfe des Plakats M2 S. 55. Lest nach, wie Mädchen und junge Frauen schon früh auf die „Volksgemeinschaft“ eingeschworen wurden (S. 72 f.)

2 **a)** Arbeitet heraus, welche Rolle die Nationalsozialisten den Frauen anfangs zuordneten (M1, M2), und erläutert diese.
b) Belegt den Rollenwandel anhand von M5 und M6 und erklärt die Veränderung (DT).

3 Untersucht zeitgenössische Reaktionen auf dieses Frauenbild (M3, M4) und nutzt die Informationen aus dem DT. Berücksichtigt dabei auch den GB „Gleichschaltung“.
Tipp: Überlegt, was Frauen dazu bewogen haben könnte, sich so zu verhalten und zu denken.

4 **Zusatzaufgabe:** Recherchiert zu Frauen, die in der NS-Zeit Widerstand geleistet haben, und nennt ein Beispiel.

L Die Blockade Westberlins

Als am 20. Juni 1948 in den westlichen Besatzungszonen eine Währungsreform durchgeführt wurde, befürchtete die Sowjetunion eine bevorstehende westdeutsche Staatsgründung, die man unbedingt verhindern wollte. Um die Westalliierten zur Zurücknahme der Währungsreform zu bewegen, ließ Stalin alle Land-, Schienen- und Wasserwege zwischen Westberlin und den drei westlichen Zonen blockieren.

- *Stelle in einem Referat dar, wie die westlichen Alliierten auf diese Blockade reagierten und wie sich dadurch auch das Verhältnis zwischen Besatzern und Besetzten veränderte.*

M1 Die Berliner Luftbrücke

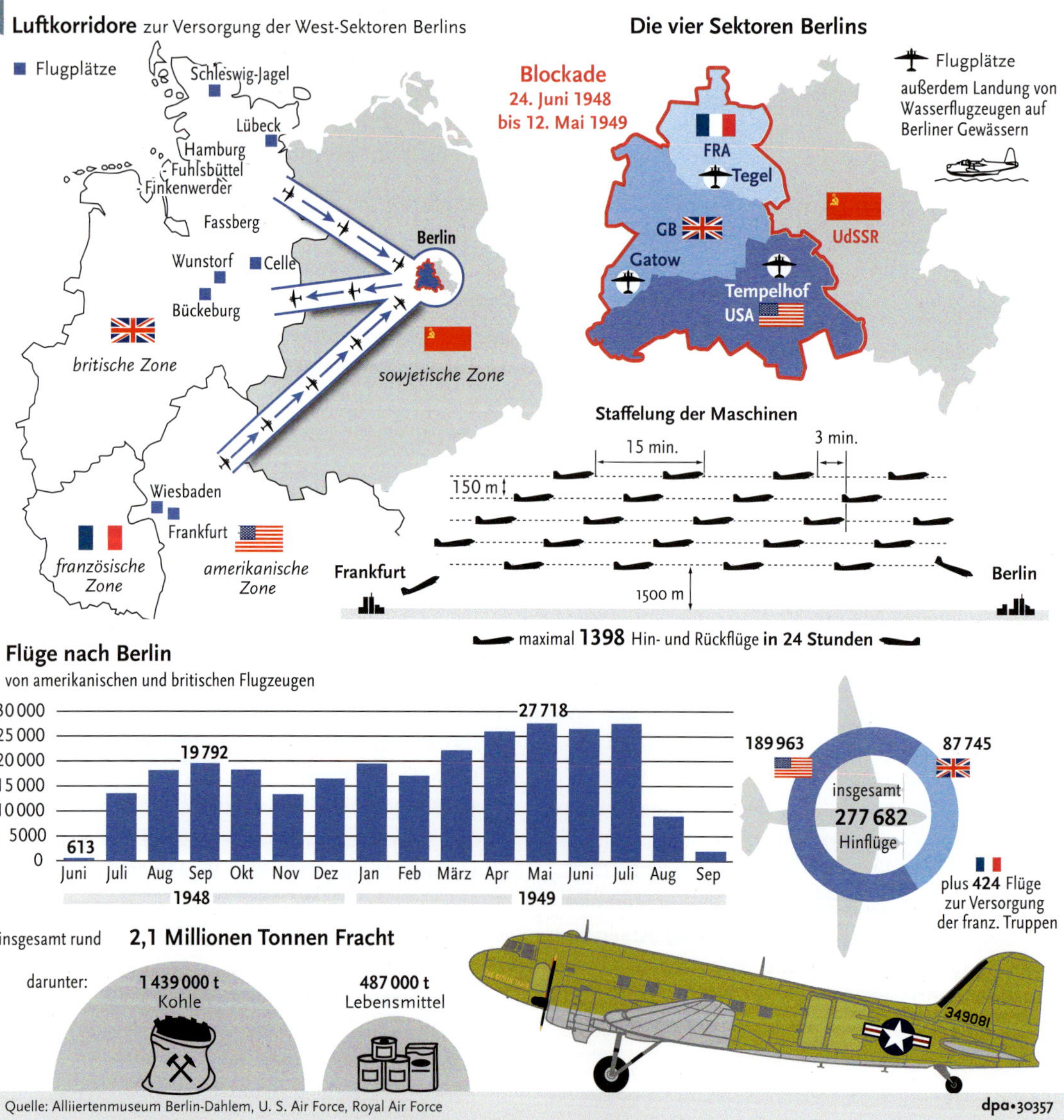

M 2

Mercedes Wild, zur Zeit der Luftbrücke 7 Jahre alt:
Das Geräusch der Flugzeuge am Anfang der Luftbrücke war unerträglich, weil es mich an die Zeit erinnerte, als die Bomben abgeworfen wurden ... Dann geschah ein kleines Wunder: Auf dem Weg zur Schule kamen kleine Fallschirme vom Himmel runter, und man durfte auch während des Unterrichts, wenn sich Fallschirme auf dem Schulhof angesammelt hatten, rausgehen. Wenn eine Maschine mit Süßigkeiten kam, wackelte sie mit den Flügeln. Das war das Zeichen. Ich war aber immer zu langsam und bekam nie etwas ab. So lief ich eines Tages weinend nach Hause und da sagte meine Großmutter „Flenn' nicht, tu etwas." Also schrieb ich heimlich einen Brief und habe den in den Postkasten alleine reingesteckt, ohne Briefmarke! „An meinen Schokoladenonkel, Flughafen Tempelhof." Ich habe ihm geschrieben, du fliegst jeden Tag über mein Haus, so erkennst du es, wir haben weiße Hühner, sie legen keine Eier mehr, weil sie Angst vor Flugzeugen haben. Aber wenn Fallschirme kommen, ist die Welt in Ordnung. Es kam danach kein Fallschirm, jedoch eines Tages ein Brief adressiert an Fräulein Mercedes Simon. Und hinten stand Leutnant Gail Halvorsen Tempelhof SW 61 ... In dem Brief waren ein Kaugummi und ein Lutscher ... Den Lutscher habe ich mir bis Weihnachten aufgehoben.

*Zit. nach www.mechant-loup.schule.de/engagement/de/berliner-luftbruecke/mercedes-schrieb-an-den-schokoladen-piloten-gail-halvorsen (Stand: 16.08.2020).**

M 3

Berliner Kinder jubeln einem „Rosinenbomber" zu. So nannte die Westberliner Bevölkerung die amerikanischen Transportflugzeuge während der Luftbrücke. Foto, Juli 1948

M 4

Der Historiker Manfred Görtemaker über die Bedeutung der Luftbrücke, 2002:
Die Absicht, die Westmächte über die Blockade Berlins zu einer deutschlandpolitischen Kursänderung zu zwingen, erwies sich ... als Bumerang. Die Blockade vergrößerte nur die Solidarisierung im Westen und förderte vor allem die amerikanische Bereitschaft, sich für Deutschland und Berlin zu engagieren ... Die Sowjetunion ... trug damit ungewollt zur Versöhnung zwischen Siegern und Besiegten im Westen bei.

*Manfred Görtemaker, Kleine Geschichte der Bundesrepublik Deutschland, München (C. H. Beck) 2002, S. 33.**

Erarbeite ein Referat über die Luftbrücke und trage es in der Klasse vor. Die folgenden Arbeitsaufträge helfen dir, die wichtigsten Informationen zusammenzustellen.

1 Überprüfe dein Wissen: Nenne die wichtigsten Vorgänge, die zur Luftbrücke führten. Lies nach auf den Seiten 132/133.

2 Beschreibe, wie die Alliierten Westberlin während der Blockade versorgten (M1). Folgende Begriffe sollten vorkommen: Luftkorridore, Flughäfen, unterschiedliche Flughöhen, Fracht, Dauer der Luftbrücke.

3 **a)** Analysiere M2 mithilfe der Arbeitsschritte auf S. 188.
b) Recherchiere, wer Gail Halvorsen war.
c) **Zusatzaufgabe:** Recherchiere im Internet nach einem weiteren Zeitzeugen. Zähle Gemeinsamkeiten und Unterschiede auf.

4 Am 12. Mai 1949 beendete Stalin die Blockade Berlins:
a) Finde mithilfe von M1 („Flüge nach Berlin") heraus, weshalb Stalin die Berlin-Blockade beendete.
Tipp: Achte auch auf das Datum, an dem die Blockade endete.
b) Erläutere, welche Folgen die Luftbrücke für das Verhältnis der Westdeutschen zu den Westalliierten hatte (M3, M4).

L Der „Eiserne Vorhang" – Symbol für den Kalten Krieg

Bis 1989 zog sich eine streng bewachte Grenze durch ganz Europa. Am bekanntesten war die Mauer durch die Stadt Berlin. Auch Bayern grenzte auf vielen Hundert Kilometern an den „Eisernen Vorhang".

- *Erstellt einen Text für eine Ausstellung zum „Eisernen Vorhang", in dem ihr die wichtigsten Informationen kurz und prägnant wiedergebt.*

M 1

Der „Eiserne Vorhang"

M 2

Rede des britischen Premierministers Winston Churchill am Westminster College in Fulton/Missouri, 5. März 1946:

Ein Schatten ist auf die Erde gefallen, die erst vor kurzem durch den Sieg der Alliierten hell erleuchtet worden ist. Niemand weiß, was Sowjetrussland und die kommunistische internationale Organisation in der nächsten Zukunft zu tun gedenken ... Ich habe hohe Achtung und Bewunderung für das tapfere russische Volk und meinen Kameraden aus der Kriegszeit, Marschall Stalin ... Wir verstehen, dass Russland seine Grenzen im Westen gegen einen eventuellen neuen deutschen Angriff sichern muss. Von Stettin an der Ostsee bis hinunter nach Triest an der Adria ist ein „Eiserner Vorhang" über den Kontinent gezogen. Hinter jener Linie liegen alle Hauptstädte der alten Staaten Zentral- und Osteuropas: Warschau, Berlin, Prag, Wien, Budapest, Belgrad, Bukarest und Sofia. Alle jene berühmten Städte liegen in der Sowjetsphäre und alle sind sie in dieser oder jener Form nicht nur dem sowjetrussischen Einfluss ausgesetzt, sondern auch in ständig zunehmendem Maße der Moskauer Kontrolle unterworfen ...

Die kommunistischen Parteien, die in allen diesen östlichen Staaten Europas bisher sehr klein waren ..., sind zu unverhältnismäßig hoher Macht gelangt und suchen jetzt überall die totalitäre Kontrolle an sich zu reißen ... In Berlin haben die Russen den Versuch unternommen, in ihrer Zone die Kommunistische Partei großzuziehen, indem den Führern der deutschen Linken besondere Vorteile eingeräumt wurden ... Wenn die Sowjetregierung jetzt durch eigenmächtige Handlungen versucht, in diesen Gebieten ein kommunistisches Deutschland großzuziehen, dann wird dies in den britischen und amerikanischen Zonen ernste Schwierigkeiten zur Folge haben und die geschlagenen Deutschen in die Lage versetzen, sich den Russen oder den westlichen Demokratien anzubieten ... Das ist sicher nicht das befreite Europa, für dessen Aufbau wir gekämpft haben ...

Ich glaube nicht, dass Sowjetrussland den Krieg will. Was es will, das sind die Früchte des Krieges und die unbeschränkte Ausdehnung seiner Macht und die Verbreitung seiner Doktrin. Was wir aber heute, solange noch Zeit vorhanden ist, in Erwägung ziehen müssen, das sind die Mittel zur dauernden Verhütung des Krieges und zur Schaffung von Freiheit und Demokratie in allen Ländern ...

Zit. nach Jürgen Weber (Hg.) und Gebhard Diemer, 30 Jahre Bundesrepublik Deutschland, Bd. II: Entscheidungsjahr 1948, München (Bayerische Landeszentrale für politische Bildungsarbeit 1979) S. 34f.

M 3

Der Tannbach als Grenze in Bayern zwischen Mödlareuth-Ost in der sowjetischen und Mödlareuth-West in der amerikanischen Besatzungszone, Foto, 1948

M 4

Die Außenminister Österreichs und Ungarns, Alois Mock und Gyula Horn, schneiden symbolhaft ein erstes Loch in den „Eisernen Vorhang.“ Foto, 27. Juni 1989

Gruppenarbeit: Formuliert einen Text, der Besucher in eine Ausstellung zum Thema „Eiserner Vorhang“ locken soll. Berücksichtigt u. a. folgende Aspekte: Verlauf des „Eisernen Vorhangs“, Zeitraum, in welchem diese Grenze bestand. Sucht ein passendes Bild aus und notiert ein besonders aussagekräftiges Zitat aus der Rede Churchills (M2).

Beantwortet zunächst folgende Arbeitsaufträge:

1 Wiederholt den GB „Kalter Krieg“. Notiert erste Gedanken, wofür der „Eiserne Vorhang“ symbolhaft steht (z. B. in Bezug auf die Politik, Wirtschaft oder bei den Bündnissen).

2 Beschreibt anhand der Karte M1 den Verlauf des „Eisernen Vorhangs“.
Tipp: Die Europakarte im Buchumschlag vorne hilft euch dabei.

3 **Zusatzaufgabe:** Ihr könnt auch zusätzliche Informationen zum Aufbau der Grenze einbringen.

4 Analysiert die Rede Churchills (M2) nach den Arbeitsschritten auf S. 188. Nutzt dazu auch den Begriff „Eindämmungspolitik“ (containment). Lest auf S. 149 nach.

5 Betrachtet das Bild M3. Schreibt Gedanken auf, wie sich eine solche Trennung auf die Familie ausgewirkt haben könnte.

6 Eine Zeitung schrieb zu dem Bild M4: „Ein Foto, das Europa veränderte.“ Begründet, ob die Aussage zutreffend ist. Wiederholt auch das GD „1989/90 Umbruch im Osten“.

Lösungshilfen zu den Seiten „Kompetenzen prüfen“

Kapitel 1: Weimarer Republik – die erste deutsche Demokratie (S. 48/49)

1 Es können folgende Errungenschaften der Revolution genannt werden, die auch heute noch für uns wichtig sind: allgemeines, gleiches Wahlrecht (erstmals in Deutschland auch für Frauen), parlamentarische Demokratie, Achtstundentag, Tarifpartnerschaft, Betriebsräte, Rechtsgleichheit, Steuergerechtigkeit, Schutz der Menschenwürde und Freiheit der Person.

2 Bundespräsident Steinmeier verwies in seiner Rede auf eine „tiefgreifende Zäsur“. Damit meinte er den Umbruch, der von der Monarchie (Kaiserreich) zur Demokratie/Republik stattfand.

3 **a)**

November 1918	Revolution in Deutschland
Juli 1919	Inkrafttreten der Weimarer Reichsverfassung
1923	Krisenjahr der Republik, u. a. Hitlerputsch
Oktober 1925	Konferenz von Locarno
September 1926	Aufnahme Deutschlands in den Völkerbund
Oktober 1929	Beginn der Weltwirtschaftskrise
1930–1933	Präsidialkabinette
30. Januar 1933	Ernennung Hitlers zum Reichskanzler

b) Die Revolution im November 1918 führte zur zweifachen Republikausrufung durch Karl Liebknecht und Philipp Scheidemann in Berlin (Streit um die künftige Form der Republik). Mit der Weimarer Reichsverfassung, die im September 1919 in Kraft trat, war der Schritt zur parlamentarischen Republik vollzogen. Dennoch litt die junge Demokratie am Anfang unter vielen Schwierigkeiten (Dolchstoßlegende, Angriffe von rechts und links auf die Republik, Inflation und Hyperinflation), die 1923 in einem Krisenjahr gipfelten, in dem Hitler erstmals nach der Macht griff. Eine gewisse außenpolitische Stabilisierung brachte der Vertrag von Locarno, in dem Deutschland die Westgrenze nach den Vorgaben des Versailler Vertrages akzeptierte. Dies führte zur gleichberechtigten Teilnahme im Völkerbund 1926. Mit dem Ausbruch der Weltwirtschaftskrise in den USA 1929 verschlechterte sich die Lage auch für Deutschland, denn die Kredite, die in der Mitte der 1920er Jahre aus den USA nach Deutschland geflossen waren, wurden nun wieder eingefordert. Es kam auch zur Wirtschaftskrise und Arbeitslosigkeit in Deutschland. Darauf folgte die politische Krise: Aus den Wahlen gingen keine stabilen Mehrheiten mehr hervor, der Reichspräsident bestimmte zwischen 1930 und 1932 drei Präsidialkabinette. Das vierte Präsidialkabinett trat am 30. Januar 1933 die Regierung an. Die NSDAP koalierte mit der DNVP und begann die Republik in eine Diktatur zu verwandeln.

4 Wahlplakat der Deutschen Demokratischen Partei, 1919
Ersteindruck: Maurer, der Bausteine mit unterschiedlicher Aufschrift aufeinandersetzt;
Einzelheiten: gesenkter Kopf des Maurers, aufgekrempelte Ärmel, Inschriften auf den Steinen;
Begleittext: Verweis auf Neubau und auf die Inschriften als Ziele der DDP;
Hintergrundkenntnisse: Entstehungszeit 1919: vermutlich zur ersten Reichstagswahl, DDP als linksliberale Partei, die später mit SPD und Zentrum die Weimarer Koalition bildete;
Deutung: Signal des Aufbauwillens und demokratisch-liberaler Grundsätze an die Wähler, Einstimmung auf tatkräftige (aufgekrempelte Ärmel) Mitarbeit am „Neubau“ der demokratischen Republik.

5 Karikatur „Wie Herr Hitler das Wort ‚legal‘ in den Mund nimmt!“
Ersteindruck: Frontalansicht des überdimensional großen Gesichtes von Adolf Hitler mit weit aufgerissenem Mund (Bedrohlichkeit, Machtdemonstration);
Einzelheiten: Ansammlung uniformierter, bewaffneter Hakenkreuzträger in der dunklen Öffnung, die anstelle des Mundes steht, Aufschrift „LEGAL“ als Anmutung eines Gitters oder Zaunes;
Hintergrundkenntnisse: Veröffentlichung in der Zeitschrift der entschiedenen Gegners der NSDAP, nämlich der SPD, Erscheinungsdatum: Februar 1932, Zeit der Präsidialkabinette, die mit Notverordnungen des Reichspräsidenten regierten, Stimmengewinne der NSDAP, Straßenkämpfe zwischen radikalisierten Anhängern der NSDAP und der KPD;

Deutung: Warnender Hinweis auf das Vorhaben der Nationalsozialisten, die seit dem Scheitern des Putsches von 1923 eine Strategie anwandten, die sie auf legalem Weg zur Macht bringen sollte. Entschlüsselung der angeblichen Gesetzestreue durch die bewaffneten, gewaltbereiten Uniformträger hinter dem Gitter, das die Aufschrift „LEGAL" darstellt.

6 Aussage der Karikatur:
Hitler und die Nationalsozialisten geben Gesetzes- und Verfassungstreue vor, agieren aber tatsächlich mit massiver Gewalt. Argumente für diese These: kein neuerlicher Putsch durch die NSDAP Ende der 1920er, Anfang der 1930er Jahre, Sammlung der Anhängerschaft durch Wahlen und Wahlkampfauftritte Hitlers, gleichzeitig: Agitation durch Gewalt auf der Straße, deutliche Signale einer antidemokratischen Systemvorstellung. Die Aussage der Karikatur stimmt mit der Wirklichkeit überein, wenngleich in deutlicher Überzeichnung.

7 Persönlichkeiten: Zur Auswahl stehen Rahel Straus, eine Ärztin, Sozialdemokratin und Frauenrechtlerin, Marie Juchacz, Politikerin, Begründerin der Arbeiterwohlfahrt und Frauenrechtlerin, Gustav Stresemann (DVP), Friedrich Ebert (SPD und erster Reichspräsident), Karl Liebknecht (KPD), Sohn des Gründers der SPD, Wilhelm Liebknecht und Ausrufer der Republik am 9. November 1918 sowie Philipp Scheidemann (SPD), ebenfalls Ausrufer der Republik am 9. November 1918. Sie alle machten sich verdient um die Republik durch ihr Engagement für Demokratie und Mitbestimmung, gesellschaftspolitischen Einsatz (Rahel Straus, Marie Juchacz), außenpolitische Lösungen (Gustav Stresemann), Entwicklung politischer Konzepte und Übernahme von politischer Verantwortung in schweren Zeiten (Scheidemann, Ebert, Eisner).

Kapitel 2: Nationalsozialismus, Zweiter Weltkrieg und Holocaust (S. 96/97)

1 **a)** Kennzeichen des Nationalsozialismus
Ideologie: Rassismus, Antisemitismus, „Volksgemeinschaft", übersteigerter Nationalismus, „Führerprinzip"
„Führerstaat": Errichtung einer Diktatur, gewaltsame Ausschaltung politischer Gegner, „Gleichschaltung", Errichtung von Konzentrationslagern, expansive Außenpolitik, Doppelstrategie, Vernichtungskrieg, Holocaust
b) Die Auseinandersetzung mit der NS-Terrorherrschaft ist wichtig, da man mit diesem Wissen frühzeitig einer solchen Entwicklung gegensteuern kann.

2 Verhinderung einer Diktatur durch aktiven und passiven Widerstand.

3

D	„Ermächtigungsgesetz"	1933
G	„Nürnberger Gesetze"	1935
B	Novemberpogrom	9. November 1938
C	Beginn des Zweiten Weltkrieges	1939
A	Attentat auf Hitler durch Graf von Stauffenberg	20. Juli 1944
F	bedingungslose Kapitulation Deutschlands	8./9. Mai 1945
E	Abwurf der ersten Atombombe	August 1945

4 1. *Die NS-Ideologie war menschenverachtend*, da sie nicht von der Gleichheit der Menschen ausging, sondern rassistisch und antisemitisch geprägt war. Auch Menschen mit Behinderungen wurden aus der „Volksgemeinschaft" ausgeschlossen und ermordet. Besonders deutlich wird der menschenverachtende Charakter in der Shoa.
2. *Der Begriff „Vernichtungskrieg" für die deutsche Kriegsführung im Osten ist berechtigt,* weil sich der Krieg gegen die Sowjetunion von allen bisherigen Kriegen unterschied. Es handelte sich nicht nur um einen Eroberungskrieg, sondern um einen rassenideologisch begründeten Vernichtungskrieg. Einsatzgruppen und Wehrmacht ermordeten gezielt die jüdische Bevölkerung, Angehörige der kommunistischen Führungsschicht sowie Sinti und Roma. Außerdem war dieser Krieg gekennzeichnet durch Verstöße gegen das Kriegs- und Völkerrecht wie Mord, Terror, Misshandlung und Massentötung von Zivilisten und Kriegsgefangenen.
3. *Die unterschiedlichen Formen des Widerstandes machen deutlich*, dass es sehr unterschiedliche Motivationen gab, sich dem NS-Regime aktiv zu widersetzen. Widerstand umschließt nonkonformes Verhalten, Verweigerung, Protest und Widerstand. Er fand zahlenmäßig in geringem Ausmaß in Deutschland statt („Widerstand ohne Volk"), häufiger in besetzten Gebieten.

5 Folgende *Ziele* werden benannt:
Durchsetzung der Macht im Inneren und nach außen. Im Inneren: Vorgehen gegen Feinde, also gegen SPD und KPD, Durchsetzung der NS-Ideologie, hier speziell „Kampf" ums Überleben, auch bei der Jugend, dadurch Hinweis auf beabsichtigte

„Gleichschaltung" der Bevölkerung. Nach außen: Revision des Versailler Vertrages, z. B. Wiedereinführung der allgemeinen Wehrpflicht, Krieg gegen Osten („Lebensraum im Osten") als mögliches Ziel
Maßnahmen, mit deren Umsetzung diese Ziele erreicht werden sollten:
„Ermächtigungsgesetz", „Gleichschaltung", z. B. Durchsetzung des Einparteienstaates, Erfassung der Jugend in der Hitlerjugend, Bruch des Versailler Vertrages, u. a. durch Einführung der allgemeinen Wehrpflicht 1935, 1. September 1939 Beginn des Zweiten Weltkrieges

6 NS-Plakat
Darstellerische Mittel: Drei Männer (rechte Bildhälfte unter der gegen den Wind wehenden Hakenkreuzfahne) stürmen nach vorn gegen einen unsichtbaren Feind. Sie erhalten Unterstützung von der „Heimatfront" (linke Bildhälfte, in der Männer und Frauen Werkzeuge als die „Waffen der Heimatfront" übernehmen, die sie in den Industrieanlagen im Hintergrund für den „Endsieg" verwenden werden). Durch diese Unterstützung werden die drei Kämpfer aufgebaut, was sich in der unterschiedlichen Größe ausdrückt. Soldaten und Heimatfront stehen sinnbildlich für die „Volksgemeinschaft".
Die vorwärtsstürmende Körperhaltung, die gespannten Arme und der entschlossene Blick stimmen mit dem Plakattext „Harte Zeiten – Harte Pflichten – Harte Herzen" überein.
Zentrale Botschaft: Die „Volksgemeinschaft" soll alle Kräfte, auch die psychischen („Harte Herzen"), für den deutschen Sieg im „totalen Krieg" mobilisieren. Das Plakat dient somit der NS-Propaganda.

7 Höß betont, dass er als Lagerkommandant Befehlsempfänger gewesen ist, vermutlich um sich selbst zu entlasten. Zugleich verweist er auf sein Streben, diesen Befehl möglichst wirksam und schnell umzusetzen (daher Informationsbesuch in Treblinka); er macht damit einen gewissen Stolz auf das von ihm gewählte System der Ermordung im Vernichtungslager Auschwitz-Birkenau deutlich. Die Sprache lässt kein Mitgefühl für das Schicksal der Ermordeten erkennen.

8 individuelle Lösung.
Tipp: Schuhe als Zeugnis der Shoa belegen …

9 Es gab einen Handlungsspielraum für die Deutschen, sich gegen den Nationalsozialismus zu stellen. Nur wenige haben ihn genutzt, deshalb spricht die Forschung in diesem Zusammenhang oft vom „Widerstand ohne Volk".

Kapitel 3: Rechte des Menschen gestern und heute (Längsschnitt) (S. 113)

1 Mögliche Gründe: Es gibt noch immer Konflikte und Kriege mit Menschenrechtsverletzungen.
Ich möchte, dass Kinder weltweit dieselben Rechte genießen wie Kinder in Deutschland.

2 Folgende Menschenrechte wurden durch die Urteile geschützt:
a) Migranten in Frankreich
Im ersten Beispiel geht es, wie aus dem Zitat in Z. 9 f., klar ersichtlich, um den Schutz der Menschenwürde (Art. 1 der EU-Menschenrechtskonvention).
b) Im Fall des rumänischen Angestellten bezog sich der EGMR auf Art. 8, das Recht auf Achtung des Privat- und Familienlebens. Demnach hat jede Person ein Recht auf Achtung ihres Privat- und Familienlebens, ihrer Wohnung sowie ihres Brief-/Mail-/Telefonverkehrs. Nur in Ausnahmefällen darf eine Behörde in dieses Recht eingreifen, beispielsweise wenn es für die nationale oder öffentliche Sicherheit, zur Verhütung von Straftaten oder zum Schutz der Gesundheit unbedingt notwendig ist.
Hinweis: Laut dem Urteil des EGMR darf auch ein Arbeitgeber dieses Recht in einem gewissen Maß einschränken, indem er Überwachungsmaßnahmen durchführt. Diese müssen den Arbeitnehmern jedoch immer bekannt sein und sie dürfen die Privatsphäre nicht gänzlich unterdrücken.
Im vorliegenden Fall wusste der Mitarbeiter nicht, dass auch der Inhalt seiner privaten Nachrichten gelesen werden kann. Zudem bestand kein konkreter Verdacht gegen ihn als Person. Die Richter waren der Ansicht, dass die nationalen Gerichte diesen Umstand nicht ausreichend geprüft hätten. Das Urteil war jedoch durchaus umstritten, 6 der 17 Richter hätten der Beschwerde des Klägers nicht stattgegeben.
c) Im Fall der Klage der sechs italienischen Männer waren zwei Artikel ausschlaggebend: Art. 8, das Recht auf Achtung des Privat- und Familienlebens, sowie Art. 12, der das Recht auf Eheschließung beinhaltet.
Der EMRK entschied, dass sich aus Art. 12 noch keine Verpflichtung der EU-Staaten ableiten lasse, eine gleichgeschlechtliche Ehe zu ermöglichen. Der italienische Staat habe es laut dem EGMR versäumt, diese rechtlich zu regeln, beispielsweise in Form einer registrierten Partnerschaft. Vor allem, da dies auch von der Mehrheit der italienischen Bevölkerung befürwortet wird.

Stand aktuell: In Italien haben auch weiterhin gleichgeschlechtliche Paare kein Recht auf Eheschließung. Erst 2016 wurde eine registrierte Partnerschaft in Italien möglich. Diese Paare werden in vielen Bereichen, z. B. im Erbrecht und bei Bezug von Sozialleistungen, den Ehepaaren gleichgestellt.

3 Siehe dazu die Zeitleiste auf S. 100/101.

4 individuelle Lösung

5 Die Einschränkungen von Grundrechten sind stets ein heikles Thema und sind nur für den Ausnahmefall gedacht. Es kann jedoch sein, dass sie notwendig werden, um Art. 2 Abs. 2 GG (Recht auf Leben und körperliche Unversehrtheit) für die Mehrheit der Bevölkerung zu garantieren. Auch wenn jemand seine Grundrechte zum Kampf gegen die freiheitlich demokratische Grundordnung missbraucht, können diese eingeschränkt werden (z. B. Versammlungs- und Vereinigungs- sowie Pressefreiheit). Sind Einschränkungen des Grundrechts bzw. der Menschenrechte strittig, wird das Bundesverfassungsgericht angerufen. Solche Einschränkungen können auch zeitlich begrenzt ausgesprochen werden (z. B. im Fall einer Pandemie).

Kapitel 4: Deutschland und die Siegermächte 1945–1949 (S. 142/143)

1 individuelle Lösung
Tipp: Nenne zuerst das weltpolitische Ereignis und erkläre dann an dem von dir gewählten Material die Auswirkungen auf das Leben der Menschen.

2 Flüchtlingsschicksale: Als drastische Einschnitte im Leben von Menschen gelten z. B. erzwungene Wohnortwechsel, Verlust der Heimat bzw. des Besitzes, Tod/Ermordung von nahen Angehörigen, Erfahrungen von Gewalt oder Verlust der eigenen Entscheidungsfähigkeit.
Suche die entsprechenden Belege in M1.

3 Straßenumbenennungen wurden unmittelbar nach Kriegsende durchgeführt. Da die Entfernung von NS-Symbolen und Parteiverbote nicht gleichzeitig das Verschwinden von NS-Gedankengut bedeutete, ergriffen die Siegermächte weitere Maßnahmen, die u. a. mit dem Begriff „Entnazifizierung“ verbunden werden.
Schwierigkeiten bei der Umsetzung: Vorwurf an die Besatzungsbehörden, dass mit zweierlei Maß gemessen wurde: „Die Kleinen lässt man hängen, die Großen lässt man laufen.“ Vor allem die Einstufung bei kaum vorhandenen Beweisen führte oft zu ungerechten Urteilen; andererseits ermöglichten „Persilscheine“, sich von möglichen Vorwürfen reinwaschen zu lassen. In den einzelnen Zonen wurde die Entnazifizierung unterschiedlich durchgeführt, was auch zu Unmut in der Bevölkerung führte.

4 **a)**

1945	
Jan.	Versenkung der „Wilhelm Gustloff“
Mai	bedingungslose Kapitulation der deutschen Wehrmacht
Juli/Aug.	Potsdamer Konferenz
ab Nov. bis Okt. 1946	Nürnberger Prozesse
Dezember	Verfassung des Freistaates Bayern
1946	
April	Zwangsvereinigung von KPD und SPD zur SED
1947	
Januar	Bildung der Bizone
ab 1947	Marshall-Plan
1948	
Juni	Währungsreform
Juli	„Frankfurter Dokumente“
1949	
April	Bildung der Trizone
Mai	Grundgesetz
Oktober	Inkrafttreten der Verfassung der DDR

b) individuelle Lösung

5 Bei Zeitzeugenaussagen ist zu bedenken, dass Menschen:
- ihre subjektive Sicht auf Ereignisse wiedergeben
- Ereignisse vergessen, verdrängen oder verklären können
- ihre eigene Erinnerung mit dem, was sie sonst noch über das Ereignis gelesen oder gehört haben, vermischen

Fazit: Zeitzeugenberichte müssen, wie jede andere Quelle auch, immer auf Richtigkeit überprüft werden. Das heißt, man braucht dazu auch den jeweiligen Wissensstand über die Zeit bzw. die Ereignisse.

6 Antworten der westdeutschen Ministerpräsidenten vom 10. Juli 1948:
- die Ministerpräsidenten lehnen die mit den Frankfurter Dokumenten vorgesehene Gründung eines westdeutschen Teilstaates ab
- sie wollen alle Schritte vermeiden, die eine endgültige Teilung verfestigen (Z. 2/3)

- versuchen deshalb, der „drohenden" Staatsgründung mit dem Begriff des „Provisoriums" einen vorläufigen Charakter zu verleihen (Z. 5/6)
- empfehlen dementsprechend, statt einer Verfassung ein „Grundgesetz" zur einheitlichen Verwaltung der Westzonen zu erarbeiten (Z. 20/21)
- entsprechend soll es erst dann eine gesamtdeutsche Verfassung geben, wenn das gesamte deutsche Volk die Möglichkeit zur Mitsprache hat (Z. 8–16)
- Ziel ist also die Gründung eines gesamtdeutschen Staates

7 DDR-Historiker Heinz Heitzer:
„Restaurations- und Spaltungspolitik der Westmächte" (2 f.): Die Formulierung zeigt deutlich die Abwertung und Verurteilung der Westmächte, denen eine bewusste „Spaltung" und Rückkehr zu Werten und Strukturen vergangener Zeiten (gemeint sind das Kaiserreich oder gar der Nationalsozialismus) wie auch die Alleinschuld an der Teilung Deutschlands zugeschrieben wird.
„jene Klassenkräfte … die das Volk schon zweimal in die Katastrophe gestürzt hatten" (Z. 5–8): Typisch kommunistische Rhetorik, welche die Gesellschaft in „Klassen" unterteilt, die miteinander um die Herrschaft konkurrieren. Hier sind die herrschenden Eliten des Kaiserreichs und des Nationalsozialismus gemeint, welche gegen den Willen der Arbeiterklasse zwei Weltkriege begonnen hätten.
„revolutionäre Errungenschaften der Werktätigen in der sowjetischen Besatzungszone" (Z. 9 f.): Gemeint sind hier vor allem die wirtschaftlichen und politischen Reformen, die als einzigartige Leistung besonders hervorgehoben werden. Bedenkt man, dass diese nach dem Vorbild und unter dem Einfluss der UdSSR durchgeführt, freie Willensbildung und Meinungsäußerung unterdrückt wurden, dann kann die Behauptung schnell als beschönigend bezeichnet werden. Eine für Historiker übliche kritisch-distanzierte und möglichst objektive Haltung wird nicht erkennbar.

8 **a)** Es gibt sowohl Gründe, die für die Bezeichnung „Stunde Null" sprechen, als auch Gründe, die eher dagegen sprechen. Begründungen für beide Seiten findest du auf den Seiten 138/139.
Mögliche Gründe dafür wären z. B. Zerstörungsgrad Deutschlands, Sturz der Diktatur, Ende der Souveränität Deutschlands, Aufteilung in Besatzungszonen.
Mögliche Gründe, die dagegen sprechen, wären z. B. die nur oberflächliche Säuberung der Verwaltung und der öffentlichen Dienste im Rahmen der Entnazifizierung; der Hitler-Mythos vom „guten Führer" bleibt viele Jahre bestehen; viele ranghohe Nationalsozialisten können ihre Karriere ungestört weiterverfolgen.
b) Die Aussage ist richtig.
„Spätestens 1947" heißt, dass es auch vorher schon Anzeichen dafür gab, dass sich die Besatzungsmächte nicht über die Deutschlandfrage einigen würden, z. B. die unterschiedliche Auslegung der Beschlüsse der Potsdamer Konferenz (S. 122/123), die unterschiedliche Durchführung der Entnazifizierung (S. 126/127) sowie die unterschiedliche Besatzungspolitik (S. 128–131). Ab 1947 zeigten sich die unterschiedlichen Meinungen der Besatzungsmächte zur Deutschlandfrage jedoch ganz deutlich (s. hierzu vor allem S. 132/133).
Auf folgende Punkte kannst du zur Begründung der Behauptung eingehen: 1947 Durchführung des Marshall-Plans nur in den Westzonen (S. 131), 1947 Bildung der Bizone, 1948 Währungsreform und Berlin-Blockade, 1949 Bildung der Trizone (S. 132)
Ergebnis: keine Einigung über die Deutschlandfrage: 1949 Gründung von zwei deutschen Staaten

Kapitel 5: Weltpolitik im Kalten Krieg (S. 172/173)

1
- In der Kuba-Krise stand die Welt am Rande eines Dritten Weltkrieges und die Spannungen zwischen den Supermächten erreichten einen Höhepunkt. Direkte militärische Konfrontationen konnten im letzten Moment vermieden werden. Nach der Kuba-Krise ergaben sich erste Einsichten auf beiden Seiten in die Notwendigkeit direkter Kontakte zur Deeskalation bzw. Krisenvermeidung („Heißer Draht").
- Amerikanische Furcht vor einem „Dominoeffekt" kommunistischer Machtübernahmen in Staaten Südostasiens. Der Vietnamkrieg wurde zum typischen „Stellvertreterkrieg" zwischen zwei Ideologien im Kalten Krieg. Die Folgen waren z. B. furchtbare Leiden der Zivilbevölkerung durch den Einsatz von Napalmbomben, giftiger Pflanzenschutzmittel und die Verminung großer Gebiete, die bis heute Auswirkungen haben (z. B. durch Gift bedingte Behinderungen Neugeborener, Tod in Reisfeldern durch Minenexplosionen).
- Die Teilung Europas durch den „Eisernen Vorhang" von Finnland bis Griechenland trennt

Lebensräume von Menschen, die zuvor in Kontakt waren. Besonders deutlich wird das am Beispiel Deutschlands und Berlins, wo Familien auf Jahrzehnte getrennt werden und die Menschen in unterschiedlichen politischen und wirtschaftlichen Systemen leben. Gründung der Bundeswehr und der NVA - bei einem Konflikt könnten sich Deutsche gegen Deutsche gegenüberstehen.

2 Was passt zusammen?
1 > A; 2 > F; 3 > B; 4 > E; 5 > D

3 Nach dem gemeinsamen Sieg über das nationalsozialistische Deutschland verfeindeten sich die Westmächte und die Sowjetunion zusehends. Es entstanden zwei Blöcke und zwei Militärbündnisse: die NATO im Westen unter Führung der USA und der Warschauer Pakt im Osten unter Führung der Sowjetunion. Zwar gab es keinen direkten Krieg zwischen den beiden Großmächten, doch eine Reihe von Stellvertreterkriegen und gefährlichen Konflikten. Der Koreakrieg 1950–1953, die Kuba-Krise 1962 und der Vietnamkrieg bildeten Höhepunkte der Auseinandersetzung.
Phasen der Entspannung und der Kontrolle der Waffenarsenale wechselten mit Phasen der Bedrohung ab. Seit 1985 kam es durch die neue Politik der „Perestroika“ (Umbau) und „Glasnost“ (Offenheit) unter dem sowjetischen Parteichef Michail Gorbatschow zu einer Neuausrichtung der sowjetischen Politik. In Polen wurde durch die Gewerkschaft „Solidarität“ das Machtmonopol der Kommunistischen Partei infrage gestellt. Ungarn öffnete 1989 die schwer befestigte Grenze des „Eisernen Vorhangs“ zu Österreich. Der Ostblock brach 1989/90 zusammen, die Sowjetunion und der Warschauer Pakt wurden aufgelöst.

4 **a)** Die Karikatur aus dem Jahre 1956 zeigt eine riesige Atombombe, die sich wie ein menschliches Wesen mit zwei Händen während einer Konferenzrunde auf einem Tisch abstützt und sagt: „Es wird hier dauernd vom Frieden gesprochen – meine Herren, der Friede bin ich!“
Der Karikaturist spielt darauf an, dass die Atomwaffen der USA und der Sowjetunion ein „Gleichgewicht des Schreckens“ geschaffen haben. Keine der beiden Supermächte kann einen atomaren Angriff führen, ohne gleichzeitig die eigene Vernichtung zu riskieren. Der Titel der Karikatur lautet „Das Veto der Bombe“. Veto („ich verbiete“) bedeutet Einspruch. Die Atombombe „sichert“ also den Frieden.

b) Das Plakat wurde vermutlich 1952 von der Regierung der Bundesrepublik Deutschland in Auftrag gegeben. Es zeigt die kommunistische Bedrohung als „rote Flut“, die durch einen Damm westlicher Staaten aufgehalten wird. Ein Wall mit Fahnen der USA, Großbritanniens, Frankreichs, Italiens, der Niederlande, Belgiens, Norwegens und Dänemarks soll die Flut roten Wassers aufhalten. Der „deutsche Baustein“ soll das Werk vollenden und zeigt die Einbindung der Bundesrepublik in das westliche Bündnissystem der NATO, was durch die Aufschrift „Vereinte Abwehr“ unterstrichen wird.

5 Das Bild gelangte am Folgetag des Ereignisses auf die Titelseiten fast aller amerikanischen Tageszeitungen. Es wurde zu einem Schlüsselbild im visuellen Gedächtnis der Öffentlichkeit. Mögliche Reaktionen und Bewertungen:
- Es handelt sich um ein „gestelltes Bild“ einer Exekution und damit als Rache des Schützen für die Tötung einer befreundeten Familie durch die Vietcong. Die Gräueltaten der einen Seite werden durch eine Gräueltat der anderen „aufgewogen“.
- Ein südvietnamesischer Polizeichef erschießt einen wehrlosen Zivilisten. Das zeigt die Brutalität und völlige Enthemmung handelnder Menschen im Krieg.
- Das Bild ist ein Symbol für das Scheitern der amerikanischen Strategie im Krieg gegen die Vietcong-Kämpfer.

6 Der Zusammenbruch der Sowjetunion und die Auflösung des Warschauer Pakts beendete den Ost-West-Konflikt im Kalten Krieg. Daher sprechen wir heute von einer „Epochenwende“.
Die Karikatur M6 zeigt ein großes Schiff mit Namen „Perestroika“ als Eisbrecher, dem Ungarn und Polen zur Seite stehen. „Eingefroren“ in ihren bisherigen Vorstellungen bleiben hingegen die Schiffe mit den Namen DDR, Rumänien und ČSSR. Der Zeichner spielt damit auf die innenpolitischen Veränderungen in der Sowjetunion, Polen und Ungarn an, während die anderen Länder zu diesem Zeitpunkt an überkommenen Ideologien festhalten.

Übersicht Fachmethoden

• Einem Sachtext Informationen entnehmen

Sich einen ersten Überblick verschaffen

1. Lies den Text genau.
2. Schreibe wichtige Begriffe (Schlüsselbegriffe) und Informationen auf ein Blockblatt.
3. Kläre unbekannte Wörter mithilfe des Geschichtsbuches oder einer digitalen Recherche.

Fragen an den Text stellen

4. Welche Informationen vermitteln die Überschriften?
5. Wie ist der Text aufgebaut?
6. Wichtige W-Fragen klären (wer, wann, wo, was, wie?).

Den Inhalt wiedergeben

7. Den Inhalt anhand der notierten Stichpunkte wiedergeben.
8. Welche Fragen bleiben offen? Wo erhalte ich weitere Informationen?

• Eine schriftliche Quelle analysieren

Quelle und Autor (Verfasser) einordnen

1. Wer ist der Autor der Quelle (z. B. Augenzeuge; besondere Beziehungen zwischen ihm und einer der beschriebenen Personen)?
2. Wann und wo wurde die Quelle geschrieben (zeitlicher und örtlicher Abstand zum Ereignis)?
3. Um welche Art von Text handelt es sich (z. B. Brief, Zeitungsartikel, Rede, Gesetz, Tagebucheintrag)?
4. An wen ist der Text gerichtet?

Den Inhalt einer Quelle erfassen

5. Welche Begriffe sind unbekannt und müssen geklärt werden?
6. Wie ist die Quelle aufgebaut? Finde Überschriften.
7. Welche Schlüsselbegriffe (= wichtige oder wiederholte Wörter) werden verwendet?
8. Was ist die Hauptaussage des Textes?

Die Absicht des Autors erkennen und den Text beurteilen

9. Welche Aussagen des Textes erscheinen historisch zuverlässig, welche eher Meinungen des Autors zu sein?
   Dazu Textaussagen mithilfe anderer Informationsquellen (Schulbuch, historisch zuverlässige Texte im Internet, Fachbücher) vergleichen.
10. Was sollte der Text bewirken (informieren, drohen, beleidigen, überzeugen)?

• Eine Bildquelle analysieren

Einzelne Elemente beschreiben

1. Welchen Eindruck macht das Bild auf dich?
2. Welche Art von Bild liegt hier vor (Gemälde, Fotografie, Zeichnung, Karikatur)?
3. Benenne Elemente, ohne sie schon zu erklären. Welche Personen, Tiere, Gegenstände oder Landschaften erkennst du? Gehe auch auf Einzelheiten ein (bei Personen z. B. auf die Körperhaltung oder Kleidung) und deren Anordnung im Bild (Vordergrund, Hintergrund).

Die Beschriftung auswerten und weitere Informationen hinzuziehen

4. Welche Hinweise gibt die Bildunterschrift zu Titel, Thema, Künstler und Entstehungszeit? In wessen Auftrag ist das Bild entstanden?
5. Welche weiteren Informationen werden benötigt, um das Bild erschließen zu können (z. B. zu besonderen Ereignissen in der Entstehungszeit, auf die das Bild anspielt, zur Bedeutung einzelner Bildelemente)?

Die Bildquelle deuten – Zusammenhänge klären

6. Welche Bedeutung haben die einzelnen Bildelemente und in welchem Zusammenhang stehen sie? Um wen oder was handelt es sich? Gibt es Elemente, die eine symbolische Bedeutung haben (z. B. die Pickelhaube für Preußen)? Was bedeuten sie im Verbund mit dem Bild? Welche Rolle spielen gestalterische Mittel (Lichteinfall, Farben etc.)?
7. Welche Sichtweise vermittelt das Bild? Gibt die Bildquelle einen historischen Sachverhalt richtig oder verzerrt wieder? Welche Absicht wird verfolgt?
8. Welche Gesamtaussage lässt sich formulieren? Gibt es noch offene Fragen?

• Ein Verfassungsschaubild analysieren

Einzelne Elemente des Schaubildes erfassen

1. Was ist das Thema des Schaubildes?
2. Welche Fachbegriffe musst du klären?

Den Aufbau des Schaubildes untersuchen

3. Wofür stehen Farben, Pfeile und Symbole?
4. Wie ändert sich die Lesart des Schaubildes, wenn man es von oben bzw. von unten liest?

Den Inhalt erschließen

5. Welche Ämter gab es und welche Aufgaben hatten sie? Wie wurden Abgeordnete bestimmt? Wer war am Gesetzgebungsprozess beteiligt? Wer hatte mehr Einfluss?

Selbst urteilen

6. Worin liegen die Stärken und die Schwächen dieser Verfassung? Vergleiche, wer bei uns heute wählen darf.
7. Welche Fragen bleiben offen?

• Ein Flugblatt untersuchen und deuten

Das Flugblatt beschreiben

1. Wer oder was wird dargestellt? In welchem Zusammenhang stehen die einzelnen Teile zueinander? Hat der Hintergrund eine Bedeutung?
2. Gibt es einen Text? In welchem Verhältnis stehen Text und Bild?

Das Flugblatt und seinen Autor einordnen

3. Wer ist der Zeichner des Bildes? Autor des Textes?
4. Wann und wo wurde das Flugblatt veröffentlicht?
5. Welche historischen Hintergründe muss man kennen, um die Botschaft einordnen zu können?

Das Flugblatt deuten

6. Welche sprachlichen Mittel setzt der Autor ein (Wiederholungen, Ausrufezeichen, Frage)? Welche Wirkung erzeugen sie? Kläre unbekannte Wörter.
7. Was bedeuten die Symbole? (Da wir den Zeichner nicht mehr fragen können, was er erreichen wollte, müssen Ausdrücke der Vermutung verwendet werden, z. B. wahrscheinlich, vermutlich ...)
8. Wie hat das Flugblatt wohl auf Zeitgenossen gewirkt? Wie wirkt es auf dich? Was ist für einen heutigen Betrachter scheinbar vertraut, was fremd?
9. Welchem Zweck diente die Flugschrift? Ergreift der Künstler durch seine Darstellung Partei?

Die historische Bedeutung beurteilen

10. Welche Bedeutung hatte das veröffentlichte Flugblatt vermutlich zur Zeit seines Erscheinens? Wie ist der Wahrheitsgehalt der zentralen Aussage zu bewerten?

• Eine Geschichtskarte analysieren

Der Karte Informationen entnehmen

1. Welcher Raum und welche Zeit/welcher Zeitraum wird dargestellt, welches Thema hat die Karte?
2. Welcher Maßstab wird verwendet?
3. Wofür stehen die verwendeten Farben und Symbole?
4. Stellt die Karte einen Zustand oder einen Verlauf dar?

Die Kartenaussage zusammenfassen

5. Welche Informationen zur Themenstellung lassen sich der Karte entnehmen? Welche Kartenelemente werden besonders oft verwendet? Was erfahre ich, wenn ich einzelne Kartenelemente in Beziehung setze (z. B. Zeitangabe und Ausdehnung von Besitz).
6. Welche zusätzlichen Erkenntnisse gewinne ich, wenn ich die Informationen mit meinem Vorwissen und den Aussagen anderer Materialien verknüpfe?

Weitere Fragen zur Karte stellen

7. Welche Fragen bleiben offen? Wo finde ich dazu weitere Informationen?

• Eine Statistik auswerten

Formale Merkmale untersuchen

1. Welches Thema, welcher Zeitabschnitt ist dargestellt?
2. Woher stammt das Zahlenmaterial?
3. Wie wird das Zahlenmaterial präsentiert: Tabelle/Diagramm (Art des Diagramms)?

Zahlenwerte beschreiben

4. Welche Strukturierungshilfen wie Jahreszahlen, Spalten- oder Achsenbezeichnungen gibt es?
   - Welche Einheiten (absolute Werte, z. B. Dollar, kg; relative Werte, z. B. Prozent) werden verwendet?
   - Auf welche geografischen Räume beziehen sich die Zahlen?
5. Welche Hilfestellung bietet die Legende?
6. Aussageart des Diagramms: Wird ein Vergleich angestrebt oder eine Entwicklung aufgezeigt?

Informationen zusammenfassen

7. Auf welchen historischen Sachverhalt (Epoche, Ereignis, Prozess) bezieht sich die Statistik? Setze den Inhalt des Diagramms in seinen historischen Zusammenhang.

• Einen Film bzw. Filmausschnitt/ ein Standbild untersuchen

Ersten Eindruck und formale Gesichtspunkte festhalten

1. Gib deinen Eindruck nach dem erstmaligen Ansehen des Films/Filmausschnitts/Standbildes wieder.
2. Fasse den Inhalt in eigenen Worten zusammen.
3. Sammle Informationen zur Entstehung des Films (Jahr, Auftraggeber, Regisseur, Schauspieler, Anlass des Entstehens).
4. Benenne die Filmart (Dokumentar-, Spiel-, Historien-, Kriegs- oder Propagandafilm).

Inhalte deuten

5. Nenne die Hauptfigur und den Höhepunkt der Handlung (z. B. bei einem Spielfilm).
6. Vergleiche mit historischen Ereignissen (z. B. Historienfilm, Dokumentarfilm).
7. Zähle Gestaltungsmittel des Films/Filmausschnitts (Ton, Musik, Licht, Farbe, Kontraste, Kameraführung) und erläutere deren Wirkung auf den Betrachter.

Gesamtaussage formulieren und bewerten

8. Erläutere die zentrale Botschaft des Films/des Filmausschnitts/des Standbildes. Welche Wirkung sollte beim zeitgenössischen Betrachter erzielt werden?
9. Bewerte den Film aus deiner Sicht. Du kannst auch Filmkritiken dazu heranziehen und vergleichen.

• Einen außerschulischen Lernort besuchen

Informationen beschaffen

1. Besorgt euch Informationsmaterial im Internet oder bei der Verwaltung der Sehenswürdigkeit. Verwendet die offizielle Internetseite der Gedenkstätte, des Museums oder andere vertrauenswürdige Seiten, z. B. vom Deutschen Historischen Museum, Historischen Lexikon Bayern oder Bavarikon.

Inhalte der Exkursion in der Schule vorbereiten

2. Sichtet das Material und entscheidet euch für Schwerpunkte eurer Exkursion.
3. Einigt euch auf den Ablauf der Exkursion und darauf, wie ihr eure Ergebnisse im Anschluss dokumentieren wollt.
   Zum Beispiel: Schüler halten Informationsvorträge; Arbeitsmaterial zur eigenständigen Erkundung entwerfen,
   Dokumentation: zum Beispiel Ausstellung in der Schule; Artikel für die Homepage der Schule.
4. Bearbeitet die thematischen Schwerpunkte in Gruppen; stellt jeweils Materialien bereit.

Exkursion durchführen

5. Verschafft euch gemeinsam einen ersten Überblick, zum Beispiel anhand einer Überblickskarte des Geländes oder einer kurzen Führung.
6. Besucht einzelne Stätten, auf die ihr euch vorbereitet habt. Haltet die Vorträge und fertigt Notizen und Skizzen an und macht Fotos, sofern dies auf dem Gelände erlaubt ist und euch passend erscheint.

Befunde auswerten und dokumentieren

7. Wertet eure Ergebnisse in der Schule aus und tragt sie der Klasse vor.
8. Dokumentiert eure Ergebnisse wie geplant.

Unterrichtsmethoden

1 Pro- und Kontra-Diskussion

- Rollen verteilen: Die Teilnehmer der Pro- und Kontra-Diskussion übernehmen eine Rolle und vertreten diese argumentativ in der Diskussion. Ein oder zwei Personen übernehmen die Rolle des Moderators. Der Rest der Klasse beobachtet das Geschehen als Zuschauer. Sie machen sich zu dem Gesagten Notizen.
- Podiumsdiskussion durchführen: Der Moderator eröffnet die Diskussion und stellt die einzelnen Teilnehmer vor. Jeder hat die Möglichkeit, ein kurzes Statement abzugeben. Anschließend kommt es zur Eröffnung der Diskussion, bei der die Teilnehmer alle weiteren Argumente austauschen. Es dürfen unter Umständen auch persönliche Meinungen in die Argumentation einfließen. Im Idealfall antworten die Teilnehmer auf jedes Argument eines anderen Teilnehmers mit einem Gegenargument. Zum Schluss schließt der Moderator die Diskussion und eröffnet den Zuschauern die Möglichkeit, Fragen zu stellen oder ebenfalls kurze Statements abzugeben.
- Podiumsdiskussion auswerten: Die Podiumsdiskussion wird gemeinsam bewertet. Sind alle Rollen glaubhaft gespielt? Wurden alle Argumente vorgebracht? Sind die Argumente nachvollziehbar und schlüssig? Gibt es weiteren Diskussionsbedarf oder offene Fragen?

2 Einen Kurzvortrag halten

- Vorbereitung: Sammle und ordne alle Informationen zu deinem Thema in einer Mindmap.
- Entwickle eine Gliederung für deinen Vortrag. Lege zu jedem Hauptpunkt eine Karteikarte mit den wichtigsten Informationen an und nummeriere die Karteikarten in einer sinnvollen Reihenfolge.
- Überlege dir einen interessanten Einstieg und Schluss für deinen Vortrag.
- Versuche, möglichst frei vorzutragen. Sprich laut, deutlich und nicht zu schnell.
- Schau dein Publikum an. So siehst du auch, wenn es Zwischenfragen gibt.
- Unterstütze deinen Vortrag durch Anschauungsmaterial (Bilder, Grafiken, Gegenstände).

3 Ein gutes Lernplakat gestalten

- Verwende für das Plakat mindestens die Größe DIN A2, besser DIN A1 (= 8 DIN-A4-Blätter).
- Beschränke dich auf die wesentlichen Informationen.
- Die Informationen auf dem Plakat müssen sachlich stimmen (z. B. richtige Jahreszahlen).
- Das Thema des Plakats muss deutlich zu lesen sein.
- Schreibe in Stichpunkten oder in kurzen Sätzen.
- Unterstreiche Schlüsselbegriffe oder rahme sie ein.
- Verwende für die Schrift einen schwarzen oder dunkelblauen Stift. Andere Farben eignen sich für Pfeile, Linien oder Hervorhebungen.
- Achte auf die Lesbarkeit der Schrift (Größe und Ordnung). Du kannst Hilfslinien mit Bleistift zeichnen und später wegradieren.
- Gliedere deine Informationen durch unterschiedliche Schriftgrößen. Verwende Ordnungszahlen, wenn du eine bestimmte Reihenfolge darstellen möchtest.

4 Informationen aus dem Internet bewerten

Das Internet bietet eine Fülle digitaler Quellen wie Bilder und Texte, aber auch Darstellungen, also Texte von Historikern, Rekonstruktionszeichnungen oder Geschichtskarten, an.

Recherche im Internet:
- Setze dich genau mit der Themenstellung auseinander und gib möglichst konkrete Begriffe in die Suchmaschine ein.
- Verschaffe dir einen ersten Überblick über die Treffer, indem du den Titel der Links und die Kurzbeschreibung liest. Nicht immer stehen die besten Suchergebnisse oben.

Bewertung von Internetseiten:
- Bewerte die Suchergebnisse nach der Herkunft der Links, lies gegebenenfalls im Impressum nach, von wem die Seite stammt. Vorsicht vor Links mit extremistischen Inhalten. Besonders vertrauenswürdig sind Seiten staatlicher Institutionen, da die abgedruckten Inhalte sorgfältig geprüft werden. Mit Internetseiten von Privatpersonen oder ungeklärter Herkunft solltest du kritisch umgehen. Besonders hilfreich für historische Themen sind in der Regel Links von Bibliotheken (z. B. Bayerische Staatsbibliothek), Museen (z. B. das Deutsche Historische Museum und sein **L**ebendiges **M**useum **O**nline LeMO), Archiven, historischen Fakultäten (= Bereichen) der Universitäten, Bundes- und Landeszentralen für politische Bildung, internationalen Organisationen (UN) und Wissensportalen wie Planet Schule und Planet Wissen, des Bavarikons, des Hauses der Bayerischen Geschichte sowie des Politik-Online-Lexikons für Jugendliche Hanisauland.
- Überprüfe, ob die Herkunft der verwendeten Quellen und Darstellungen angegeben ist.
- Beurteile das äußere Erscheinungsbild der Seite (Farbwahl, Aufbau, sprachliche Korrektheit).

Bewertung der gefundenen Informationen:
- Analysiere die Darstellungen oder Quellen auf der von dir ausgewählten Internetseite nach den dir bekannten Methodenschritten (siehe S. 188). Sind die Informationen zielführend für deine Präsentation, den Kurzvortrag oder das Lernplakat?
- Vergleiche deine Ergebnisse mit den Informationen aus anderen Links. Widersprechen sich die Aussagen in den verschiedenen Links? Versuche zu klären, woran das liegt (Glaubwürdigkeit der Seite, unterschiedliche Ergebnisse in der Wissenschaft).

Bewertung der Recherche:
- Stelle anschließend fest: Welche Vorzüge hat eine Internetrecherche im Gegensatz z. B. zum Besuch einer Bibliothek, eines Museums oder eines historischen Ortes wie einer Burg?

5 Ein Placemat gestalten (Gruppenarbeit für 4 Personen)

- Findet euch in Vierergruppen zusammen.
- Nehmt ein DIN-A2- oder DIN-A3-Blatt und zeichnet folgendes Schema darauf:

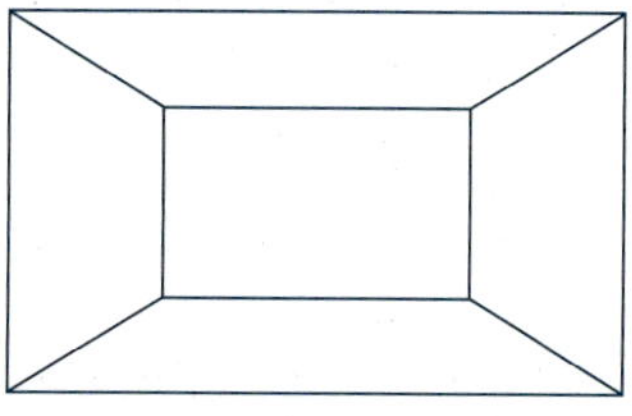

- Legt es auf den Tisch. Vor jeder weißen Fläche sitzt einer aus eurer Gruppe.
- Es wird ein Thema gestellt. Jeder notiert in der festgelegten Zeit (ca. 5 min), was er darüber weiß, wissen möchte und welche Ideen er dazu hat.
- Dreht das Blatt, sodass jeder lesen kann, was die anderen aufgeschrieben haben. Stellt Fragen zum Verständnis (ca. 5 min).
- Entscheidet am Ende als Gruppe, welche der Notizen ihr als Ergebnis in die Mitte des Blattes schreiben wollt. Einigt euch auf 4–6 Stichpunkte (ca. 10 min).
- Präsentiert euer Ergebnis anschließend der Klasse.

Lexikon

Im Lexikon werden Fremdwörter, historische Begriffe und Ereignisse erläutert, die in den Darstellungstexten dieses Buches vorkommen und mit einem * versehen sind. Die **Grundlegenden Begriffe**, die auf den Themenseiten erklärt werden, haben einen Verweis auf die entsprechende Seite.

A

Adenauer, siehe S. 152

Alliierter Kontrollrat, oberste Regierungsgewalt in Deutschland nach der bedingungslosen Kapitulation am 8./9. Mai 1945. Der Kontrollrat setzte sich aus den vier Oberbefehlshabern der alliierten Besatzungszonen zusammen. Er war für die Umsetzung der Beschlüsse der Potsdamer Konferenz zuständig. Die Zusammenarbeit erwies sich als schwierig, da Beschlüsse einstimmig gefasst werden mussten. Als die gemeinsame Kooperation der Besatzungsmächte aber zunehmend zur Konfrontation wurde, trat die Sowjetunion 1948 aus dem Alliierten Kontrollrat aus. Das Scheitern des Kontrollrats trug wesentlich zur deutschen Teilung in Ost und West bei.

Antisemitismus, siehe S. 55

Appeasement (engl. to appease = beschwichtigen), Politik der Beschwichtigung durch Nachgeben im Konfliktfall. Der Begriff bezieht sich insbesonders auf die britische Außenpolitik gegenüber Hitler. Großbritannien hoffte, durch Zugeständnisse den Frieden in Europa zu erhalten. Höhepunkte der Appeasement-Politik waren das Münchner Abkommen 1938 und die Hinnahme der deutschen Besetzung der Tschechoslowakei 1939.

Arbeiter- und Soldatenräte, Vereinigung von Arbeitern und Soldaten, die am 9. November 1918 in deutschen Fabriken und Kasernen die politische Macht übernahmen. Mit dem Ende der Revolution lösten sich die Arbeiter- und Soldatenräte auf.

„Arisierung", nationalsozialistischer Begriff: Verdrängung der Juden aus dem Berufs- und Wirtschaftsleben durch Gesetze. Jüdisches Eigentum wurde in „arische Hände" überführt. Es erfolgte ein Zwangsverkauf zu Niedrigpreisen oder entschädigungslose Enteignung. Nutznießer der „Arisierung" waren die Staatskasse und Nichtjuden.

Atlantik-Charta, am 14. August 1941 von dem britischen Premierminister Churchill und dem amerikanischen Präsidenten Roosevelt beschlossene Erklärung der gemeinsamen Kriegs- und Nachkriegspolitik, die zu einem Grunddokument der UNO wurde. Sie forderte unter anderem einen Verzicht auf Gebietsgewinn, die Anerkennung des Selbstbestimmungsrechts der Völker über ihre Regierungsform, die Gleichberechtigung im Welthandel, die Freiheit der Weltmeere und den Verzicht auf Waffengewalt.

B

Besatzungsstatut vom 21. September 1949, regelte die Beziehungen zwischen der Bundesrepublik Deutschland und den drei Besatzungsmächten USA, Großbritannien und Frankreich. Damit endete die Militärregierung in den drei westlichen Besatzungszonen. Der Alliierte Kontrollrat wurde durch die Alliierte Hohe Kommission ersetzt. Die Besatzungsmächte übertrugen Bund und Ländern eine eingeschränkte Souveränität, behielten jedoch gewisse Zuständigkeiten, z. B. im Bereich der Außenpolitik. Erst allmählich wurden diese Vorbehaltsrechte abgebaut.

C

Containment Policy, (dt. Eindämmungspolitik) außenpolitisches Konzept, umgesetzt von US-Präsident Harry S. Truman ab 1947. Die USA wollten verhindern, dass die Sowjetunion ihren Einflussbereich ausdehnte und den Kommunismus verbreitete. Sie leisteten deshalb wirtschaftliche, finanzielle und militärische Hilfe an die Staaten der „freien Welt" und besonders Europa (Marshall-Plan). Die „Truman-Doktrin" wurde zum Grundprinzip der amerikanischen Außenpolitik im Kalten Krieg und führte zum Aufbau der NATO und zur Ausbreitung der antikommunistischen Haltung.

D

Demontage, Bezeichnung für den Abbau oder einen Abriss beispielsweise von Industrieanlagen. Während die Sowjetunion und Frankreich, deren Schäden durch den Krieg am größten waren, nach 1945 ihren Anteil voll in Anspruch nahmen, verringerten Großbritannien und die USA die Zahl der abzubauenden Betriebe und stellten 1950 die Demontage ein.

Deportation, Zwangsverschleppung von ausländischen Arbeitskräften, politischen Gegnern oder als feindlich betrachteten Bevölkerungsgruppen.

Deutsche Arbeitsfront (DAF), wurde nach der Zerschlagung der freien Gewerkschaften im Zuge der „Gleichschaltung" als Einheitsverband von Arbeitnehmenden und Arbeitgebern 1933 gegründet. Das Gewerkschaftsvermögen wurde beschlagnahmt, das Streikrecht abgeschafft und die Mitglieder im Sinne der NS-Ideologie indoktriniert.

Deutsche Frage, siehe S. 152

Dezentralisierung, Bezeichnung für die Übertragung von Aufgaben auf verschiedene untergeordnete Stellen, z. B. von Bundes- auf Landesebene.

Diktatur (von lat. dictatura), bezeichnet ein Herrschaftssystem, in dem eine einzelne Partei oder eine Person als Führer (Diktator) alles bestimmt. Diktatoren bringen sich meistens selbst gewaltsam an die Macht. In Diktaturen gibt es keine Gewaltenteilung, keine Grundrechte und eine staatliche Überwachung aller Lebensbereiche, oft verbunden mit Einschüchterung und Gewalt.

Diskriminierung (lat. discriminare = abgrenzen, unterscheiden), Benachteiligung und Herabwürdigung von Gruppen oder Personen aufgrund von Hautfarbe, Geschlecht, Religion, Abstammung, politischer oder sexueller Orientierung, sozialer Herkunft usw. Diskriminierung geschieht z. B. durch Benachteiligung bei der Teilnahme am öffentlichen Leben, bei der Ausbildung, Berufsausübung oder Entlohnung.

E

Ebert-Groener-Pakt, Vereinbarung zwischen Friedrich Ebert (SPD-Vorsitzender, Mitglied des „Rates der Volksbeauftragten") und General Wilhelm Groener, Chef der Obersten Heeresleitung, während der Novemberrevolution 1918. Der Pakt regelte das gemeinsame Vorgehen gegen linksradikale Gruppen, die die Revolution fortsetzen wollten. Groener wollte die Armee schützen, sie möglichst rasch nach Deutschland zurückholen und integrieren. Die SPD wollte eine parlamentarische Demokratie schaffen.

„Einheitsliste", eine Wahlliste in der DDR, die ein Mehrparteiensystem vorgab. So wurden neben der SED noch andere Parteien aufgenommen, die aber ausschließlich von der SED abhängige Parteien (Scheinparteien) waren.

Einsatzgruppen, Sondereinheiten aus Polizei (siehe Gestapo und SS), dem „Reichsführer SS" Heinrich Himmler unterstellt. In Osteuropa ermordeten sie ab 1939 systematisch die jüdische Bevölkerung, Sinti und Roma, osteuropäische Intellektuelle, Kranke und Behinderte. Einsatzgruppen hatten eine Stärke von einigen Hundert Mann und führten meist Erschießungen durch. Ab 1942 erfolgte die Tötung in Vernichtungslagern.

„Eiserner Vorhang", 1. symbolische Bezeichnung für die Abschottung des Ostblocks gegen den Westen im Kalten Krieg. Ideologisch unüberwindbare Grenze zwischen den liberalen Demokratien Westeuropas und den kommunistischen Ländern Osteuropas.
2. Die tatsächlichen Grenzschutzanlagen zwischen Ost und West, von Ungarn bis zur Ostseeküste; insbesondere zwischen Bundesrepublik und DDR, West- und Ostberlin. Sie bestanden aus Stacheldraht, Selbstschussanlagen, Minenfeldern sowie Wachtürmen und sollten verhindern, dass Menschen in den Westen flohen. Mit dem Zusammenbruch der kommunistischen Regierungen kam es zum Abbau des „Eisernen Vorhangs". Den Anfang machte Ungarn mit der Grenzöffnung im Mai 1989, die Berliner Mauer fiel im November 1989.

Entkolonialisierung, siehe S. 169

Entnazifizierung, siehe S. 126

„Ermächtigungsgesetz", siehe S. 58

Europarat, europäische internationale Organisation, 1949 in London gegründet. Sie ist die führende Menschenrechtsorganisation Europas, Forum für Debatten über allgemeine europäische Fragen. Der Europarat fördert die Zusammenarbeit der Mitglieder, um wirtschaftlichen und sozialen Fortschritt zu erreichen. Sitz des Europarates ist Straßburg. Der Europarat ist nicht zu verwechseln mit dem Europäischen Rat.

Euthanasie, mit dem Begriff Euthanasie (griech. guter, leichter Tod) wird in der Medizin die Erleichterung des Sterbens oder die absichtliche Herbeiführung des Todes bei unheilbar Kranken durch Medikamente oder Abbruch der Behandlung bezeichnet. Die Nationalsozialisten führten unter beschönigenden Bezeichnungen wie Euthanasie oder „Gnadentod" die systematische Ermordung psychisch kranker und behinderter Menschen durch. Über 70 000 Menschen wurden ermordet, bevor die Tötung 1941 nach Kirchenprotesten gestoppt wurde. Einzeltötungen, Kindereuthanasie und Ermordung kranker KZ-Häftlinge sowie Massenmorde an Geisteskranken in den besetzten Ländern des Ostens fanden jedoch bis zum Kriegsende statt.

F

Flucht und Vertreibung, siehe S. 119

Freikorps, Freiwilligenverbände bestehend aus ehemaligen Frontsoldaten des Ersten Weltkrieges. Sie sahen durch Kriegsende und revolutionären Umbruch keine Chance auf eine gesicherte Zukunft. Diese Freikorps bekämpften im Auftrag des „Rates der Volksbeauftragten" und der Reichsregierung u. a. die linksradikalen Aufstände 1923. Ihre Mitglieder wurden in die Reichswehr überführt.

„Führerprinzip", „Führerstaat", vom Nationalsozialismus geprägter Begriff, bezog sich im Nationalsozialismus auf die Person Adolf Hitlers. Der „Führer" vereint in sich die oberste vollziehende, gesetzgebende und richterliche Gewalt und kennt keine Gewaltenteilung; er bedarf keiner Legitimation und verlangt unbedingten Gehorsam. Seine Person wird kultisch verehrt. Der „Führerstaat" funktioniert nach dem „Führerprinzip": Autorität wird in der Staats- und Parteiorganisation von oben nach unten ausgeübt, Verantwortung nach oben abgegeben.

G

Gemeinschaft Unabhängiger Staaten (GUS), loser Zusammenschluss von zunächst zwölf Teilrepubliken der ehemaligen Sowjetunion 1991. Die GUS wollten einen gemeinsamen Markt schaffen, um ihre Probleme beim Übergang zur Marktwirtschaft und Unabhängigkeit zu mildern. Geplant waren Absprachen zu Außenpolitik, Umweltschutz und Kriminalitätsbekämpfung. Sie hat heute praktisch keine Bedeutung mehr, da es eine Fülle einzelner Abkommen zwischen den Mitgliedern gibt.

Generalstreik, schärfste Form des Streiks. Ein Großteil der Arbeitnehmer legt die Arbeit nieder und stoppt so das wirtschaftliche Leben eines Landes. Dadurch wird der Streik zum wirkungsvollen politischen Druckmittel.

Gestapo (Geheime Staatspolizei), NS-Behörde zur Verfolgung von Regimegegnern, Jüdinnen und Juden sowie anderen Opfern, gegründet 1933. Sie war maßgeblich auf Spitzel und Verräter in der Bevölkerung angewiesen und beteiligte sich ab 1941 an Massenmorden der Einsatzgruppen.

„Glasnost" und „Perestroika", Schlagworte der Reformpolitik in der Sowjetunion ab 1986, geprägt vom russischen Ministerpräsidenten Gorbatschow. „Glasnost" (Offenheit): Transparenz der Entscheidungen in Staats- und Parteiorganen, öffentliche Diskussionen über Probleme und Aufgaben. „Perestroika" (Umbau): Ursprünglich geplante Modernisierung der Führungsrolle der Kommunistischen Partei; sie führte, verschärft durch Machtkämpfe, Wirtschaftsprobleme und Nationalitätenkonflikte, zum Zerfall der Sowjetunion.

„Gleichschaltung", siehe S. 60

Grundgesetz, siehe S. 134

Guerillakrieg (span. Verkleinerungsform von guerra/Krieg = kleiner Krieg), Kampf einheimischer Gruppen gegen eine Besatzungsmacht, eine feindliche Armee oder im Bürgerkrieg. In den Entwicklungsländern die vorherrschende Kampfform für die nationale und soziale Befreiung (z. B. im Vietnamkrieg).

H

Hindenburg, Paul von (1847–1934), deutscher Generalfeldmarschall, Mitglied der Obersten Heeresleitung im Ersten Weltkrieg, Urheber der Dolchstoßlegende, Reichspräsident seit 1925, Wegbereiter für die nationalsozialistische Diktatur, indem er Adolf Hitler am 30. Januar 1933 zum Kanzler ernannte und seine Politik mit Notverordnungen bestätigte.

Hitler-Stalin-Pakt, Nichtangriffspakt vom 23. August 1939 zwischen dem Deutschen Reich und der Sowjetunion. Hitler wollte damit die Sowjetunion als Kriegsgegner ausschließen. Die Sowjetunion sagte zu, wichtige Erze und Rohstoffe zu liefern, die Deutschland für die Kriegsführung benötigte. In einem geheimen Zusatzprotokoll verständigten sich beide Länder über die Aufteilung Polens im Kriegsfall.

Holocaust bzw. Shoa, siehe S. 81

I

Ideologie, Denkrichtung und umfassende Deutung gesellschaftlich-politischer Verhältnisse und historischer Entwicklungen. Die Deutung ist meist einseitig und verzerrt; sie dient den Interessen bestimmter Gruppen und soll bestehende Verhältnisse oder gesellschaftliche Umbrüche begründen und rechtfertigen.

Inflation (lat. Aufblähung), ist eine anhaltende Geldentwertung, die durch eine starke Vermehrung der umlaufenden Geldmenge gegenüber dem Güterumlauf entsteht. Als Folge steigen die Preise, es setzt eine Flucht in Sachwerte ein, wie in Gold und Immobilien. Die Inflation wird am Anstieg des allgemeinen Preisniveaus gemessen. Bei über 50 Prozent Preisanstieg in einem Jahr wird von Hyperinflation gesprochen.

K

Kalter Krieg, siehe S. 147

Konzentrationslager, siehe S. 66

Koreakrieg (1950–1953), in diesem Krieg unterstützten die Truppen der Vereinten Nationen unter der Führung der USA die Republik Korea (Südkorea), während die Volksrepublik China aufseiten der Demokratischen Volksrepublik Korea (Nordkorea) kämpfte. Neben dem Afghanistankrieg und dem Vietnamkrieg war es der größte Stellvertreterkrieg im Kalten Krieg. Sowohl die Menschenverluste als auch die Militärausgaben waren sehr hoch. Für Westeuropa trug der Koreakrieg zur wirtschaftlichen Erholung nach dem Weltkrieg bei. Besonders die westdeutsche Industrie lieferte große Mengen an Maschinen, Werkzeuge und Fahrzeuge an die Amerikaner.

KSZE (Konferenz für Sicherheit und Zusammenarbeit in Europa), Reihe von Konferenzen zwischen Ostblock, NATO und neutralen Staaten 1973–1975. Ergebnis: die von 35 Staaten unterzeichnete Schlussakte von Helsinki. Darin bekannten sich alle Beitrittsländer zu Gewaltverzicht, friedlicher Konfliktlösung, Nichteinmischung in innere Angelegenheiten und Anerkennung der Menschenrechte; außerdem zur Zusammenarbeit in Wissenschaft und Technik. Die KSZE hatte mehrere Nachfolgekonferenzen und wurde zur festen Einrichtung, um den Frieden in Europa zu sichern.

M

Mehrheitssozialdemokratische Partei Deutschlands (MSPD) war eine Bezeichnung für die Sozialdemokratische Partei Deutschlands zwischen Mitte 1917 und 1922. Der veränderte Name wurde benutzt, um die Abgrenzung von der Unabhängigen Sozialdemokratischen Partei (USPD) zu betonen. Die MSPD sprach sich für gemäßigte Reformen und eine parlamentarische Demokratie aus. Sie bildete nach den Wahlen zur Nationalversammlung 1919 die erste Regierung der Weimarer Republik und blieb auch in den Folgejahren – seit 1922 wieder als SPD – eine einflussreiche politische Partei.

N

Nationalsozialismus, siehe S. 53

NATO, siehe S. 149

Notverordnung, durch die Weimarer Verfassung garantiertes Recht des Reichspräsidenten, ohne Einwilligung des Parlaments Regierungsverordnungen mit Gesetzeskraft zu erlassen, die einzelne Grundrechte vorübergehend außer Kraft setzen können.

Novemberpogrom s. Pogrom

„Nürnberger Gesetze", siehe S. 69

O

Oder-Neiße-Linie, heutige deutsch-polnische Staatsgrenze entlang der Flüsse Oder und Neiße. Die Grenze wurde im Potsdamer Abkommen 1945 durch die Siegermächte des Zweiten Weltkrieges festgelegt. Durch sie fielen ehemals deutsche Gebiete an den polnischen Staat. Erst bei der Wiedervereinigung 1990 wurde die Oder-Neiße-Linie von der Bundesrepublik Deutschland staatsrechtlich anerkannt.

Ostblock, Bezeichnung für alle Staaten Osteuropas, die von 1945 bis 1991 kommunistisch regiert wurden, z. B. DDR, Polen, Tschechoslowakei, Ungarn. Sie gehörten dem von der UdSSR beherrschten Verteidigungsbündnis „Warschauer Pakt" an.

P

Partisanen, bewaffnete Kämpfer, die nicht zu den regulären Streitkräften eines Staates gehören.

„Perestroika", siehe „Glasnost" und „Perestroika"

„Persilschein", spöttische Bezeichnung aus der Zeit der Entnazifizierung, die auf das Waschmittel „Persil" zurückgeht. Persilscheine waren Zeugnisse, die eine Person entlasteten (z. B. durch positive Aussagen von Opfern). Sie wurden oftmals von Pfarrern oder als unbelastet geltenden Politikern ausgestellt. Die Person war so von Schuld „reingewaschen".

Pogrom (russ. Krawall, Zerstörung), ursprünglich Judenverfolgungen in Russland; heute gewaltsame Ausschreitung gegen jede Minderheit, besonders gegen Jüdinnen und Juden, oft verbunden mit Plünderung und Mord.

Potsdamer Konferenz, siehe S. 122

Präambel (lat. das Vorausgehen), feierliche Einleitung eines Gesetzes oder einer Verfassung. Dort kann der Gesetzgeber seine Absicht und den Zweck der Urkunde zum Ausdruck bringen. Oft nimmt sie auch religiösen Bezug auf, wie in der Bayerischen Verfassung oder im Grundgesetz.

„Prager Frühling", Reformversuch in der Tschechoslowakei 1968 unter Alexander Dubček, dem dortigen Parteichef der Kommunisten. Er propagierte einen „Sozialismus mit menschlichem Antlitz". Politische und wirtschaftliche Reformen wurden eingeleitet, die Zensur aufgehoben, Gewerkschaften erhielten mehr Mitspracherechte. Der Führungsanspruch der Kommunistischen Partei blieb jedoch unangetastet. In den Augen der Sowjetunion stellte die Reformbewegung eine Gefahr für die Einheitlichkeit des Ostblocks dar. Sie wurde daher im selben Jahr mithilfe der Truppen des Warschauer Paktes niedergeschlagen.

Präsidialkabinett, Bezeichnung für eine Regierung in der Endphase der Weimarer Republik, die allein vom Vertrauen des Reichspräsidenten abhängig war. Der Reichspräsident konnte Notverordnungen als Gesetze erlassen (Art. 48). Wenn das Parlament die Rücknahme der Notverordnung verlangte, konnte er den Reichstag auflösen (Art. 25) und Neuwahlen herbeiführen.

R

„Rassismus"/Rassenlehre, Einteilung und Bewertung von Menschen aufgrund ihrer äußeren biologischen Merkmale (Hautfarbe) oder ihrer Abstammung. Bestimmten „Rassen" werden bestimmte Eigenschaften zugeschrieben. Sie gelten als höher- oder minderwertig. Die eigene „Rasse" wird verherrlicht, andere werden aggressiv abgelehnt. Rassisten schüren Angst vor der „Vermischung" oder „Überfremdung" der Bevölkerung. Seinen Höhepunkt fand der „Rassismus" im Nationalsozialismus. Heute fordern Wissenschaftler und Politiker, auf den Begriff „Rasse" in Bezug auf die menschliche Gesellschaft zu verzichten.

Rechtsstaat, Bezeichnung für einen Staat, in dem Regierung und Verwaltung nur im Rahmen der bestehenden Gesetze handeln dürfen. Die Grundrechte der Bürgerinnen und Bürger müssen garantiert sein, staatliche Entscheidungen von unabhängigen Gerichten überprüft werden können. Ein wesentliches Kennzeichen des Rechtsstaates ist die Gewaltenteilung.

Reichsnährstand, im Zuge der „Gleichschaltung" wurden alle in der Landwirtschaft tätigen Personen und Betriebe sowie die damit verbundenen Verbände und Landwirtschaftskammern zwangsvereinigt. Oberste Behörde war der Reichnährstand, der alle wirtschaftlichen Bereiche, wie Produktion, Vertrieb und Preise landwirtschaftlicher Erzeugnisse, regelte. Die deutsche Landwirtschaft sollte ausreichend produzieren, damit man nicht von Einfuhren aus dem Ausland abhängig war (Autarkie).

Reparationen (lat. reparare = wiederherstellen), Entschädigung in Form von Geld oder Sachleistungen, die ein Staat einem anderen zahlen muss, z. B. nach einem verlorenen Krieg.

Revision, das Bemühen, bestehende Zustände durch Verhandlungen zu ändern. In der Weimarer Republik z. B. das Bestreben, die Regelungen des Versailler Vertrages für Deutschland abzumildern bzw. rückgängig zu machen.

S

SA (Sturmabteilung), NS-Kampforganisation, 1920 von der NSDAP zur Sicherung ihrer Parteiveranstaltungen gegründet. Nach 1921 wurde sie zur paramilitärischen Organisation umgeformt. Sie übte Gewalt und Terror gegen politische Gegner und Juden aus. Nach der Machtübernahme Hitlers 1933 wurden SA-Männer als Wachpersonal in den ersten Konzentrationslagern eingesetzt. Im Juni 1934 ließ Hitler die gesamte SA-Spitze um Röhm, angeblich aus „Staatsnotwehr", erschießen. Er wollte damit die immer mächtiger werdende Konkurrenz zwischen SA und Reichwehr beenden.

„Schutzhaft", beschönigende Bezeichnung der Nationalsozialisten für die unrechtmäßige Inhaftierung von Gegnern in Konzentrationslagern ab 1933. SA und SS verwendeten die „Schutzhaft" als Instrument des Terrors gegen sogenannte Volksfeinde.

Schwarzhandel/-markt, unerlaubter Handel mit Waren, die auf einem illegalen Markt angeboten werden. In der Nachkriegszeit konnten sich viele Deutsche kaum ausreichend mit Lebensmittelmarken und Bezugsscheinen versorgen. Deshalb versuchten sie, Geschirr, Schmuck oder Zigaretten gegen lebensnotwendige Güter zu tauschen, oft auf Hamsterfahrten bei Bauern in der Umgebung.

SD (Sicherheitsdienst), Geheimdienst der NSDAP, unterstand dem „Reichsführer SS" Heinrich Himmler. 1931 als Spionagedienst gegründet, beteiligte er sich ab 1939 aktiv an den Morden der Einsatzgruppen.

Shoah, siehe Holocaust

SS (Schutzstaffel), NS-Kampforganisation, gegründet 1925 als kleine Eliteeinheit zum Schutz Hitlers und anderer NSDAP-Funktionäre. 1934 übertrug Hitler ihr die alleinige Zuständigkeit für alle Konzentrationslager. Sie wurde zum Instrument des NS-Terrors. Später stellte sie mit der „Waffen-SS" eigene Truppenverbände auf – als Gegenpol zur Wehrmacht. Die SS war verantwortlich für eine Vielzahl von Kriegsverbrechen in den besetzten Ländern.

„Stahlhelm", Bund der Frontsoldaten. Er verband mit der Namensgebung den Anspruch, eine Organisation zu sein, in der das Wirken aller Kriegsteilnehmer Anerkennung finden sollte. Der Bund war militärähnlich organisiert, hatte über 500 000 Mitglieder; stand in Opposition zum politischen System der Weimarer Republik. 1934 erfolgte die „Gleichschaltung", die Organisation wurde Teil der SA, 1935 aufgelöst.

Stellvertreterkriege, kriegerische Auseinandersetzungen während des Kalten Krieges. Sie wurden nicht direkt zwischen den Supermächten USA und Sowjetunion ausgetragen, sondern über Drittländer, die als Stellvertreter dienten und auf deren Territorium die Auseinandersetzungen stattfanden. Die Großmächte unterstützten die Kriegsparteien indirekt, z. B. durch Waffen oder Geld, aber auch direkt durch den Einsatz eigener Soldaten.

T

„Totaler Krieg", Vernichtungskrieg, der sich auch gegen die Zivilbevölkerung des Feindes richtet. Dafür werden alle Kräfte und Mittel des gesamten Volkes mobilisiert. Im Februar 1943, kurz nach der Niederlage von Stalingrad, forderte Reichspropagandaminister Joseph Goebbels in einer Rede vor überzeugten NS-Anhängern (Berliner Sportpalastrede), den „totalen Krieg" und appellierte an den Durchhaltewillen der „Volksgemeinschaft". Diese Kriegstaktik wurde zu Lasten der schon schwer betroffenen Bevölkerung mit hohen Opfern umgesetzt.

V

Vernichtungslager, siehe S. 81

Vietcong, hieß auch „Nationale Front für die Befreiung Südvietnams" (1960–1977). Vietcong war eine Guerillaorganisation, die während des Vietnamkrieges den bewaffneten Widerstand in Südvietnam gegen die Regierung und das sie unterstützende amerikanische Militär führte.

Völkerbund, auf Vorschlag des US-Präsidenten Woodrow Wilson 1920 (bis 1946) in Genf gegründete erste internationale Organisation, um gemeinsam Konflikte zu lösen und den Frieden zu sichern. Vorläufer der UNO. Deutschland war von 1926 bis 1933 Mitglied.

Völkermord, laut UN-Konvention von 1948 eine Handlung, die in der Absicht begangen wird, eine nationale, ethnische (Stamm, Volk), rassische oder religiöse Gruppe als solche ganz oder teilweise zu zerstören.

Volksentscheid, direkte Einflussnahme durch die Bürger auf die Gesetzgebung. Dies war erstmalig in der Weimarer Republik der Fall. Laut der Weimarer Reichsverfassung musste ein Volksentscheid durchgeführt werden, wenn in einem **Volksbegehren** ein Zehntel der Stimmberechtigten nach Vorlegung eines Gesetzentwurfs dafür stimmten. Um das Gesetz wirksam werden zu lassen, war die Zustimmung von mindestens 50 % der Wahlberechtigten notwendig. Während der Weimarer Republik gab es auf Reichsebene drei Versuche, politische Interessen mithilfe von Volksentscheiden durchzusetzen; alle blieben erfolglos. Volksbegehren fanden auch auf Länderebene statt.

„Volksgemeinschaft", siehe S. 55

„Volksgerichtshof", Sondergericht der Nationalsozialisten für die Verurteilung politischer Gegner. Es sprach Urteile im Sinne der NS-Ideologie ohne objektive Beweise und ohne angemessene Verteidigung für die Angeklagten aus.

W

Weimarer Republik, siehe S. 13

Weimarer Reichsverfassung, siehe S. 21

Westintegration, siehe S. 152

Widerstand (Widerstandsrecht), seit der Antike gilt Widerstand als das Recht, den Missbrauch staatlicher Gewalt, z. B. durch Tyrannen (Willkürherrschaft ohne gesetzliche Bindung), abzuwehren. In der Neuzeit wurde das Widerstandsrecht Teil der Menschenrechte (Grundgesetz Art. 20, Abs. 4); es dient vor allem zur Rechtfertigung der Abwehr diktatorischer staatlicher Gewalt oder völkerrechtswidriger Fremdherrschaft.

Grundlegende Daten und Begriffe 6.–9. Jahrgangsstufe

Grundlegende Daten

ab ca. 3000 v. Chr.	Hochkultur in Ägypten
5. Jh. v. Chr.	Blütezeit Athens
753 v. Chr.	Mythische (der Sage nach) Gründung Roms
1. Jh. v. Chr.	Übergang Roms von der Republik zum Prinzipat (Kaiserzeit)
um Christi Geburt	Zeitalter des Augustus
um 500 n. Chr.	Reichsbildung der Franken. Die fränkischen Stämme vereinigten sich und bildeten ein stabiles, christlich geprägtes Fränkisches Reich, in dem sich germanische und römische Elemente verbanden.
800 n. Chr.	Krönung Karls des Großen zum Kaiser in Rom
962	Kaiserkrönung Ottos des Großen
um 1200	Kulturelle Blüte zur Zeit der Staufer
1453	Eroberung Konstantinopels durch die Osmanen und dadurch Ende des Oströmischen Reichs
1492	„Entdeckung" Amerikas durch Kolumbus
1517	Beginn der Reformation
1618–1648	Dreißigjähriger Krieg
17./18. Jh.	Absolutismus in Europa
1776	Amerikanische Unabhängigkeitserklärung: Mit der am 4. Juli 1776 verabschiedeten „Declaration of Independence" erklärten die britischen Kolonien in Nordamerika ihre Loslösung von Großbritannien und beanspruchten das Recht zur Bildung eines eigenständigen Staatenbunds. Die Erklärung gilt als Geburtsstunde der Vereinigten Staaten von Amerika.
1789	Beginn der Französischen Revolution: Durch die Französische Revolution wurde die absolutistische Monarchie in Frankreich gestürzt. Die Bezeichnung „Revolution" verdeutlicht, dass dieser tiefgreifende politische und gesellschaftliche Umbruch in verhältnismäßig kurzer Zeit stattfand.
1806	Ende des Heiligen Römischen Reichs Deutscher Nation Gründung des Königsreichs Bayern
1815	Wiener Kongress
1832	Hambacher Fest
1848/49	Revolution in Deutschland mit dem Ziel, einen Nationalstaat auf der Basis einer liberalen Verfassung zu begründen
1871	Deutsche Reichsgründung
1914–1918	Erster Weltkrieg
1917	Kriegseintritt der USA und Russische Revolution
1918	Novemberrevolution in Deutschland; 9. November: Abdankung des Kaisers und Ausrufung der Republik.
1923	Krisenjahr der Weimarer Republik, u. a. Hitlerputsch
1929	Weltwirtschaftskrise
30. Januar 1933	Ernennung Adolf Hitlers zum Reichskanzler
9. November 1938	Novemberpogrome: Vom NS-Regime organisierte und gesteuerte Gewaltmaßnahmen gegen jüdische Deutsche, in deren Verlauf es u. a. zu Morden und gewaltsamen Übergriffen kam, zahlreiche Synagogen und Geschäfte in jüdischem Besitz zerstört wurden und tausende Juden in Konzentrationslager verschleppt wurden.

1939-1945	Zweiter Weltkrieg
20. Juli 1944	Attentat auf Hitler durch den militärischen Widerstandskreis um Graf von Stauffenberg
8./9. Mai 1945	Bedingungslose Kapitulation Deutschlands
1946	Verfassung des Freistaats Bayern
1949	Gründung der beiden deutschen Staaten Bundesrepublik Deutschland (BRD) und Deutsche Demokratische Republik (DDR)
1961/62	Kuba-Krise. Durch die Stationierung von Atomraketen auf Kuba ausgelöste Konfrontation zwischen den USA und der UdSSR, die beinahe zu einem militärischen Konflikt geführt hätte.
ab 1989/90	Umbruch im Ostblock. Revolution in vielen Staaten des Ostblocks (in Polen, Ungarn, der Tschechoslowakei, Rumänien und der DDR) weg von Sozialismus und Planwirtschaft hin zu Demokratie, Freiheit und Marktwirtschaft. Diese wurden durch die Reformpolitik Michail Gorbatschows in der UdSSR (vgl. Glasnost und Perestroika) begünstigt und führten schließlich zur Auflösung des Ostblocks.

Grundlegende Begriffe

A

Absolutismus: Herrschaftsform in Europa im 17. und 18. Jahrhundert, in der die Könige bzw. Fürsten ihre Herrschaft von Gott ableiteten und den Anspruch erhoben, völlig uneingeschränkt zu regieren.

Adel: Im Mittelalter und bis ins 19. Jahrhundert herrschender Stand, der sich durch Abstammung, Besitz, Vorrechte und eigene Lebensformen von der übrigen Gesellschaft abhob.

Adenauer: Konrad Adenauer war von 1949 bis 1963 der erste Bundeskanzler der Bundesrepublik Deutschland. Er setzte sich für die Westintegration der Bundesrepublik ein und gilt als ein Wegbereiter der europäischen Einigung.

Altsteinzeit: Ältester Zeitabschnitt der Menschheitsgeschichte (vor ca. 2 Millionen Jahren bis ca. 10 000 Jahren v. Chr.), in dem die Menschen als Jäger und Sammler umherzogen und ihre Werkzeuge und Waffen meist aus Stein herstellten.

Antike: Griechisch-römisches Altertum, also der Zeitraum, in dem die Griechen und Römer den Mittelmeerraum beherrschten bzw. kulturell prägten (ca. 1000 v. Chr. bis 500 n. Chr.).

Antisemitismus: Allgemein Feindschaft und Hass gegenüber Jüdinnen und Juden, die u. a. in der Zeit des Nationalsozialismus rassistisch motiviert waren und pseudowissenschaftlich begründet wurden. Diese Form des Antisemitismus war ein zentraler Bestandteil der Ideologie des Nationalsozialismus: Nationalsozialisten teilten die Menschheit in minderwertige und höherwertige Rassen ein, wobei sie eine vermeintliche „jüdische Rasse" als minderwertig, die „arische Rasse" als höherwertig definierten. Ihre rassistischen Vorstellungen verknüpften sie mit älteren Erscheinungsformen der Judenfeindschaft, die z. B. auf religiösen und sozialen Motiven beruhten. Der NS-Antisemitismus bildete eine wesentliche Grundlage für die Ermordung der europäischen Jüdinnen und Juden durch die Nationalsozialisten.

Aristokratie: Herrschaftsform, bei der der Adel, also die einflussreichsten Familien, die Macht besitzt.

Aufklärung: Epoche der Geistesgeschichte im 17./18. Jh., die sich auf die Vernunft stützte und viele Traditionen infrage stellte. Eine der wichtigsten Forderungen der Aufklärer lautete: „Habe Mut, dich deines eigenen Verstandes zu bedienen!" (Immanuel Kant).

B

Bismarck: Otto von Bismarck, konservativer preußischer Ministerpräsident, der 1871 die Reichsgründung unter preußischer Führung erreichte und in der Folge als erster Reichskanzler das Deutsche Kaiserreich maßgeblich mitprägte.

Bürger: Im Mittelalter die Einwohner einer Stadt, die das Bürgerrecht besaßen und damit politisches Mitspracherecht hatten (z. B. Wahl des Stadtrats). Heute bezeichnet der Begriff überwiegend Bewohner eines Staates, welche die Staatsbürgerschaft besitzen.

Bürgertum: Gesellschaftsschicht aus Kaufleuten, Gelehrten, Beamten und Handwerkern, die in den Städten entstand und in den Zeiten der Aufklärung und der Industrialisierung eine wichtige Rolle spielte.

C

Caesar: Gaius Julius Caesar war ein römischer Staatsmann, Feldherr und Autor, der sich 44 v. Chr. zum Diktator auf Lebenszeit ernennen ließ und so das Ende der Römischen Republik und den Beginn der Kaiserzeit einleitete.

Christentum: Die auf Jesus Christus, sein Leben und sein Wirken begründete monotheistische Religion, deren heilige Schrift die Bibel ist.

D

Demokratie: Herrschaftsform, in der das Volk über die Politik bestimmt.
Die ursprüngliche Form entstand in der Polis Athen im 6. und 5. Jh. v. Chr. In ihr konnten alle männlichen Bürger in der Volksversammlung direkt über Sachfragen abstimmen (direkte Demokratie). Frauen, Fremde und Sklaven besaßen keine politischen Rechte. Im Gegensatz dazu basiert der moderne Demokratiebegriff auf den für alle geltenden Menschenrechten wie Freiheit und Gleichheit. Zudem werden in den meisten modernen Demokratien im Unterschied zur direkten Demokratie in der Antike in der Regel Volksvertreter (Abgeordnete) in Parlamente gewählt, die dort stellvertretend für alle Bürger beraten und entscheiden (repräsentative Demokratie).

Deutsche Frage: Nach 1945 Bezeichnung für das Problem der Teilung Deutschlands; dabei vertrat die Bundesrepublik das Ziel, diese durch eine Wiedervereinigung in Frieden und Freiheit zu überwinden. Dagegen strebte die DDR zunächst ein sozialistisches Gesamtdeutschland an. Als dieses nicht zu realisieren war, beharrte sie auf ihrer Eigenständigkeit.

Deutscher Bund: Auf dem Wiener Kongress (1815) gegründeter loser deutscher Staatenbund, der 35 Staaten und vier freie Städte umfasste.

Deutsches Kaiserreich: 1871 nach den Einigungskriegen als konstitutionell-monarchischer Nationalstaat gegründet; 1918 im Zuge der Novemberrevolution nach dem Ersten Weltkrieg aufgelöst.

Diktator: Befehlshaber mit uneingeschränkter Befehlsgewalt; in der Römischen Republik außerordentliches Amt, nur in Notzeiten für sechs Monate bestimmt.

E

Entkolonialisierung: Seit Ende des Zweiten Weltkrieges stattfindende Loslösung und Befreiung der afrikanischen und asiatischen Staaten von der Kolonialherrschaft der Europäer unter Berufung auf das Selbstbestimmungsrecht der Völker.

Entnazifizierung: Maßnahmen der Besatzungsmächte zur Beseitigung des Nationalsozialismus; Maßnahmen waren u. a. ein Verbot der NSDAP und ihrer Organisationen, die Strafverfolgung führender Kriegsverbrecher sowie massenhafte „Entnazifizierungsverfahren" vor Spruchkammern.

„Ermächtigungsgesetz": Bezeichnung für ein im März 1933 vom Reichstag verabschiedetes Gesetz, das die Gesetzgebungsvollmachten vom Reichstag auf die Regierung Hitler übertrug und damit die Gewaltenteilung beseitigte.

F

Flucht und Vertreibung: Gemeint ist sowohl die seit 1944 einsetzende Massenflucht der deutschen Bevölkerung vor der sowjetischen Armee als auch die von den Alliierten auf der Potsdamer Konferenz beschlossene Ausweisung und Zwangsumsiedlung der Deutschen aus den ehemals deutschen Siedlungsgebieten östlich der Oder-Neiße-Linie.

G

Gewaltenteilung: Grundsatz, der die Teilung der Staatsmacht in drei Teilgewalten fordert. Legislative (gesetzgebende Gewalt, z. B. Parlament), Exekutive (ausführende Gewalt, z. B. Regierung) und Judikative (rechtsprechende Gewalt, z. B. Richter) kontrollieren sich gegenseitig, um einen Machtmissbrauch zu verhindern.

Ghetto: Von der übrigen Stadt oft durch Mauern und Tore abgetrenntes Wohngebiet der jüdischen Gemeinschaft.
Der Begriff „Ghetto" bezieht sich auf das „Geto Novo" genannte Wohnviertel der Juden in Venedig, das Anfang des 16. Jh. auf dem Gebiet einer Gießerei (ital. „geto") ausgewiesen wurde. Während des Zweiten Weltkrieges errichteten die Nationalsozialisten in einigen osteuropäischen Städten Ghettos, die dazu dienen sollten, die jüdische Bevölkerung buchstäblich auszugrenzen und zu quälen. Heute bezeichnet „Ghetto" meist abwertend ein Viertel, dessen Bewohner nur wenige Beziehungen zur städtischen Umgebung pflegen.

„Gleichschaltung": Nationalsozialistische Durchdringung und Erfassung nahezu aller Bereiche von Staat und Gesellschaft, z. B. durch die Aufhebung der Länder sowie durch die Einrichtung zahlreicher nationalsozialistischer Organisationen bei gleichzeitigem Verbot aller freien Parteien, Verbände, Vereine und anderer Zusammenschlüsse sowie der Steuerung aller Medien. Ziel war die Errichtung eines totalitären Staates, der nicht nur das gesamte öffentliche, sondern auch wesentliche Teile des privaten Lebens kontrollierte.

Grundgesetz: Demokratische und menschenrechtsbasierte Verfassung der Bundesrepublik Deutschland aus dem Jahr 1949.

Grundherrschaft: Herrschaftsform, bei der Grundherren (beispielsweise Herzöge, Grafen, Bischöfe, Äbte und Äbtissinnen) Land an unfreie Bauern vergaben. Diese bewirtschafteten es, zahlten Abgaben und leisteten Frondienste, im Gegenzug bekamen sie insbesondere Schutz und Sicherheit.

H

Hegemonie: Vormachtstellung eines Staates in einer bestimmten Region.

Holocaust bzw. Shoa: Seit Ende der 1970er Jahre übliche Bezeichnung für die systematische Ermordung von ca. sechs Millionen europäischer Jüdinnen und Juden durch das nationalsozialistische Deutschland. Aufgrund seiner Herkunft vom griechischen Begriff holókaustos („vollständig verbrannt") wird der Begriff Holocaust gelegentlich kritisiert, üblich ist daher auch der Begriff Shoa (auch Shoah geschrieben, hebräisch für „Katastrophe").

I

Imperialismus: Streben von Staaten nach weltweiter politischer Machtausdehnung und wirtschaftlichem Einfluss im ausgehenden 19. und beginnenden 20. Jh., z. B. durch die Gründung von Kolonien; dabei spielten auch religiöses und kulturelles Sendungsbewusstsein sowie rassistische Einstellungen eine Rolle.

Industrialisierung: Von England ausgehende, tiefgreifende Veränderung der Arbeitsverhältnisse und der Gesellschaft durch den Einsatz von Maschinen im 19. Jh.

Investiturstreit: Machtkampf zwischen römisch-deutschem Königtum und Papsttum im 11. und 12. Jh. um die Vorherrschaft. Ausgangspunkt für den Streit war die Frage, wer die Investitur vornehmen, also Bischöfe einsetzen durfte.
Höhepunkt des Investiturstreits war der Gang König Heinrich IV. nach Canossa (1077). Die Auseinandersetzung endete mit dem Wormser Konkordat (1122) in einem Kompromiss.

Islam: Vom Propheten Mohammed im 7. Jahrhundert begründete monotheistische Religion, deren Anhänger (Muslime) zu Allah beten. Die Glaubensgrundlage des Islam ist der Koran.

J

Judentum: Älteste monotheistische Religion und zugleich Gemeinschaft aller Juden. Der Kern der jüdischen Religion ist in der Thora grundgelegt.

Jungsteinzeit: Zeitabschnitt von ca. 10 000 v. Chr. bis ca. 2000 v. Chr., in dem die Menschen sesshaft wurden und dank des wärmeren Klimas zu Ackerbau und Viehzucht übergingen.

K

Kaiser: Höchster Herrschertitel, der im Mittelalter an die Tradition des römischen Kaiserreichs anknüpfte. Der Kaiser wurde im Mittelalter vom Papst gekrönt und verstand sich als Schutzherr der Christenheit. Zudem erhob er Anspruch auf die oberste weltliche Herrschaft über alle Christen.

Kalter Krieg: Bezeichnung für die politisch-militärische Konfrontation zwischen den Supermächten USA und UdSSR sowie ihren Bündnispartnern nach 1945, die durch ideologische und propagandistische Angriffe, Wettrüsten, wirtschaftliche Kampfmaßnahmen und Stellvertreterkriege (z. B. Koreakrieg 1950–1953, Vietnamkrieg 1955–1975), aber nicht durch eine direkte Konfrontation geprägt war.

Karl der Große: König des Fränkischen Reichs, der 800 als erster westeuropäischer Herrscher vom Papst zum Kaiser gekrönt wurde und damit die Grundlage für das mittelalterliche Kaisertum legte.

Kloster: Eine oft aus mehreren Gebäuden bestehende Anlage, in der Nonnen oder Mönche sich dauerhaft, gemeinschaftlich und meist auf Grundlage bestimmter Ordensregeln auf die Ausübung ihres Glaubens konzentrierten. Im Mittelalter waren die Klöster wichtige Träger und Bewahrer von Wissenschaft, Kunst und Kultur.

Kommunismus: Von Karl Marx und Friedrich Engels in der Frühindustrialisierung entwickelter philosophisch-politischer Ansatz, der das Ziel einer klassenlosen Gesellschaft verfolgt und bei dem alle Produktionsmittel staatlich sind.

König: Meist aus dem Adel stammender Herrscher eines Landes, der durch Wahl (z. B. im Heiligen Römischen Reich Deutscher Nation) oder Erbrecht (z. B. in England, Frankreich) bestimmt wird.

Konstitutionelle Monarchie: Regierungsform, in der die Macht eines Monarchen durch eine Verfassung eingeschränkt wird (z. B. im Königreich Bayern). Der Monarch steht in dieser Regierungsform der Exekutive vor und handelt gemäß und innerhalb der Verfassungsvorgaben.

Konzentrations- und Vernichtungslager: Konzentrationslager: Vom nationalsozialistischen Deutschland ab 1933 errichtete Lager zur Internierung, Ausbeutung und Tötung von Menschen, die aus rassistischen, politischen oder weltanschaulichen Motiven verfolgt wurden (u. a. Jüdinnen und Juden, Sinti und Roma, politische Gegner, Homosexuelle). Vernichtungslager: Während des Zweiten Weltkriegs von den Nationalsozialisten in den besetzten Gebieten Osteuropas errichtete Lager zur systematischen Ermordung insbesondere von Jüdinnen und Juden, aber auch von Sinti und Roma und anderen Bevölkerungsgruppen. Sie unterschieden sich von den Konzentrationslagern dadurch, dass sie gezielt und vorrangig der massenhaften Vernichtung von Menschen dienten.

Kreuzzüge: Vom 11. bis 13. Jahrhundert Kriegszüge in den Nahen Osten u. a. mit dem Ziel, die muslimische Herrschaft über die Heiligen Stätten zu beenden und den christlichen Glauben zu verbreiten.

Kurfürsten: Die meist sieben zur Königswahl berechtigten geistlichen und weltlichen Fürsten; das Wahlverfahren sowie die Zahl der Kurfürsten bildeten sich vor allem im 13. und 14. Jh. heraus.

L

Lehnswesen: Auf gegenseitiger Treue beruhende Herrschaftsform des Mittelalters. Ein adliger Leh(e)nsherr verlieh Land und/oder Ämter bzw. Rechte an einen adligen Leh(e)nsmann (Vasallen) auf Lebenszeit, der dafür Kriegs- und Amtsdienste leisten musste. Mit der Zeit wurden die Lehen erblich. So wurde Otto von Wittelsbach 1180 durch Kaiser Friedrich I. Barbarossa mit dem Herzogtum Bayern belehnt. Seine Nachkommen, die Wittelsbacher, regierten Bayern bis 1918 als Herzöge, Kurfürsten und Könige.

Liberalismus: Im 19. Jh. aufkommende politische Strömung, welche die Freiheitsrechte des Einzelnen betont und politisch einfordert.

Limes: Befestigte römische Reichsgrenze, u. a. der Obergermanisch-Rätische Limes zwischen Rhein und Donau.

Luther: Martin Luther, Mönch und Theologe, der mit seiner Kritik an kirchlichen Missständen und mit seinen 95 Thesen die Reformation auslöste.

M

Menschenrechte: Angeborene und unveräußerliche Rechte eines jeden Menschen, z. B. Recht auf Leben, Freiheit und Gleichheit vor dem Gesetz.

Migration: Dauerhafter Wohnortwechsel von Menschen, der unterschiedliche Ursachen haben kann, z. B. die Flucht vor politischer Verfolgung, vor Folter, Krieg und Hunger, die

Suche nach besseren Lebensumständen oder neue berufliche Möglichkeiten.

Mittelalter: Zeit zwischen ca. 500 und ca. 1500 n. Chr., also zwischen der Antike und der Neuzeit.

Monarchie: Herrschaftsform, in der eine Königin oder ein König an der Spitze des Staates steht.

N

Napoleon: Napoleon Bonaparte, französischer General, der in der Französischen Revolution die politische Macht erringen konnte, sich 1804 selbst zum Kaiser der Franzosen krönte und Frankreich vorübergehend zur Hegemonialmacht in Europa machte.

Nation: Menschen, die in einem bestimmten Gebiet leben, sich durch gemeinsame Merkmale wie Sprache, Kultur oder Geschichte miteinander verbunden fühlen und eine politische Gemeinschaft bilden bzw. anstreben.

Nationalismus: Politische Strömung des 19. Jhs., die einen gemeinsamen Nationalstaat anstrebt; heute Bezeichnung für ein übersteigertes Nationalbewusstsein, das die eigene Nation vor andere stellt.

Nationalsozialismus: Extremistische Ideologie, die die Grundlage des nationalsozialistischen Staates bildete. Kennzeichen dieser Ideologie sind u. a.: Rassismus, Antisemitismus sowie Nationalismus, das Führerprinzip, die gewaltsame Ausschaltung politischer Gegner und eine expansive Außenpolitik.

NATO: North Atlantic Treaty Organization. 1949 gegründetes westliches Militärbündnis unter Führung der USA zum Schutz vor einem Angriff (z. B. der Sowjetunion).

Neuzeit: Bezeichnung für die Zeit nach dem Mittelalter (ab ca. 1500) bis hin zur Gegenwart.

„Nürnberger Gesetze“: Bezeichnung für die 1935 von den Nationalsozialisten erlassenen antisemitischen Rassegesetze. Sie bildeten die gesetzliche Grundlage für die systematische Ausgrenzung und Verfolgung der Jüdinnen und Juden. In ihnen waren u. a. der Verlust aller ihrer staatsbürgerlichen Rechte und das Verbot von Eheschließungen zwischen Juden und Nichtjuden enthalten.

P

Parlament: In demokratischen Staaten die Volksvertretung, deren wichtigste Aufgaben die Gesetzgebung, das Haushaltsrecht und die Kontrolle der Regierung sind.

Pharao (Plural: Pharaonen): Oberster Herrscher im alten Ägypten, der zugleich als König und als Gott verehrte wurde.

Polis: Griechischer Stadtstaat (Plural: Poleis) in der Antike, der aus einer Stadt und deren Umland bestand und politisch sowie auch wirtschaftlich selbstständig war.

Potsdamer Konferenz: 1945 von den Siegermächten USA, Großbritannien und der Sowjetunion abgehaltene Nachkriegskonferenz, um ein gemeinsames Vorgehen im besetzten Deutschland zu vereinbaren. Zentrale Beschlüsse waren u. a. die Teilung Deutschlands in vier Besatzungszonen, die Setzung der Oder-Neiße-Linie als deutsche Ostgrenze sowie die Durchsetzung der „fünf Ds“: Demokratisierung, Denazifizierung, Demilitarisierung, Dezentralisierung und Demontagen.

Provinz (römische): Ein unter römischer Herrschaft und Verwaltung stehendes erobertes Gebiet außerhalb Italiens.

Pyramide: Grabanlage einer hochgestellten Persönlichkeit (z. B. eines Pharaos) im alten Ägypten, meist mit quadratischem Grundriss und nach oben spitz zulaufend.

Q

Quellen: Texte, Gegenstände, Bilder aus der Vergangenheit, die entweder zufällig erhalten geblieben sind (Überrest) oder absichtlich überliefert wurden (Überlieferung), sowie Zeitzeugenaussagen.

R

Reformation: Eine kirchliche Erneuerungsbewegung, die zur Spaltung des westlichen Christentums durch die Entstehung der evangelischen Kirche führte. Die Reformation veränderte auch die politische Ordnung Europas.

Reichstag: Ab 1871 das gewählte Parlament des Deutschen Kaiserreichs; das Reichstagsgebäude in Berlin ist heute Sitz des Deutschen Bundestags.

Renaissance: (frz.: Wiedergeburt) Kulturgeschichtliche Epoche vom 14. bis 16. Jahrhundert, die auf einer Wiederentdeckung der Antike (Wissen, Kunst und Kultur) beruhte und den umfassend gebildeten Menschen in den Mittelpunkt stellte (Humanismus).

Republik: Der lateinische Begriff „res publica“ fasst den Staat als „öffentliche Angelegenheit“ auf, die alle freien Bürger betrifft. Heute bezeichnet „Republik“ eine Staatsform, in der kein Monarch an der Spitze steht, sondern das Staatsoberhaupt gewählt ist und in der grundsätzlich die Staatsgewalt vom Volk ausgeht.

Romanisierung: Übernahme u. a. der römischen Sprache und Kultur durch Bevölkerungsgruppen in einigen der von Römern eroberten Gebiete.

S

Säkularisation: Enteignung und Verstaatlichung von Kirchengut (u. a. von Klöstern, Ländereien, Kunstschätzen) sowie Auflösung geistlicher Fürstentümer, z. B. im Heiligen Römischen Reich Deutscher Nation 1803.

Senat: Oberstes Beratungsorgan der Römischen Republik, dessen Mitglieder aus den einflussreichsten Familien (Adel) stammten und vorher wichtige Ämter ausgeübt hatten.

Soziale Frage: Frage nach der Lösung der durch die Industrialisierung entstandenen sozialen Probleme, z. B. Wohnungsnot, Kinderarbeit und mangelnde soziale Absicherung.

Sozialgesetzgebung: Einführung der Kranken-, Renten- und Unfallversicherung unter Reichskanzler Otto von Bismarck, um die Soziale Frage zu entschärfen und dadurch zugleich den Wählerzuwachs der Sozialdemokraten zu stoppen; die Sozialgesetzgebung markiert den Beginn moderner staatlicher Sozialpolitik und hatte Vorbildcharakter für andere Länder.

Sozialismus: Politische Strömung, welche von einer Klassengesellschaft ausgeht und diese v. a. durch eine gleichmäßigere Besitzverteilung, mitunter auch durch eine Verstaatlichung der Produktionsmittel, überwinden will.

Stadtrecht: Besondere Rechte (Privilegien) von Städten, z. B. Münz-, Markt-, Zoll- und Befestigungsrecht.

Stände: Durch Geburt definierte Großgruppen in der mittelalterlichen Gesellschaft: Klerus (erster Stand), Adel (zweiter Stand), Bauern und Bürger (dritter Stand). Die drei Stände hatten unterschiedliche Rechte und Pflichten.

V

Verfassung: Grundlegendes Gesetz, das die politische Ordnung eines Staates festlegt (z. B. Staatsform, Rechte und Pflichten der Bürger).

Vertrag von Versailles: 1919 geschlossener Friedensvertrag, der den Ersten Weltkrieg beendete. Die Siegermächte schrieben dort u. a. die alleinige Kriegsschuld Deutschlands fest und verfügten Gebietsabtretungen, militärische Beschränkungen und Reparationszahlungen.

„Volksgemeinschaft“: Nationalsozialistischer Propagandabegriff, welcher die Geschlossenheit eines durch eine angeblich gemeinsame Rasse definierten deutschen Volks behauptet. Andere Menschen („Volksfremde“) werden aus der „Volksgemeinschaft“ ausgeschlossen, diskriminiert und verfolgt. Die Bedürfnisse und Interessen Einzelner müssen sich denen der Gemeinschaft unterordnen.

Volkssouveränität: Grundsatz, dass alle Staatsgewalt vom Volk ausgeht.

W

Westfälischer Frieden: Friedensvertrag nach dem Dreißigjährigen Krieg im Jahr 1648, der die Gleichberechtigung der Konfessionen festschrieb und den deutschen Landesfürsten eine weitgehende Unabhängigkeit vom Kaiser gewährte.
Im Westfälischen Frieden wurde auch der Augsburger Religionsfriede von 1555 bestätigt, der das Reformationsrecht der Landesfürsten beinhaltete: Der Grundsatz „cuius regio, eius religio“ besagte, dass der Landesfürst im Prinzip über die Konfession seiner Untertanen bestimmen durfte.

Westintegration: Politische, wirtschaftliche und militärische Einbindung der frühen Bundesrepublik Deutschland in die westliche Staatengemeinschaft in Abgrenzung zu den sozialistischen Staaten im Osten.

Weimarer Republik: Erste deutsche Demokratie in Deutschland zwischen 1918 und 1933.

Weimarer Reichsverfassung: Verfassung der ersten deutschen Republik von 1919; Kennzeichen u. a.: parlamentarische Demokratie, starke Stellung des Reichspräsidenten, erstmaliges Frauenwahlrecht.

Register

Die mit einem * versehenen Begriffe werden im Lexikon näher erklärt. Die rot gedruckten Wörter sind **Grundlegende Begriffe**.

Bildquellen

Cover: dpa Picture-Alliance/X00493/REUTERS S. 2: PEFC Deutschland e.V.; S. 3: u.r.: akg-images, o.r.: bpk; S. 4: u.r.: interfoto e.k./awkz, o.r.: Bridgeman Images; S. 5: o.r.: Horst Haitzinger, u.r.: bpk; S. 10: : bpk/Walter Gircke; S. 12 M1: bpk/Staatliche Museen zu Berlin – Kunstbibliothek Fotograf: Dietmar Katz/© VG Bild-Kunst, Bonn 2017; S. 13 M3: Bridgeman Images; S. 14 M1: akg-images/Sammlung Berliner Verlag/Archiv; S. 15 M2: bpk/Herrmann Noack, M3: akg-images; S. 16 M3: bpk/Bayerische Staatsbibliothek/Heinrich Hoffmann; S. 17: m.l.: bpk/Bayerische Staatsbibliothek/Archiv Heinrich Hoffmann; S. 18 M1: bpk/Staatsbibliothek zu Berlin/Dietmar Katz, M2: akg-images/Pictures From History; S. 20: u.l.: INTERFOTO/Friedrich; S. 21 M3: bpk; S. 22 M2: Bridgeman Images; S. 23 M5: akg-images; S. 25 M8: akg-images, M9: Bridgeman Images/Universal History Archive/UIG; S. 27 M3: bpk/Heinrich Hoffmann; S. 28 M1: akg-images/(c) VG Bild-Kunst, Bonn 2021; Otto Dix: Großstadt, 1927-28; S. 29 M4: akg-images/Reimer Wulf, M5: bpk; S. 31 M3: mauritius images/Historic Collection/Alamy, M4: akg-images; S. 32 M1: akg-images/(c) VG Bild-Kunst, Bonn 2021; Karl Arnold: Retter Stresemann – Er schaut nach rechts, er schaut nach links, 1923, m.r.: akg-images; S. 33 M3: mauritius images/Alamy; S. 35 M3: Imago Stock & People GmbH/imago images/KHARBINE-TAPABOR; S. 36 M2: bpk; S. 38 M2: Bridgeman Images/PVDE; S. 39 M5: bpk/Bayerische Staatsbibliothek/Heinrich Hoffmann; S. 40 M1: Herzogin Anna Amalia Bibliothek Weimar/Simplicissimus 28/1932, M2: bpk/ Staatsbibliothek zu Berlin; S. 42 M1: akg-images; S. 43 M4: interfoto e.k./Mary Evans Picture Library; S. 44 M1: bpk; S. 46: o.l.: INTERFOTO/Friedrich, o.r.: akg-images; S. 47: o.m.: Bridgeman Images; S. 49 M3: bpk/Deutsches Historisches Museum/Sebastian Ahlers, M4: bpk/Staatsbibliothek zu Berlin; S. 50: : Bridgeman Images/© SZ Photo/ Scherl; S. 52 M1 a): Spielzeugmuseum Nürnberg, M1 b): interfoto e.k./Inst.f.Zeitges; S. 53 M1 c): LAIKA-Verlag; S. 55 M2: interfoto e.k./fine art images; S. 56 M1: bpk/ Staatsbibliothek zu Berlin; S. 57 M3: dpa Picture-Alliance; S. 58 M2: akg-images; S. 59 M4: akg-images; S. 60 M1: Südwestrundfunk (SWR)/Historisches Archiv; S. 62 M1a: akg-images/Album, M1b: Bridgeman Images; S. 63 M4: akg-images/Ernst Kutzer/(c) VG Bild-Kunst, Bonn 2021; Ernst Kutzer: Wir hören die Trommel. Wir hören: Heil Sieg!, 1941; S. 64 M1: Bridgeman Images, M2: bpk/Arthur Grimm; S. 66 M1: bpk/Bayerische Staatsbibliothek; S. 67 M3: Zeichnung: Karl Freund, KZ-Gedenkstätte Dachau, DaA O 0306, 34327; S. 68 M1: akg-images; S. 71 m.l.: bpk; S. 72 M3: akg-images; S. 75 M4: akg-images; S. 76 M1: akg-images/De Agostini Picture Lib.; S. 78 M3: dpa Picture-Alliance/ASSOCIATED PRESS; S. 80 M1: Yad Vashem Photo Collection, o.r.: Picture-Alliance/dpa; S. 82 M2: Staatsarchiv Würzburg, Gestapostelle Würzburg 18880a, Foto 55.; S. 84 M2: bpk; S. 86 M1: akg-images/George (Jürgen) Wittenstein; S. 88 M1: dpa Picture-Alliance/A0009_dpa_ Königsbronn/picture-alliance/A0009_dpa_Königsbronn, M2: Bridgeman Images, M3: Imago Stock & People GmbH/ Schöning, M4: dpa Picture-Alliance/AP Photo, M5: dpa Picture-Alliance/Heinrich Hoffmann, M6: mauritius images/Karl F. Schöfmann; S. 90 M2: Bridgeman Images/An emaciated survivor drinking from a metal bowl at Buchenwald concentration camp. Photo was taken after the camp was liberated by the 3rd U.S. Army. April 16, 1945, Geramny, World War 2/Everett Collection; S. 91 M3: akg-images; S. 92 M1: Gebrüder Beetz Filmproduktion Berlin GmbH & Co. KG; S. 93 M3: dpa Picture-Alliance/AP, M4 l.: Imago Stock & People GmbH/imago images/MiS, M4 r.: dpa Picture-Alliance/Süddeutsche Zeitung Photo/SZ Photo, M5: dpa Picture-Alliance/ASSOCIATED PRESS; S. 94: o.l.: Bridgeman Images, o.r.: bpk; S. 97 M4: interfoto e.k./interfoto e.k./Sammlung Rauch, M5: akg-images/Michael Teller; S. 98: dpa Picture-Alliance/Daniel Bockwoldt; S. 100 M1: © Amnesty International Deutschland/Illustration Detlef Surrey, Berlin; S. 102 M1: akg-images; S. 103 M4: akg-images; S. 104: u.l.: Shutterstock.com/Todd Taulman Photography; S. 105: o.m.: Bridgeman Images; S. 107 M5: bpk/Kunstbibliothek, SMB, Photothek Willy Römer/Willy Römer; S. 108 M7: Landeshauptstadt München/Stadtarchiv/DE-1992-FS-NS-00062, M8: bpk/Deutsches Historisches Museum/H. G. Hintze; S. 109 M9: (c) Bergmoser + Höller Verlag AG/Zahlenbild 060110; S. 110 M1: interfoto e.k./Granger, NYC; S. 111 M2: (c) Bergmoser + Höller Verlag AG/Zahlenbild 712011; S. 112 M1: dpa Picture-Alliance/Geisler-Fotopress; S. 114: bpk/Jerry Rutberg; S. 116 M1: Bridgeman Images/© Galerie Bilderwelt, M2: interfoto e.k./awkz; S. 117 M3: Quelle: Haus der Geschichte, Bonn/ Künstler: Victor Weisz, M4: Wolfgang U. Schütte/Karikaturist: Karl Holtz; S. 118 M2: bpk/Arthur Grimm; S. 124 M3: akg-images; S. 127: u.l.: bpk; S. 126 M2: bpk/US-Army; S. 129 M3: bpk/Deutsches Historisches Museum; S. 130 M1(1)+(4): interfoto e.k./Pulfer, M1(2): Bundesarchiv Koblenz: BArch, Plak 005-004-002, Grafiker: Langenberg, M1(3): Archiv des Liberalismus, Plakatsammlung, P2-1124.; S. 131 M3 l.: bpk, M3 r.: Haus der Geschichte, Bonn; S. 132 M4: DIE WELT 02.08.1946/Nachdruck aus Daily Herald vom 24.07.1946; S. 138 M2: © DER SPIEGEL 02/1985; S. 141: o.l.(1): bpk, o.l.(2): Haus der Geschichte, Bonn; S. 142 M2: akg-images; S. 144: Artwork Copyright © and TM Rube Goldberg Inc. All Rights Reserved. RUBE GOLDBERG ® is a registered trademark of Rube Goldberg Inc. All materials used with permission. rubegoldberg.com; S. 147 M2: dpa Picture-Alliance/AP Images/AP, M3: akg-images/AP; S. 149: u.l.: Bridgeman Images/Oncle Sam force les occidentaux a signer le Pacte Atlantique; collective security pact against USSR; Robert Schuman (1886-1963), one of the founding fathers of the European Community is pictured; un des peres de l'Europe;; S. 150 M1: interfoto e.k./fine art images; S. 151 M2: dpa Picture-Alliance/The Advertising Archives/The Advertisi; S. 152 M1 l.: bpk/ Deutsches Historisches Museum/Sebastian Ahlers, M1 r.: Quelle: Haus der Geschichte, Bonn; S. 153 M3: Institut für Stadtgeschichte Frankfurt am Main (ISG FFM), ISG FFM S7Bo Nr. 1596, Mickey Bohnacker, M4: Archiv der sozialen Demokratie der Friedrich-Ebert-Stiftung; S. 154 M2: Wolfgang Hicks (Künstler), Haus der Geschichte, Bonn; S. 156 M5: interfoto e.k./fine art images; S. 159 M3: akg-images/ Pictures From History; S. 160 M5: dpa Picture-Alliance/AP Images; S. 161 M7 li.: akg-images/Pictures From History, M7 Mi.: Thomas Billhardt/CAMERA WORK., M7 re.: Jacqueline Hyde/Archives Galerie de France; S. 163 M5: Horst Haitzinger; S. 164 M2: dpa Picture-Alliance/AFP; S. 165 M4: dpa Picture-Alliance/Lehtikuva_Oy; S. 167 M3: Haus der Geschichte, Bonn/Künstler: Peter Leger; S. 168 M3: © Archiv Robert Lebeck; S. 172 M2: bpk/Dietmar Katz; S. 173 M4: interfoto e.k./Pulfer, M5: akg-images/AP, M6: Karl-Heinz Schoenfeld; S. 174 M2: bpk/Kunstbibliothek, SMB/Dietmar Katz; S. 175 M4: Universitätsbibliothek Heidelberg/aus: Lachen Links, 1925, Zeichnung: Karl Holtz/https://digi.ub.uni-heidelberg.de/diglit/lachenlinks1925/0213; S. 176 M4: akg-images/Sammlung Berliner Verlag/Archiv; S. 177 M6: mauritius images/alamy stock photo/Archivart; S. 178 M1: dpa Picture-Alliance; S. 179 M3: bpk; S. 181 M3: Bundesarchiv Koblenz/ Bild 183-N0415-363/Fotograf: Otto Donath, M4: picture-alliance/dpa/AP Photo; Illustrationen und Karten: Cornelsen/Carlos Borrell Eiköter: Vorsatz & Nachsatz: Karte 1, 2, 3, 5 u. 6, S. 74 u.l., S. 77 M3, S. 95 o.l., S. 118 M3, S. 122 M1, S. 132 M1, S. 140 o.l., S. 146 M1, S. 154 M1, S. 158 M1, S. 165 M3, S. 169 M4, S. 180 M1, S. 209, S. 211, S. 212 Cornelsen/Carlos Borrell Eiköter, Topographie: Peter Kast: S. 210, Nachsatz: Karte 4 Cornelsen/Elisabeth Galas: S. 20 M1, S. 24 M7, S. 28 M2, S. 36 M1, S. 85 M4 Cornelsen/Elisabeth Galas, bearb. von Erfurth Kluger Infografik GbR: S. 20 M2 Cornelsen/Erfurth Kluger Infografik GbR: S. 34 M1, S. 37 M3, S. 57 M4, S. 61 M2, S. 125 M4, S. 134 M1/ re.un: (c) VG Bild-Kunst, Bonn 2021; Ludwig Gies: Bundestagsadler, 1953, S. 136 M1, S. 162 M3+M4 Cornelsen/ Hans Wunderlich: S. 78 M2

Die Ermordung der europäischen Jüdinnen und Juden

Karte 3

Weltweiter Schutz der Menschenrechte (Stand: 2019)

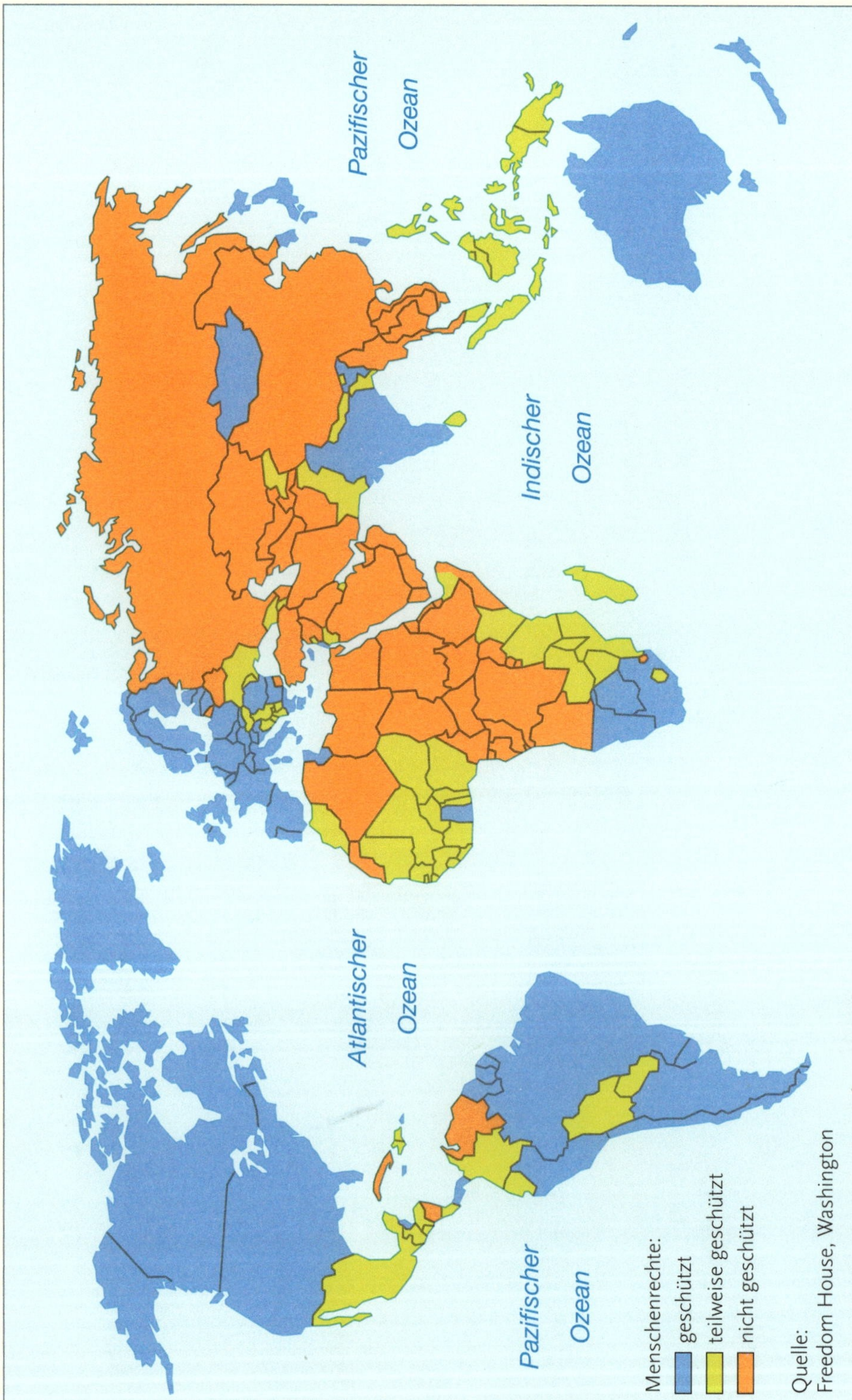

Karte 6

Entkolonialisierung nach 1945

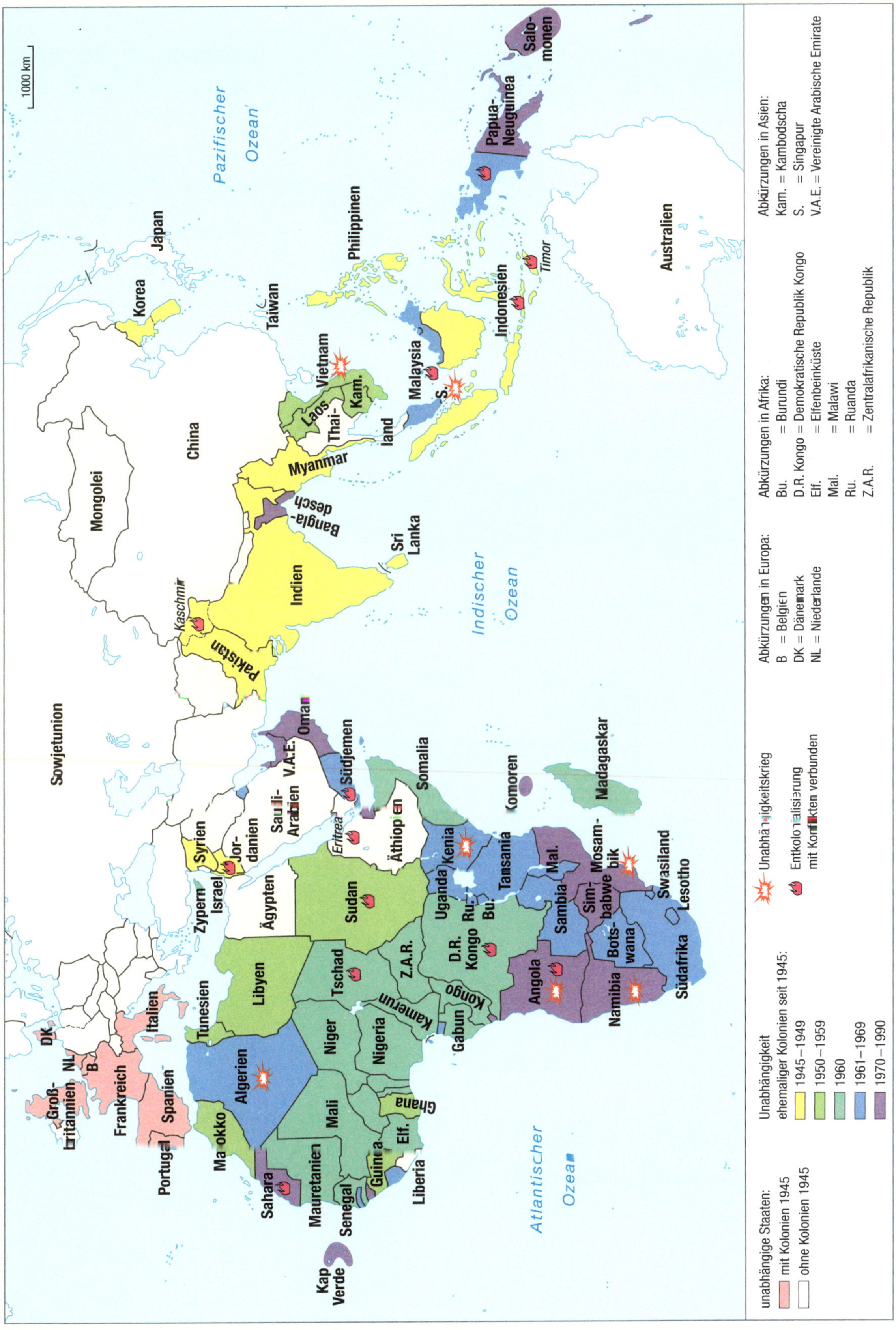

Exkursionsziele – Gedenkstätten in Bayern

Karte 4